Annette Holzapfel

KulturSchock Peru

001pe-ah

„Das peruanische Territorium vereint Sandflächen an seiner Küste, die wie die trockenen Wüsten Afrikas sind, ausgedehnte Hochebenen wie die monotonen Steppen Asiens; die hohen Gipfel seiner Gebirgsketten sind wie die kalten Polarregionen und die dichten Wälder des Amazonastieflandes wie die üppige Vegetation der Tropen."

Antonio Raimondi, italienischer Wissenschaftler,
er kam 1850 nach Peru und erforschte bis zu seinem Tod 1890
Völker und Natur des Amazonastieflandes

Impressum

Annette Holzapfel

KulturSchock Peru

erschienen im
Reise Know-How Verlag Peter Rump GmbH
Osnabrücker Str. 79
33649 Bielefeld

4. neu bearbeitete und komplett aktualisierte Auflage 2017

Gestaltung
Umschlag: G. Pawlak
Inhalt: amundo media GmbH
Fotos: siehe Fotonachweis Seite 6

Lektorat: amundo media GmbH

Druck und Bindung:
D3 Druckhaus GmbH, Hainburg

ISBN 978-3-8317-2945-6
Printed in Germany

Dieses Buch ist erhältlich in jeder Buchhandlung Deutschlands, der Schweiz, Österreichs, Belgiens und der Niederlande.
Bitte informieren Sie Ihren Buchhändler über folgende Bezugsadressen:

Deutschland
Prolit GmbH, Postfach 9, D-35461 Fernwald (Annerod) sowie alle Barsortimente

Schweiz
AVA Verlagsauslieferung AG
Postfach 27, CH-8910 Affoltern

Österreich
Mohr Morawa Buchvertrieb GmbH
Sulzengasse 2, A-1230 Wien

Niederlande, Belgien
Willems Adventure, www.willemsadventure.nl

Wer im Buchhandel trotzdem kein Glück hat, bekommt unsere Bücher auch über unseren
Büchershop im Internet: www.reise-know-how.de

002pe Foto: ah

Wir freuen uns über Kritik, Kommentare und Verbesserungsvorschläge, gern auch per E-Mail an info@reise-know-how.de.

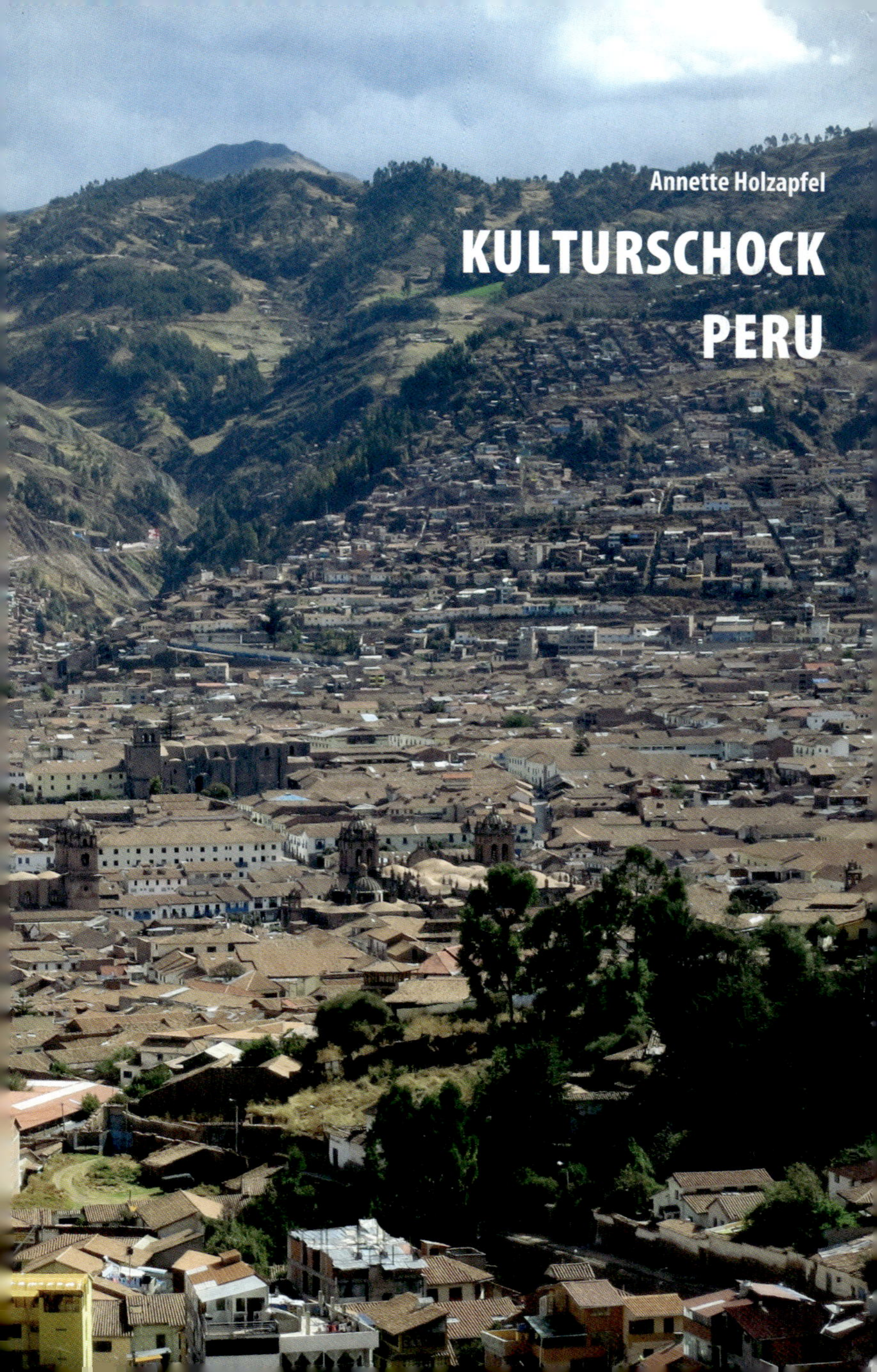

Annette Holzapfel

KULTURSCHOCK PERU

Bienvenidos al Peru!

Willkommen in Peru, einem Land, dessen 7000-jährige Geschichte ebenso abwechslungsreich ist wie seine Landschaften. Von den Wellen des Pazifik, die jedes Surferherz höher schlagen lassen, sind es nur wenige Stunden bis zu den schneebedeckten Gletschern der Anden. Vielfältig sind auch die Vegetation und das Klima. Während die Temperaturen in den Anden schon einmal unter Null Grad Celsius sinken, kann die Hitze im tropischen Regenwald, der sich im Osten an das Hochland anschließt, sogar nachts unerträglich sein. Innerhalb kürzester Zeit gelangt man in unterschiedliche Klimazonen, was wie eine Abfolge der Jahreszeiten im Zeitraffer wirkt. Nahezu alles gedeiht an vielen Orten und man kann eine Vielfalt an Lebensmitteln ganzjährig auf den Märkten kaufen.

Peru gehört zu den Ländern mit der größten Pflanzen- und Tiervielfalt der Erde. 28 der insgesamt 32 Klimatypen weltweit kommen hier vor.

Zur Ernährung der Erdbevölkerung hat Peru einige seiner über 100 Kartoffelsorten beigesteuert, auch Getreide mit hochwertigen Eiweißen wie Amaranth, der in Peru *kiwicha* heißt, und die „Andenhirsen" Quinoa und Cañihua. UN-Generalsekretär *Ban Ki Moon* erklärte 2013 zum „Jahr der Quinoa", weil die Pflanze mithelfen könne, den Welthunger zu bekämpfen. Der *maiz gigante* („Riesenmais"), eine der 50 peruanischen Maissorten, wächst nur im „Heiligen Inka-Tal“ bei Cusco. Aromatische Paprikaschoten, in Peru *ají* genannt, geben den Speisen eine besondere Würze. Seit 4000 Jahren bauen die Peruaner Maniok *(yuca)* und *pallar,* die riesige Mondbohne, an. Die Vielfalt der peruanischen Küche haben nicht nur die peruanischen Sterneköche neu entdeckt, Peru wurde für seine Gastronomie auch im Ausland prämiert. Durch erstklassige Restaurants ist Lima zur kulinarischen Hauptstadt Lateinamerikas aufgestiegen.

Zu Beginn des 20. Jahrhunderts wurde hier der „Pisco Sour“ erfunden, ein Aperitif aus Traubenbranntwein, Limettensaft, Rohrzuckersirup und Eiweiß, den ein Spritzer Angosturabitter oder eine Messerspitze Zimt verfeinert. Auf Empfängen wird kein „Vin d' honneur“, sondern „Pisco de Honor“ serviert.

Die 31 Millionen Peruaner gehören 77 Ethnien an und sprechen 68 verschiedene Sprachen; ihre Vorfahren waren Amerikaner, Europäer, Asiaten, Afrikaner oder Südseebewohner.

Einen Kulturschock erlebt man nicht direkt bei der Ankunft, sondern vielmehr während des Aufenthalts im Land. In den Parks der modernen Stadtviertel von Lima scheint es Wasser im Überfluss zu geben. Wer in einer auf Wüstensand erbauten Hütte am Stadtrand lebt, leidet dagegen permanent unter Wassermangel. Die Wohlhabenden arbeiten in modernen Geschäfts- und Bankenvierteln, treffen sich in renommierten Privatklubs, ihre Söhne und Töchter studieren an privaten Universitäten. Über die Armut in den Gebirgs- und Urwalddörfern wissen sie wenig. Ihrer harten Lebensbedingungen im Hinterland überdrüssig, strömen ehemalige Bauern in Massen nach Lima und werden dort von Alteingesessenen als Bedrohung wahrgenommen.

Die Modernisierung wird immer rasanter. Die Peruaner integrieren sich mit bewundernswertem Geschick in die fortschreitende Globalisierung. Gleichzeitig bewahren sie ihr kulturelles Erbe, das beispielsweise aus rituellen Praktiken und Glaubensvorstellungen aus der Inka- und Vorinkazeit stammt und insbesondere eine Vielfalt an Tänzen, Kostümierung und musikalischen Genres umfasst, die auf dem Kontinent ihres Gleichen sucht. Kein religiöses Fest wird ohne traditionelle Tänze gefeiert. Tanzgruppen begleiten *Jesus Christus,* die Muttergottes und die Heiligen. Das musikalische Erbe der afrikanischen Sklaven kann man in von Afro-Amerikanern betriebenen Tanzlokalen erleben. Das staatliche Folkloreballett zeigt dem städtischen Publikum moderne Kompositionen traditioneller Tänze. Liebhaber klassischer Musik können Konzerte des Nationalen Symphonieorchesters und mit etwas Glück einen Auftritt des peruanischen Tenors *Juan Diego Florez* genießen.

Perus Gegensätze faszinieren und schockieren. Die ethnische Vielfalt ist Bereicherung und führt zu spannungsgeladenen Konflikten, die sich teilweise in Protesten und Auseinandersetzungen mit vielen Verletzten und manchmal mit Toten entladen.

Trotz aller Gegensätze fühlen viele Peruaner sich inzwischen als Teil einer Nation und sind stolz auf ihr Land, das Fremden so viel zu bieten hat. Gern laden sie Ausländer zu lokalen Festen oder Familienfeiern ein. Es gibt keine bessere Gelegenheit, das peruanische Lebensgefühl zu spüren, als mit Einheimischen zu trinken, zu essen und zu tanzen. Und es gibt keine bessere Lektion fürs Leben, denn die Peruaner trotzen den Problemen des Alltags mit ausgelassener und ansteckender Lebensfreude.

Nach 20 Jahren Leben und Arbeiten in Peru ist das Land für mich zur zweiten Heimat geworden. Das Umfeld und die Menschen sind mir tief vertraut und Teil meiner Sicht auf die Welt geworden. Es scheint mir aber, dass Menschen aus „entwickelten Ländern" Peru manchmal vorschnell als „unterentwickelt" oder „hinterwäldlerisch" abqualifizieren. Wem es während seiner Reise gelingt, das Land und die Leute nicht von außen mit mitgebrachten Maßstäben zu beurteilen, sondern es von innen heraus und aus der Sicht der Peruaner zu verstehen, der wird anschließend gewiss um vieles reicher sein.

Annette Holzapfel

Fotonachweis

Soweit der Fotograf nicht direkt am Bild vermerkt ist, stehen die Kürzel an den Abbildungen für folgende Personen, Firmen und Einrichtungen. Wir bedanken uns für ihre freundliche Abdruckgenehmigung.

ah	*Annette Holzapfel*
ai	*Alicia Ibanez*
cd	*Carmen Dávila*
jv	*Julia Vera*
lg	*Luis Gamero*
pd	*Patrick Darlot*
pg	*Renate und Bernd Pullig*

Umschlagbilder und Buchrücken: Annette Holzapfel

Dank

Dilma Salinas und *Eufronio Obispo* und allen anderen Campesinos von San Pedro de Casta danke ich für ihre Gastfreundschaft. Für Unterstützung danke ich den Franziskannerinnen der Purísima Concepción de Maria sowie *Dr. Peter Masson, Dr, Irma Luz Richter, Olga Alvitez* in Chiclayo, *Julia Vera, Alicia Ibanez, Felipe Pacheco, Anita Pacho, Fabio Vásquez, Mariella Bautista, Tato Ojeda, María Villavicencio, Hella Tejada, Rosemarie Werner, Petra von Gablenz, Elisabeth Luque, Sondra Wentzel, Antje Wirth, Claudia Gottmann* vom BMZ, der Musikwissenschaftlerin *Chalena Vasquez (†),* dem Chefkoch *Gastón Acurio,* der Geschäftsführerin der AHK Peru *Antje Wandelt* und *Alois Kennerknecht* für die Teilnahme an seiner alternativen Stadtführung. *Käthe Meentzen, Cecilio Soria, Luzmilla Monteluisa* und *Diego Kau* gaben mir wertvolle Information über das Amazonastiefland.

Agradecimiento

A *Dilma Salinas* y *Eufronio Obispo* y todos los demás campesinos de San Pedro de Casta agradezco por su hospitalidad. Agradezco a las Franciscanas de la Purísima Concepción de Maria, al *Dr. Peter Masson,* la *Dra. Irma Luz Richter,* así como por el apoyo de *Olga Alvitez, Julia Vera, Alicia Ibanez, Felipe Pacheco, Fabio Vásquez, Mariella Bautista, Tato Ojeda del Arco, María Villavicencio, Hella Tejada, Anita Pacheco, Rosemarie Werner, Petra von Gablenz, Elisabeth Luque, Sondra Wentzel, Antje Wirth, Claudia Gottmann,* a la cantautora e investigadora *Chalena (†),* a *Gastón Acurio,* la gerente de la Cámara de Comercio Alemana *Antje Wandelt* y a *Alois Kennerknecht* por mi participación en una de sus excursiones alternativas. *Käthe Meentzen, Cecilio Soria, Luzmilla Monteluisa* y *Diego Kau* me dieron valiosas información sobre los indígenas en la Selva peruana.

Inhalt

Exkurse zwischendurch

Extrainfos im Buch

ergänzen den Text um anschauliche Zusatzmaterialien, die vom Autor aus der Fülle der Internet-Quellen ausgewählt wurden. Sie können bequem über unsere spezielle Internetseite **www.reise-know-how.de/kulturschock/peru17** durch Eingabe der jeweiligen Extrainfo-Nummer (z. B. „#1") aufgerufen werden.

Calidad
Seguridad
5kg
10kg

Verhaltenstipps A–Z

< Wer der Garköchin beim Kochen und Servieren zuschaut, weiß, dass ihr Essen frisch ist und Hygienestandards eingehalten werden (089pe Foto: ah)

- **Adresse:** Wer Peruaner zu Hause besucht, braucht eine genaue Wegbeschreibung. Man sollte wissen, wo man abbiegen muss und welche auffallenden Gebäude sich in der Nähe befinden. Das Erdgeschoss gilt in Peru als „erste Etage" *(primer piso).* Auch die Apartmentnummer sollte man kennen oder wissen, auf die wievielte Klingel von unten/oben, links/rechts man drücken muss. An den meisten Hauseingängen gibt es keine Namensschilder neben den Klingeln. Damit man notfalls noch einmal anrufen und nachfragen kann, sollte man sich eine Festnetz- oder Mobilfunknummer geben lassen. Es ist gut möglich, dass man die Festnetznummer nicht im Telefonbuch findet. Jedenfalls sollte man nicht darauf vertrauen, auskunftsbereite Nachbarn anzutreffen. Das resultiert keineswegs aus Unhöflichkeit, sondern dient dem Schutz vor Einbrechern. Gibt es in dem Haus einen Hausmeister, weiß dieser in der Regel, wo der Gesuchte wohnt, und er wird es dem Fragenden verraten, wenn der ihm vertrauenswürdig erscheint.

  In den **Armenvierteln** gibt es keine Straßennamen, sondern Häusergruppen, die mit Nummern und Buchstaben bezeichnet werden. Innerhalb dieser Gruppen erhält jeder Block und innerhalb eines Blocks jede Wohnung einen Buchstaben bzw. eine Nummer. Ohne diese Angaben lässt sich eine Familie bei Einwohnerzahlen von 5000 oder 10.000 Bewohnern pro Viertel schwer finden. Klingeln gibt es in den *asentamientos humanos* nicht. Man ruft oder rasselt mit dem metallischen Türschloss so lange, bis eine Stimme aus dem Innern antwortet.

  In den reichen Vierteln, wo Villen sich hinter hohen Mauern verbergen, dient die Gegensprechanlage zur Identifikation des Besuchers. Nur wenn dieser bekannt und angekündigt ist, wird nach einigem Warten – der Weg vom Innern des Hauses bis zum Eingang ist weit – die Pforte geöffnet.
- **Ahnen und Vorfahren:** An Allerheiligen sowie an Geburts- oder Todestagen versammeln sich die Familien an den Gräbern ihrer Angehörigen. Sowohl im Hochland als auch unter andinen Zuwanderern in Lima ist es üblich, am Grab eines Verstorbenen Koka zu kauen, Schnaps oder Bier zu trinken und einen Friedhofsmusikanten zu engagieren. Gräber von Kindern werden an ihren Geburtstagen mit Luftballons und anderen Lieblingsgegenständen des Kindes geschmückt. Im Hochland fürchten die Bauern sich noch heute vor den in Form von Skeletten oder Knochen noch präsenten Ahnen aus vorchristlicher Zeit, den sogenannten *gentiles,* denn diese sind in ihren Augen immer

› Am Nationalfeiertag wird mit Pisco Sour angestoßen

noch Besitzer der Felder. Sie können zornig werden und Menschen krank machen und sollten durch Opfergaben beschwichtigt werden. So kann es durchaus vorkommen, dass auch Fremde vor vermeintlichen Aufenthaltsorten von *gentiles* gewarnt werden.

- **Aids:** Seit Bekanntwerden der Krankheit führt das Gesundheitsministerium landesweite Aufklärungskampagnen durch. Die Zahl der AIDS-Kranken steigt zwar weiter, aber nur geringfügig. 2015 gab es 34.836 bekannte Fälle von HIV; Anfang 2017 gab das Gesundheitsministerium die Anzahl mit 35.847 an. Betroffen sind vor allem die 25- bis 30-Jährigen. 70 Prozent leben im Raum Lima-Callao. Ungefähr drei Viertel von ihnen sind Männer. Anders als beispielsweise für Brasilien gibt das Auswärtige Amt für Peru keine Warnung vor einer Infektion heraus. Vor einer Ansteckung sollte man sich in Peru auf dieselbe Weise schützen wie in Deutschland oder anderen Ländern.
- **Ansehen und Gesichtsverlust:** Wer einen Peruaner offen kritisiert oder bei ihm Schamgefühle provoziert, bringt ihn in eine Situation, in der er sein Ansehen verliert. Selbst wenn kein Dritter dabei ist, wird dieser Gesichtsverlust als so gravierend empfunden, dass eine Beziehung von dauerhaften Ressentiments geprägt sein oder sogar zerstört wird. Anstelle von Kritik können aber behutsame Andeutungen gemacht werden, durch die der andere in der Regel schnell selbst entdeckt, was einen an seinem Verhalten oder seiner Haltung stört.
- **Alkohol:** Trotz des Anbaus von Weintrauben im eigenen Land trinken Peruaner lieber Bier als Wein. Die Oberschicht trinkt gern Whisky. Ein Glas des Nationalgetränks *Pisco Sour* gehört als Aperitif zu jedem Empfang. Im Norden von Peru trinkt man zum Essen als Erfrischungsgetränk *chicha*, ein selbstgebrautes Maisbier mit sehr geringem Alkoholgehalt.

003pe-ah

Wein wird gelegentlich zum Essen angeboten, oft erst im Anschluss. Peruaner bevorzugen lieblichen oder halbtrockenen Wein. Bei Dorffesten, Geburtstagen, Strandausflügen, Open-Air-Konzerten und Totenfeiern gibt es Bier. Bei traditionellen Festen und in Wochenendkneipen macht eine Bierflasche nach der anderen die Runde, dazu gibt es ein Glas für alle. Man steht oder sitzt im Kreis, schenkt seinem Nachbarn ein und reicht das Glas weiter. In den Andendörfern gibt es auch schon mal selbst hergestellte *chicha* (Maisbier) und im Amazonastiefland *masato* (Maniokbier). Dieses Trinken kann sich über einen ganzen Tag und sogar über mehrere Tage hinziehen. Das angebotene alkoholische Getränk abzulehnen, wäre unhöflich und würde von der Gemeinschaft übel genommen. Bei städtischen Familienfeiern oder im Restaurant hingegen ist es inzwischen kein Problem mehr, keinen Alkohol zu trinken.

- **Anrede und Hierarchie:** In der Küstenregion sind die Mittel- und Oberschicht schnell beim „Du", auch in Geschäftsbeziehungen. Amtspersonen, Priester und Menschen, die viel älter sind als man selbst, spricht man mit *„usted"* an, selbst wenn man von ihnen geduzt wird. Ähnliches gilt für die Beziehung zwischen Vorgesetzten und Angestellten, Professoren und Studenten sowie Ärzten und Patienten. Die asymmetrische Anrede in Abhängigkeitsverhältnissen muss aber nicht mit einer Geringschätzung in Verbindung stehen. Oft artikuliert sich darin eine vertrauensvolle Beziehung. Als Fremder sollte man abwarten, bis das „Du" einem angeboten wird. Wenn man mit dem Vornamen angesprochen wird, bedeutet dies nicht automatisch ein Duzen. Der Vorname kann in Verbindung mit *usted* („Sie") verwendet werden. *„Señora"*, *„Señor"* und bei unverheirateten Frauen jeden Alters *„Señorita"* sind übliche Anreden, die ohne den Zusatz des Namens keineswegs unhöflich wirken. In den Anden sind auch *„Don"* für Männer und *„Doña"* für Frauen in Kombination mit dem Vornamen gebräuchlich. Ärzte und Rechtsanwälte werden generell mit *„Doctor"* angeredet, Ingenieure mit *„Ingeniero"*. Junge Frauen und Männer mit *„mi amor"* („meine Liebe") anzusprechen, ist keineswegs anzüglich, sondern freundlich. Das Gleiche gilt für *„flaquita"* („kleine Schlanke") oder *„gordita"* („Dickerchen"). *„Gringuita"* ist eine freundliche Anrede, die für junge Frauen aus Europa oder den USA ebenso verwendet wird wie für hellhäutige Peruanerinnen.
- **Armut und Bettelei:** Armut gehört in Peru zum Alltag. Viele Peruaner sind an die Armut gewöhnt und empfinden ausschließlich das Betteln als störend. Sie verscheuchen Bettelnde, die umso aufdringlicher werden, wenn sie eine Chance wittern, doch ein Almosen zu bekommen.

In Peru gibt es keine Sozialhilfe, daher gehen Arme kreativ bei der Sicherung ihres Überlebens vor. Als Türsteher locken sie Passanten in Restaurants oder passen auf parkende Autos auf. Sie singen in Bussen oder verkaufen Bonbons. Dabei weisen sie die Passagiere darauf hin, dass sie sich ja auf ehrliche Weise ihr Geld verdienen, anstatt zu stehlen. Schuhputzer ist ein Männerberuf, den manche ihr ganzes Leben lang ausüben. Schüler verdienen sich mit diesem Job in den Ferien Geld für Schulutensilien und die Einschreibegebühr. Während Schuhputzer in der Regel feste Preise verlangen, bleibt die Höhe des Trinkgelds *(propina)* für Autowächter den Kunden überlassen. Bei Männern, die an Ampeln ungefragt die Frontscheiben der Autos waschen, sollte man vorsichtig sein; es können auch Diebe sein, die Wertgegenstände im Auto ausspähen.

- **Aguantar („Aushalten", „Durchhalten") und andere Fähigkeiten:** Die indigene Bevölkerung hat durch Jahrhunderte währende menschenunwürdige Lebensbedingungen eine extreme Zähigkeit und ein nahezu grenzenloses Durchhaltevermögen entwickelt. Diese Fähigkeit des *aguantar* hilft ihr, sich durchzubeißen, Ziele zu verfolgen, ohne aufzugeben und bei der Selbstausbeutung im Arbeitsleben bis an die eigenen Grenzen zu gehen. Dabei spielt der „Raubbau", der am eigenen Körper betrieben wird, keine Rolle.

Darüber hinaus braucht man in vielen Situationen Durchsetzungsvermögen und Beharrlichkeit. *„El que no llora no mama",* pflegt man in Peru zu sagen: „Wer nicht weint, bekommt keine Muttermilch." Abgemindert wird der Eindruck übertriebener Beharrlichkeit durch Höflichkeitsfloskeln wie *„disculpe"* („Entschuldigen Sie bitte!") oder *„pérmitame"* („Erlauben Sie mir bitte!"). Der spanische Imperativ klingt ohne das Wort bitte genauso höflich wie der deutsche Imperativ mit dem Wort bitte.

Eine gewisse Portion „Gewieftheit", die man in Peru mit den Adjektiven *criollo* oder *vivo* (schlau, gerissen) bezeichnet, ist keineswegs nur negativ besetzt, sondern gilt als eine Fähigkeit, die man braucht, um sich gegen harte Alltagsanforderungen erfolgreich durchzusetzen. Andenbewohner unterstellen der europäischstämmigen Oberschicht eine „kreolische" Verhaltensweise und sehen darin eine wichtige Voraussetzung für den sozialen Aufstieg und eine Fähigkeit, die es sich anzueignen lohnt.

Während es für Peruaner selbstverständlich ist, immer auf der Hut zu sein und die eigene Umgebung im Blick zu haben, um sich vor Diebstahl zu schützen, spiegeln Vertrauensseligkeit, Unvorsichtigkeit oder gar Wagemut in ihren Augen die Naivität von manchen Fremden wider.

- **Ausländer/Touristen:** Der Tourismus wird als Beweis für die internationale Bedeutung Perus sowie seines kulturellen und historischen Erbes gewertet. Peruaner sind Fremden gegenüber aufgeschlossen und extrem tolerant. Unkenntnis oder Verstöße gegen einheimische Sitten werden jedem Fremden gern verziehen. Fremde sind willkommen, man hilft ihnen gern, nimmt sie gastfreundlich auf und lädt sie zu traditionellen Feiern ein, manchmal auch, um durch den Kontakt das eigene Ansehen zu steigern. Taufpate eines peruanischen Kindes zu werden, ist eine große Ehre. Aber nicht immer steht dabei die Sympathie im Vordergrund. Manche Eltern haben es nur auf den vermeintlichen Reichtum des Fremden abgesehen.

  Bei Eintrittskarten für Sehenswürdigkeiten sowie Tickets für Inlandflüge gibt es leider große Preisunterschiede und mitunter müssen Touristen ein Vielfaches mehr zahlen als Einheimische.
- **Baden:** Peru hat viele wunderbare Sandstrände, die in den Sommermonaten (Dezember–Februar) ausgiebig genutzt werden. Dabei ist **Nacktbaden** in Peru generell nicht möglich. Vielerorts empfiehlt es sich auch nicht, weit ins Meer hinauszuschwimmen, weil die Küste rasch sehr steil abfällt und der Sog des Ozeans stark ist. Obwohl es gesetzeswidrig ist, deklarieren wohlhabende Hausbesitzer angrenzende Strandabschnitte gern als „private Strände". Von sich reden machte die Bucht von Asia, in der sogar den Hausangestellten das Baden verboten wurde. Eine Demonstration, angeführt von der Schauspielerin *Gisela Valcarcel,* bereitete dieser Regel ein Ende. Seitdem ist der Strand allgemein zugänglich, aber die Bungalowbesitzer sind geschickt genug, Ärmere dennoch auszugrenzen. An anderen Küstenabschnitten beanspruchen Freizeitklubs Strände exklusiv für ihre Mitglieder.
- **Begrüßung:** Für die Tagesbegrüßung gibt es drei Varianten. Am Morgen sagt man *„buenos días"*, am Nachmittag *„buenas tardes"* und am Abend *„buenas noches"* – auch wenn dies in wörtlicher Übersetzung „gute Nacht" bedeutet. Die anschließenden Fragen nach dem Wohlbefinden – *„¿Cómo está?", „¿Cómo le va?", „¿Qué tal?"* oder *¿Todo bien?"* können mehrmals wiederholt werden. Wie ausführlich man antwortet, hängt davon ab, wie gut man sich kennt. Kennt man sein Gegenüber noch nicht so lange und nicht so gut, sollte die Antwort eher knapp sein, zum Beispiel *„bien"* („gut"), *„todo bien"* („alles im grünen Bereich") oder *„todo tranquilo"* („nichts, was beunruhigt"). Kennt man sich jedoch länger und gut, sollte man ausführlich antworten. Wird man nach seiner Familie gefragt, werden Informationen zu den Familienmitgliedern erwartet. Die Antwort muss allerdings nicht allzu ausführlich sein.

- **Bekleidung:** Aufreizende Kleidung, die viel Haut frei lässt, tragen Frauen in der heißen Jahreszeit gern bei Geburtstagsfeiern, Hochzeiten oder Spaziergängen. Unangebracht ist solche Kleidung jedoch bei offiziellen und geschäftlichen Anlässen, bei denen man eher ein Kostüm oder einen Hosenanzug trägt. Männer tragen in der Firma und bei Feierlichkeiten einen Anzug, im Büro auch Krawatte. Kurze Hosen tragen sie ausschließlich am Strand oder im Freizeitbereich eines Klubs. Bei Familienfeiern oder offiziellen Anlässen könnten die Gastgeber eine kurze Hose als Beleidigung auffassen. Für Frauen der Mittel- und Oberschicht gilt zusätzlich ein absolut gepflegtes Äußeres in der Öffentlichkeit als Muss. Sie lassen sich deshalb regelmäßig in Friseur- und Kosmetiksalons pflegen.

004pe-ah

- **Bestechung/Schmiergelder:** Bestechung und Schmiergeldzahlungen gibt es – wie überall auf der Welt – in der großen Politik. Im Alltag kann sie in vielen Bereichen vorkommen. Unaufgefordert sollte man als Ausländer kein Schmiergeld anbieten, weil man schwer einschätzen kann, ob man dadurch jemanden beleidigt oder sich gar selbst in Gefahr begibt. Wird man aufgefordert, ein Schmiergeld zu zahlen, kann es unter Umständen günstiger sein, dies dem Bittsteller auszuhändigen (wenn es nicht allzu hoch ist), um weiteren Problemen aus dem Weg zu gehen.
- **Bürokratie:** Je niedriger die soziale Schicht, desto mühevoller der Aufstieg in der Hierarchie öffentlicher Ämter. Wer aus einfachen Verhältnissen nach oben gelangt ist, spielt manchmal die eigene Machtposition aus, indem er Bittsteller mit unnötigen Sonderauflagen schikaniert. Dieses Verhalten bezeichnet man als *joder,* was soviel wie „plagen", „ärgern", „jemandem absichtlich etwas vermasseln", unter Umständen

⌃ Frauen in Lima: knappe Kleidung ist durchaus üblich und nichts Besonderes

auch „völlig kaputt machen" bedeuten kann. Um dem vorzubeugen, legen manche Peruaner im Zusammenhang mit Ämtern ein unterwürfiges Verhalten an den Tag oder sie engagieren einen sogenannten „Tramitador", der gegen Bezahlung behördliche Angelegenheiten erledigt (siehe auch den Abschnitt „Behörden" auf Seite 279).

- **Chile:** Wenngleich es mit Chile keine offene Feindschaft mehr gibt, lebt die Erfahrung der Erniedrigung durch den gegen Chile verlorenen Krieg in der Erinnerung der Peruaner aller Schichten bis heute fort. An diesen Krieg erinnern wichtige Feiertage sowie Nationalhelden und in den Dörfern der Anden Folkloretänze. In den Schulen lernen die Kinder von ihren Geschichtslehrern, dass bis heute „eine gewisse Feindschaft" existiere. Immer noch greifen Medien die Schäden auf, die Peru im Krieg durch Chile zugefügt wurden. Besonders bei Fußballspielen flammt die Feindschaft wieder auf. Angesichts chilenischer Investitionen im Einzelhandel beklagen Peruaner den vermeintlichen Wirtschaftsimperialismus des Nachbarlandes. Als die Supermarktkette E.Wong an einen chilenischen Investor verkauft wurde, zog dies heftige Kritik nach sich. Bei dem aus *Pisco* hergestellten Nationalgetränk *Pisco Sour* streiten sich Peruaner und Chilenen bis heute, ob der Traubenbranntwein peruanischen oder chilenischen Ursprungs ist.
- **Distanzzonen:** In der Küstenregion ist der physische Abstand zwischen Personen bei der Begrüßung und Verabschiedung für deutsche Verhältnisse gering. Es kommt rascher zu sichtbaren Sympathiebekundungen. Körperkontakt von Personen gleichen Geschlechts ist unter Freunden ebenso üblich wie im Geschäftsbereich. Bei Geschäftskon-

005pe-ah

takten wird die erste Begrüßung noch mit einem festen Handschlag vollzogen. Beim nächsten Treffen ist ein kräftiger Schlag auf die Schulter oder sogar eine Umarmung von Mann zu Mann möglich. Beides dient dem Ausdruck gegenseitigen Vertrauens. Frauen werden stets zuerst begrüßt, spätestens beim zweiten Mal mit einem Wangenkuss, der erwidert werden sollte. Frauen berühren einander am Oberarm und küssen sich auf die Wangen. Berührungen im Gespräch sind häufig. Angeboten von Nähe sollte man nicht ausweichen, es könnte als Affront wahrgenommen werden. Häufige und liebenswürdige Berührungen bei der Begrüßung und während einer Unterhaltung sind im Amazonastiefland bei Personen verschiedenen Geschlechts durchaus üblich und keineswegs anzüglich gemeint. Im kalten Andenhochland hingegen begrüßt man sich lieber mit Handschlag und kommt sich auch im Verlauf eines Gesprächs körperlich nicht näher als in Deutschland.

- **Diebstahl:** Dieb zu sein, ist in Peru ein „Beruf", der sogar innerhalb von Familien weitergegeben wird. Peruanische Diebe beobachten scharf und so entgeht ihnen kaum eine Gelegenheit. Deshalb sollte man noch wachsamer sein als jene, seine Sachen nicht aus den Augen verlieren und keine Wertsachen tragen, die einen Dieb provozieren könnten. Taschendiebe machen sich vor allem das Gedränge auf Märkten, in überfüllten Bussen oder Zügen, in der Nähe von Busstationen oder Bahnhöfen zunutze. Ihr Repertoire an Ablenkungsmanövern scheint unerschöpflich zu sein. Die gängigsten sind das Anrempeln und die Verwicklung in ein Gespräch. Mit Rasierklingen werden Löcher in Handtaschen oder Rucksäcke geschnitten. Häufig sind das schnelle Wegreißen von Taschen oder Wertgegenständen und das anschließende Wegrennen oder aber das sofortige Einsteigen in ein bereitstehendes Diebesauto. Nach Einbruch der Dunkelheit sollte man besonders vorsichtig sein. Einsame Straßen sowie Viertel, die normalerweise nicht von Touristen besucht werden, meidet man am besten. Sofern möglich, sollte man nur eine Kopie des Reisepasses und nicht das Original sowie wenig Geld mitnehmen, es dort verstauen, wo es kein Dieb vermutet, und nicht in der Öffentlichkeit hervorziehen. Seit 50 Jahren gibt es in Peru eine Touristenpolizei. Sie bietet Schutz in Vierteln, in denen Touristen sich aufhalten, sowie bei Festen und Veranstaltungen, an denen Touristen teilnehmen.

[<] So herzlich sieht die Begrüßung aus, wenn man sich auf der Straße trifft (Amazonastiefland)

- **Drogen:** Die gängigsten und legalen Drogen sind Zigaretten und alkoholische Getränke. Bei den illegalen Drogen steht Marihuana an erster Stelle, gefolgt von *pasta básica* (Kokainpaste) und Kokain. Der Handel mit Drogen wird in Peru mit Gefängnis bestraft.

  Kokain ist teuer und wird eher von Jugendlichen der Oberschicht konsumiert. *Pasta básica* ist zwar für weniger Geld zu bekommen, führt aber die Konsumenten rasch in die Beschaffungskriminalität, weil die Droge extrem schnell abhängig macht und der Rausch lediglich 30 bis 70 Sekunden andauert. Schmerzen und Krampfzustände lassen sich nur durch erneuten Konsum unterdrücken, so dass viele Abhängige täglich 100 bis 300-mal konsumieren. Das Kokainsulfat hat kurzzeitig die gleiche Wirkung wie „reines" Kokain: Stimmungsaufhellung, Euphorie und gesteigerte Aktivität. Die Droge schädigt Gehirn, Herz, Lunge und Leber. Junkies – in Peru *fumones* genannt – erkennt man an ihrer abgemagerten Figur und ihrem entrückten Gesichtsausdruck. Das Hungergefühl setzt dauerhaft aus. Die Blätter der Kokapflanze, die bei Ritualen gekaut werden, haben dagegen keinerlei berauschende Wirkung. Zur rituellen Verwendung der Kokapflanze siehe auch „Die sakrale Bedeutung der Koka: Opfer und Orakel" ab Seite 238.

  Der San-Pedro-Kaktus *(Echinopsis pachanoi),* der in der nordperuanischen Küstenregion von traditionellen Heilern, sogenannten *curanderos* eingesetzt wird, enthält Meskalin und kann Bewusstseinsverzerrungen sowie Veränderungen der Wahrnehmung verursachen, die der Wirkung von LSD sehr ähneln. Fatale Langzeitwirkungen kann die international geächtete Ayahuasca-Liane haben. Wenn sie nicht in einen kulturellen Kontext eingebunden ist, kann sie Psychosen auslösen und eine zu hohe Dosis kann sogar tödlich sein. Nimmt man als Fremder an Ayahuasca-Ritualen im Amazonastiefland teil, so können akute oder Langzeitschäden nicht ausgeschlossen werden. Im Amazonastiefland wird bei Ritualen auch die Engelstrompete *(huantuq)* verwendet.

  Der Handel mit Drogen innerhalb des Landes sowie die Mitnahme ins Ausland enden für Touristen wie Einheimische im Gefängnis, wenn die Straftat entdeckt wird.

- **Ehrlichkeit oder Höflichkeit:** Auf die Frage, ob es wichtiger ist, dass man ehrlich oder dass man höflich ist, würde mancher Peruaner sicher antworten, dass die Höflichkeit der Ehrlichkeit vorzuziehen ist. Ehrlichkeit oder Offenheit dürfen auf keinen Fall mit einer Direktheit einhergehen, die andere verletzt. Nichts ist so schlimm, wie einem anderen emotionalen Schaden zuzufügen oder seine patriotischen Gefühle zu verletzen. Peruaner sehen es ungern, wenn man ihnen ihre Fehler krass vor Augen führt oder ein nationales Problem ungeschminkt anspricht.

- **Einkaufen auf Märkten:** Lebensmittelmärkte finden in Peru an sechs oder sieben Wochentagen statt. Oft wird man bereits beim zweiten Einkauf mit *„casera"/„casero"* („Stammkundin"/„Stammkunde") angeredet und darf die Marktfrau mit demselben vertrauensvollen Wort ansprechen. Bei Lebensmitteln gelten Festpreise; Handeln ist hier nicht üblich. Marktfrauen schaffen es, mehrere Kunden gleichzeitig zu bedienen. So verübeln sie es Kunden nicht, wenn sie Fragen stellen oder etwas verlangen, während noch jemand anderes bedient wird. Unüblich ist es, sich in eine Reihe zu stellen und zu warten, bis man drankommt. Besonders günstig kann man auf den städtischen Großmärkten einkaufen, wo Produzenten ihre Waren anbieten. Vorsicht ist bei der Anfahrt geboten, weil solche Märkte sich manchmal in Gegenden befinden, in denen Diebe ihr Unwesen treiben. In Lima gibt es an den Wochenenden Biomärkte *(bioferia),* auf denen man ökologische Produkte kaufen kann. Auch auf dem Großmarkt von Cusco werden ökologisch angebaute Produkte verkauft.
- **Einladungen:** Wer ins Restaurant oder Café einlädt, zahlt. Bereits der Vorschlag, ein Café oder Restaurant aufzusuchen, wird als Einladung verstanden, verbunden mit der Erwartung, dass der Vorschlagende zahlt. Treffen sich Bekannte oder Freunde zum gemeinsamen Essen, kann dagegen ein „Kampf" darum entbrennen, wer die anderen einladen und zahlen „darf". Wer sichergehen möchte, dass er am Ende tatsächlich der Einladende ist, sollte vorher den Oberkellner unauffällig bitten, ihm die Rechnung zuüberreichen. Eingeladen – auch ins eigene Haus – wird oft kurzfristig und spontan. Freunde, Bekannte und Geschäftspartner werden gern in Klubs eingeladen, die über Cafés und Restaurants verfügen. Liegt eine Einladung lange zurück, sollte noch einmal daran erinnert werden. Bei Einladungen um die Mittagszeit darf man von einer Einladung zum Mittagessen ausgehen. Am Abend muss es sich nicht zwangsläufig um eine *cena* (ein Abendessen) handeln. Fällt das Wort nicht, werden vielleicht eher selbst zubereitete, landestypische Snacks und Getränke angeboten.

  In ländlichen Regionen muss keine Einladung ausgesprochen werden. Freunde und Bekannte werden einfach besucht und falls gerade gekocht wurde, wird jedem Gast ein Teller mit Essen serviert. Es ist nicht üblich, weitere Personen mitzubringen, wenn man eingeladen ist. Möglicherweise reichen auch die Plätze am Tisch nicht aus.
- **Erdbeben:** Als *temblor* (Zittern) bezeichnet man in Peru schwache Beben der Stärke 2 oder 3 auf der Richterskala. Meist bemerkt man diese gar nicht. Peruaner sagen, dass die Erde sich entlädt und stärkere Beben verhindert werden. Erdbeben sind sowohl in der Küsten- als auch

in der Andenregion theoretisch immer möglich, weil eine seismisch aktive Zone parallel zur Küstenlinie verläuft. Allerdings erreichten seit der spanischen Eroberung vor über 500 Jahren nur 20 Erdbeben eine hohe Magnitude von 7,0 oder mehr. Dabei lagen fast alle Epizentren unter dem Pazifischen Ozean und lösten kleine Tsunamis aus. Erdbeben dauern wenige Sekunden bis Minuten. Wer sich außerhalb von Gebäuden befindet, hat meist die besten Chancen. Man sollte möglichst eine große Freifläche aufsuchen und die Nähe von Häusern meiden. Befindet man sich mitten in einem Gebäude, sind die besten Plätze im Zentrum eines Raumes oder unter einem Türrahmen. Ein stabiler Tisch kann vor herabfallenden Trümmern schützen. Bei den einmal im Jahr stattfindenden Prozessionen zu Ehren der Christuserscheinungen *„Senor de los Temblores"* in Cusco und *„Senor de los Milagros"* in Lima bringen die Gläubigen ihre Dankbarkeit dafür zum Ausdruck, dass sie verschont blieben und erbitten Gottes Schutz vor zukünftigen Beben.

- **Familiennamen:** Peruaner haben einen oder zwei Vornamen und grundsätzlich zwei Nachnamen. An erster Stelle steht der erste Nachname des Vaters und an zweiter der der Mutter. Nach der Eheschließung behalten Frauen ihre beiden Zunamen. Kinder heißen also mit erstem Nachnamen immer anders als die Mutter. Problematisch ist es bei unehelichen Kindern. Erkennt ein Mann die Vaterschaft nicht an, bleibt der Mutter nichts anderes übrig, als das Kind mit ihren eigenen beiden Nachnamen (also dem jeweils ersten Nachnamen ihres Vaters sowie dem ihrer Mutter) registrieren zu lassen. Drei Vornamen hintereinander, wie es manchmal in Deutschland vorkommt, gibt es in Peru nicht. Bei Meldeformularen oder sonstigen Arten der Registrierung sollte man darauf achten, dass der dritte Vorname nicht für den ersten Nachnamen gehalten wird. Ansonsten ist man später unauffindbar. Die Nachnamen der reichen, angesehenen und mächtigen Familien der Oberschicht sind in Peru allgemein bekannt. Bis heute haben die Personen mit diesen Namen bei der Vergabe wichtiger Positionen in Wirtschaft oder Politik große Vorteile, weil man einander kennt und vertraut.
- **Fotografieren:** Die meisten Peruaner lassen sich gern fotografieren und seitdem überall Fotos mit dem Handy gemacht werden, kooperieren viele sogar, wenn sie fotografiert werden. Bei meiner letzten Reise bestanden nicht nur die Stadtpolizistinnen auf der Plaza San Martin in Lima darauf, dass ich sie mehrmals fotografierte, bis ein sehr gelun-

> Die Geranie ist das Geburtstagsgeschenk für den Schwiegersohn (Andendorf)

genes Foto entstand. Vorsichtiger sollte man beim Fotografieren von Angehörigen der Nationalpolizei sein, die sich noch an die Zeit des Terrorismus erinnern, als Sicherheitskräfte fotografiert wurden mit dem Ziel, sie später zu erschießen.

- **Geschenke:** Wer eingeladen ist, ohne dass bei der Gelegenheit etwas Besonderes gefeiert wird, muss kein Geschenk mitbringen. Selbstverständlich freuen peruanische Gastgeber sich über kleine Geschenke. Immer passend sind Blumen für die Gastgeberin sowie Pralinen, Schokolade, Whisky, Wein oder Pisco. Beim Pisco sollte es sich aber um eine renommierte Marke handeln, die das Zwei- oder Dreifache eines guten Weins kostet. Bücher, silberne Bilderrahmen oder wertvolle Schreibgeräte sind ebenfalls beliebt. Schmuck sollte man nur schenken, wenn man eine Person und ihren Geschmack sehr gut kennt. In Lima kann man kleine Snacks wie Oliven, Salami oder Nüsse mitbringen, eine Torte oder Gebäckteilchen. Auf keinen Fall darf man Messer schenken, da Peruaner überzeugt sind, dies führe zu Streit und zum Ende der Freundschaft. Unüblich ist das Schenken von Kleidungsstücken oder Parfüms. Bei Hochzeiten verschickt das Brautpaar zusammen mit der Einladung die Adresse des Geschäftes/Kaufhauses, in dem eine Liste ausliegt, aus der man sein Geschenk auswählen kann. Bei Taufen kann man kleine Gegenstände aus Silber wie Rahmen für Fotos oder Trinkbecher schenken, zur Kinderkommunion eine Bibel, Armbanduhr, ein wertvolles Schreibgerät oder ein Mobiltelefon. Häufig packt der Empfänger das Geschenk vor den Augen des Schenkenden nicht aus, damit man ihm eventuelles Missfallen nicht vom Gesicht ablesen kann. Sein Missfallen kundzutun, ganz gleich ob gewollt oder ungewollt, gilt als unhöflich und verletzend.
Wer Freunde auf dem Land besucht, sollte überlegen, was man dort nicht kaufen kann. Dazu gehören manchmal Obst, frisches oder süßes Brot, Rosinen oder Oliven.

006pe-ah

- **Geburtstage:** Auf dem Land feiern viele Menschen ihre Geburtstage nicht. In der Stadt beginnt die Feier am Vorabend und man feiert „hinein". Geburtstagsfeiern beginnen mit selbst zubereiteten, köstlichen Snacks und Getränken, die den sitzenden Gästen gereicht werden. Später tanzt man. Oft wird bis zum Morgengrauen gefeiert. Dabei werden Stereoanlagen voll aufgedreht und manch einer verwendet sogar ein Megaphon, um die Ehefrau zu ehren. Nachbarn, die nicht eingeladen werden, wenn sie nicht zum Freundeskreis gehören, müssen dann eine schlaflose Nacht durchleiden. In den unteren Schichten ist der 15. Geburtstag eines Mädchens von besonderer Bedeutung, weil er den Übergang vom Mädchen- zum Frausein symbolisiert. Eine Einladung zur Feier darf man als Ehre werten. Ein Briefumschlag mit Geld wird immer gern gesehen. Kinder erhalten Spielzeug und von ihren Taufpaten die Geburtstagstorte. Kleine Mädchen werden von Taufpaten gern mit Ohrringen oder einem Kleid beschenkt. In ländlichen Regionen wird nicht zum Geburtstag eingeladen. Verwandte und gute Freunde tauchen am frühen Morgen einfach auf. Als Geschenk stecken sie dem Geburtstagskind entweder eine frische Blume an den Hut oder sie bringen an die 50 Eier, Coca Cola und dunkles Bier mit. Man bittet sie in die Küche, wo sie aus geschlagenem Eiweiß, Coca Cola und Bier einen *ponche* zubereiten, der hervorragend schmeckt. Nach dem Anstoßen wird jedem Gast ein Teller mit warmem Essen serviert.

- **Gesprächsthemen:** Peruaner unterhalten sich gern und ausführlich über die Familie, die bei manchen Familienfeiern sogar das einzige Thema ist. Weitere beliebte Gesprächsthemen bei privaten und geschäftlichen Treffen sind Freizeit, Kultur und Sehenswürdigkeiten. Über Politik und Kirche zu sprechen, ist zwar nicht verboten, man sollte sich aber mit Kritik zurückhalten, insbesondere wenn man den Standpunkt des anderen nicht kennt. Wer als Ausländer den Drogenhandel oder

007pe-ah

die Kriminalität anspricht, kann seine Gesprächspartner in ihrem Nationalstolz verletzen, was eine Freundschaft beeinträchtigen oder unmöglich machen könnte.

- **Handeln/Feilschen:** Gehandelt wird nicht im Geschäft, sondern ausschließlich auf Kunsthandwerksmärkten Auch dort haben die Händler feste Preise; man kann viele Waren jedoch 10 oder 15 Prozent günstiger bekommen, insbesondere, wenn man am frühen Morgen der erste Käufer ist, der dem Verkäufer nach dem Volksglauben Glück bringt. Man sollte das Feilschen nicht übertreiben, wenn Verkäufer ihre Waren selbst herstellen. Sie neigen dazu, ihre eigene Arbeitszeit nicht in Rechnung zu stellen.
- **Hausangestellte:** Obwohl sich die Situation der Hausangestellten signifikant verbessert hat, werden sie für deutsches Empfinden immer noch nicht völlig gleichwertig behandelt. Man kann dieses Verhalten der Peruaner ablehnen, wird aber bei peruanischen Gastgebern auf heftigen Widerstand stoßen, wenn man ihren Umgang mit „ihren" Angestellten in Frage stellt.
- **Hexerei:** Zauberei, Hexerei oder Liebeszauber sind in vielen Kreisen Bestandteil des Alltags. Ihre Wirkung anzuzweifeln, würde von mangelndem Taktgefühl zeugen. Manche Peruaner nutzen Hexerei zur Erfüllung ihrer Wünsche; andere hoffen, dadurch von schweren Krankheiten geheilt zu werden. Dass sich mit dem Beruf des Heilers *(curandero)* oder Hexers *(brujp)* Geld verdienen lässt, beweisen die Anschläge auf Laternenpfählen oder Anzeigen in Boulevardblättern. Auch für die Befriedigung von Rachegelüsten werden Hexer in Anspruch genommen. Die vermeintlichen Opfer solchen Schadenszaubers möchten auch von Fremden ernst genommen werden. Darüber hinaus sind viele Praktiken feste Bestandteile von Zeremonien bei traditionellen Dorffesten. Wird einem Fremden die Teilnahme an einer solchen Zeremonie gestattet, sollte er auf keinen Fall ungefragt Fotos machen.
- **Hierarchien/Höhergestellte:** Siehe den Verhaltenstipp „Anrede" auf Seite 16.
- **Hochzeit:** Ist man zu einer Hochzeit eingeladen, so kann man der Einladungskarte entnehmen, ob man nur zur Messe und dem anschließenden Umtrunk im Pfarrsaal eingeladen ist oder aber auch zur anschließenden Feier. Im letzteren Fall sollte man im auf der Karte angegebenen Geschäft ein Geschenk aus der dort vorliegenden Liste auswählen. Dieses ist in der Regel nicht billig.

‹ An einem Feiertag tauschen Andenbauern beim Kaffee Neuigkeiten aus

- **Höhenkrankheit:** Der *soroche*, wie die Höhenkrankheit in Peru heißt, bezeichnet Symptome, die ab 2500 m auftreten können. In Peru liegen viele Ortschaften und Städte auf über 3000 m Höhe, sodass man mit dem *soroche* rechnen muss, wenn man diese besucht. Die Ursache liegt darin, dass der Luftdruck mit zunehmender Höhe absinkt und damit auch der Sauerstoffgehalt. Das führt zur Verengung der Blutgefäße in der Lunge. Die Sauerstoffaufnahme in der Lunge verringert sich. Der Sauerstoffunterversorgung wirkt keine körpereigene Atemregulation entgegen. Das Auftreten der ersten Symptome ist individuell verschieden und nicht zwangsläufig konstitutionsabhängig; es kann also auch Personen betreffen, die viel Sport treiben. Typische Symptome sind Kopfschmerzen, Müdigkeit, Kreislaufbeschwerden und schneller Pulsschlag. In schlimmeren Fällen kommen starke Atemnot und Herzrasen dazu. Glücklicherweise ist der *soroche* meistens nicht lebensbedrohlich und die Symptome verschwinden nach einigen Tagen, wenn der Körper sich an die Höhe angepasst hat. Vorbeugen kann man, indem man den Aufstieg in große Höhen auf mehrere Tage verteilt. Vor Ort sollte man nichts Schweres tragen, am ersten Tag keine Wanderung unternehmen, am Abend nichts oder nur wenig essen – die Verdauung ist in der Höhe wesentlich langsamer – und keinen Alkohol trinken.
- **Homosexualität:** In den Medien, insbesondere im Fernsehen, wird Homosexualität seit Langem offen thematisiert. In Lima gibt es viele Lokale, in denen sich Homosexuelle treffen und in den Parks kann man die Regenbogenfahne wehen sehen. Gewalt gegen Homosexuelle gilt heute als schweres Delikt und wird bestraft. Transsexuelle haben das Recht, ihr Geschlecht und ihren Namen zu ändern, allerdings nicht in offiziellen Dokumenten. Seit 2010 veranstalten Lesben und Schwule in acht peruanischen Städten jedes Jahr Umzüge. An der „Marcha del Orgullo Gay", die 2011 in Lima stattfand, nahmen auch Politiker teil. Seit *Carlos Bruce*, der als Minister hohe Ämter bekleidete, als erster Politiker in Peru seine Homosexualität bekannt gab, ist die Öffentlichkeit wesentlich toleranter geworden. *Bruce* brachte einen Gesetzesvorschlag ein, der gleichgeschlechtlichen Partnern die Ehe ermöglichen sollte. Ehen zwischen Homosexuellen werden in Peru jedoch noch nicht anerkannt. Der öffentliche Austausch von Zärtlichkeiten ist nach wie vor ein Tabu und kann sogar zu gewalttätigen Angriffen führen. Mehr zum Thema im Abschnitt „Homosexualität" ab Seite 186.

> „Juanes" (siehe Seite 282) sind eine Spezialität der Küche des Amazonastieflandes

008pe-ah

Hygiene: Der Ausbruch der Cholera im Jahr 1992 hat ein großes Erwachen ausgelöst. Im gesamten Land wurden Aufklärungskampagnen über Ansteckungsrisiken durchgeführt. Dies führte dazu, dass Hygienemaßnahmen wesentlich verbessert wurden. Auf den großen Märkten hat jede Garköchin fließendes Wasser und der Gast kann sich selbst davon überzeugen, dass das Geschirr gut gereinigt wird. Trotzdem werden Hygienevorschriften manchmal nicht beachtet. Auf Wochen- und Tagesmärkten werden beispielsweise Lebensmittel angefasst, die später jemand anders kauft. Deshalb wäscht man in Peru nicht nur das Obst, sondern auch den Käse, bevor man ihn isst. In der Küstenregion sowie im Tiefland kann es vorkommen, dass ein Fliegenansturm auf frisch zubereitetes Essen nicht aufzuhalten ist. Im Hochland kann eine Reihe von Krankheitskeimen nicht überleben. Dort erschweren aber einerseits Wassermangel und Kälte eine optimale Körperhygiene und andererseits ist die Vorstellung verbreitet, eiskaltes Wasser in Verbindung mit niedrigen Außentemperaturen könne zu Erkrankungen führen, deshalb sei es besser, die Hände am Abend nicht damit zu waschen. So haben die Menschen anderer Regionen häufig Vorurteile gegenüber den angeblich schmutzigen Andenbewohnern. Übrigens: Die regelmäßige Entfernung von Bein- und Schamhaaren gilt in Peru als selbstverständlicher Teil der Körperhygiene. Frauen, die dies nicht praktizieren, betrachtet die städtische Mittel- und Oberschicht als ungepflegt oder unsauber.

- **Karneval:** Im Karnevalsmonat Februar sollte man sich an den Wochenenden nicht über eine ungewollte, plötzliche kalte Dusche wundern. Unaufmerksame werden an den Sonntagen mit einem Eimer Wasser übergossen oder von einem prall mit Wasser gefüllten Luftballon getroffen. Deshalb schließen Peruaner trotz unerträglicher Hitze zu dieser Zeit in den Bussen alle Fenster. In den Anden überraschen die Jecken anstatt mit kaltem Wasser mit farbigem Mehl, das am Gesicht haften bleibt. Beim Tanz um die *yunza,* den Karnevalsbaum, ist Vorsicht geboten: Eine Axt wandert nämlich von Tanzpaar zu Tanzpaar und wer die *yunza* fällt, darf die Feier im nächsten Jahr ausrichten. Schneller als man denkt, kann man unter dem Karnevalsbaum „begraben" liegen.
- **Kinder:** Die Familie betrachten Peruaner als ihr wichtigstes Gut. Peruaner lieben Kinder, verwöhnen sie und sagen ihnen ständig, wie reizend sie sind. Hat man als Fremder bewundernde Wort für die Schönheit der Kinder, stößt das gewiss auf große Sympathie. Manche für Europäer befremdliche Verhaltensweisen von Kindern der städtischen Mittel- und Oberschicht haben ihren Ursprung darin, dass Eltern ihre Kinder gerne in die Obhut von Hausangestellten geben, die einer niedrigeren sozialen Schicht entstammen sowie eine andere ethnische Herkunft haben.

In den unteren Schichten ist es selbstverständlich, dass Kinder auf ihre kleineren Geschwister aufpassen

009pe-lg

- **Kinderarbeit:** Obwohl das peruanische Gesetz Kinderarbeit verbietet, halten einige Peruaner Kritik von Fremden, die ihr Land ja nicht so gut kennen, für unangebracht. Viele Peruaner sind so sehr an Kinderarbeit gewöhnt, dass sie sie kaum wahrnehmen. Andere sehen in den Kindern vor allem Vertreter vermeintlich rückständiger Ethnien und finden es richtig, dass die Kinder arbeiten, um sich von ihren schlechten Lebensbedingungen zu befreien. Mehr zum Thema ab Seite 261.
- **Klischées, Vorurteile und Erwartungshaltungen gegenüber Ausländern:** Wer blond ist, weiße Haut hat und blauäugig ist, gilt in Peru als hübscher und begabter und hat schneller Erfolg. Ausländer bringt man – insbesondere im Amazonastiefland – automatisch mit Geld und Reichtum in Verbindung. So gibt es Indigene, die es Ausländern verübeln, wenn sie sie nicht ins Restaurant einladen oder ihnen gar das Fahrgeld bei gemeinsamen Unternehmungen nicht bezahlen. Solche Ausländer sind in ihren Augen schlechte Menschen. Deutsche sind allgemein gut angesehen. Sie gelten als ehrlich, arbeitsam und seriös, aber auch als *duros, fríos, dictadores, mandadores, de pocos sentimientos* (hart, kalt, diktatorisch, befehlend, gefühlsarm).
- **Kommunikation:** Aufmerksames Zuhören dürfte alle Erzähler erfreuen. Schweigendes Zuhören ohne kleine Unterbrechungen, Nicken oder Nachhaken zwischendurch kann Peruaner jedoch verunsichern. Sie werden sich fragen, ob ihr Gegenüber ihnen noch folgt. Nicht jede Unterbrechung gilt deshalb als unhöflich, sondern kann ganz im Gegenteil auch als Interessensbekundung gewertet werden. Näheres zum Themenkomplex findet sich auch im Kapitel „Kommunikation" ab Seite 302.
- **Krankheit:** Dass man nicht ohne Kranken- und Unfallversicherung reist, dürfte sich von selbst verstehen. Im Krankheitsfall sollte man entweder eine private Arztpraxis oder eine Privatklinik aufsuchen, da die staatlichen Einrichtungen überlaufen sind und die Ärzte oft gar nicht die Kapazitäten haben, alle wartenden Patienten zu behandeln.
- **Kreolisch (Criollo):** Das Adjektiv *criollo* bezeichnet kulturelle und Verhaltenselemente, die nicht indigen, sondern teils europäischen und teils afrikanischen Ursprungs sind. „Kreolisch" können nur Städter sein. Wenn Limenser sich als *criollos* bezeichnen, bringen sie damit ihre Verbundenheit mit der kreolischen Musik, dem *canción criolla* (kreolisches Lied, siehe Seite 164), das europäische und afrikanische Musiktraditionen verbindet und der *comida criolla,* den typischen Gerichten der Küstenregion, zum Ausdruck, ebenso wie eine unbeschwerte Art von Geselligkeit und Raffinesse, die den Menschen im Landesinnern fehlt.
- **Kriminalität:** siehe das Kapitel „Kriminalität" ab Seite 307.

- **Kritik:** Die Ehre des Einzelnen gilt als unantastbar. Jeder hat das Recht, sein Gesicht zu wahren. Deshalb wird Kritik gut verpackt. Das führt dazu, dass Peruaner bei allzu direkt geäußerter Kritik beleidigt sind. Es fällt ihnen schwer, zugefügte Verletzungen zu verzeihen. Manche hegen ihr Ressentiment sogar ein ganzes Leben lang. Unter guten Freunden sind Offenheit und Ehrlichkeit jedoch wichtiger als allzu große Vorsicht beim Kritisieren.
- **Kulturelle Missverständnisse:** Solche gibt es in Peru wie überall auf der Welt und man kann sie nicht vermeiden. Aber man kann ihnen durch scharfes Beobachten und Fragen vorbeugen. Sich nach den landesüblichen Gepflogenheiten zu erkundigen, ist in Peru immer möglich. Manchmal weisen Peruaner Fremde auch von sich aus auf Besonderheiten hin.
- **Kultstätten:** Katholische Kirchen werden an wichtigen Feiertagen aufgesucht. Vor Ostern soll jeder Katholik sieben Kirchen besuchen. In der Woche vor Fronleichnam pilgern über 20.000 Menschen aus den umliegenden Dörfern zum Ausangate bis in 4500 m Höhe, wo sowohl der Berggott *Apu Ausangate* als auch der christliche *Senor de Qoyllur Rit'i* verehrt wird. In der Küstenregion sollen Menschen vor wenigen Jahren noch an den *Huacas*, pyramidenartigen religiösen oder administrativen Zentren der Inka- und Vorinkazeit, geheime Opfer gebracht haben.
- **Müll:** In diesem Bereich ist in den letzten Jahren viel passiert, sowohl im Hinblick auf die Sensibilisierung der Bevölkerung als auch bei der Problemlösung. Vergleicht man Peru mit anderen Schwellenländern, muss das Land als fortschrittlich bezeichnet werden. Dass man Müll nicht auf die Straße wirft, sondern in einen Papierkorb und dass kein Müll im Freien abgeladen wird, lernen die Kinder bereits in der Schule. In den Städten ist die Mülltrennung inzwischen selbstverständlich. (Näheres dazu auch im Abschnitt „Müll“ auf Seite 310).
- **Nonverbale Kommunikation:** Mimik und Gestik sind ähnlicher als man glaubt und quer über den Erdball zu verstehen. Dennoch unterscheiden sich einige Gesten von den in Deutschland üblichen und sie erfüllen mitunter einen anderen Zweck. Näheres hierzu im Abschnitt „Nonverbale Kommunikation“ ab Seite 305.

[>] Schwester Ana Maria lässt im Schulhof die Fahne hissen, bevor sie der Marienstatue der Schule die Krone aufsetzt

- **Patriotismus und Lokalpatriotismus:** Manch ein Besucher mag sich über die militärisch anmutenden Szenen an den Schulen wundern, wenn montags, freitags, sonntags und an zivilen Feiertagen auf dem Schulhof die Fahne gehisst wird. Dabei werden die Nationalhymne sowie das „Lied zu Ehren der Fahne“ gesungen. Bei solchen Zeremonien stehen die Kinder stramm, aufgestellt nach Klassen rühren sie sich nicht vom Fleck, egal wie lange die Zeremonie dauert. Das Vorbild des herausragenden Helden *Colonel Alfonso Ugarte,* der im Salpeterkrieg durch seinen Freitod die peruanische Fahne davor bewahrte, in die Hände der chilenischen Feinde zu geraten. Cusco hat eine eigene Hymne, die auf Spanisch und Quechua gesungen wird. Hiermit demonstrieren die alteingesessenen Cusquener Lokalpatriotismus und Ebenbürtigkeit gebenüber der Landeshauptstadt Lima, die ja viel jünger ist als die alte Inka-Metropole.
- **Politik:** Peru ist eine Demokratie, in der Meinungsfreiheit herrscht und niemand für seine offene Meinungsäußerung verhaftet wird. Wie Peruaner die nicht zu leugnenden gravierenden Menschenrechtsverletzungen der 1980er- und 1990er-Jahre (siehe auch die Abschnitte „Das 20. Jahrhundert und der Indigenismo“ ab Seite 59, „Die Guerillabewegungen der 1980er- und 1990er-Jahre“ ab Seite 128 und insbesondere den Abschnitt „Gegen das Vergessen“ ab Seite 134) werten und wahrnehmen, hängt u. a. von ihrer sozialen Schicht ab sowie davon, inwieweit sie betroffen waren und welcher wirtschaftlichen

010pe-ah

Interessensgruppe sie angehören. Die Meinung eines Ausländers kann hier leicht auf Ablehnung stoßen oder verletzen. Da viele Peruaner davon ausgehen, dass Außenstehenden wesentliche Informationen der Innenperspektive fehlen, wird deren Urteilsvermögen möglicherweise angezweifelt. Deshalb ist es zu empfehlen, politische Themen mit völlig Fremden besser zu vermeiden, bis man sich besser kennt und die Haltung des Gegenübers besser einschätzen kann.

- **Privatsphäre:** Obwohl die Peruaner der Küstenregion gesellig sind und schnell vertrauensvolle, offene Beziehungen zu anderen Menschen aufbauen, ist ihnen der Schutz der Privatsphäre – und dazu gehört auch die eigene Wohnung – sehr wichtig. An Türen und neben Klingeln stehen normalerweise keine Familiennamen. Man trifft sich ohnehin lieber in Cafés, Restaurants oder einem Klub. Wird man von einer Person oder Familie nach Hause eingeladen, erhält man eine minutiöse Beschreibung der Anfahrt mit den markanten Gebäuden, der Apartmentnummer und einer Erklärung, welche Klingel zu drücken ist (vgl. den Verhaltenstipp „Adresse" auf Seite 14). Lebt die Familie in einem wohlhabenden Viertel, wo die Apartmenthäuser rund um die Uhr Wachmänner und Rezeptionisten beschäftigen, erteilen diese nur dann Auskunft, wenn sie vom Wohnungseigentümer entsprechend instruiert wurden. Die Oberschicht lebt in Villen und grenzt sich zusätzlich durch Schlagbäume ab, die nur passieren darf, wer den Namen der Familie nennt und am Eingang einen Ausweis zeigt oder hinterlegt.

Luxusappartements am Pazifik

012pe-ah

- **Prostitution:** Die wenigsten peruanischen Prostituierten üben ihren Beruf freiwillig aus. Entweder wurden sie mit falschen Versprechen gelockt und wussten nicht, auf welche Arbeit sie sich einlassen, oder sie sahen aus ihrer Armut keinen anderen Ausweg. Der letztendliche Verdienst ermöglicht ihnen dennoch kein würdiges Leben. Prostitution ist in Peru legal. Das Gesetz schreibt dabei ein Mindestalter von 18 Jahren vor. Tatsächlich ist aber die Anzahl der Minderjährigen sehr hoch. Die Prostitution hängt in erster Linie mit Armut und Chancenlosigkeit zusammen. Die meisten Prostituierten arbeiten schattenwirtschaftlich an den Stadträndern von Lima, im Amazonastiefland in Goldsuchersiedlungen oder in Bergbauregionen im Hochland (siehe auch den Abschnitt „Bergbau und Prostitution" auf Seite 265), in denen viele Männer wochenlang von ihren Familien getrennt arbeiten.

  Obwohl peruanische Menschenrechtsorganisationen dem Sextourismus mit Kindern von Anfang an mit Aufklärungskampagnen entgegenzuwirken versuchten, gibt es Touristen, die genau zu diesem Zweck nach Cusco oder ins Amazonastiefland reisen. Mit der Wirtschaftskrise der 1990er-Jahre ist die Zahl der männlichen Prostituierten gestiegen, insbesondere in den armen Stadtvierteln, was beispielsweise in Lima dazu geführt hat, dass weibliche Straßenprostituierte aus reichen Stadtvierteln verdrängt wurden, weil dort Männerstriche entstanden. Eine Minderheit der weiblichen Prostituierten sind Hausfrauen und Frauen in einem Beschäftigungsverhältnis, die dadurch ihre finanzielle Lage aufbessern. Viele Etablissements – *prostíbulo* oder *burdél* am häufigsten jedoch *casa de cita* genannt – verfügen nicht über eine offizielle Genehmigung, sondern werden von Behörden, Gemeinden und der Polizei geduldet, nicht selten gegen Schmiergeldzahlungen. Auch findet Prostitution in Pseudo-Massagesalons, Saunen, Diskotheken mit angeschlossenen Separees, Kneipen, Bars, Klubs oder Hostels statt. Als Ausländer sollte man das Thema nur ansprechen, wenn man bereits ein sehr vertrauensvolles Verhältnis mit seinem Gegenüber aufgebaut hat, denn Sex ist in der peruanischen Gesellschaft immer noch ein weitgehendes Tabu, auch wenn innerhalb von Männergruppen gern damit geprahlt wird.
- **Pünktlichkeit oder „hora peruana":** Bei der Einschätzung, ob man so pünktlich wie in Deutschland oder lieber zu spät kommen sollte, ist Fingerspitzengefühl gefragt. Sofern es sich nicht um geschäftliche Termine, Konferenzen oder Vorstellungsgespräche handelt, darf man als Ausländer 10 bis 15 Minuten später als verabredet kommen, bei privaten Feiern sollte man das sogar tun. Auch Konzerte und Theateraufführungen fangen mitunter später an als angekündigt. Bei Verabredungen mit Pe-

013pe-ah

ruanern kommt es auf deren Gepflogenheiten an. Während es für manche selbstverständlich ist, pünktlich zu sein, haben andere die Gewohnheit, stets ein wenig zu spät zu kommen. Wird dabei eine halbe Stunde überschritten, halten sie eine Entschuldigung bereit, die nicht unbedingt der Wahrheit entsprechen muss. Als Ausländer kann man im Zweifel bei der Absprache eines Zeitpunkts fragen, ob *en punto* gemeint ist.

- **Rauchen:** Generell rauchen Peruaner weniger als Deutsche. Kettenraucher sind selten. In geschlossenen öffentlich genutzten Räumen, wozu Behörden und Verkehrsmittel gehören, ist das Rauchen verboten. Peru hat 2004 die WHO-Rahmenvereinbarung zur Eindämmung des Tabakkonsums unterzeichnet. In Restaurants gibt es noch immer Rauchbereiche oder Raucherräume, obwohl der Gesetzgeber das verbietet.
- **Regen und Regenzeit:** In der Küstenregion regnet es so gut wie nie. In Lima fällt in der kalten Jahreszeit (Juni–August) manchmal ein leichter Nieselregen, den die Limenser *garúa* nennen. In Jahren des El-Niño-Phänomens kann es in einigen Gegenden der Küste zu Starkregen kommen. Im Amazonastiefland ist Regen immer möglich und in den Anden fällt die Regenzeit in die Monate Dezember bis April. In diesen Monaten sollte man nach Möglichkeit nicht in die Anden reisen, da Regionen durch *huaykos* (Erdrutsche) sowie aufgeweichte oder durch Felsbrocken blockierte Straßen von einem Tag auf den anderen unzugänglich werden können.

⌃ Mit dem Leiden und Tod Christi identifiziert sich, wen das Leben hart prüft. Der Gekreuzigte muss für die Gläubigen sichtbar sein.

- **Religion:** Die peruanische Verfassung gewährleistet Religionsfreiheit. Sie erkennt aber die katholische Kirche ausdrücklich als wichtiges Element in der kulturellen Entwicklung an. An den Schulen ist nur der katholische Religionsunterricht ein reguläres Fach, von dem Kinder anderer Glaubensgemeinschaften befreit werden können. In allen Schichten gehen Katholiken sonntags zur Messe. Evangelikale Gemeinden, deren Mitgliederzahlen stark anwachsen, kämpfen um ihre Gleichberechtigung. Der Katholizismus manifestiert sich in der Öffentlichkeit insbesondere durch die großen Prozessionen, an denen Tausende Gläubige teilnehmen und die in Städten wie Lima, Cusco und Ayacucho den gesamten Verkehr lahmlegen.
- **Sex und Schwangerschaft:** Sex vor der Ehe ist in den meisten städtischen Familien verpönt und ein Tabuthema, wird aber praktiziert. Peruanische Männer lassen sich gern umgarnen. Dabei werten sie „Tricks der Frauen" als positiv. Kommt es zur Schwangerschaft, ist der Druck, den die Familie der Frau auf den Mann ausübt, meist groß. Allerdings zeigt der Druck nur Wirkung, wenn die Frau einer ebenso hohen Schicht angehört wie der Mann. Frauen der unteren Mittelschicht äußern mitunter, man müsse nicht verheiratet sein, um ein Kind zu haben. Diese Einstellung hilft ihnen, wenn sie von einem Ausländer oder einem Mann der Oberschicht schwanger werden, bei dem sie voraussetzen, dass er sie nie heiraten wird. *Tener un hijito gringuito* („ein hellhäutiges Kind haben") wird von manchen als eine Ehre betrachtet. Über den Mann, der die Frau dann „sitzen lässt", wird im sozialen Umfeld der Frau dennoch geredet.
- **Souvenirs:** In den Städten bieten Produzenten oder Händler Kunsthandwerk an Ständen auf überdachten Märkten, die in Lima *Mercado Indio* oder *Feria Artesanal* genannt werden, an. Dort findet man Textilien wie Pullover, Ponchos, Kleider oder Wandbehänge aus Alpaka-, Lama- und Schafswolle, Gefäße aus Silber oder Ton mit traditionellen Ornamenten, Schmuck aus Gold, Silber, Halbedelsteinen und getrockneten Früchten. Apart wirkt Silberschmuck, in den die Urwaldfrucht *huayruro* eingearbeitet wurde. Skulpturen aus Ton oder Gips werden vor allem in Ayacucho und Cusco hergestellt. Dort gibt es angesehene Künstlerfamilien. Die aus Ayacucho stammenden *retablos,* Holzkästen mit einer Vielzahl handgearbeiteter Gipsfiguren, erzählen vom Leben im Diesseits und im Jenseits. Je nach Qualität können diese sehr hochpreisig sein. Selbst gebrannte, handbemalte und mit ausgefallenen Ornamenten verzierte Tongefäße in Form von weiblichen Körpern oder wunderschöne Schalen, die Berufstöpferinnen der Völker der Shipibo oder Awajun (Aguaruna) im Amazonastiefland herstellen, können

014pe-ah

in den indigenen Gemeinden selbst, auf städtischen Märkten sowie auf der Internationalen Gastronomiemesse in Lima gekauft werden. Hochwertige Textilien aus Alpakawolle findet man nicht auf den „Indiomärkten", sondern in Fachgeschäften, wo die Preise in den letzten Jahren stark angehoben wurden.

- **Statussymbole:** Die Auffassung der Peruaner davon, was Status verleiht, ist ohne Kenntnis der Lebenswirklichkeit für Fremde schwer nachvollziehbar. Hohen Status verleihen Familiennamen, teure Privatschulen oder -universitäten. Wenn junge Peruaner sich kennenlernen, lauten die ersten Fragen häufig „Wie heißt du?", „Welche Schule hast du besucht?" und „Wo studierst du?". Die Wohngegend hat Einfluss auf die Arbeitsstelle, die man bekommen kann und die sozialen Kontakte in den Bildungseinrichtungen. Auch das Auto (Geländewagen, BMW, Mercedes) oder die Mitgliedschaft in einem teuren Klub verleihen Status. Dieser Status lässt sich für Fremde kaum erreichen, weshalb sie von bestimmten sozialen Kontakten ausgeschlossen bleiben. Wer einer traditionell wohlhabenden Familie entstammt – mag diese auch verarmt sein – wird gesellschaftlich immer noch höher eingestuft als ein „Neureicher". Auch die Hautfarbe ist entscheidend. Wer zu Reichtum gelangt, aber die „falsche" Hautfarbe hat, wird nicht in die alteingesessene Oberschicht aufgenommen.
- **Taxi:** Eine Taxifahrt kann eine unsichere Angelegenheit sein, wenn man Auto und Fahrer vorher nicht genau in Augenschein nimmt. Taxiunternehmen sind keineswegs sicherer, sie sind nur teurer als die Einzelunternehmer, die man an der Straße anhält. Hält man ein Taxi auf

Viele Frauen im Amazonastiefland sind gleichzeitig Hausfrauen, Bäuerinnen oder Händlerinnen und Kunsthandwerkerinnen. Sie stellen Webarbeiten und Töpferwaren für den Eigenbedarf und für Touristen her.

der Straße an, so sollte man darauf achten, dass das Fahrzeug bei der Stadtverwaltung registriert ist. Das erkennt man am Schachbrettmuster und den beiden kleinen rot-weiß-roten Nationalfahnen auf dem Auto. Die Taxis haben keine Taxameter, deshalb sollte man sich vorher nach dem Preis erkundigen (manche Firmen haben Festpreise) und diesen vorher aushandeln. Noch besser ist, Peruaner nach dem Preis für eine bestimmte Strecke zu fragen, denn es gibt Standardpreise, die sich aus der Entfernung in Verbindung mit dem Verkehrsaufkommen zu der jeweiligen Zeit ergeben. Hat man einen vertrauenswürdigen Fahrer ausfindig gemacht, sollte man sich seine Handynummer oder E-Mail-Adresse geben lassen und ihn für die nächste Fahrt wieder buchen.

- **Telefonieren:** Das Handy ist auch für die Peruaner unerlässlich geworden. Insbesondere im Andenhochland, im Amazonastiefland und in den randstädischen Armenvierteln profitieren die Menschen vom preisgünstigen Telefonieren per Handy. Familienangehörige, die manchmal in weiter Entfernung voneinander arbeiten, können auf diese Weise miteinander kommunizieren. Sein Handy kann man in Supermärkten oder Apotheken gegen Bargeldzahlung aufladen lassen. Wichtig ist, die eigene Nummer sowie den Namen des Anbieters zu kennen. In der Öffentlichkeit mit dem Handy zu telefonieren, ist in Peru weniger unhöflich als in Deutschland. Seit den 1990er-Jahren sind viele private Haushalte an das Festnetz angeschlossen. In privaten Haushalten meldet man sich grundsätzlich nur mit *„Alo"* („Hallo") oder *„Hola"* („Hallo"). Auch der Anrufer nennt erst seinen Namen, wenn die Person am anderen Ende fragt *„de parte de quien?"* (sinngemäß „wer ruft an?"), und jene teilt erst dann mit, ob die verlangte Person zu sprechen ist. Bei Firmen und Behörden wird der Name des Unternehmens oder Amtes genannt. Der Anrufer sagt zuerst, wen er sprechen möchte und, sobald er danach gefragt wird, seinen Namen. Anschließend wird man entweder durchgestellt oder informiert, wann die entsprechende Person zu sprechen ist. Dies können mitunter kleine Zeitfenster sein. Man sagt dann vom Ansprechpartner: *„se hace rogar"* („lässt um sich bitten"). Nicht nur am Telefon nennt man seinen Namen zunächst nicht. Viele Familiennamen stehen in keinem Telefonbuch.
- **Termine:** An, vor und nach Brückentagen, Weihnachten, Ostern und am Nationalfeiertag (28./29. Juli) vereinbart man am besten keine Termine. Peruaner lehnen Einladungen ungern ab und würden sich vielleicht veranlasst sehen, etwas zu versprechen, was sie nicht halten können, weil diese Tage für die Familie reserviert sind. Liegt eine Vereinbarung lange zurück, sollte man auf jeden Fall noch einmal daran erinnern. Bittet man per Mail um einen Termin, so lautet die Antwort

oft, man möge doch anrufen, sobald man absehen könne, wann man verfügbar sei. Peruaner planen lieber kurzfristig als lange im Voraus.

- **Toilette/Notdurft:** *„Presteme su baño!"* („Leihen Sie mir bitte Ihre Toilette!") bittet man, wenn man bei einer Familie zu Hause ist. Im Lokal fragt man nach *los servicios*. In den städtischen Armenvierteln sowie in den Dörfern im Andenhochland gibt es private und öffentliche Latrinen. Auch in Lima findet man öffentliche Toiletten. WC-Kabinen werden nur bei großen Events, die im Freien stattfinden, aufgestellt. Wer in den Anden übernachtet, wo es nachts kalt wird, findet unter seinem Bett in der Regel einen Nachttopf.
- **Trinkgeld:** Der Service ist in Lokalen im Preis inbegriffen. Dennoch ist ein Trinkgeld üblich, wenn man mit dem Service zufrieden war. Manche Peruaner geben circa zehn Prozent, manche nur fünf. Erst wenn man seine Rechnung bezahlt und sein Rückgeld erhalten hat, legt man das Trinkgeld auf den Tisch oder in das Tellerchen oder das Etui, in dem das Rückgeld gebracht wurde.
- **Verkehr:** Beim Autofahren ist in Peru Durchsetzungsvermögen gefragt. So gilt beim Einfahren in den Kreisverkehr oder beim Wechseln der Spur das Recht des Stärkeren und es ist nicht ungewöhnlich, dass in Staus von rechts überholt wird. Bei Unfällen gilt unter Peruanern immer noch: Der Reiche hat Recht, der Arme Unrecht. Wer als Ausländer einen Unfall verursacht, muss damit rechnen, dass der Geschädigte

015pe-ah

ihm viel Geld abverlangt und falls es zum Gerichtsverfahren kommt, kann dies die Ausreise gefährden. In Lima verkehren ca. 200.000 Taxis. Dementsprechend günstig ist das Taxifahren. Private Buslinien haben keine festen Haltestellen. Auf der Straße streckt man die Hand aus, damit der vorbeifahrende Bus anhält. Im Bus ruft man *„bajan"* („aussteigen") vor der Straßenkreuzung, an der man aussteigen möchte. Feste Haltestellen haben dagegen die städtischen Busse, in Lima *Metropolitano* genannt und die Sammeltaxis *(colectivos)*. Zwischen den nördlichsten und südlichsten Siedlungen von Lima verkehrt eine Hochschnellbahn, der *tren electrico*. Oft herrscht Platzmangel und die Passagiere quetschen sich aneinander. Wer aussteigen möchte, muss sich früh genug zur Tür vorarbeiten. In der Stadt Pucallpa im Amazonastiefland gibt es weder Busse noch Bahnen. Dort ist die Motorrad-Riksha, das *mototaxi* – auch *taxi cholo* genannt – mit dem zwei bis drei Personen befördert werden können, das einzige Verkehrsmittel.

- **Vegetarier/Ernährungsvorschriften:** In Lima finden Vegetarier ein reichhaltiges Angebot an Restaurants und Gerichten. Schwierig wird es jedoch in den kleineren Städten oder gar in den Dörfern. Wenngleich die meisten Peruaner keine großen Fleischmengen essen, gehört bei fast allen Gerichten immer etwas Fleisch oder Fisch dazu. Unter *carne* (Fleisch) verstehen Peruaner nur Rind-, Ziegen- und Schweinefleisch. Geflügel gehört nicht dazu, dieses sollte man als Vegetarier bei der Bestellung explizit ausklammern.
- **Wasser:** Peru gehört zu den Ländern der Erde, denen akute Wasserknappheit droht. Ein sparsamer Umgang damit ist generell angezeigt. In den Städten ist Wasser sehr ungleich verteilt. Während die Menschen in vielen randstädtischen Armensiedlungen nur alle zwei Tage für ein paar Stunden Wasser aus der Leitung bekommen und neu entstandene Siedlungen den Wassertankwagen über lange Zeit überteuertes Wasser abkaufen müssen, ist die Versorgung der großen Hotels sowie der Reichenviertel besonders großzügig. Dort werden Wiesen, Gärten, Parks und Golfanlagen täglich ausgiebig gegossen.
- **Zärtlichkeiten:** Junge Liebespaare tauschen mangels Rückzugsmöglichkeiten Zärtlichkeiten in der Öffentlichkeit aus, zum Beispiel auf Parkbänken. Wer vorübergeht, schaut höflich weg. Das Händchenhalten in der Öffentlichkeit ist längst kein Problem mehr. Bei Familienfeiern sollte man sich aber nicht vor aller Augen küssen.

[<] Armenviertel in Lima: der Wassertankwagen versorgt die Menschen vorübergehend mit dem lebenswichtigen Gut

EL BOSQUE
NUESTRO
MERCADO
FARMACIA
EDUCACION

Geschichte

‹ „Tag der Indigenen": Indigene Völker protestieren gemeinsam gegen die Zerstörung ihrer Lebensgrundlagen (100pe Foto: ah)

1532 begannen *Pizarros* Soldaten die **Eroberung des Inkareiches.** Dabei wurden sie von einheimischen Völkern unterstützt, die die Inkaherrschaft abschütteln wollten. Bei der Ankunft der Spanier hatte das Inkareich etwa neun Millionen Einwohner. Infolge von Krieg, Zwangsarbeit und eingeschleppten Krankheiten lebten 40 Jahre später nur noch eineinhalb Millionen Indigene auf demselben Territorium.

Mit der Errichtung des spanischen Vizekönigreichs im Jahr 1542 war die Unterwerfung der indigenen Bevölkerung keineswegs abgeschlossen. Bis zum Ende der Kolonialzeit kämpften die Ureinwohner immer wieder gegen die Fremdherrschaft und um ihr Überleben. Die Folgen des spanischen Kolonialismus sind in Peru bis heute spürbar.

Die ersten Einwanderer und ihre Siedlungsformen

Die ersten Siedler kamen unterschiedlichen Forschern zufolge vor 20.000 bis 15.000 Jahren nach Peru – zu Fuß oder mit Booten. DNA-Analysen legen nahe, dass sie aus Asien stammten. 10.000 vor Christus gründeten die frühen Einwanderer die ersten Fischerdörfer am Pazifik.

Klimaveränderungen spielen für viele Kulturen eine wichtige Rolle und sie waren ausschlaggeben bei der Entstehung und dem Untergang der späteren Hochkulturen. Heute gilt die Wüste, die sich vom Norden Chiles über Peru bis nach Ecuador entlang der Küste erstreckt, als eine der trockensten der Erde. Vor etwa 5000 Jahren wurden aber genau in dieser Region Tempel und Repräsentationsbauten errichtet und ungefähr zur gleichen Zeit wurden in Peru bereits Baumwolle, Maniok und Süßkartoffeln angebaut. Für ihre landwirtschaftlichen Aktivitäten entwickelten die **ersten großen Siedlungszentren** in Caral, Aspero und Sechín Bajo ausgeklügelte Bewässerungssysteme. Außerdem profitierten sie vom Fischreichtum der Pazifikküste. Das an Nährstoffen und Meerestieren reiche Wasser des Humboldtstroms an der Westküste Südamerikas sorgt für Fischreichtum im Meer und verursacht auf dem Land die extreme Trockenheit der Küstenregion. Durch das von der Antarktis einströmende kalte Meereswasser kühlt die Luft sich ab und es regnet fast nie. Nur mit dem in unregelmäßigen, nicht vorhersagbaren Abständen auftretenden **El-Niño-Phänomen** schwächt der kalte Strom sich ab oder er verschwindet. Die Flüsse, die im Hochland entspringen und in den Pazifik münden, führen normalerweise nur während der Regenzeit (Oktober–April) viel Wasser. Aber **El Niño** durchbricht diese Regel und bringt verheerende Regenfluten vom anormal erwärmten Pazifik. Solche Fluten zerstörten immer wieder Siedlungen und brachten geologische und archäologische Schichten durch Sedimenteinträge durcheinander.

Wenn Völker aus der Küstenregion in die Anden zogen, gebaren die Frauen, die an Höhen von 3000 m nicht gewöhnt waren, weniger Kinder. Spätestens ab 7000 vor Christus züchteten die Andenbewohner Tiere und Pflanzen. Sie aßen auch Meerschweinchenfleisch. Lamas und Alpakas dienten ihnen als Lasttiere sowie als Lieferanten für Leder, Wolle, Fleisch und die Exkremente dienten als Brennmaterial. Zum Anbau von Kürbissen, die zu Beginn nicht der Ernährung, sondern als Gefäße zur Aufbewahrung von Nahrungsmitteln dienten, kamen Bohnen, Quinoa, Pfefferschoten und Mais, nicht zuletzt auch Kartoffeln und andere Knollen hinzu. Um das Jahr 4000 v. Chr. wurde auch das Klima in den Anden trockener.

300 km nördlich von Lima entdeckten Berliner Archäologen im Casma-Tal die Überreste der platzartigen Rundanlagen von **Sechín Bajo**, die ab 3500 v. Chr. entstanden.

Kulturen vor dem Inkareich

Das Zeremonialzentrum des 500 km nördlich von Lima in 3160 m Höhe gelegenen **Chavín de Huantar,** das ab ca. 850 v. Chr. entstand, prägte eine längere Periode des peruanischen Altertums.

Die riesigen Scharrbilder in der Wüste von **Nazca,** die der zwischen 200 vor und 600 nach Christus anzusetzenden gleichnamigen Kultur entstammen, wurden von der deutschen Mathematikerin *Maria Reiche* erforscht. Diese Kultur, in der kleine Stämme in einem lockeren Verbund zusammenlebten, wurde durch die vorausgegangene **Paracas-Kultur** beeinflusst. Die Menschen betrieben Fischfang, aber auch Ackerbau. Die Riesenbilder richteten sich möglicherweise an Götter, die um Regen angefleht wurden. Als sich die Wasserknappheit ab 500 n. Chr. verschärfte, wanderten die Stämme wahrscheinlich in Richtung Anden aus.

Um 600 n. Chr. entstand das **Wari-Reich**, das weite Teile des heutigen Peru umfasste und dessen Name sich aus dem Ort **Huari** in der Nähe der südandinen Stadt Ayacucho ableitet. Der religiöse Kult um den Schöpfergott **Viracocha** überlagerte bald alle Kulte vorheriger Jahrhunderte, wobei Kultur und Religion der Wari durch die ältere **Tihuanaco-Kultur** (Bolivien) beeinflusst wurden. Bekanntestes Zeugnis der Wari-Kultur ist die Anlage von **Pachacámac,** das peruanische Delphi am Pazifik südlich von Lima. Der Untergang der Wari-Kultur ab 1100 n. Chr. wird mit klimatischen Veränderungen durch El Niño in Verbindung gebracht.

Die **Chachapoya-Kultur** entstand ab 400 n. Chr. Ihr berühmtes Zeugnis ist die Festung von Kuelap in den nordperuanischen Anden. Auch die Ruinenstadt Gran Pajatén an den nordperuanischen Andenabhängen wird mit ihr in Verbindung gebracht. Die Inka nannten die Chachapoya „Wolkenmenschen" und „Nebelkrieger" und unterwarfen sie um 1475. 60 Jahre später verbündeten sich die Überlebenden der Chachapoya mit den spanischen Konquistadoren gegen die Inka.

Ungefähr um 1000 n. Chr. entstand im heutigen Departamento Junín das **Huanca-Reich.** Die Huanca leisteten den hartnäckigsten Widerstand gegen die Expansion der Inka, wurden aber schließlich unter dem Inka-Herrscher *Pachakuteq Yupanqui* erobert. Auch die Huanca unterstützten die Spanier im Krieg gegen die Inka.

Das von den Inka eroberte Reich der **Chimu** (ca. 1460) an der nordperuanischen Küste war ebenfalls ein Vorgängerstaat. Seine Hauptstadt war das in unmittelbarer Nähe vom heutigen Trujillo gelegene **Chanchan.**

Das Imperium der Inka

Die letzte Hochkultur vor der Ankunft der Spanier waren die Inka. Ungefähr 1200 n. Chr. gründete der Überlieferung nach der erste Inka-Herrscher **Manku Qhapaq** (Manco Capac) die Reichshauptstadt **Cusco.** In weniger als 250 Jahren errichteten die „gottgleichen" Inka, die „Söhne der Sonne", ein zentralistisches Imperium, das von Cusco aus regiert und verwaltet wurde und von Chile bis Ecuador reichte. Die unterworfenen Völker wurden durch eine rigide Bürokratie, ein Straßennetz mit einer Gesamtlänge von 24.000 km mit strategisch platzierten Vorratsstädten und Garnisonen, die schnelle Truppenbewegungen ermöglichten, sowie durch eine soziale Ordnung, die einem Kastensystem glich, kontrolliert.

Ohne das Volk der **Chanca** hätte es auch kein Inkareich gegeben. Die Chanka lebten um ca. 1440 in der Gegend von Ayacucho, Apurimac sowie einem Teil von Huancavelica und bemühten sich um Expansion. Ein Inka-Heer, an dem sich maßgeblich zwei Ethnien, nämlich die K'ana und Qanchi beteiligten, vernichtete in der Schlacht von Yawarpampa („Blutebene") die Streitmacht der Chanka. Darauf wurde das Territorium der Chanka dem Inkareich einverleibt. Dieses Ereignis stellt eine Zeitenwende in der Inka-Tradition dar. Der siegreiche König der Inka trug seitdem den Namen **Pachakutiq Yupanki** („Weltenumwälzer"). Die Inka übernahmen die Sprache der Chanka, das **Quechua**, und machten es zur Lingua Franca ihres Reiches, des **Tawantinsuyu**, das aus vier Teilreichen bestand: Chinchaysuyu, Antisuyu, Kollasuyu und Kuntisuyu. Quechua wird heute noch

018pe-pg

von ca. zehn Millionen Menschen in Peru, Bolivien, Ecuador, Argentinien und Kolumbien gesprochen. In Peru ist Quechua neben Spanisch und Aymara Amtssprache. Viele Wörter haben in das peruanische Spanisch Eingang gefunden. Auch das Deutsche kennt einige Lehnwörter aus dem Quechua: *Alpaka, Koka, Guano, Kondor, Lama, Puma* oder *Pampa*.

Die unterworfenen Völker gehörten meist der untersten „Kaste" an. Ihnen war der soziale Aufstieg nur schwer möglich. Die Bevölkerung wurde zur Fronarbeit für Thron und Tempel verpflichtet und Völker, die sich der Vorherrschaft der Inka widersetzten, wurden vertrieben und in weit entfernte Gebiete zwangsumgesiedelt. Gleichzeitig wurden loyale Völker ebenfalls umgesiedelt, um die Herrschaft der Inka zu festigen. Sowohl die Vertriebenen als auch für besondere Verdienste mit einer Umsiedlung belohnte Bewohner bezeichnete man als *Mitmaqkuna* („Verpflanzte Völker"). Junge Männer, die den Eliten der eroberten Völker angehörten, wurden zur Erziehung nach Cusco gebracht, was die „Inkaisierung" vorantrieb. Zusätzlich kontrollierten Priester die religiösen Praktiken zu Ehren der Inkagottheiten. Künstler, Handwerker und Ingenieure wurden von den Inka in die Reichshauptstadt geholt, wo man sich ihre Wissensvorsprünge zunutze machte. Die Inka züchteten systematisch neue Nutzpflanzen und entwickelten Techniken, die dürres Land fruchtbar und ergiebig machten.

Sowohl die staatliche Wirtschaft als auch die wirtschaftlichen Beziehungen innerhalb der Dorfgemeinschaften basierten auf **Gegenseitigkeit.** Die Zugehörigkeit zu einer Verwandtschaftseinheit *(ayllu)* verpflichtete deren

⌃ Wie zur Inkazeit werden Felder in den Anden terrassenförmig angelegt. Für Pflege und Instandhaltung fehlt jedoch oft die Zeit, was die Erosion vorantreibt.

Mitglieder zum Austausch von Dienstleistungen und Arbeitskraft – eine Struktur, die in Andendörfern und vielen städtischen Armenvierteln bis heute besteht. Jedes *ayllu* wurde von einem Anführer niederen Adels, einem sogenannten **Kuraka** regiert. Die *Kurakas* wurden von den Inka bei der Niederschlagung von Aufständen unterworfener Völker eingesetzt.

Der Austausch von Verpflichtungen zwischen niedrigen Kasten und den *Kurakas* sowie zwischen diesen und den Inka hatte zugunsten des jeweils Höhergestellten asymmetrischen Charakter. Der Höherrangige organisierte Feste, bei denen soziale Ungleichheiten durch Wiederverteilung eines Teils der Zwangsabgaben (gemeinsames Essen und Trinken sowie großzügige Geschenke) kurzzeitig verschwanden und symbolische Verwandtschaftsbeziehungen geknüpft wurden.

Um 1460 unterwarfen die Inka die **Huanca,** deren Kultur ab 1000 n. Chr. im Tal des Mantaro in den zentralperuanischen Anden entstand. Aus diesem Grund verbündeten sich die Huanca später mit den Spaniern gegen die Inka und unterstützten sie militärisch.

Viele Praktiken der Gegenseitigkeit und des Arbeitsaustausches aus der Inkazeit sind bis heute lebendig geblieben. Die Vorteile, die sich daraus für ganze Gemeinschaften bzw. gemeinnützige Projekte ergeben, spielten und spielen bei einer Idealisierung des Inkareichs eine entscheidende Rolle. Bereits in den ersten Jahren nach der spanischen Eroberung trug das Werk des mütterlicherseits indigenen Chronisten **Inka Garcilaso de la Vega** über das Inkareich, das viele solcher Traditionen für die frühe Kolonialzeit beschrieb, zu dessen Idealisierung bei. Zu Beginn des 20. Jahrhunderts hoben die Vertreter des „Indigenismo", einer intellektuellen Bewegung, die viele Traditionen aus der Inkazeit sowie das Leben indigener Gemeinschaften im Landesinnern idealisierte, die Bedeutung des inkaischen Erbes hervor. Auch die linkspopulistische Militärregierung von *General Velasco Alvarado* berief sich bei ihren als „Dritter Weg" deklarierten **Verstaatlichungen** und der **Einführung von ländlichen Genossenschaften** auf die vermeintliche Vorliebe der indigenen Bevölkerung für Gemeinschaftseigentum.

Bis heute leiten Peruaner und Peruanerinnen der Unter- und Mittelschicht ihren Nationalstolz aus dem Erbe der Inka ab, ohne die Schattenseiten dieses Imperiums zu reflektieren. Viele Bauern in den Andengemeinden sehen die Vorteile ihrer Organisationsformen einzig und allein als Erbe der Inkazeit. Die **Bauwerke** aus jener Zeit tragen allgemein zum Nationalstolz bei. Gern verweisen Peruaner auf die unverwechselbare Architektur. Diese manifestiert sich vor allem in den Ruinen von Machu Picchu und Choquequirao, Machu Picchus „Schwester", der Festung Saqsayhuaman oberhalb von Cusco, der Hatunrumiyoq-Straße sowie dem

Qorikancha-Palast in Cusco. Weniger bekannt sind die Ruinen von Tambo Machay, Kenko und Puka-Pukara auf den umliegenden Hügeln. Beeindruckend sind die unvollendete Festung von Ollantaytambo im „Heiligen Tal der Inka" und die Ruinen von Pisaq und Chincheros oder die wie ein Amphitheater gebaute Anlage von Moray. Sie alle verdeutlichen auf beeindruckende Weise den Machtanspruch der Inka. Insbesondere in der Stadt Cusco ist man stolz auf das inkaische Erbe. Im Zentrum hat man den Straßen neben den spanischen auch ihre alten Quechua-Namen gegeben. Die Identifizierung mit den Traditionen der Inka und der Stolz auf als fortschrittlich betrachtete Technologien der Inka hilft vielen Menschen in Cusco, sich von den Menschen in der Hauptstadt Lima, die sich für moderner halten, zu emanzipieren und als gleichwertig zu empfinden.

Die spanische Eroberung

Bis in die Gegenwart spielen die Campesinos in den Andendörfern die Eroberung durch die Spanier *(conquista)* nach und bringen dabei die Sehnsucht nach einem verlorenen Reich zum Ausdruck, in dem die indigene Bevölkerung ihrer Meinung nach ein besseres Leben hatte als danach. Wer durch die Dörfer reist, kann dem Gesang alter Frauen lauschen, die die Ermordung des Inka-Herrschers *Atahualpa* beweinen, und bei Festen in vornehme Kostüme gehüllte Tänzer und Tänzerinnen durch die Dörfer schreiten sehen, die Vertraute, Wächter und Prinzessinnen des Inka darstellen und deren Harmonie ganz unerwartet von einer wilden Reiterhorde durchbrochen wird. Bei dieser Theateraufführung auf dem Dorfplatz stürzen sich die Spanier, dargestellt von Männern mit schwarz bemalten Gesichtern, die mit Pferden auf den Platz stürmen, auf den Inka. Alle Anwesenden, die rote Kleider tragen, werden von den Spaniern zum „Platz der Inquisition" gezerrt, während ein als Priester verkleideter Dorfbewohner Massentaufen durchführt.

Was die einfachen Bauern bis heute immer wieder nachspielen, liegt ein halbes Jahrtausend zurück. In jener Zeit war ein heftiger Bruderkrieg unter den Inka entbrannt. **Atahualpa** hatte sich zum Herrscher über das nördliche Inkareich mit der Hauptstadt Cajamarca gemacht. Sein Halbbruder **Huascar** kontrollierte große Teil des südlichen Reiches mit der Hauptstadt Cusco, als der zum Konquistador aufgestiegene ehemalige spanische Schweinehirt **Francisco Pizarro** am 11. Mai 1532 mit 180 Soldaten, 37 Reitern und Kanonen im nordperuanischen Tumbes ankam und nach Cajamarca zog, wo *Atahualpa* sich aufhielt. Dort ging *Pizarro* auf die Sänfte des Inka zu. Die dramatischen Momente, die dann folgten, hat

Pizarro selbst beschrieben: „Meine Soldaten versuchten vergeblich, den Herrscher aus der Sänfte zu ziehen. Kaum war ein Träger blutend zu Boden gesunken, schob sich ein anderer darunter, um sie auf seine Schulter zu nehmen, bis sieben oder acht meiner Leute zu der Sänfte vorstießen, sich an sie hängten und an ihr zerrten, bis sie kippte." Als Lösegeld für ihren Herrscher sollen seine Untertanen so viel Gold und Silber nach Cajamarca geschleppt haben, dass sie ein steinernes Zimmer damit füllten. Unmittelbar daneben wurde *Atahualpa* gefangen gehalten. Aus diesem Gefängnis heraus gab er seinen Gefolgsleuten den Auftrag, seinen Bruder *Huascar* in Cusco umzubringen. So wurde der Herrscher über das südliche Inkareich ermordet, bevor die Spanier in Cusco eintrafen. Kurz darauf wurde *Atahualpa* von den Spaniern zum Tode verurteilt und erdrosselt. Ein Jahr später marschierte *Pizarro* in Cusco, der früheren Hauptstadt des gesamten Inkareiches ein.

Der **Bruderkrieg** zwischen *Atahualpa* und *Huascar* hatte das Reich gespalten und geschwächt. Dazu kamen innere Konflikte, die Abkehr unterworfener Völker, die sich auf die Seite der Spanier stellten, die militärische Unterlegenheit der Inka und religiöse Vorstellungen, denen zufolge die weißhäutigen Konquistadoren den Gott *Wiraqocha* verkörperten. Die verbreitete Meinung, das mächtige Inkareich sei von einer kleinen Gruppe spanischer Abenteurer zerstört worden, hält ernsthafter moderner Geschichtsschreibung nicht stand und auch das Stilisieren der Kolonisierten zu passiven Opfern entspricht nicht den historischen Ereignissen. Vielmehr beteiligten sich Personen, Gruppen, Schichten und sogar ganze Völker der Kolonisierten selbst an der Errichtung der kolonialen Strukturen -insbesondere Völker, die die Herrschaft der Inka abschütteln wollten. Ihnen kamen die neuen Eroberer gerade recht. Als *indios amigos* erhielten sie ihrerseits Sonderrechte von den Spaniern.

Die Kolonialzeit

Die **conquista** Perus war keine Unternehmung der spanischen Krone, sondern bestand aus privatwirtschaftlichen Eroberungsinitiativen. Die spanische Krone investierte allerdings in diejenigen Unternehmen, die Verträge mit dem königlichen Handelshaus Casa de Contratación abschlossen und zu Abgaben an die spanische Krone verpflichtet waren. Sie schickte Notare und Priester in die Kolonien. Während die Priester für die Christianisierung zu sorgen hatten, erklärten die Notare den Eroberten, dass sie sich der spanischen Krone zu unterwerfen hätten und kontrollierten die **Einhaltung der Verpflichtungen** der Eroberer gegenüber der Krone. Nach

Konflikten mit den Konquistadoren als ersten Amtsträgern, übertrug die Krone Juristen, Militärs und höheren Adligen ihres Vertrauens Leitungsfunktionen (als Vizekönige, Präsidenten von Gerichts- und Verwaltungsgroßbezirken, *audencias*).

Am 25. April 1534 gründeten die Konquistadoren die Stadt **Jauja** im Land der **Huanca** als erste Hauptstadt von Neukastilien. Am 18. Januar 1535 legten sie im Mündungsgebiet des „sprechenden Flusses", des *Rimaq*, den Grundstein für die spätere Landeshauptstadt **Lima**.

Da die Spanische Krone die Eroberten nicht als gleichwertige Menschen in die Monarchie integrieren wollte, teilte sie das Vizekönigreich Peru in eine **„Republik der Spanier"** und eine **„Republik der Indios".** Die indigene Bevölkerung wurde zu Vasallen der spanischen Krone erklärt. Aus diesem Grund durften sie nicht versklavt werden. De facto glichen ihre Lebensbedingungen aber denen von Sklaven, weil man ihre Arbeitskraft brauchte – wenn es auch eine langsame Ausbeutung war. 1512 wurden im spanischen Burgos erste „Indianerschutzgesetze" von der spanischen Krone erlassen. Ziel war dabei auch, sich die indigenen Arbeitskräfte zu erhalten. In der Folge gab es „Indios", die in Spanien gegen ihre schlechte Behandlung klagten, und manche waren erfolgreich. Später kamen Mestizen und Afrikaner als weitere Bevölkerungsgruppen hinzu. Für jede dieser Gruppen galten andere Gesetze. Die jeweiligen „Republiken" existierten nebeneinander und nahmen nur insoweit Notiz voneinander, als es um den wirtschaftlichen Aufschwung der Spanier ging, der auf der Arbeitsleistung und den steuerlichen Abgaben der Bevölkerung basierte.

Die „Indios" blieben nominell frei, wurden also formal keine unfreien Bauern. Allerdings vergab die spanische Krone für besondere Verdienste große Landgüter an Konquistadoren und Administratoren mitsamt der darin lebenden indigenen Bevölkerung, deren Arbeitskraft sie als Gegenleistung für ihre Christianisierung nutzen durften. Diese *encomienda* („Anvertrauung") gab es nur in der frühen Kolonialzeit und sie konnte nur an die nächste Generation („zwei Leben") vererbt werden, danach nicht mehr.

Die Spanier verschärften das **System der Mita,** das sie von den Inka übernahmen. Dabei wurde von den Untergebenen durch im Turnus wiederkehrende Arbeitsleistungen bei der Realisierung von Großprojekten Tribut eingefordert. Viele Indigene aus den Dörfern wurden in dieses System gepresst und unter großen Verlusten sowie zunehmender Verelendung in Bergwerken und Textilmanufakturen ausgebeutet.

Corregidores genannte Verwalter konnten in Spanien nicht reich werden, wohl aber in den Kolonien, wo sie die „Indios" ausbeuteten oder zu Zwangskäufen verpflichteten, bei denen sie Waren kaufen mussten, die sie gar nicht benötigten. Unterstützt wurden die *corregidores* von **Kura-**

kas, die bei der Abgabe von Tributen als Mittler fungierten. Problematisch wurde es für die *Kurakas,* wenn sie nicht genug Arbeitskräfte zur Verfügung hatten, so dass einige von ihnen verarmten. Andere bauten ihre Machtposition aus und erhoben sich gegen die Spanier, als diese die Herrschaftsstrukturen aufbrechen wollten. Seit dem 17. Jahrhundert heirateten Spanier in den lokalen Hochadel ein und verschafften sich dadurch Besitz an indigenem Land.

An der Küste und im Andenhochland wurde die indigene Bevölkerung gezwungen, ihre Siedlungen aufzugeben, das Land ihrer Ahnen und ihre Kultstätten zu verlassen und in von den Kolonialherren gegründete **Reduktionsdörfer** zu ziehen. Dort führten die Konquistadoren das Verwaltungssystem spanischer Dörfer und spanische Heiratsvorschriften ein. Die spanische Krone interessierte sich indes wegen der Arbeitskräfte vor allem für die bevölkerungsreichen Regionen, in denen raffinierte Agrartechniken und komplexe Bewässerungssysteme entwickelt worden waren. Hierfür fehlte den Eroberern jedoch jegliches Verständnis und so verfielen die Anlagen und Techniken, was Unterernährung und Bevölkerungsschwund zur Folge hatte.

Spanische Priester unterwiesen die Bevölkerung im christlichen Glauben und überwachten ihre religiösen Praktiken. Von Anfang an war die **christliche Missionierung** sowohl die Stütze als auch die Rechtfertigung der Kolonialisierung. Dabei wurde die **Taufe** weniger als ein Bekenntnis zum christlichen Glauben betrachtet, vielmehr war sie ein Symbol für die Unterwerfung unter die neuen Herrscher.

An den einstigen Kultstätten der Inka-Gottheiten errichtete man Kirchen oder Kapellen. Repression und Verfolgung „heidnischer Kulte" war ein deutliches Zeichen der Präsenz des neuen Staates, dem vom Papst die Missionierung der Bevölkerung übertragen worden war. Auch die Götter der höchsten Berge, die *Apus*, wollten die Konquistadoren bezwingen. Dass diese Gottheiten weiter verehrt wurden, konnten sie jedoch ebenso wenig verhindern wie die Entstehung eines Volksglaubens, in dem sich indigene Glaubensvorstellungen mit christlichen vermischten. Bis heute werden indigene Gottheiten verehrt. Überall im Land werden die Berggottheiten bei wichtigen Ritualen angerufen. Dort, wo *Jesus* einem Hirtenjungen erschien, huldigen jährlich 20.000 bis 30.000 Pilger dem **Apu Ausangate**, dessen heiliges Wasser sie anschließend in ihre Dörfer tragen. Selbst der Erzbischof von Lima musste die Kathedrale der Landeshauptstadt zur Verfügung stellen, damit Zuwanderer aus Südperu die Hauptmesse des „mitgebrachten" Qoyllur Rit'i-Festes zu Ehren des andinen Christus, des *Señor de Qoyllur Rit'i* („Herr vom sternglänzenden Schnee") feiern können.

Innerhalb des Klerus entbrannten schon zu Beginn Debatten, ob die „Indios" vollwertige Menschen seien und ob sie eine Seele hätten. Der Dominikaner **Bartolomé de las Casas** setzte sich vehement für sie ein. Von den einen wurde er angefeindet, von den anderen als „Apostel der Indianer" bezeichnet. Bekannt wurde er durch seine detaillierten Beschreibungen der spanischen *conquista,* deren Augenzeuge er im karibisch-zentralamerikanischen Raum wurde. Um die Indigenen vor Sklaverei zu schützen, hatte er vorgeschlagen, afrikanische Sklaven einzukaufen. Die **Indianerschutzgesetzgebung**, die im 16. Jahrhundert von spanischen Theologen erarbeitet wurde, ging maßgeblich auf die Intervention von *Bartolomé de las Casas* zurück.

Den Priestern der Kolonialzeit war auch am Wandel der Glaubensvorstellungen gelegen. Deshalb wurden Predigten und Katechismus ins Quechua übersetzt. Für Orte, in denen man aufgrund der schwierigen Topografie keine Kapellen bauen konnte, schufen Kunsthandwerker Kästchen mit bunt bemalten Figuren, die die Legenden der Heiligen erzählten und das Leben auf der Erde und im Himmel darstellten. Zu Fuß nahmen die Priester die Kästchen mit in weit entfernte und auf hohen Bergen gelegene Dörfer und brachten der Bevölkerung auf diese Weise biblische Geschichten nahe.

Die Kolonialherren verlangten den Bauern **Tribute** und **Frondienste** ab und zwangen sie, regelmäßig für eine gewisse Zeit im Jahr in den Bergwerken zu arbeiten, aus denen Reichtümer nach Europa geschafft wurden. Wohn- und Arbeitsbedingungen in den Minen sowie Blei und Alkohol vergifteten die Menschen und machten sie krank. **Kälte** und **Mangelernährung** trugen weiterhin dazu bei, dass sie früh starben. Zudem waren mit den Eroberern **europäische Krankheiten** eingezogen, gegen die die einheimische Bevölkerung keinerlei Widerstandskraft hatte.

Geschwächt von der **Zwangsarbeit** für die Spanier und auch durch die Folgen des Zusammenbruchs der Versorgung mit Nahrungsmitteln, starb in „Spanisch-Amerika" mindestens die Hälfte der Menschen an Windpocken, Masern und Grippe. Einigen Schätzungen zufolge waren es sogar noch weitaus mehr Menschen. Das Inkareich Tawantinsuyu zählte im Jahr seiner Eroberung durch die Spanier, 1532, etwa neun Millionen Einwohner, von denen 1720 nur noch 600.000 übrig waren. Diese Zahl verdeutlicht das Ausmaß der Auswirkungen von Mord, Vertreibung und Zwangsarbeit nur allzu deutlich.

Die indigene Bevölkerung empfand die *conquista* und ihre Folgen als kosmisches Desaster und leistete – abgesehen von den Völkern, die sich mit den Spaniern verbündet hatten – immer wieder erbitterten Widerstand gegen die Fremdherrschaft.

Manco Cápac II., auch **Manku Inka** genannt, ein Sohn des *Inka Huayna Qapaq* sowie Halbbruder von *Atahualpa* und *Huascar,* belagerte in den Jahren 1536 und 1537 Cusco und Lima. Von Vilcabamba aus gründete er einen Widerstandsstaat und führte Guerillaaktionen gegen die Spanier an, für deren Niederschlagung die Spanier lange brauchten. Schließlich töteten sie *Manku Inka.* Einer seiner Söhne und Nachfolger, **Tupac Amaru I.,** wurde der letzte Herrscher der Inka. Als die Spanier ihn am 24. September 1572 auf der Plaza de Armas von Cusco enthaupteten, hob er die Hand, um die Massen zum Schweigen zu bringen. Seine letzten Worte waren: *„Q'ollanan Pachakamaq rikuy auq'akunaq yawuarniy hichasyankuta"* („Wahrhafter Erdgestalter, schau an, wie meine Feinde mein Blut vergießen"). Danach führten Inka-Adlige bis weit in die Kolonialzeit hinein Feldzüge gegen die aus Spanien stammenden Herrscher.

Bis in die 1960er-Jahre organisierte sich die indigene Bevölkerung und erhob sich immer wieder in einzelnen Regionen. Groß angelegte Aufstände gegen die spanischstämmige Regierung gab es zuletzt im 18. Jahrhundert. Sie wurden jedes Mal aufs Blutigste niedergeschlagen. Die indigene Unterschicht indealisierte die Inka-Herrschaft und es entstanden utopische Projekte, deren Ziel die Wiedereinführung einer Inka-Regierung war. Zusätzlich wurden durch die Aufgabe traditioneller Siedlungen sowie lokaltypischer Lebens- und Organisationsformen die Voraussetzungen für eine panandine Identität geschaffen.

Ende des 18. Jahrhunderts organisierte der unter dem Namen **Tupac Amaru II.** bekannt gewordene Inka-Adlige *Gabriel Condorkanqui Noguera* einen Aufstand gegen das spanische Vizekönigreich. Die Spanier hatten ihn zuvor gezwungen, seinen Status als *Kuraka* aufzugeben. Unterstützt wurde er von Mestizen, die sich durch die steuerlichen Abgaben an die spanische Krone ebenfalls benachteiligt fühlten, denn eine Anhebung der Steuern brachte für sie große Gewinneinbußen mit sich. Sogar Kreolen und Teile des Klerus unterstützten *Condorkanqui* zeitweise. Allerdings kämpfte seine berühmt gewordene Frau **Micaela Bastidas** (siehe Seite 180) mit ihm.

Am 18. Mai 1781 wurde *Tupac Amaru II.* in Cusco gevierteilt. Er wurde als *Gabriel Condorkanqui* in Tinta geboren. Bis heute erzählen Bauern dort mit Bewunderung und Liebenswürdigkeit seine Geschichte. Danach führte im damaligen „Hochperu" (heute Bolivien) ein ehemaliger Bäcker, *Tupac Katari* einen Aufstand an. Seine Bewegung gilt unter den indigenen Aufständen im kolonialen Amerika als diejenige mit der größten geographischen Ausbreitung, der stärksten Unterstützung durch die betroffene Bevölkerung und der längsten Dauer. *Tupac Kataris* Politik war höchst radikal und richtete sich gegen alle Weißen.

Nur wenige Jahrzehnte zuvor hatte im Norden Perus **Juan Santos Atahualpa** acht Jahre lang gegen die Kolonialherrschaft gekämpft. Ob er ein Nachfahre der Inka war oder zum Volk der Asháninka gehörte, ist letztlich nicht geklärt. Jedenfalls kämpften mit ihm mehrere indigene Völker des Amazonastieflandes. Ein Vermächtnis von *Juan Santos Atahualpa* war die vorläufige Befreiung der indigenen Völker des mittleren Amazonasgebiets von der Kolonialherrschaft der Spanier. Die Unterwerfung der Asháninka, Piro, Amuesha, Shipibo und teilweise der Conibo wurde so 100 Jahre lang verhindert. Erst mit dem Kautschukboom im späten 19. Jahrhundert wurden viele Tieflandvölker durch die Peruaner kolonisiert und zu einem großen Teil ausgerottet.

Zur Zeit der Ermordung von *Tupac Amaru II.* entstand in der Gegend südlich von Cusco die Legende des Hirtenjungen, dem beim 6400 m hohen Berg Ausangate das Jesuskind erschien.

Sowohl von *Tupac Amaru I.* als auch von *Tupac Amaru II.* erzählt die Legende, dass ihre zerstückelten Leiber unter der Erde wieder zusammenwüchsen und eines Tages auf die Erde zurückkehren würden. Ihre Wiederkehr als **inkarri** (Inkakönig) wird zur mythischen Zeitenwende *pachakuti* („derjenige, der die Zeit umwälzt") erwartet. Bis auf den heutigen Tag entstehen in Peru Bewegungen, deren Anhänger an eine Wiedergeburt oder Auferstehung des *pachakuti* sowie eine durch ihn einzuleitende Zeitenwende glauben. Mitunter wird der Name auch symbolisch verwendet. So wurde der erste indigene Präsident Perus, *Alejandro Toledo,* manchmal als „Pachakuteq" bezeichnet. Im März 2008 erzählten mir Anhänger von *Antauro Humala,* einem Bruder des späteren Staatspräsidenten *Ollanta Humala,* der leibhaftige „Pachakuteq" aus den Anden werde bald in Lima eintreffen und das Land für die Indigenen zurückerobern.

Die Wiederkehr eines *inkarri* oder *pachakuti,* der eine mythische Zeitenwende einleitet, ist auch Thema des riesigen **Wandbildes** des Künstlers *Juan Bravo Vizcarra* in der Stadt Cusco. *Pachakuti,* die zentrale Figur auf dem Gemälde, verkörpert die glorifizierte Expansion des Inkareichs, dessen Untergang viele Menschen in den Anden bis heute bedauern.

Während der Militärregierung der 1960er- und 1970er-Jahre wurde *Tupac Amaru* zum Symbol der Revolution erhoben; viele Genossenschaften und Betriebe wurden nach ihm benannt. In den 1980er-Jahren benannte sich die Konkurrenzorganisation des „Leuchtenden Pfads" und zweite terroristische Organisation Perus in „Movimiento Tupac Amaru".

Die spanische Kolonialzeit hat das heutige Peru stark geprägt und peruanischen Sozialwissenschaftlern zufolge ist der Kolonialismus immer noch in den Köpfen vieler Peruaner verankert. Die **gesellschaftliche Spaltung** wirkt sich bis heute auf das Denken und Verhalten vieler Peruaner aus.

Vom Vizekönigreich zur Republik

Die in Peru geborenen **Nachkommen der Spanier** nannte man „Kreolen" (*criollos*). Ihnen waren die höchsten Stellen in der Verwaltung vorbehalten. Aus den Kreolen entstand eine Art Mittelschicht, deren Einfluss immer mehr zunehmen sollte. Das koloniale Handelsmonopol begünstigte zwar die Händler, benachteiligte aber die Kreolen im Landesinnern. In Lima lebte die herrschende Schicht unterdessen in vollkommener Abhängigkeit von der spanischen Krone. Einige erhofften sich wirtschaftlichen Aufschwung vom Schmuggel mit englischen Waren.

Der verbotene Handel mit englischen Gütern hatte die Hafenstädte Buenos Aires (Argentinien) und Caracas (Venezuela) zu bedeutenden Metropolen aufsteigen lassen. So stellte das dortige **Handelsbürgertum,** das von Spanien unabhängig werden wollte, schließlich die **Armeen,** mit denen der Venezolaner *Simón Bolívar* und der Argentinier *San Martín* aufbrachen, um den Kontinent von der spanischen Herrschaft zu befreien.

Die indigene Bevölkerung begriff ab 1810, spätestens aber ab 1815, als sie ihre zukünftigen Herren kennenlernte, dass sich die Lebensbedingungen durch die Loslösung von Spanien weiter verschlechtern würden. Deshalb kämpften viele Indigene auf der Seite der spanischen Krone.

Am 28. Juli 1821 berief **San Martín** in Lima eine öffentliche Versammlung ein und schlug vor, der spanischen Krone die Unabhängigkeit zu erklären, obwohl in den Anden noch spanische Truppen kämpften. Zwischen 1822 und 1823 wurde die erste verfassungsgebende Versammlung

020pe-ah

abgehalten. *San Martín* plädierte für eine unabhängige südamerikanische Monarchie, überließ Peru, Bolivien und Ecuador aber dann den militärischen Kampagnen von *Simon Bolívar.* 1824 traf **Bolivar** mit seinem Heer aus dem Norden ein. Seine Truppen vertrieben schließlich die spanischen Einheiten aus Südamerika. Für beide Politiker war Peru, weil es das Zentrum der spanischen Macht darstellte, sehr bedeutsam. Die Aufhebung der kolonialien Strukturen war ihnen ein wichtiges Anliegen. Die Reformen, an denen sie interessiert waren, ließen sich jedoch in Peru am wenigsten durchsetzen. Das Hauptinteresse der **Kreolen,** die sich selbst „amerikanische Spanier" nannten, bestand darin, die Kolonialbürokratie an sich zu reißen und die Besitztümer der europäischen Spanier zu übernehmen. Den Spaniern in Europa und den kolonialen Traditionen fühlten sie sich ideologisch stark verbunden, während sie mit der Urbevölkerung keinerlei Gemeinsamkeiten sahen. Sie konnten sich nicht vorstellen, mit den „so andersartigen Indios" eine Nation zu bilden.

Mit der Proklamation der **Abschaffung der Frondienste,** die die Urbevölkerung verrichten musste, und der Verteilung des Landes an die indigene Bevölkerung hatte *Bolívar* 1825 keinen Erfolg. Durch das Brechen der Macht der „Kaziken" (mit dem aus der Karibik stammenden Wort bezeichneten Spanier und ihre Nachkommen die peruanischen *Kurakas*) schwächte er die gesamte indigene Bevölkerung und die armen Bauern vermochten ihr Land nicht gegen die Inbesitznahme durch die Kreolen zu verteidigen. So verlor die indigene Bevölkerung ihr bestes Ackerland an die kreolischen Grundbesitzer und wurde gezwungen, sich in unwirtliche, unfruchtbare Höhen auf schwer zu bearbeitendes Terrain zurückzuziehen. Auch die Frondienste nahmen nicht ab, im Gegenteil. Und dem ersten peruanischen Staats- und Außenminister *Bernardo Monteagudo,* der von *San Martín* eingesetzt worden war, gelang es nicht, Reformen zur Verbesserung der Lebensbedingungen der indigenen Bevölkerung durchzusetzen. Die 1821 von *San Martín* außer Kraft gesetzte Verpflichtung aller Indigenen zur **Tributzahlung** an die Herrschenden wurde 1826 von der kreolischen Elite als „persönlicher Beitrag" faktisch wieder eingeführt und erst 1895 abgeschafft. Bis 1930 mussten alle indigenen Männer zwischen 18 und 60 Jahren jährlich zwei Wochen ohne Bezahlung für den Aufbau der staatlichen Infrastruktur arbeiten.

Seit dem Ende der Kolonialherrschaft und der **Gründung des Staates Peru** lösten oligarchische oder aristokratische sowie Militärdiktaturen und

[<] Zum Palast des Regierungspräsidenten an der Plaza de Armas in Lima kommen Menschen aus den Außenbezirken in ihrer Freizeit

demokratische Regierungen einander ab. Dabei machten **die demokratischen Regierungen** den geringsten Anteil aus. Nur wenige Jahrzehnte können insgesamt als demokratisch bezeichnet werden.

Von Beginn an war Peru die **Republik einer herrschenden Minderheit,** in der Frauen, Indigene sowie Menschen asiatischer und afrikanischer Herkunft bis 1980 von Entscheidungsprozessen weitgehend ausgeschlossen waren. Basierend auf einer Rassenideologie und der Legitimation durch die Kirche waren die neuen Machthaber genauso wie die Kolonialherren von der biologischen und intellektuellen Minderwertigkeit der indigenen Bevölkerung überzeugt. Die **Formierung der peruanischen Nation** sahen sie deshalb nicht in der Entwicklung eines Nationalstaats, mit dem sich alle dort lebenden Menschen identifizieren könnten, von dem alle den gleichen Nutzen hätten und der alle Kulturen als gleichwertig anerkennen würde. Bis heute sehen manche Peruaner in der Ausrottung der „Indio-Rasse" in anderen amerikanischen Ländern eine vorbildliche Maßnahme, die dem Fortschritt diene. Bis zur Einführung des allgemeinen Wahlrechts im Jahr 1980 waren Indigene von den Wahlen ausgeschlossen. Noch im Jahr 1919 wählten nur zwei Prozent der Gesamtbevölkerung Perus. Um die Vorherrschaft über die indigene Bevölkerung zu zementieren, wurde Peru im 19. Jahrhundert zum „leeren Land" erklärt und die Einwanderung aus Europa vorangetrieben. Im Rahmen solcher rassistischen Tendenzen entwickelte sich kein peruanisches Nationalbewusstsein. Dieses entstand erst in Kriegen mit Nachbarländern, in denen peruanische Soldaten unterschiedlicher Ethnien gegen einen gemeinsamen Feind für „ihr Vaterland" kämpften. Als es sich unter den Hochlandindigenen zu bilden begann, entstand zum Beispiel der Tanz *Awqa Chileno,* der noch heute bei vielen Festen aufgeführt wird. Eine Verbesserung ihrer Lebensbedingungen brachte die Teilnahme an den Kriegen der andinen Bevölkerung aber nicht.

Der **Krieg mit Chile** (1879–1884) traf Peru stark. Er stürzte den jungen Staat in eine wirtschaftliche, soziale und politische Krise. Ein großer Teil der produktiven Infrastruktur wurde zerstört. Unterdessen war die Elite weiter bestrebt, das Land „weiß zu machen", und während der sogenannten „Aristokratischen Republik" (1895–1919) erreichte das rassistische Gedankengut seinen Höhepunkt. Es betraf Ureinwohner sowie als Arbeitskräfte ins Land gebrachte afrikanische Sklaven und Asiaten in gleicher Weise. Die Elite meinte, Peru könne sich nur positiv entwickeln, wenn die „Indios" allmählich verschwänden, entweder durch Ausrottung oder durch massive Einwanderung von Menschen aus Europa. Daneben gab es Stimmen, die forderten, die Kultur der „Indios" durch erzieherische Maßnahmen auszulöschen.

Zwischen 1874 und 1888 kamen etwa 150.000 Europäer nach Peru, von denen 80.000 in Peru blieben. Unter ihnen waren auch 12.000 Deutsche. Bereits 1868 bemühte sich die peruanische Regierung, rund 5000 Deutsche und Tiroler im tropischen Regenwald anzusiedeln. Allerdings kamen am Ende nur 315, deren Nachkommen heute in Oxapampa und Pozuzo leben.

Das 20. Jahrhundert und der Indigenismo

Die Integration der verschiedenen Völker, die die peruanische Nation bilden, ging schleppend voran. Wie *Alejandro Octavio Deustua Escarza*, der große Reformer des peruanischen Bildungssystems zu Beginn des 20. Jahrhunderts, waren die Herrschenden der Meinung, die indigene Bevölkerung benötige keine Bildung, weshalb sie davon ausgeschlossen wurde.

Diese Auffassung änderte sich erst allmählich durch den **Indigenismo** (etwa ab 1930), der sich für die Erhaltung und Förderung indigener Kulturtraditionen einsetzte. Dem Druck der sogenannten Indigenisten folgend, verabschiedete die peruanische Regierung **Gesetze zum Schutz der indigenen Bevölkerung**. Diese erwiesen sich jedoch als kontraproduktiv, da sie dazu führten, dass die Nachkommen der Urbevölkerung wie unmündige Kinder behandelt wurden. Außerdem idealisierten die Indigenisten den „Indio" und sahen in ihm den Abkömmling der in ihren Augen großartigen Inka-Kultur. Wichtige Anstöße für den Indigenismo gaben *Victor Raúl Haya de la Torre*, der mit der von ihm im mexikanischen Exil gegründeten Partei APRA den nordamerikanischen Imperialismus bekämpfen wollte, und der peruanische Marxist *José Carlos Mariátegui*. Für beide war das „Indio-Problem" ein vorwiegend **sozioökonomisches.** Da die marxistische Ideologie von der fortschreitenden Homogenisierung aller Kulturen ausging, setzte *Mariátegui* voraus, dass die kulturellen Eigenschaften der „Indios" irgendwann ausgelöscht sein würden. **Haya de la Torre** war der Überzeugung, dass das „Indio-Problem" durch eine Neuordnung der peruanischen Wirtschaft sowie die Abschaffung der Latifundien und die damit einhergehende Befreiung der leibeigenen indigenen Bevölkerung gelöst werden müsste. Für *Haya de la Torre* bestand zwischen der extremen Armut der indigenen Bevölkerung und dem nordamerikanischen Imperialismus ein direkter Zusammenhang. In der Folge gewann die APRA Anhänger unter den nordperuanischen Bauern. In den Latifundien der nordperuanischen Küstenregion wurden die Arbeitsbedingungen lange vor der Agrarreform der Regierung unter *Velasco Alvarado* signifikant verbessert, während die menschenunwürdigen Verhältnisse in den Latifundien der nordperuanischen Andenregion andauerten.

Bedeutendster Vertreter des Indigenismo in der Literatur war **José María Arguedas.** In seinen Romanen, Erzählungen und Essays beschrieb er die damaligen Lebensbedingungen der „Indios" authentisch und aus eigener Anschauung. In Andahuaylas in den südperuanischen Anden geboren, war er seiner Stiefmutter so verhasst, dass er unter denselben miserablen Bedingungen aufwuchs wie die indigenen Bediensteten. Er lebte mit ihnen, lernte Quechua und studierte später Anthropologie. Für viele Menschen aus den Anden sind seine Bücher noch heute Selbstfindung und Erleben ihrer eigenen Geschichte. *Arguedas* machte auch musikalische Traditionen wie die *Danza de las Tijeras* im ganzen Land bekannt und verschaffte dem *Huayno*, dem traditionellen Lied der Anden, Ansehen in der Stadt. Allerdings glaubte er, dass die Diskriminierung der indigenen Bevölkerung erst dann aufhören würde, wenn diese ihre eigene Kultur vollständig aufgeben und die dominante Kultur annehmen würde. In seinem 1941 publizierten Roman „Yawar Fiesta" erlebt der Leser die Grausamkeit der Konflikte zwischen den Ethnien und Schichten. Für seinen Traum von einem harmonischen Zusammenleben der verschiedenen Kulturen sah *Arguedas* in Peru keine Chance. Diese Perspektive ließ auch ihn selbst keinen Halt finden und seine Depressionen führten dazu, dass er

021pe-lg

Extrainfo 1 (s. S. 11): Chalena Vasquez gibt in einem Interview einen Überblick über das Leben und Lebenswerk von José María Arguedas (Spanisch).

1969 Selbstmord beging. Ebenfalls bedeutende Vertreter der Literatur des Indigenismo waren *Ciro Alegría, Manuel Scorza* und *Enrique López Albújar.*

1941 führte die Regierung von **Manuel Prado** (1939–1945) eine **Bildungsreform** durch. Der Staat übernahm dabei die volle Verantwortung für die Bildung der Bevölkerung. Eine wichtige Bedeutung kam den Kindergärten zu. Der Besuch einer Grundschule wurde zur Pflicht gemacht und war nun kostenlos. Unterschieden wurden städtische, ländliche, bewegliche, umherziehende und Hausschulen.

17 Prozent der Bevölkerung lebten 1940 in Städten. 20 Jahre später waren es nahezu doppelt so viele Menschen, angezogen von den Fabriken in der Küstenregion, insbesondere in Lima und Callao. 1961 konzentrierten sich 54 Prozent des Bruttoinlandsprodukts auf diese Region. Die Diktatoren *Odría* (1948–1956) und *Prado* (zweite Amtszeit 1956–1962) legten bei ihrer Politik besonderen Wert auf den Bau von Straßen und Wohnungen für die städtische Bevölkerung. Der Aufbau der Fischmehlindustrie in den Jahren 1950 bis 1960 veranlasste viele Andenbewohner, an die Küste abzuwandern. Mit der Industrialisierung und Verstädterung ging ein Verfall der andinen Landwirtschaft einher. Die Gutsbesitzer investierten nicht in die Modernisierung ihrer Produktion. Viele suchten ihre Ländereien nur noch sporadisch auf, um sich von den abhängigen Bauern, die das Land wie Selbstständige bewirtschafteten, den Tribut für den Boden abzuholen. Als in den 1940er-Jahren im ganzen Land **Bauernrevolten** losbrachen, waren die *Hazendados* geschwächt und viele von ihnen kaum noch an ihren Ländereien interessiert. So setzten sie der Agrarreform von **General Velasco Alvarado,** der sich 1968 an die Macht geputscht hatte, kaum etwas entgegen, als dieser am 24. Juni 1969 per Dekret die Landreform einleitete, die zu den radikalsten Lateinamerikas gehörte. Elf Millionen Hektar Land, insbesondere in den Anden und an der Küste, wurden enteignet und an Genossenschaften sowie Bauerngemeinden **(comunidades campesinas)** verteilt. *Velascos* linksgerichtete Militärregierung verstaatlichte ebenfalls Schlüsselbranchen wie die Erdölindustrie, den Bergbau, die Fischerei und das Bankwesen. Eine Bildungsreform im Jahr 1972 zielte darauf ab, die peruanische Gesellschaft zu verändern. *Velasco* ließ Schulen in entlegenen Gegenden bauen, erklärte Quechua zur offiziellen Landessprache und führte eine zweisprachige Erziehung für die Indigenen ein sowie eine neunjährige gemeinsame Grundbildung.

Velasco strebte eine Revolution von oben an. Sein autoritäres Regime, Überwachung und Bespitzelung sowie der Irrglaube, die genossenschaft-

< Jahrzehnte waren die Linken Hoffnungsträger für viele Menschen

liche Produktionsweise entspreche den kulturellen Traditionen und der Mentalität der bäuerlichen Bevölkerung, ließen sein Projekt scheitern. 1975 **putschte** sein Verteidigungsminister **General Morales Bermúdez** gegen ihn und rief sich zum **Präsidenten** aus. Seine Regierung verabschiedete 1979 eine neue Verfassung und strebte die Machtübergabe an eine zivile Regierung an. Nach den demokratischen Wahlen von 1980 wurde er von **Fernando Belaúnde Terry** abgelöst.

Belaúnde, von dem es heißt, er sei der einzige Staatspräsident gewesen, dem man keinerlei Korruption nachweisen könne, übernahm ein Land mit unlösbaren Problemen. Die von *General Velasco* durchgeführte Landreform machte er teilweise rückgängig und mit ihm näherte Peru sich wieder an die Vereinigten Staaten an. In seiner Amtszeit sanken die Einkommen und die Auslandsschulden stiegen. Dazu kamen ab 1982 gewalttätige Aktivitäten zweier linker Guerillaorganisationen: der maoistischen Sendero Luminoso („Leuchtender Pfad") und der „Bewegung Tupac Amaru". Im Zusammenhang mit Versuchen der Niederschlagung wurden *Belaúndes* Regierung Menschrechtsverstöße vorgeworfen. 1983 kämpfte die Wirtschaft zusätzlich mit den Auswirkungen des Niño-Phänomens. Dies alles bereitete populistischen Tendenzen den Weg.

1985 wurde *Belaúnde* von einem Kandidaten der traditionsreichen APRA-Partei abgelöst. Der rhetorisch begabte 35-jährige **Alan García** erhielt im ersten Wahlgang einen spektakulären Stimmenanteil von 48 Prozent. In Peru muss ein Präsident über die Hälfte der Stimmen auf sich vereinen, um Präsident zu werden. Deshalb findet normalerweiser ein zweiter Wahlgang statt. *Garcías* Gegenkandidat zog jedoch seine Kandidatur zurück, so dass keine Stichwahl mehr durchgeführt und *García* Präsident wurde. Als er ankündigte, die Auslandsschulden nicht begleichen zu wollen, trug ihm das zwar zunächst Sympathien bei der Bevölkerung ein, auf internationaler Ebene jedoch förderte dies seine Isolierung. *Garcías* Versuch, die Banken zu verstaatlichen, brachte die Opposition gegen ihn auf. Hyperinflation und seine „Politik der verbrannten Erde" zur Bekämpfung der Subversion (Details im Unterkapitel „Politik und Parteien" ab Seite 121), sowie der Anstieg des Drogenhandels, Produktionsstillstände und die drohende Staatspleite erregten auf internationaler Ebene Besorgnis. In der Folge entstanden immer wieder Parteien aus dem Nichts, Überraschungskandidaten stiegen zu Staatspräsidenten auf und wenn ihre Amtsperiode vorbei war, wurden ihre Parteien bedeutungslos oder verschwanden gänzlich von der Bildfläche.

1990 besiegte der politisch unerfahrene, japanischstämmige Rektor der Agraruniversität von Lima, **Alberto Fujimori**, in der Stichwahl den Schriftsteller *Mario Vargas Llosa*. *Vargas Llosa* war unter anderem deshalb nicht gewählt worden, weil er während des Wahlkampfs ein neoliberales Schockprogramms angekündigt hatte. Seine Wahlkampferfahrungen hat der Literaturnobelpreisträger im Buch „El pez en el agua" („Der Fisch im Wasser") beschrieben. Gründe für *Fujimoris* spektakulären Wahlsieg – im Volksmund „Tsunami" genannt – waren vor allem sein Versprechen, kein Schockprogramm durchzuführen, und sein Habitus als einfacher Mann aus dem Volk. Mit dem **fujichoque** brach *Fujimori* sein wichtigstes Wahlversprechen. So begann 1990 die **wirtschaftliche Liberalisierung** des Landes, die seither von allen Folgeregierungen fortgesetzt wird. *Fujimori* löste 1992 das Parlament auf und setzte die Verfassung außer Kraft. Sein wichtigster Berater, der Geheimdienstmann *Vladimiro Montesinos*, unterhielt gute Beziehungen zum Drogenhandel und übernahm allmählich die Kontrolle im Staat. Die Schaffung von Anreizen für ausländische Investoren verbesserte das Image Perus auf internationaler Ebene. Dadurch sowie durch spektakuläre Erfolge im Kampf gegen den Terrorismus wie die Festnahme des Anführers von *Sendero Luminoso* – die Organisation stellte daraufhin ihre Aktivitäten weitgehend ein – stieg das Ansehen von Präsident *Fujimori*. Die Bekämpfung der Terroristen ging – wie schon unter der Regierung *García* – mit schweren Menschenrechtsverletzungen einher. *Fujimoris* **„Nationales Programm zur Familienplanung"** zielte darauf ab, die demografische Entwicklung in den armen Bevölkerungsschichten politisch zu kontrollieren. Im Zuge dessen wurden zwischen 1996 und 2000 zahlreiche Frauen und Männer **zwangssterilisiert** (siehe Seite 185). *Fujimori* nannte seine Maßnahmen „Armutsbekämpfung". Trotz zahlreicher Beweise warteten die Opfer viele Jahre auf Gerechtigkeit.

Durch die Wiedereingliederung in die internationale Finanzwelt wuchs *Fujimoris* Ansehen im Ausland, was auch seine Beliebtheit in allen peruanischen Gesellschaftsschichten beflügelte. Er wurde zweimal wiedergewählt. Tatsächlich wurde dies nur durch eine Verfassungsänderung möglich. Berichte über **angebliche Wahlfälschungen** lösten im Jahr 2000 massive Demonstrationen aus. Die Verbreitung eines Videos, das einen handfesten Beweis für die Bestechung politischer Gegner durch *Vladimiro Montesinos* lieferte, läutete schließlich das Ende von *Fujimoris* Amtszeit ein. Beide Männer flohen ins Ausland. *Montesinos* wurde 2001 in Venezuela aufgegriffen und nach Peru überführt. *Fujimori* flüchtete nach Japan. Von dort aus informierte er das peruanische Volk per Fax über seinen Rücktritt. 2005 wurde er in Chile verhaftet und an Peru übergeben. Wegen Menschenrechtsverletzungen erhielt er **25 Jahre Zuchthaus.** Wegen der massenhaften Zwangssterilisationen konnte er allerdings erst 2015 angeklagt werden. *Montesinos* wurde des Waffenschmuggels, der Bestechung und Verschwörung angeklagt und zu 20 Jahren Haft verurteilt.

Das 21. Jahrhundert – Frauen und Indigene drängen an die Macht

Nach *Fujimoris* Flucht im Jahr 2000 wurde die Amtsführung einer Übergangsregierung übertragen. Während dieser einjährigen Amtszeit verabschiedete Übergangspräsident *Valentín Paniagua* die fortschrittlichsten Gesetze zugunsten der indigenen Bevölkerung, die in Peru jemals geschaffen wurden. Gleichzeitig machte *Paniagua* den Weg frei für Neuerungen in der personellen Besetzung des höchsten Staatsamtes.

Die Wahlen, die die Übergangsregierung 2001 ausrief, gewann zum ersten Mal in der peruanischen Geschichte ein Indigener: der in einem kleinen Dorf in bitterster Armut aufgewachsene **Alejandro Toledo,** der sich durch Bildung hochgearbeitet hatte. *Toledo* punktete mit seinem Wirtschaftsstudium in den USA und seiner Tätigkeit bei der Weltbank. Aufgrund seiner Herkunft lehnte die Oberschicht ihn zunächst ab. Im Nachhinein fällte sie aber ein positives Urteil über seine Regierungszeit, die der wirtschaftsliberale **Pedro Pablo Kuczynski,** der 2016 selbst Staatspräsident wurde, entscheidend mitprägte. In den Augen mancher Andenbauern hat niemand so viel für die Verbesserung ihrer Lebensbedingungen getan wie *Alejandro Toledo*. Gleichzeitig verstärkte *Toledo* aber bei vielen Peruanern den Eindruck, es sei völlig gleich, wer das Land regiere, und es spiele keine Rolle, ob derjenige indigenen Ursprungs sei oder nicht.

2006 bewarb sich zum ersten Mal in der peruanischen Geschichte **eine Frau** für das höchste Amt im Staat. Die Christdemokratin *Lourdes Flores Nano* kandidierte für das Mitte-Rechts-Bündnis Unidad Nacional (Nationale Einheit), unterlag aber in der ersten Runde knapp dem linkspopulistischen ehemaligen Oberstleutnant *Ollanta Humala* und dem aus dem Ausland heimgekehrten *Alan García*. Die Stichwahl gewann *García*, der damit zum zweiten Mal Staatspräsident wurde. Die mehrheitlich jungen Wähler hatten seine katastrophale erste Regierungszeit nicht bewusst miterlebt und *Humala* wurden Kommentare in den Medien zum Verhängnis, die ihn mit dem venezolanischen Präsidenten *Hugo Chávez* in Verbindung brachten. Den **Menschenrechtsverletzungen,** die zu Beginn der 1990er-Jahre im Rahmen der Terrorismusbekämpfung auf seine Befehle hin begangen worden waren, wurde nur wenig Bedeutung beigemessen.

2011 kandidierte **Ollanta Humala** erneut. Diesmal distanzierte er sich öffentlich von *Chávez*. Bei der Stichwahl setzte er sich gegen **Keiko Fujimori** durch. Die Tochter des ehemaligen Staatspräsidenten hätte ihren Vater gern aus der Haft befreit. Die tiefe Enttäuschung in ihrem Gesicht,

093pe-ah

als sie nur knapp unterlag, war nicht zu übersehen. *Humala* präsentierte sich als Anwalt der Armen, trat für Multikulturalität und Mehrsprachigkeit ein, versprach, den verheerenden Umweltschäden der großen Bergbauunternehmen Einhalt zu gebieten, wollte der Entwicklung des Binnenmarktes höchste Priorität einräumen und kündigte tiefgreifende soziale Veränderungen zugunsten der armen Bevölkerungsmehrheit an. Er erhielt schließlich den Hauptstimmenanteil in den ärmsten Landesregionen mit mehrheitlich indigener Bevölkerung. Schon als sein Sieg abzusehen war, offenbarten Gespräche mit hochrangigen Wirtschaftsvertretern, dass *Humala* seine Versprechen nicht erfüllen würde. Peruanische Sozialwissenschaftler sprechen angesichts dieser Zwänge von einer „Republik der Lobbyisten" bzw. „Republik der Unternehmer". In *Humala*s Amtszeit fielen schwere Umweltschädigungen mit Auswirkungen auf die Landwirtschaft

Miguel Hilario wollte 2015 der erste Amazonasindigene im Amt des Präsidenten werden. In der Endphase der Wahl zog er seine Kandidatur jedoch zurück und trat 2016 nicht mehr an.

und die Trinkwasserreserven sowie Eigentumsverletzungen, die mehrfach zu Massenprotesten mit Verletzten und Toten führten, während die öffentliche Berichterstattung die indigene Bevölkerung kriminalisierte. *Humalas* Akzeptanz sank zum Ende seiner Amtszeit drastisch. Kriminalität und Drogenhandel nahmen drastisch zu.

Noch vor der Wahl im April 2016 zog der indigene Kandidat aus dem Amazonastiefland, **Miguel Hilario,** der in einem Shipibo-Dorf im Urwald aufgewachsen war und in den USA studiert und gearbeitet hatte, seine Kandidatur zurück. Aus dem ersten Wahlgang gingen *Keiko Fujimori* und **Pedro Pablo Kuczynski,** meist **PPK** genannt, als Wahlsieger hervor. *Keiko Fujimori,* die landesweit eine breite Unterstützerbasis aufgebaut hatte, erreichte eine klare Mehrheit im Parlament, sodass Meinungsforscher und Bevölkerung mit ihrer Wahl zur Staatspräsidentin rechneten. Aber bei der Stichwahl am 5. Juni 2016 siegte mit dem knappesten Vorsprung, den es je bei einer Wahl gegeben hat (50,12 Prozent der gültigen Stimmen), der rechtsliberale **Kuczynski**. Seit dem 28. Juli 2016 ist der in Lima geborene Sohn eines Berliner Arztes mit jüdischen Wurzeln und einer Französin im Amt. Dabei konnten viele Peruaner sich nicht mit ihm identifizieren, weil er länger im englischsprachigen Ausland gelebt hat als in Peru und sein Spanisch US-amerikanisch eingefärbt ist. Seine US-amerikanische Staatsbürgerschaft hatte *PPK* erst Ende 2015 aus Wahlkampfgründen abgelegt. Viele Peruaner hatten auch gar nicht wirklich für ihn gestimmt, sondern gegen **Keiko Fujimori,** die von den Medien am Ende ihrer Kampagne mit dem Drogenhandel in Verbindung gebracht wurde. *PPK* will festgefahrene Infrastrukturprojekte wieder in Gang bringen wie die Erweiterung der Metro von Lima und den Ausbau des Flughafens in Lima, einen neuen Flughafen in Cusco bauen lassen und eine Erdgasleitung im Süden. Im Ausland warb er für neue Investitionen im Bergbau und den Aufbau von Raffinerien. Er war bereit, die Umweltstandards zu senken, um Anreize für ausländische Investoren zu schaffen. Außerdem versprach *PPK,* die Korruption zu bekämpfen, eine bessere Bezahlung des Niedriglohnsektors und besseren Zugang zu Trinkwasser und Abwasserentsorgung für die arme Bevölkerung durchzusetzen. Sein Kabinett setzt sich vornehmlich aus Ministern der „weißen" Oberschicht zusammen, von denen die meisten Wirtschaftswissenschaftler sind. Die Mehrheitsverhältnisse im Parlament könnten das Regieren schwer machen, es sei denn, Abgeordnete aus *Fujimoris* Partei wechselten die Fraktion – in Peru keineswegs eine unübliche Praxis.

Im ersten halben Jahr investierte die Regierung in 170 Projekte zur Verbesserung der Trinkwasserver- und der Abwasserentsorgung und stieß mehrere **Infrastrukturprojekte** an wie den Ausbau der S-Bahn in Lima, die Verbesserung von Landstraßen oder den Ausbau des Hafens von Pisco.

Sechs technische Fachhochschulen wurden zu „Exzellenzinstituten" gekürt. Genauso wie seine Vorgängerregierungen stieß *PPK* neue Maßnahmen zur Verringerung der Mangelernährung an und eine Erweiterung der ärztlichen Sprechstunden für die arme Bevölkerung. Eine der wichtigsten Maßnahmen für die städtische Bevölkerung dürften diejenige sein, mit der er versucht, die Kriminalität, insbesondere Raubüberfälle, einzudämmen. Gleichzeitig zielt seine Politik darauf ab, die landwirtschaftlichen Exporte zu steigern.

Der „Ort der Erinnerung" und die „Kommission der Wahrheit"

Die drei Buchstaben **LUM** stehen für „Lugar de la Memoria, la Tolerancia y la Inclusión Social" (Ort der Erinnerung, der Toleranz und der sozialen Teilhabe). So heißt das Museum von Lima im Stadtteil Miraflores, in dem Fotos und Filme die Zeit von Bürgerkrieg und Terrorismus in den Jahren 1980 bis 2000 dokumentieren. Präsident *Alan García* hatte eine deutsche Spende für den Bau des Museums zuerst abgelehnt, weil er befürchtete, dass die Aufarbeitung der Geschichte Fragen nach seiner Verantwortung implizieren würde. Literaturnobelpreisträger *Mario Vargas Llosa* intervenierte und so nahm *García* die Spende an. Präsident *Ollanta Humala* hatte wenig Interesse an dem Museum, weil er 1992 für die Militärbasis Madre Mía verantwortlich zeichnete, in der gefoltert und getötet wurde.

Der lange Weg zum Eingang ist Teil des Konzepts. Erinnern ist kein einfacher Akt. Es kostet Überwindung und das soll die lange Strecke bis zum Eingang symbolisieren. Der Bürgerkrieg kostete 69.280 Menschen das Leben. 75 Prozent von ihnen sprachen eine indigene Muttersprache. 79 Prozent lebten in Dörfern. Viele Dörfer wurden ausgelöscht. Von 55.000 Asháninka kamen 6000 ums Leben und 10.000 wurden vertrieben. Bis heute haben viele Opfer keine Entschädigung erhalten. Zahlreiche Täter wurden weder ermittelt noch verurteilt.

Im Juni 2000 hatte Übergangspräsident *Valentín Paniagua* die **Kommission für Wahrheit und Versöhnung** (*Comisión de la Verdad y Reconciliación, CVR*) geschaffen. Der peruanische Philosoph *Salomón Lerner Febres* leitete sie, um die in den Jahren 1980 bis 2000 begangenen Verbrechen im Krieg zwischen den Terrororganisationen auf der einen und den Staatsorganen auf der anderen Seite aufzuarbeiten. Am 28. August 2003 übergab die Kommission ihren neun Bände (ca. 6000 Seiten) umfassenden Abschlussbericht an Präsident *Alejandro Toledo*.

Extrainfo 2 (s. S. 11): Website des LUM, ein Museum, in dem die Grausamkeiten des Bürgerkriegs der 1980er- und 1990er-Jahre aufgearbeitet werden

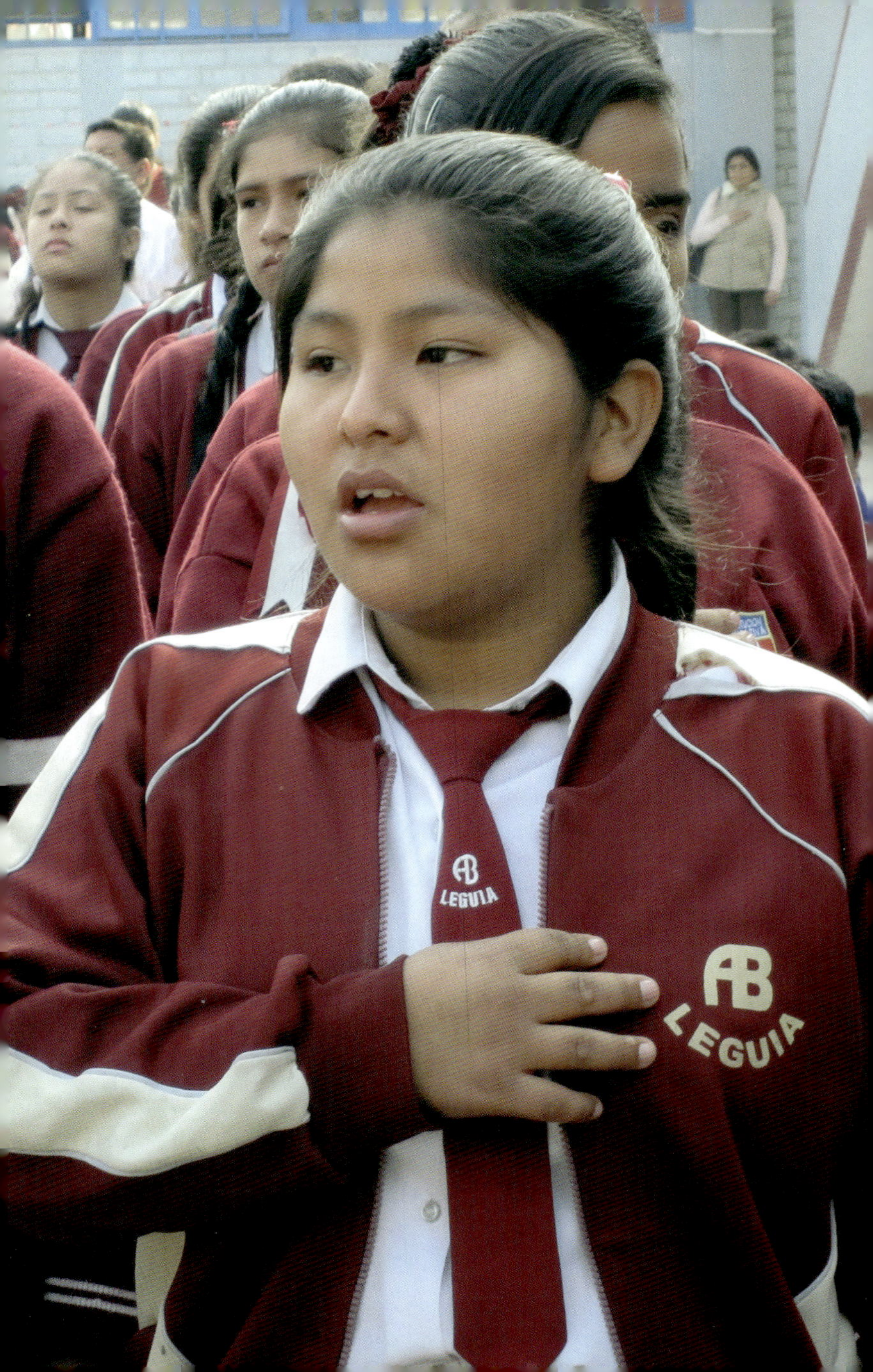
AB
LEGUIA
AB
LEGUIA

Völker und Kulturen Perus

◁ Schüler singen die Nationalhymne auf dem Schulhof – Hand aufs Herz ist Pflicht (025pe Foto: ah)

Tengo el orgullo de ser peruano y soy feliz,
de haber nacido en esta hermosa tierra del sol,
donde el indómito inca prefiriendo morir,
legó a mi raza la gran herencia de su valor.
Ricas montañas, hermosas tierras,
risueñas playas, ¡es mi Perú!,
fértiles tierras, cumbres nevadas,
ríos quebradas, ¡es mi Perú!
Así es mi raza noble y humilde por tradición,
pero es rebelde cuando coactan su libertad,
entonces uniendo alma, mente y corazón,
rompe cadenas cuando la muerte vea llegar.

Stolz und glücklich bin ich, Peruaner zu sein,
auf diesem wundervollen sonnigen Boden geboren zu sein,
wo der unbändige Inka zu sterben vorzog und
meiner Rasse das große Erbe seiner Tapferkeit hinterließ.
Saftiges Waldland, wundervolle Erde, anmutige Strände, so ist mein Peru!
Fruchtbare Böden, schneebedeckte Gipfel, Flüsse und Schluchten, so ist mein Peru!
Erhaben und bescheiden ist meine Rasse aus Tradition,
aber auch rebellisch, wenn ihre Freiheit bedroht wird,
dann vereinen sich Seele, Kopf und Herz und zerbrechen Ketten im Angesicht des Todes.

(„Mi Perú", 1946 komponiert von Manuel Raygada Ballesteros, 1904–1971, Übersetzung der Autorin)

Peru – ein Vielvölkerstaat

Betrachtet man die Herkunft der heutigen Peruaner, deren Vorfahren von den vor über 15.000 Jahren eingewanderten Menschen und aus Europa, Afrika, Asien, Ozeanien sowie Nordamerika stammen, ist das Land mit seinen über 50 noch **gesprochenen Sprachen** und den **verschiedenen Kulturen** ein Vielvölkerstaat, dessen Einwohner sich zusammengerauft haben. Dabei zeigen die äußerst spannungsgeladenen Konflikte, wie sehr das koloniale Erbe in den wirtschaftlichen, kulturellen und gesellschaftlichen Beziehungen bis heute nachwirkt. Das Trauma der Eroberung ist bis heute in den Köpfen präsent. Es beeinflusst die Weltsicht derjenigen, die sich als Nachkommen der Eroberten empfinden, und bricht bei Auseinandersetzungen um Land- bzw. Rohstoffnutzungsrechte hervor. Dass sozialer und wirtschaftlicher Aufstieg nur möglich sind, wenn man Lebensweise, Sprache, kulturelle Werte, Normen und Ideale der europäisch geprägten Elite übernimmt, löst Minderwertigkeitsgefühle sowie die Entfremdung von den eigenen kulturellen Wurzeln oder ein tiefes Ressentiment aus, das bei Protestbewegungen – wie in der Vergangenheit bei Bauernaufständen – und in terroristischen Organisationen in Hass umschlägt. Es zeigt sich aber auch gegenüber Fremden, die als Touristen oder Entwicklungshelfer ins Land kommen. „Manche arbeiten hart und überleben dennoch kaum, andere verdienen ihr Geld im Schlaf", sagte einmal ein Bauer, der im südperuanischen Tinta einige Schritte hinter mir ging, so laut, dass es nicht zu überhören war.

Urbevölkerung oder Indigene

Die Urbevölkerung hat bis heute ihr Aussehen sowie viele ihrer Sprachen und Kulturen bewahrt. Andererseits ist es mitunter schwer zu sagen, wer zur Urbevölkerung gehört. Die offiziellen Statistiken geben bisher keine Auskunft darüber, wer indigen ist und wer nicht, was nicht nur mit der Vermischung der Ethnien zusammenhängt, sondern auch mit der großen Bandbreite an Selbstbildern, die die Peruaner von sich haben. Dabei spielen zwar Ethnie und Herkunft eine Rolle, sind aber keineswegs die einzigen ausschlaggebenden Faktoren.

Trotz regionaler und sozialer Abgrenzungen haben die Bewohner Perus sich miteinander vermischt, so dass sich Abstammung oder Zugehörigkeit im Einzelnen kaum ausmachen lassen. Während das **Instituto Indigenista Interamericano** die indigene Bevölkerung mit 16 Prozent angibt, lebten 2007 laut **Volkszählung** vier Millionen Indigene in Peru, was damals 14 Prozent der Gesamtbevölkerung entsprach. Der **Zensus 2017** enthält erstmals eine Frage, die die Selbstidentifikation als „indigen" ermöglicht. Das könnte die Zahl der Indigenen erhöhen. Anhaltspunkte für die Eigenbezeichnung sind der ländliche Wohnort im andinen Hinterland oder im Amazonastiefland, das Beherrschen einer schon vor Ankunft der Spanier gesprochenen Sprache sowie das Festhalten an vorspanischen Kulturtraditionen. Dabei sinkt die sprachliche Vielfalt weiterhin drastisch, sowohl durch die spanische Alphabetisierung als auch durch die Verstädterung und die damit einhergehende Scham, in der Öffentlichkeit eine indigene Sprache zu sprechen. Dazu kommt, dass die Charakterisierung „indigen" innerhalb der Nationalgesellschaft immer noch mit Rückständigkeit gleichgesetzt wird, was nicht ohne Wirkung auf die Eigenidentifikation bleibt.

024pe-ah

Ganz allgemein bedeutet **das Wort „indigen"** „einheimisch" und wird für Völker verwendet, deren Vorfahren bereits vor der Kolonialisierung und vor der Gründung des modernen Staates auf dem heutigen Staatsgebiet lebten. Die herrschende europäischstämmige Schicht Perus bezeichnet diejenigen als „Urbevölkerung", die sich in Aussehen und Kultur von den Zugewanderten unterscheiden oder sich für andere Lebensmodelle entschieden haben. Nur die Völker des Amazonastieflandes nennen sich selbst „Indigene", während die andinen Kleinbauern sich über ihre wirtschaftlichen Aktivitäten definieren und sich „Campesinos" nennen. Als „Indios" bezeichnet sich keine der Gruppen selbst, vielmehr ist es ein Schimpfwort, mit dem Vertreter der städtischen Eliten das vermeintliche fortschrittsfeindliche Hinterwäldlertum der Menschen im Landesinnern zum Ausdruck bringen.

⌃ Indigene Mütter fordern zweisprachige Erziehung für ihre Kinder

› Die Schulleiterin zeigt beim Singen der Nationalhymne, dass sie patriotisches Vorbild für die Schüler ist

Identität und Patriotismus

Während des Salpeterkrieges (1879–1884) soll der peruanische *Coronel Alfonso Ugarte* die **peruanische Flagge** zuerst umarmt und sich dann mit seinem Pferd von einem Felsen aus ins Meer gestürzt haben, um zu verhindern, dass die rot-weiß-rote Flagge in die Hände der chilenischen Feinde geriet. Bereits in der Grundschule lernt jedes Kind die Geschichte dieses Nationalhelden, der den Freitod wählte, um die peruanische Ehre zu retten. Sonntagvormittags kann man auf den zentralen Plätzen vieler Orte die feierliche Zeremonie des Fahnehissens beobachten, bei der Polizisten und Soldaten aufmarschieren und eine Militärkapelle die Nationalhymne sowie das „Lied zu Ehren der Fahne" spielt. Nationalstolz und Patriotismus sind heilige Pflichten in Peru. Bedeutender Schlachten wie des Seegefechts von Angamos am 8. Oktober 1879 gedenkt man an nationalen Feiertagen.

Aber die Peruaner und Peruanerinnen haben **viele Identitäten.** Einerseits sind sie nicht nur Peruaner, sondern gehören auch zur *patria grande,* der großen Sprach- und Kulturgemeinschaft aller Lateinamerikaner, die im 19. Jahrhundert einen gemeinsamen Unabhängigkeitskampf gegen das spanische „Mutterland" führte. Linksgerichtete Peruaner sehen sich innerhalb dieser Staatengemeinschaft vereint im Widerstand gegen den Einfluss des globalen Neoliberalismus. Andererseits gibt es auch innerhalb der Landesgrenzen unterschiedliche identitätsstiftende Faktoren, denn Peru ist ein Vielvölkerstaat, in dem 68 verschiedene Sprachen gesprochen werden und viele verschiedene Ethnien leben. Die derzeitigen Peruaner führen ihre **Herkunft** entweder auf die indigene Urbevölkerung, auf ihre europäischen, afrikanischen oder asiatischen Vorfahren zurück und pflegen teilweise noch heute Kulturtraditionen aus den Ursprungsländern.

023pe-ah

Sobald die peruanische **Nationalhymne** angestimmt wird, legt jeder Peruaner seine rechte Hand aufs Herz und wer kann, singt mit. Wird ein Kind dazu auserkoren, beim Hissen der Nationalflagge mitzumarschieren, erfüllt dies die

Eltern mit Stolz. In der Schule lernen Kinder, dieselben Helden zu verehren und traditionelle Tänze und Lieder ihrer Region als nationales Kulturerbe zu begreifen. Aber wenn das Land am 28. Juli seine Unabhängigkeit von Spanien feiert, wird manch einem bewusst, dass eine gemeinsame Geschichte die Bewohner Perus nur zum Teil verbindet und dass die am meisten Benachteiligten vom Staat kaum Unterstützung im Kampf gegen Ungleichheit oder Menschenrechtsverletzungen bekommen. Nicht Wenige sehen im Staat ein Instrument der „weißen" Elite zur Durchsetzung ihrer Interessen. Hier läuft eine **tiefe Spaltung** durch die Gesellschaft. Die ungelöste Herausforderung ist immer noch, sich als Einheit mit gleichen Rechten zu begreifen und ein nationales Projekt in Angriff zu nehmen, bei dem alle Peruaner auf gleicher Stufe einer Werteskala stehen.

Außer ihrer nationalen Identität haben Peruaner **lokale oder regionale Identitäten,** abgeleitet von der Ethnie, der sie angehören, ihrem Geburtsort oder ihren Vorfahren. Die ehemalige Inka-Hauptstadt Cusco besitzt eine eigene Hymne, die den Lokalpatriotismus der Cusquenos spiegelt und ihren Wunsch nach Emanzipation gegenüber der heute bedeutenderen Hauptstadt Lima. Wer aus einem Andendorf stammt, fühlt sich in erster Linie als „Campesino", als Subsistenzbauer. *Nativos* (Eingeborene) oder „Indigene" waren über viele Jahre die ausschließlichen Eigenbezeichnungen der Ureinwohner des Amazonastieflandes. Inzwischen breitet das Wort „Indigene" sich als Eigenbezeichnung im Andenhochland aus. Schon der aus Cusco stammende erste Vizepräsident *Fujimoris, Máximo San Román* sagte von sich selbst *„soy el hombre más indigena del Perú"* („Ich bin der indigenste Mensch Perus"). Bevor er nach *Fujimoris* Eigenputsch zurücktrat, hielt er im Parlament eine Rede auf Quechua.

Wenn Peruaner sich als **Negro** (Schwarzer) oder **Negra** (Schwarze) bezeichnen, meinen sie dies keineswegs abschätzig, sondern bringen damit den Stolz auf ihre afrikanische Herkunft sowie ihre Vorliebe für ihr afrikanisches Kulturerbe zum Ausdruck.

Nisei nennen sich Nachkommen der japanischen Arbeitsmigranten und *Tusan* die Nachkommen der kantonesischen Bevölkerung, die aus China zum Arbeiten nach Peru kamen.

Über die Jahrhunderte haben Nachkommen der verschiedenen Völker sich einerseits stark voneinander abgegrenzt, gleichzeitig sind sie aber Beziehungen eingegangen und haben sich vermischt. Bis heute jedoch sind Menschen mit heller Haut freundschaftlichen oder gar ehelichen Beziehungen mit Menschen dunkler Hautfarbe gegenüber eher abgeneigt.

Zur ungewollten Vermischung durch Vergewaltigungen, insbesondere zur Zeit der Eroberung, kamen später die mehr oder weniger freiwillige Vermischung von Ethnien und Kulturen sowie die freiwillige Aufgabe eigener kultureller Werte und Verhaltensweisen, um innerhalb der Nationalgesellschaft bessere Aufstiegschancen zu haben.

Hinter der Mauer, die im Süden von Lima zwischen Reichen- und Armenvierteln verläuft, erhalten oder erhärten sich **rassistische Einstellungen.** Berührungsängste und Vorurteile werden auch deswegen nicht überwunden, weil es für die **Oberschicht** andere Bildungseinrichtungen gibt als für die **Unterschicht.** Zu Schule, Universität, Arbeitsstätte, zum Einkaufs- oder Freizeitzentrum fährt die Oberschicht mit dem Auto bis vor die Tür. Man begegnet einander nicht. Wer arm ist, besucht eine staatliche Schule; die Reichen schicken ihre Kinder auf Privatschulen und private Universitäten. Allerdings ist es Schulabsolventen aus den unteren Schichten bei herausragenden Schulabschlüssen möglich, mithilfe von Stipendien oder niedrigen Studiengebühren an privaten Universitäten zu studieren. So ist zwar der Weg zu einer wirklichen inneren Einheit noch weit, aber es gibt Entwicklungen, die die Trennungslinien aufweichen. Das zeigen die vielen **Beispiele andiner Zuwanderer,** die in Lima zu erfolgreichen Unternehmern aufgestiegen sind oder in hohe, politische Ämter gelangen wie der ehemalige Staatspräsident *Alejandro Toledo* oder der erfolgreiche Fabrikant von Backöfen *Máximo San Román Cáceres,* der zuvor den Vorsitz verschiedener Organisationen peruanischer Kleinunternehmer innehatte, 2005 als erfolgloser Präsidentschaftskandidat der Bewegung „Restauración Nacional" auftrat sowie mehrfach als Anwärter auf einen Vizepräsidentenposten. Seit 2016 gehört er dem Beraterstamm von Präsident *Kuczinsky* an.

Zuwanderer aus den Anden gelten in den Küstenstädten nicht mehr als „andin". Dementsprechend gaben Sozialwissenschaftler dem populärsprachlichen Schimpfwort **cholo,** mit dem Mitglieder der alteingesessenen Oberschicht sich abfällig über Zuwanderer äußern, eine neue Bedeutung, der zufolge *„cholo"* einen Menschen bezeichnet, der fern seiner andinen Heimat lebt und sowohl andine kulturelle Werte als auch solche der städtischen nicht indigenen Kultur in sein Wertesystem aufgenommen hat. Wenn Personen, die aus den Anden stammen, sich selbst mit Stolz *„cholo"* nennen, hat das Wort eine ausschließlich positive Bedeutung. *Cholos* leben oft zwischen zwei Kulturen. Je nach sozialem Kontext legen sie Elemente ihrer Herkunftskultur ab und nehmen Werte und Verhaltensweisen der urbanen Kultur an. Die Massenabwanderung andiner Kleinbauern an die Küste setzte in den Jahren 1950 bis 1980 ein und damit begann die dortige *cholificación.* Die Zuwanderer bezogen entweder heruntergekommene Wohnungen in den Stadtzentren oder bauten Hütten auf den umliegenden Sandwüsten. Vom Staat forderten sie Strom, Wasser, Straßen und den Bau von Schulen und damit ihre Integration in die Gesellschaft. Den Forderungen der Zuwanderer in den Städten nachzugeben, ist heute für jeden Politiker wichtiger, als sich um das Wohl der Menschen in den ländlichen Gebieten zu kümmern. Denn bei jeder Wahl bedeutet das Stimmen.

Erfolgreiche **Integrationsprojekte** wie sie *Toledo* oder *San Román* gelungen sind, schaffen jedoch die wenigsten. Das liegt auch daran, dass die Verstädterung nicht mit einer entsprechenden Industrialisierung einherging. Die meisten Zuwanderer schufen sich ihre Arbeitsplätze selbst: als Straßenhändler, in der produktiven Schattenwirtschaft oder im Dienstleistungssektor. Für Zuwanderer aus dem Landesinnern ist der Weg zu einem besseren Leben immer beschwerlich und meist nur über Selbstausbeutung und den Verzicht auf arbeitsrechtlichen Schutz zu erreichen.

Das Hinterland

Im Landesinnern nimmt indes der **Kampf um Landrechte und Ressourcen** extreme Formen an. Dort kollidieren Interessen der regierenden Elite mit der traditionellen Wirtschaftsweise der indigenen Bevölkerung. Insbesondere Bergbau-, aber auch landwirtschaftliche Großprojekte sollen dem Staat Einnahmen, der Gesellschaft Wirtschaftswachstum, einheimischen und ausländischen Investoren hohe Profite bescheren. Die gegensätzlichen Interessen scheinen in vielen Regionen unvereinbar. Massendemonstrationen der indigenen Bevölkerung werden in der Öffentlichkeit als kriminelle Vergehen dargestellt, insbesondere, wenn es zu gewaltsamen Auseinandersetzungen mit Verletzten und Toten kommt, in deren Zusammenhang die indigene Bevölkerung immer wieder Opfer von Menschenrechtsverletzungen wird.

Bevölkerung im Amazonastiefland

Völker wie die **Amuesha, Matsiguenka, Ashéninka** und **Asháninka (Campa), Shipibo-Conibo, Piro** und **Napu Runa** gehören zu den ältesten Einwohnern Perus. Sie leben seit ungefähr 5000 Jahren im zentralen und südlichen Amazonastiefland. In der Mitte des 17. Jahrhunderts lernten sie von spanischen Missionaren, Eisen zu schmelzen. Diese Fähigkeit verhalf ihnen zur Unabhängigkeit von „westlichen" Märkten. Nach mehreren

☒ Radio und Internet stellen in vielen Amazonasdörfern die Verbindung zur Außenwelt dar

Kriegen gegen fremde Eroberer verteidigten sie ihr Siedlungsgebiet erfolgreich bis zum Ende des 17. Jahrhunderts gegen die Spanier. 1742 richteten sie sich mit einem Aufstand, an dem sich auch andere Tieflandvölker beteiligten, angeführt von *Juan Santos Atahualpa,* gegen die spanischen Kolonialherren. Danach brachen sie für 100 Jahre die Verbindung zu den Spaniern ab. Weder Inkas noch Spanier schafften es, sie zu unterwerfen. Um 1600 vertrieben die Aguaruna die Spanier für die nächsten Jahrhunderte aus ihrem Gebiet. Missionierungsversuche schlugen ebenfalls fehl. Heute zählt das Volk der Aguaruna etwa 45.000 Mitglieder.

Andere Tieflandvölker wurden von christlichen Missionaren zur **Arbeit auf Zuckerrohrplantagen** gezwungen. Der am Ende des 19. Jahrhunderts einsetzende Kautschukhandel bedeutete für die am Putumayo lebenden den **Witoto** Verschleppung, Misshandlung, Sklaverei, Tod durch eingeschleppte Krankheiten und Völkermord. Heute sind ihre Siedlungen durch Zuwanderer aus den Anden, und ihre Sprache vom Aussterben bedroht.

In den 1970er-Jahren errichtete die peruanische Regierung Militärbasen im Amazonastiefland und förderte in angeblich nicht bevölkerten Gegenden die Ansiedlung von sogenannten **colonos** (Siedler, die Land in Besitz nehmen und bestellen, das zuvor durch indigene Ethnien genutzt wurde) aus der Küstenregion und dem Hochland als **Teil einer „lebenden Grenze"** zur Verteidigung des peruanischen Territoriums. Durch die Förderung der Ansiedlung von mehr Menschen wollte die peruanische Regierung das Vordringen von Menschen eines Nachbarstaates durch Siedlungspolitik auf peruanisches Territorium verhindern.

026pe-ah

Angesichts der Gewalt der terroristischen Organisationen **Movimiento Revolucionario Túpac Amaru (MRTA)** und **Sendero Luminoso** in den 1980er-Jahren sahen die Asháninka sich gezwungen, zu ihrer Verteidigung eine eigene Armee aufzustellen. Terroristen ermordeten 6000 Asháninka, darunter mehrere ihrer Anführer, vergewaltigten Frauen, verschleppten 10.000 Personen und zerstörten ganze Dörfer. Sendero Luminoso wollte, dass sich die Indigenen am Guerillakrieg beteiligten und zwang sie, Kämpfer durch den Anbau von Nahrungsmitteln zu versorgen. Kranke und flüchtende Asháninka wurden von den Terroristen ermordet, Kinder wurden indoktriniert. 2015 befanden sich noch 500 Indigene in der Hand von Sendero-Kämpfern, die dem bewaffneten Kampf nicht abgeschworen hatten. Im selben Jahr wurden vom Militär befreite Asháninka nach Lima gebracht. Dort wurden sie gezwungen, in einem Haus ohne Fenster und ohne Kontakt zur Außenwelt zu leben, obwohl sich andere indigene Gemeinden bereit erklärt hatten, sie aufzunehmen.

Das Volk der **Asháninka** zählt heute zwischen 25.000 und 65.000 Mitglieder. Die meisten von ihnen leben auf peruanischem Territorium. Wie viele andere Tieflandvölker haben sie kaum eine Chance, sich gegen die Zerstörung des Regenwaldes durch die illegale, kommerzielle Abholzung, die Ausweitung des Kokaanbaus und Drogenhandels sowie damit einhergehende Menschenrechtsverletzungen zur Wehr zu setzen. Am 1. September 2014 wurden vier Angehörige der Asháninka umgebracht, darunter der Aktivist **Edwin Chota,** Anführer der Alto-Tamaya-Saweto-Gemeinde in der peruanischen Amazonasregion. Gemeinsam mit vielen Mitgliedern der Gemeinde kämpfte er nicht nur gegen die illegale Rodung am Amazonas, sondern auch für den Zugang zu Landtiteln für Indigene in Peru. Trotz zahlreicher Morddrohungen wurde seiner Bitte um polizeilichen Schutz von den peruanischen Behörden nicht stattgegeben. Seine Ermordung wurde niemals aufgeklärt.

Einige Völker leben in **freiwilliger Isolation.** Diese fälschlicherweise *no-contactados* genannten Ethnien lehnen aufgrund negativer Erfahrungen, die sie selbst oder ihre Großeltern gemacht haben, jeglichen Kontakt mit der Außenwelt ab. Sie können die „moderne Welt" weder einschätzen noch ihre Würde in ihr bewahren. Eigene Erfahrungen sowie die ihrer Vorfahren bestärken sie darin, dass das Leben in der Isolation besser für sie ist. Krankheiten, gegen die sie keinerlei Widerstandskraft haben, bedeuten für sie die Ausrottung ihres Volkes. Im Rahmen der Förderung von Erdgas in Camisea in Südperu wurde auf die *no-contactados* jedoch keine Rücksicht genommen. Man drang in ihre Lebensräume vor, „beglückte" sie mit Bananen und Macheten oder brachte sie sogar um. Heute sucht die peruanische Regierung Kontakt zu ihnen.

Auf der anderen Seite gibt es Völker, die im Kontakt mit der Mehrheitsbevölkerung ihre ethnische Identität, ihre Sprache und ihr Land verloren haben. Etwa Mitte des 20. Jahrhunderts in Städte abgewanderte Eltern aus dem etwa 10.000 Personen zählenden Volk der **Cocama** sprachen mit ihren Kindern nur Spanisch und verschwiegen ihre indigene Herkunft. Heute beteuern diese Nachkommen, keine Cocama zu sein, obwohl ihre Familiennamen darauf hindeuten.

Den meisten Ethnien im Tiefland ist jedoch die **Bewahrung ihrer Sprache** und deshalb auch die zweisprachige Erziehung ihrer Kinder wichtig. An der Universidad Nacional Intercultural de la Amazonía in Pucallpa werden in einem speziellen Studiengang **Lehrer für zweisprachige Erziehung** ausgebildet. Diese treffen sich jedes Jahr auf nationaler Ebene zum Erfahrungsaustausch mit Vertretern des Bildungsministeriums. Die praktische Umsetzung der zweisprachigen Erziehung gestaltet sich schwierig. Es gibt keine Schulbücher in den indigenen Sprachen, und dass Lehrer die Kinder Texte in ihren Muttersprachen schreiben lassen, kommt äußerst selten vor.

1980 gründeten die indigenen Völker Perus eine Organisation zur Verteidigung ihrer Rechte, die **Asociación Interétnica de Desarrollo de la Selva Peruana, AIDESEP,** die seit 1985 offiziell anerkannt ist und über viele Jahre die Interessen der indigenen Völker des Amazonastieflandes vertreten hat. Derzeit wünschen sich viele engagierte Indigene, dass jüngere Führungskräfte mit neuen Ideen das Ruder an der Spitze übernehmen. 1987 wurde die Confederación de Nacionalidades Amazónicas del Perú CONAP gegründet, die ähnliche Ziele verfolgt. Bereits 1974 hatten neun katholische Bischöfe das Centro Amazónico de Antropología y Aplicación Práctica, CAAAP, gegründet. Handlungsschwerpunkte sind die Einforderung politischer Grundrechte für die indigene Bevölkerung, der Kampf gegen die Ausbeutung Amazoniens und gegen Menschenrechtsverletzungen.

Am **Internationalen Tag der Indigenen** am 9. August veranstaltet die indigene Bevölkerung Demonstrationen, bei denen sie die Achtung ihres Landbesitzes und des Waldes sowie Gesetze zu ihrem Schutz fordert. Mit dem Hinweis auf ihre Multikulturalität als Bereicherung für die peruanische Gesellschaft wird ein Ende von Diskriminierung und Rassismus verlangt, und dass die Gesetze, die zugunsten der Indigenen verabschiedet wurden, eingehalten werden. Leider berichten die peruanischen Medien über solche Aktivitäten kaum.

Erfahrene *dirigentes* (Anführer, Führungsspitze) beklagen unterdessen, es werde immer weniger Politik zugunsten der Indigenen gemacht. Zum ersten Mal in der peruanischen Geschichte ließ sich 2015 ein Indigener aus dem Amazonastiefland, **Miguel Hilario** vom Volk der Shipibo, der zuvor in den USA studiert und gearbeitet hat, als Kandidat für das höchste Amt im Staat nominieren. Tieflandindigene stehen in der Hierarchie unter Hochland(anden)indigenen. Auf Wahlplakaten warb Hilario für sich, indem er sich das Image eines „peruanischen Obama" zu geben versuchte. Im Amazonastiefland trifft man auch auf indigene Führungskräfte, deren Enttäuschung über die Vernachlässigung ihrer Interessen durch den Staat so groß ist, dass sie gern eine „Unabhängige Republik Amazonien" gründen würden.

Bevölkerung der Anden

Fährt man von Lima aus nach Osten, geht es rasch bergauf in wunderschöne Berglandschaften. Es sind große Höhenunterschiede zu überwinden. Die Straßenverhältnisse stellen für Bus- und Lastwagenfahrer große Herausforderungen dar. Viele Ortschaften sind verkehrstechnisch schlecht erschlossen. Die Anden waren **einst die bevölkerungsreichste Region Perus.** Heute lebt dort nur noch ein Drittel der peruanischen Bevölkerung. In den kleinen Dörfern wohnen die Menschen in einfachen Verhältnissen in Häusern aus Stein oder aus luftgetrockneten Lehmziegeln. Die Dächer sind aus Stroh, Wellblech oder Ziegeln. In den Monaten Juni bis August frieren die Menschen nachts in ihren Behausungen.

Den Völkern des peruanischen Andenhochlandes drückten die spanischen Konquistadoren bei der Eroberung den Sammelnamen **„Indios"** auf. Die Bezeichnung wurde von den peruanischen Indigenisten, die sich zu Fürsprechern der Andenbevölkerung machen wollten, mit einer positiven und zugleich paternalistischen Bedeutung verwendet. Straßenmusiker mit indigenem Aussehen symbolisierten alternative „bessere" Lebensweisen. „Indios" wurden als Naturbewahrer verehrt, ein Image, das Indigene sich beim Kampf um ihre Rechte schon einmal zu Nutze machen konnten. In Peru hat die Bezeichnung „Indio" aber eine ausschließlich negative Bedeutung. Es ist gleichbedeutend mit „schmutzig" und „hässlich".

Das Schicksal der Inka-Adligen war keineswegs dasselbe wie das der unteren „Kasten" des Inkareiches. Die inkaische Oberschicht wurde von den Spaniern allmählich entmachtet, während die unteren Schichten sich als unfreie Arbeiter auf den Landgütern der neuen Herren oder in den Bergwerken zu Tode schufteten. Die Konquistadoren vergewaltigten Frauen. Die indigene Bevölkerung wurde von ihrem fruchtbaren Ackerland in unwirtliche Höhen vertrieben und in reservatsähnlichen **Reduktionsdörfern** zusammengefasst. Dort zerstörten die Spanier ihre Kultstätten, verboten ihre Rituale und missionierten sie zum Katholizismus. Religiöse und medizinische Praktiken sowie der Verzehr bestimmter Nahrungsmittel

027pe-ah

wurden ihnen verboten. In den Reduktionsdörfern wurden Elemente der spanischen Dorfverwaltung eingeführt, die mit der Zeit feste Bestandteile der andinen Dorforganisation wurden. Als Schuldknechte auf den Plantagen der Küstenregion oder als Arbeiter in den Gold-, Silber-, Kupfer- und Quecksilberminen trug die andine Urbevölkerung unfreiwillig wesentlich zum Erfolg der Exportwirtschaft und damit auch zum Wohlstand in Europa bei.

Bis in die Mitte des 19. Jahrhunderts blieben die Andenbewohner vom städtischen Leben ausgeschlossen. Sie hatten **keinen Zugang zu Bildung und Rechtsprechung.** In Unkenntnis dieser historischen Tatsachen geben heute viele Angehörige der städtischen Mittel- und Oberschicht den Menschen in den Bergdörfern die alleinige Schuld an ihrem menschenunwürdigen Leben – eine Meinung, die nicht ohne Einfluss auf das Denken der andinen Bauern selbst geblieben ist. Erst die Agrarreform im Jahr 1969 befreite diejenigen, die auf den Haziendas arbeiteten, aus der Leibeigenschaft und wertete sie als Menschen auf. Noch lange danach gab es große Unterschiede im Selbstwertgefühl derjenigen, die für einen Großgrundbesitzer, und derjenigen, die in Unabhängigkeit auf ihrem Land gearbeitet hatten.

⌃ Alsivia arbeitet nicht nur hart auf den Feldern und Weiden, bei Versammlungen meldet sie sich oft zu Wort und kreidet Missstände furchtlos an

Heute bezeichnen die Bewohner der Andendörfer sich vorwiegend als **Campesinos**. Ihre einheitliche Wirtschaftsform, die sich gleichenden Lebensbedingungen, ihr niedriger Sozialstatus sowie die von der linken Militärregierung in den 1960er-Jahren propagierte gleiche Bezeichnung haben diese gemeinsame Identität gefördert und kulturelle sowie sprachliche Unterschiede in den Hintergrund treten lassen.

Bis auf drei sind die Sprachen des Andenhochlandes ausgestorben. **Quechua**, die Sprache des Inkareiches, wird noch in den Hochlandregionen Ayacucho, Cusco, Huancavelica und Puno sowie in den nordperuanischen Anden um Huaraz, Huancayo, Tarma, am Huallaga sowie in Teilen Amazoniens gesprochen, allerdings in verschiedenen Dialekten. **Kauki** sprechen noch wenige Menschen in den Anden des Departamentos Lima. Das Volk der **Aymara** am Titicacasee legt Wert auf den Erhalt seiner Sprache. Gute schulische Bildung ist vielen Eltern in den Andendörfern wichtig. Eine zweisprachige Erziehung fand aber bei der quechuasprachigen Bevölkerung kaum Akzeptanz. Die Eltern meinten, dass ihre Kinder dadurch im spanischsprachigen Peru eher schlechtere berufliche Chancen hätten. So hat der Anteil derjenigen, die Quechua sprechen, durch die Verbreitung schulischer Bildung in den Anden rapide abgenommen.

Die Rechte der Campesinos in den *comunidades campesinas* sind in der peruanischen Verfassung festgeschrieben. In Höhen von ca. 1500 bis 3500 m betreiben sie Ackerbau und bis in Höhen von 5000 m Viehzucht. Das Ackerland wird jedem Gemeindemitglied *(comunero)* für die Nutzung zugeteilt. Über die Nutzung der kommunalen Weiden entscheidet jedes Jahr eine kommunale Versammlung *(asamblea comunal)*.

019pe-ah

Die **Arbeitsbedingungen** sind extrem hart. Die Feldarbeit mit Grabstock und Krummhacke hat sich seit dem Ende des Inkareichs nicht verändert. Die Felder liegen an abschüssigen Hängen oder sind terrassenförmig angelegt. Maschinen lassen sich hier nicht einsetzen. Die Bauern sind abhängig vom Regen sowie von Quellen und Flüssen. Alte Kanalsysteme dienen der Bewässerung der Felder. Damit **Wasser** nicht vergeudet wird, teilen kommunale Wasserausschüsse die **Nutzungsrechte** rund um die Uhr in Schichten auf, so dass manche Bauern nachts ihre Felder bewässern müssen. In der Trockenzeit wird die Erdkruste so hart, dass Kartoffeln und andere Knollen zur Erntezeit nur mit großer Mühe aus dem Boden ausgegraben werden können.

Trink- und Brauchwasser holen viele Campesinos inzwischen nicht mehr aus Quellen oder von öffentlichen Zapfstellen. Die *comunidades* beantragen beim Wohnungsbauministerium Hausanschlüsse für Wasser und Abwasser. Mittlerweile haben auch viele Häuser Latrinen und es gibt öffentliche Toiletten, die von der Gemeindeverwaltung gebaut und vom Wohnungsbauministerium finanziert werden.

Traditionelle Glaubensvorstellungen und Riten sowie typische Organisationsformen und Institutionen wie das **ayni,** der gegenseitige Austausch von Arbeitskraft zwischen den Familien, haben sich erhalten, ebenfalls die **minka** – auch **faena** genannt –, die Gemeinschaftsarbeit zur Erhaltung der bäuerlichen Infrastruktur. Aus diesen Einrichtungen leiteten einige Wissenschaftler, insbesondere die Indigenisten, sowie die Militärregierung von *Velasco Alvarado* und sogar ausländische Organisationen der Entwicklungszusammenarbeit ab, dass die Menschen in den Anden solidarischer seien und einen ausgeprägteren **Gemeinschaftssinn** hätten, was sie in besonderer Weise dazu befähige, in Genossenschaften wirtschaftliche Erfolge für die Gemeinschaft zu erwirtschaften. Entsprechende Experimente schlugen jedoch fehl. Viele Campesinos bezeichneten vielmehr diejenigen als fortschrittlich, die sich aus der ihnen von der Militärregierung aufgezwungenen genossenschaftlichen Organisation befreiten und *comunidades* gründeten, in denen sie ihr Land nahezu privatwirtschaftlich nutzen konnten. Wie wichtig den Campesinos **Privateigentum** ist, wurde auch deutlich, als Sendero Luminoso in den Andendörfern auftauchte und manche Bauern sich am meisten davor fürchteten, dass die Terroristen ihnen ihr Eigentum abnehmen würden. Heute setzt die Jugend auf Bildung und wirtschaftlichen Erfolg und wandert in die Städte ab. In den Dörfern bleiben die Älteren zurück.

Zu den traditionellen Festen kehren die jungen Leute in ihre Dörfer heim, um Eltern und Großeltern zu besuchen. Mit ihrer Kleidung und den Geschenken, die sie den Daheimgebliebenen mitbringen, werben sie für weitere Abwanderung.

☒ In der Regel beginnen Dorfversammlungen am Sonntagvormittag und dauern bis Mitternacht. Die Campesinos diskutieren über anstehende Projekte, die Situation der Dorfschule, Bewässerungsrechte oder den Klimawandel.

Dilma und Eufronio

Eufronio: *Der Mann muss die Stütze seiner Familie sein. Die Frau ist für das Glück der Kinder verantwortlich. Ich bin glücklich, ein Campesino zu sein, und zufrieden mit meinem Leben.*
Dilma: *Zur Zeit der Aussaat stehe ich morgens um drei Uhr auf. Ich koche und dann rufe ich die anderen Bauern, die mir an dem Tag helfen. Ihnen und meinem Mann serviere ich ein reichhaltiges Frühstück: eine kräftige Suppe mit Mais und Bohnen sowie Ziegen- oder Rindfleisch.*
Eufronio: *Sobald wir auf dem Feld ankommen, gebe ich jedem Helfer Koka und Kalk. Die Männer beginnen, die Koka zu kauen. Ich lockere mit der „chakitaqlla" (Grabscheit) die harte Erdkruste. Ich habe mich immer vom bäuerlichen Leben angezogen gefühlt. Büros gefallen mir nicht.*
Dilma: *Während mein Mann und die Helfer zum Feld aufbrechen, gebe ich meinen Kindern von der Suppe zu essen. Ich koche Kräutertee für sie und spüle das Geschirr. Danach bringe ich den Männern das Mittagessen aufs Feld: gekochte Kartoffeln, gebratenes Meerschweinchen, Frischkäse und Maispudding. Ich habe auch Erfrischungsgetränke zubereitet: „chicha" (Maisbier), Quitten- oder Apfelsaft.*
Eufronio: *Mich schmerzt es, wenn fruchtbares Ackerland verloren geht, weil die Anbauterrassen nicht den Traditionen unserer Vorfahren gemäß instand gehalten werden. Ich hätte gern mehr Land.*
Dilma: *Am Feld angekommen, breite ich ein weißes Tischtuch auf dem Boden aus und stelle das mitgebrachte Essen darauf. Nach einer halbstündigen Mittagspause arbeiten die Männer weiter und ich helfe ihnen bei der Arbeit, indem ich Erdklumpen zerstoße und große Steine an den Rand des Feldes werfe. Nach getaner Arbeit essen wir noch einmal von dem mitgebrachten Essen. Um acht, wenn wir wieder im Dorf sind, gehe ich in meine Küche. Dort zünde ich das Feuer an und wärme die Reste für meine Kinder auf. Sobald alle gegessen habe, räume ich die Küche auf. Wenn ich zu Bett gehe, bin ich sehr müde.*
Eufronio: *Ich bilde mich weiter, indem ich viel lese, und ich bemühe mich, den Anschluss an die Moderne nicht zu verlieren. Gleichzeitig ist es mir wichtig, traditionelle Techniken zu bewahren. Mit überlieferten Methoden hindere ich Schädlinge daran, unsere Vorräte zu vernichten. Wenn der Mais geerntet wird, erhalten unsere Tiere die Blätter zum Fressen. Was sie ausscheiden, kommt als Tierdung auf die Felder. Das ist der Kreislauf der Natur.*
Dilma: *Ich stehe morgens um sechs Uhr auf. Jeden zweiten Tag kümmere ich mich um unser Vieh. Ich bereite für meine Familie das Frühstück und das Mittagessen zu. Gegen neun breche ich auf. Alfalfa für die Tiere*

056pe-ah

und meinen Proviant lade ich auf einen Esel. Um zwölf komme ich auf der Weide an. Mit dem Rufen, Füttern und Melken bin ich bis zu zwei Stunden beschäftigt. Dann wasche ich meine Hände, trinke frische Milch und esse Cancha (gerösteten Mais) dazu, manchmal auch Kartoffeln und ganz selten Frischkäse. Danach befestige ich die Milchkannen auf dem Rücken des Esels und mache mich auf den Heimweg. Gegen sechs oder sieben komme ich im Dorf an. Dann muss ich Feuer machen und das Abendessen kochen. Während die anderen sich in der Küche unterhalten, wasche ich das Geschirr ab und räume auf. Um zehn oder um elf gehe ich ins Bett. An manchen Tagen kann ich nicht einschlafen.

Einmal pro Woche ist Waschtag. Entweder wasche ich die Kleider in einem Bottich vor meinem Haus oder ich gehe zum Fluss. Dort breite ich die gewaschenen Kleidungsstücke zum Trocknen auf Sträuchern aus. Am Nachmittag kehre ich mit der trockenen Wäsche heim. Ich zünde Feuer an und koche für meine Familie. Freie Tage kenne ich nicht. An den Feiertagen koche ich besondere Gerichte, weil uns Verwandte aus der Stadt besuchen. Manchmal besuchen wir andere Familien. An den großen Festen koche ich gemeinsam mit den anderen Frauen und im Versammlungshaus der Dorfhälfte, der ich angehöre. Dieses Versammlungshaus nennen wir „Huayrona". Beim Wasserfest bereite ich den ganzen Morgen über verschiedene Leckerbissen für den großen Festschmaus zu.

Einwanderer aus Europa und Amerika

Den Konquistadoren folgten Spanier, die sich dauerhaft in Peru niederließen. Die im 16. bis 18. Jahrhundert in Peru geborenen Spanier bezeichneten sich selbst als **„Kreolen"** (*criollos*). Auch wer nur einen spanischen Elternteil hatte, galt als *criollo*. Durch Reinhaltungspolitik, Abgrenzungsmechanismen und die Förderung der Einwanderung aus anderen europäischen Ländern – und ab dem 19. Jahrhundert auch aus den USA – versuchte die Elite, den Anteil der „höherwertigen Rasse" zu steigern. Ihr Ziel war, Menschen mit hohem technologischen Wissen und Kapital ins Land zu holen. Dadurch wollten sie die Entwicklung des Landes voranbringen.

Der berühmteste US-Amerikaner war der Ingenieur *Henry Meiggs*, der den Bau der Eisenbahn in geographisch schwierigen Regionen leitete und die Stadtplanung von Lima modernisierte. US-Amerikaner gründeten die erste Freimaurerloge in Peru.

Die **europäischen Einwanderer** ließen sich vornehmlich in Städten nieder. Sie eröffneten Banken, Versicherungen und Handelsunternehmen, investierten in Bergwerke, Häfen, Eisenbahnen, Baumwoll- oder Zuckerrohrplantagen. Sie dominierten das Wirtschaftsleben und beschäftigten Indigene als Arbeitskräfte. Später holten sie Sklaven aus Afrika sowie von der Osterinsel und nach der Abschaffung der Sklaverei Kulis aus China.

Bis heute leiten die reichsten und mächtigsten Familien ihre Herkunft aus Europa ab, insbesondere aus Spanien und Italien. Sie betreiben Schlüsselindustrien und besetzen Schaltstellen in Politik und Wirtschaft und sind durch verwandtschaftliche und freundschaftliche Beziehungen verbunden.

US-Amerikaner kommen heute als Geschäftsleute und Berater, insbesondere beim Kampf gegen den Drogenanbau, sowie als Missionare ins Land. Seit dem Beginn der Wirtschaftskrise in Spanien im Jahr 2007 kommen von dort junge, gut ausgebildete Leute, um in Peru zu arbeiten.

Juden

Die ersten Juden kamen **mit den spanischen Eroberern** nach Peru. Diejenigen, die kurze Zeit darauf vor der Inquisition aus Spanien flohen, wurden in Peru von derselben eingeholt. So flüchteten viele ins Landesinnere und konvertierten offiziell zum Katholizismus: ein Schritt, den viele ihrer Nachkommen heute rückgängig machen möchten. Im 19. Jahrhundert wanderten Juden aus verschiedenen europäischen Ländern ein; die meisten wurden im Handel oder im Finanzsektor aktiv. **Aus den USA**

ten in der Mitte des 19. Jahrhunderts Juden ein. Zu Beginn des 20. Jahrhunderts kamen **sephardische Juden** aus der Türkei, Marokko und Ägypten nach Peru. Zwischen 1925 und 1930 kamen viele **aus Osteuropa** auf der Suche nach einem besseren Leben sowie auf der Flucht vor Pogromen. Zu Beginn der 1930er-Jahre flohen westeuropäische Juden vor dem Nationalsozialismus nach Peru. Weitere jüdische Einwanderer kamen nach dem Zweiten Weltkrieg, weil sie nicht länger in **Europa** bleiben wollten. Inzwischen lassen sich auch junge Leute aus **Israel,** die Peru zuvor bereist und Gefallen am Land gefunden haben und dort für sich gute Geschäftsmöglichkeiten sehen, im Land nieder. Sie betreiben Diskotheken, Versicherungen, Sicherheitsgesellschaften oder werden im Finanzsektor aktiv. Anfangs entwickelten viele Juden ihre wirtschaftlichen Aktivitäten vor allem in der Fischerei, der Textilindustrie, im Baugewerbe und dem Telekommunikationssektor. Heute sind sie in allen Wirtschaftssektoren aktiv. Junge Leute bevorzugen BWL-, VWL- und Ingenieursstudiengänge, junge Frauen auch Psychologie. Da die wirtschaftliche Situation des Landes aber vielen jungen Hochschulabsolventen nicht die Möglichkeiten bietet, die sie sich nach einer guten Ausbildung erhoffen, wandern sie in die USA, nach Kanada, Großbritannien und in lateinamerikanische Staaten aus. Die Peruaner jüdischer Herkunft bezeichnen sich selbst als *peruanos judíos* (jüdische Peruaner).

Die **comunidad judía** (jüdische Gemeinde) verfügt über eine eigene Schule, einen Friedhof, Kulturvereine und eine Synagoge. Mit nur noch ca. 2500 Personen ist sie klein, hält aber zusammen und ihre Mitglieder fühlen sich in ihr geborgen. Arme Juden werden unterstützt. Aber die Gemeinde übt auch Druck auf ihre Mitglieder aus: Da der Messias aus dem Leib einer jüdischen Frau geboren werden soll, verlangt die Gemeinde von Nichtjüdinnen, die einen jüdischen Mann heiraten, den jüdischen Glauben anzunehmen. Von jüdischen Frauen, die der Gemeinde angehören, erwartet man, dass sie jüdische Männer heiraten. Die Rabbiner wachen darüber, dass die Gemeinde jüdisch bleibt, trotzdem können sie Mischehen nicht verhindern.

Obwohl die jüdische Gemeinde heutzutage relativ klein ist, besetzen peruanische Juden hohe Positionen in Politik und Wirtschaft sowie im privaten Bildungswesen. So war der Philosoph *Salomón Lerner Febres* bis 2004 Rektor der Katholischen Universität in Lima. In einer von ihm gegründeten Schule sowie in Publikationen und Sendungen setzt *León Trahtemberg* sich für die Verbesserung und Erneuerung des peruanischen Bildungssystems ein. *Efraím Goldemberg* war Premier-, Außen- und Wirtschaftsminister unter *Fujimori, Salomón Lerner Ghitis* vom 28. Juli bis 10. Dezember 2011 Premier unter *Humala.*

Afro-Peruaner

Vom 16. bis ins 19. Jahrhundert wurden ca. 95.000 **afrikanische Sklaven** nach Peru verschleppt. Man brauchte sie für die Arbeit auf Plantagen und in Bergwerken, insbesondere weil viele Indigene durch Krankheiten und miserable Arbeitsbedingungen gestorben waren. 1501 hatte die spanische Krone den Handel mit afrikanischen Sklaven erlaubt. Misshandlung, unhygienische Zustände, Durst, Hunger und psychische Strapazen in den Schiffen führten dazu, dass mindestens 40 Millionen Afrikaner bereits auf der Reise starben.

Durchschnittliche Landbesitzer hatten in der Regel nicht die finanziellen Mittel, um sich so viele afrikanische Sklaven zu kaufen, wie sie Arbeitskräfte benötigten; deshalb zeugten sie mit ihren schwarzen Sklavinnen Kinder, die sie später als Arbeitskräfte einsetzten.

Viele Schwarze entflohen den unmenschlichen Lebensbedingungen auf den Ländereien und gründeten in entlegenen ländlichen Gegenden **Palenques,** Fluchtburgen, in denen sie nach ihren afrikanischen Traditionen lebten und die sie mit Waffengewalt verteidigten. Um zu überleben, überfielen und beraubten sie die indigene Bevölkerung. Sie ahmten sogar die Grausamkeiten ihrer weißen Dienstherren nach, indem sie indigene Männer um- und deren Frauen in ihre Gewalt brachten. Zudem hatten die Spanier es verstanden, Indigene und Schwarze gegeneinander aufzuhetzen, damit sie sich nicht verbündeten. Neuere Forschungen haben allerdings Beispiele dafür zutage gefördert, dass Schwarze und Indigene auch friedlich zusammengelebt haben und sogar verwandtschaftliche Beziehungen eingingen. Die Bevölkerungsgruppen beeinflussten einander

029pe-ah

kulturell: Im gesamten Andenraum werden Tänze der „Schwarzen" („Los Negros", „Los Negritos") aufgeführt und die „schwarze Folklore" enthält auch andine Elemente.

Die Anführer der **schwarzen Deserteure,** sogenannte *Cimarrones,* wurden mit der Zeit mächtig. Jeder von ihnen scharte eine große Zahl bewaffneter Ex-Sklaven um sich. Sie verbrannten Plantagen und befreiten weitere Sklaven mit ihren Armeen. Bald kämpften einige mächtige *Cimarrones* gegeneinander. *Chavelilla,* der aus Angola stammte, und *Francisco Congo* aus dem Kongo stritten so lange um die Vorherrschaft in der Palenque von Huachipa (bei Lima), bis *Congo* schließlich *Chavelilla* besiegte und ihn tötete. Wären sich die großen peruanischen *Cimarrones* einig gewesen, hätten sie vielleicht gemeinsam einen großen Aufstand der schwarzen Sklaven anführen und damit die Befreiung aller Schwarzen einleiten können. *Cimarrones* und schwarze Sklaven unterstützten zu Beginn des 19. Jahrhunderts den Krieg der Kreolen für die Unabhängigkeit vom spanischen Königreich in der Hoffnung, sie würden anschließend freigelassen. Diese Hoffnung wurde jedoch enttäuscht. Erst im Jahr 1854 schaffte der Präsident *Ramón Castilla* die **Sklaverei** ab. In die **Freiheit** entlassen, wollten viele Schwarze, die so hart gearbeitet hatten, nun nicht mehr arbeiten. Der Text eines afro-peruanischen Liedes lautet *„Negro no va a trabajar porque Ramón Castilla nos dio la libertad. Ahora debajo el Huarangal mis frejoles voy a comer sin trabajar ..."* („Der Schwarze geht jetzt nicht mehr arbeiten, weil *Ramón Castilla* uns die Freiheit gegeben hat. Jetzt werde ich unter dem Huarangal meine Bohnen essen, ohne zu arbeiten ...").

Ein Großteil der ehemaligen Sklaven sehnte sich nach dem Faulenzen. Zudem fanden viele freie Schwarze **keine alternativen Arbeitsmöglichkeiten** und sahen sich gezwungen, sich von ihren ehemaligen Dienstherren als Diener einstellen zu lassen oder in die Städte abzuwandern und dort, wenn sie keine Arbeit fanden, zu stehlen. Einige, die auf dem Lande blieben, kamen in den Besitz eigener Grundstücke. Bis 1930 hatte die schwarze Bevölkerung keinen Zugang zu Bildung. Schwarze Kinder begleiteten die weißen Kinder der Oberschicht als Diener. So saßen manche neben ihnen auf der Schulbank und lernten mit – einige gaben den weißen Kindern sogar Nachhilfe. In den Städten lebt die schwarze Bevölkerung bis heute vorwiegend in den ärmeren Vierteln – in der Hafenstadt El Callao und in Lima heute vor allem in den Distrikten La Victoria, Barranco, Barrios Altos, El Rimac und Breña. 2010 gab die peruanische Regierung

◁ Für die Kinder aus dem „schwarzen Dorf" El Carmen wird es schwer sein, sich aus der Armut zu befreien

die Anzahl „schwarzer Dörfer" mit 112 an. Diese Orte befinden sich sowohl in den Anden in den Departamentos Arequipa und Ancash als auch an der Küste in den nordperuanischen Deparments Lambayeque und Piura sowie im Süden von Lima in den Provinzen Chincha und Nazca sowie in Tacna. In den Städten leben sie vorwiegend in den ärmeren Stadtvierteln. Immer noch kommt es vor, dass schwarze Peruaner auf der Straße wegen ihrer Hautfarbe beleidigt werden. **Schwarze Hautfarbe** steht im heutigen Peru in Verbindung mit Köchinnen und Türstehern vor Hotels oder Casinos. Sozial und wirtschaftlich aufgestiegen sind nur wenige. Eines der höchsten Ämter bekleidete die Sängerin *Susana Baca,* als sie für sehr kurze Zeit als Kultusministerin dem Kabinett von Präsident *Ollanta Humala* angehörte. Allerdings gibt es auch Nachkommen afrikanischer Sklaven, deren Hautfarbe durch Mischung heute nicht mehr schwarz, sondern weiß ist. Ihre Aufstiegschancen sind besser. Die sozialen Kontakte mit der übrigen Bevölkerung entstehen vor allem durch Freizeitaktivitäten, weil die städtische weiße Bevölkerung sich mit den musikalischen Traditionen der Schwarzen identifiziert.

Bei ihrer Ankunft in Peru waren einige Schwarze Moslems, andere brachten afrikanische Kulte mit. Heute sind alle **Katholiken** und sprechen **Spanisch.** Afrikanische Kulturtraditionen, die in den Palenques noch gepflegt wurden, haben sich ebenso wie ihre Sprachen verloren. Die schwarze Bevölkerung schuf aber in Peru, indem sie afrikanische und spanische **Musiktraditionen** verschmolz, typisch afro-peruanische Tänze wie „Landó", „Alcatráz", „Festejo" und viele andere. Auch der peruanische „Vals" und das „kreolische Lied" *(canción criolla)* sind stark afro-peruanisch geprägt. Mit der *canción criolla* identifiziert sich heute nicht nur die schwarze Bevölkerung, sondern besonders stark auch die alteingesessene limensische Mittel- und Oberschicht. Bekannt und berühmt wie *Susana Baca* ist die afro-peruanische Sängerin *Eva Ayllon,* die in den USA ebenso erfolgreich ist wie in Peru. Geschätzte Sänger, Liedermacher und Musiker waren bzw. sind außerdem *Nicomedes Santa Cruz, Victoria Santa Cruz, Lucha Reyes, Caitro Soto, Cecilia Cruz, Ronaldo Campos* und nicht zuletzt *Arturo Zambo Cavero,* bei dessen Tod im Jahr 2009 ganz Lima trauerte, sowie *Porfirio Vásquez* und dessen Sohn *Pepe Vásquez.* Der **Einfluss** der schwarzen Bevölkerung **auf die Gastronomie** macht sich in allen sozialen Schichten bis heute bemerkbar. Nachspeisen afrikanischen Ursprungs sind aus der peruanischen Küche nicht mehr wegzudenken.

Bis über die Landesgrenzen wurden **Fußballspieler** wie *Téofilo Cubillas, Héctor Chumpitaz, Julio Meléndez* oder *Julio César Uribe* berühmt, ebenso wie **Jefferson Farfán,** der bei Schalke 04 spielte. Die Volleyballspielerin **Cecilia Tait,** die der peruanischen Volleyballnationalmannschaft zu einigen Erfolgen verhalf, war von 2001 bis 2006 Abgeordnete im peruanischen Parlament. Im Dezember 2009 bat der peruanische Staatspräsident *Alan García* die afro-peruanische Bevölkerung offiziell um Verzeihung für ihre Versklavung und die soziale Ausgrenzung nach der Abschaffung der Sklaverei im Jahr 1856 – ein politischer Akt, den die afrikanischstämmige Bevölkerung sich schon früher gewünscht hätte. Neben bedeutenden schwarzen Musikern und Sportlern würdigte *García* den afro-peruanischen christlichen Heiligen *San Martín de Porres* und dessen bedeutenden Beitrag zur christlichen Tradition des Landes.

Chinesen und Tusan

Nach dem Verbot der Sklaverei suchte die peruanische Oligarchie nach neuen Wegen der Arbeitskräftebeschaffung. Das vom peruanischen Kongress 1849 verabschiedete **„Chinesen-Gesetz"** erlaubte den Menschenhändlern, **Hungerflüchtlinge aus Südchina** nach Peru zu bringen. Die chinesischen Kulis, die meist aus der Provinz Guangdong stammten, wurden von chinesischen und portugiesischen Zwischenhändlern mit Methoden rekrutiert, die denen von Sklavenhändlern glichen. In Peru waren die Arbeitsbedingungen der chinesischen Arbeitskräfte ähnlich hart wie die der afrikanischen Sklaven. Die Kulis schufteten in der Landwirtschaft, beim Eisenbahnbau und dem Abbau des in Europa als Dünger begehrten Guanos. Als ihre Einwanderung 1874 verboten wurde, waren 92.530 Kulis in Peru registriert.

Nach Ablauf ihrer Arbeitsverträge (5–8 Jahre) zogen die meisten Chinesen in die Hauptstadt und gründeten dort das **barrio chino** (Chinesenviertel). Noch heute sind die Läden, Wohltätigkeitsvereine und Restaurants dieses Viertels in chinesischer Hand. Ihre Wohnungen haben die Nachkommen chinesischer Einwanderer allerdings in reichere Stadtviertel verlegt. Viele Familien haben den wirtschaftlichen und sozialen Aufstieg erfolgreich gemeistert, da die Eltern ihren Kindern schulische Bestleistungen abverlangten. Außerdem investierten sie in florierende Geschäfte. Dabei half und hilft ihnen ein System der privaten Kreditvergabe *(pandero),* das auf dem gegenseitigen Vertrauen innerhalb der *colonia china* (chinesische Kolonie) basiert.

Die **größte chinesische Kolonie Lateinamerikas** wächst auch heute noch durch Migration: Es kommen sowohl Geologen und Bergbauingenieure als auch neue Armutsflüchtlinge aus der Volksrepublik China, die von Landsleuten bzw. chinesischstämmigen Peruanern teilweise in der Gastronomie oder in Bergwerken als Arbeitskräfte eingesetzt werden.

Der Kontakt zur chinesischen Gemeinde ist vielen chinesischstämmigen Peruanern wichtig, weil dieses soziale Netz Schutz gewährt und in Notsituationen hilft. In den chinesischen Schulen wird heute nicht mehr Kantonesisch, die Sprache der früheren Einwanderer unterrichtet, sondern Mandarin.

Der **chinesische Einfluss** zeigt sich teilweise in der Medizin, vor allem aber in der peruanischen Küche, wo der Reis die Kartoffel als wichtigstes Nahrungsmittel verdrängt hat. *Comer chifa* („ins Chinarestaurant gehen"; „chinesische Gerichte essen") ist unter allen Peruanern eine der beliebtesten Freizeitaktivitäten und *„chifa"* (eine Vielzahl in Peru bekannter Gerichte chinesischen Ursprungs) gilt sogar als eine Art „peruanisches Nationalgericht". Sojasoße *(siyau)* und Ingwer gehören zu den Grundzutaten in der peruanischen Küche der Küstenregionen.

Insgesamt sind die **chinesischstämmigen Peruaner** heute gut angesehen. Es gab bereits Minister und Vizeminister aus ihren Reihen. Zu den erfolgreichsten chinesischstämmigen Unternehmern gehört **die Familie Wong,** deren Ladenketten **„E.Wong"** und **„METRO"** aus einem kleinen Lebensmittelgeschäft hervorgingen. Wenn Familienmitglieder in den gut sortierten Supermärkten nach dem Rechten schauten, nahmen sie dies zum Anlass, Kunden persönlich zu bedienen. Auf besondere Kundenwünsche gingen auch die Angestellten gern ein, die innerhalb des Unternehmens Weiterbildungsmöglichkeiten und gute Aufstiegschancen bekamen. Patriotismus bewies die Familie an jedem 28. Juli, dem peruanischen Nationalfeiertag, mit der Organisation eines zwölfstündigen Umzugs durch Lima, bei dem sich Angestellte als Akrobaten und Tänzer präsentierten und der mit einem großen Feuerwerk endete. Ende 2007 löste der Kauf der Firma durch einen chilenischen Unternehmer in der Bevölkerung große Betrübnis aus. Viele empfanden den Verkauf als Verlust peruanischen Kulturgutes.

Bei der Eröffnung neuer Läden der Supermarktkette E.Wong kamen **alte chinesische Riten** zur Anwendung, unter chinesischstämmigen Geschäftsleuten kein ungewöhnliches Verhalten. Auch im Alltag der Nachkommen der asiatischen Einwanderer leben Traditionen aus der Heimat ihrer Eltern fort. Wenngleich sie sich als Peruaner betrachten, beziehen sie ihre Identität ebenso aus ihrer chinesischen Abstammung. Als die britische Kolonie Hongkong an die Volksrepublik China ging, feierten viele chinesischstämmige Peruaner das Ereignis im Rahmen einer Festveranstaltung mit Feuerwerk im *barrio chino.*

In Peru geborene Nachkommen chinesischer Einwanderer nennen sich selbst häufig „Tusan". Dabei handelt es sich um ein aus dem Chinesischen abgeleitetes Wort.

Maori

1862 verschleppten peruanische Menschenhändler 3000 Maori von den Marquisen, Tuamotu, Tonga, den Tokelau- und Cook-Inseln sowie insbesondere von der Osterinsel als Arbeitskräfte für die Küstenplantagen nach Peru. Nach den ersten Transporten protestierten die französische und die britische Regierung gegen die Versklavung der Maori, weil die Inseln in ihrem Einflussbereich lagen; deshalb stellte Peru diese Aktivitäten ein. Noch heute erinnern sich die Rapa Nui auf der Osterinsel daran, dass ihre Großväter als Arbeitssklaven nach Peru gebracht wurden. 80 Prozent der Verschleppten starben, noch bevor sie in Peru zur Zwangsarbeit eingesetzt wurden. Einige wurden später in ihre Heimat zurückgebracht. Diejenigen, die blieben, sind heute nicht mehr als Maori zu erkennen.

Nisei – die Nachkommen der japanischen Einwander

Wegen eines Konfliktes mit China konnten die Hazendados keine Kulis mehr nach Peru holen. Gleichzeitig stieg der Arbeitskräftemangel auf den Zuckerrohr- und Baumwollplantagen der peruanischen Küstenregion. Da kam der peruanischen Agrarelite zupass, dass 1873 ein Friedensabkommen zwischen Peru und Japan unterzeichnet wurde und nun **arme japanische Bauern** nach Peru auswandern durften. Zwischen 1899 und 1941 kamen 29.000 japanische Armutsmigranten – größtenteils von der Insel Okinawa – zum Arbeiten nach Peru, zunächst nur Männer und ab 1903 auch Frauen. Die ersten japanischen Einwanderer arbeiteten auf den Küstenplantagen und in der Kautschukgewinnung im tropischen Regenwald. Im Unterschied zu den Chinesen hatten sie ihre Arbeitsverträge jedoch freiwillig unterschrieben; aus diesem Grund reagierten sie, wenn ihnen das „koloniale System" aufgezwungen wurde, immer wieder mit Arbeitsniederlegung, Flucht oder Vertragsbruch. 1899 kam es zum ersten **Streik der japanischen Arbeiter:** Sie verlangten höhere Löhne und Vorschüsse für den Kauf von Lebensmitteln. Japanische Arbeiter kämpften mit für die Einführung des Acht-Stunden-Tages in Peru. Nach Ablauf ihrer Arbeitsverträge durften die Japaner in Peru bleiben. Die meisten gingen auf denselben Plantagen neue Arbeitsverhältnisse ein, einige wurden Händler. Diejenigen, die in die Städte abwanderten, gründeten dort Friseurläden, Cafés, Imbissstuben, Schenken und Geschäfte, für die sie kein großes Startkapital benötigten. Da sie bald als besonders zuvorkommend und zuverlässig galten, gewannen sie schnell Kunden. Viele brachten es zu Wohlstand. Dabei half ihnen die traditionelle Einrichtung des **tanomashi:** Ähnlich wie die chinesischen Einwanderer liehen sie sich für die Eröffnung eines Geschäftes das Geld nicht von einer Bank, sondern voneinander, indem jeweils eine Gruppe von Personen größere Summen zusammenlegte, die jeden Monat einem anderen für eine Investition zur Verfügung gestellt wurde. Bei diesem Verfahren bestand keine Gefahr, dass jemand mit dem Geld durchbrannte: Das Ehrgefühl sowie die Tatsache, dass jeder innerhalb der japanischen Gemeinde bekannt und auf den Schutz der Gemeinde angewiesen war, verhinderte dies. Aus einigen dieser Geschäfte entwickelten sich Handelshäuser, deren Namen in Lima jeder kennt, weil sie sich früh auf den Import neuer Technologien aus Asien spezialisierten.

1970 gründete die japanische Gemeinde eine **Spargenossenschaft.** Sie gab eigene Zeitungen und Zeitschriften heraus und produzierte Rundfunkprogramme. Da die Eltern Wert darauf legten, dass ihren Kindern die japanischen Werte, Traditionen und die Sprache beigebracht wurden, gründeten sie zahlreiche japanische Schulen. Schon früh entstanden Nachbarschafts-, Sport- und Kulturvereine. Zur Einweihung des japanischen Kulturinstituts reiste 1967 das japanische Kaiserpaar nach Peru. Die japanische Regierung unterstützte den Bau von Kliniken in der peruanischen Hauptstadt.

Nach den furchtbaren Verfolgungen der Nachkommen der japanischen Einwanderer in Peru während des Zweiten Weltkrieges wollten die japanischstämmigen Peruaner möglichst unauffällig bleiben; deshalb hielten sie sich von der Politik fern. Erst der aus einfachen Verhältnissen stammende *Alberto Fujimori* durchbrach diese Tradition, als er 1990 für das höchste Amt im Staat kandidierte. Die japanische Gemeinde unterstützte *Fujimoris* Kampagne allerdings nicht, weil sie ähnliche Verfolgungen für den Fall befürchtete, dass *Fujimori* als Präsident die damalige katastrophale Lage des Landes nicht verbessern würde. Als *Fujimori* mit den Stimmen der nicht-japanischstämmigen Peruaner die Wahl gewann, sah die „japanische Kolonie" darin ein Zeichen dafür, dass das peruanische Volk sie nun als gleichwertige Peruaner akzeptierte. Somit hatte **Fujimoris Wahlsieg** großen Einfluss auf ihre neue Identität. Dass bald Söhne und Töchter japanischer Einwanderer wichtige Ämter in der Politik bekleideten, begründete man innerhalb der japanischen Gemeinde damit, dass *Fujimoris* Sieg unter den japanischstämmigen Peruanern ein größeres Verantwortungsgefühl für das „peruanische Vaterland" geweckt habe.

Die Regierung *Fujimori* baute die **Handelsbeziehungen zu Japan** aus und das ostasiatische Land wurde zu einem wichtigen Migrationsziel für Peruaner. Zwischen 35.000 und 70.000 Peruaner gingen zum Arbeiten nach Japan. Wer seine japanische Abstammung mittels entsprechender Geburtsurkunden nachweisen konnte *(koseki)*, erhielt von der japanischen Regierung eine befristete Arbeits- und Aufenthaltserlaubnis als sogenannter *dekasegi*. In Japan hatten die Migranten lange Arbeitstage, bekamen aber (für peruanische Verhältnisse) sehr hohe Gehälter. Es gab auch Peruaner, die sich eine japanische Abstammung erkauften – sie mussten dann für weniger Geld härter arbeiten. Die Peruaner empfanden die Arbeitsbedingungen als ungleich härter als in ihrer Heimat und das Verhalten der Japaner ihnen gegenüber als diskriminierend oder ablehnend. Dennoch sprechen viele nach ihrer Rückkehr mit Hochachtung von der japanischen Gesellschaft. Die größere Disziplin, die geringere Streikbereitschaft und die konsequente Bestrafung bei Diebstahl imponierten den Peruanern ebenso wie der industrielle Fortschritt.

Heute klagen Peruaner über japanische Fischer, die mit riesigen Schiffen große Mengen an Fisch aus peruanischen Gewässern holen, diese noch vor Ort verarbeiten und nach Japan mitnehmen.

Peru hat nach Brasilien die **zweitgrößte japanische Kolonie Lateinamerikas.** Traditionen, Gerichte, Lieder und Tänze wurden bis in die sechste Generation beibehalten. Den Familien ist sowohl die Anpassung an die peruanische Gesellschaft als auch die Pflege der japanischen Kultur wichtig und die Eltern legen – ähnlich wie die chinesischen Einwanderer – großen Wert auf eine gute Ausbildung ihrer Kinder. Das Heiraten innerhalb der „Kolonie" ist beliebt. In Peru wurden die japanischstämmigen Peruaner zum Katholizismus bekehrt. Elemente des japanischen Ahnenkults wurden allerdings bewahrt und in neuester Zeit finden die in Japan entstandenen Religionsgemeinschaften *„Nichiren Soshun"* und *„Seicho-no-ie"* sowohl innerhalb der japanischen Kolonie als auch bei anderen Peruanern Anhänger.

Araber, Iraner, Pakistanis

Die ersten Araber muslimischen Glaubens kamen mit den Spaniern nach Peru, weitere im 19. Jahrhundert. In Peru änderten viele ihren Glauben und wurden Christen. So änderten sie auch ihre Nachnamen. Der **arabische Einfluss** ist bis heute in der Architektur des Stadtzentrums von Lima sowie in der Bauweise mancher Häuser sichtbar, die über einen großen Innenhof mit Pflanzen verfügen, auf den die Zimmer ausgerichtet sind. Außerdem erinnern in Lima oder Trujillo die berühmten holzverkleideten Balkone, hinter denen sich das Leben unter Ausschluss der Öffentlichkeit abspielte, an den muslimischen Einfluss. Noch bis ins 19. Jahrhundert begegnete man in Lima den als *tapadas* („Bedeckte") bezeichneten vollverschleierten Frauen, die der Öffentlichkeit nur ein Auge zeigten.

Im vorigen Jahrhundert kamen christliche Libanesen nach Peru, von denen einige in der Textilbranche aufstiegen oder Ämter in der Politik bekleideten. Später kamen **Palästinenser muslimischen Glaubens** hinzu, im Iran verfolgte Mitglieder der **Bahai-Religion** sowie muslimische Zuwanderer aus Pakistan.

Etwa 1000 der 1300 Menschen islamischen Glaubens versammeln sich jeden Freitag zum Gebet in der einzigen Moschee von Lima im Stadtteil Magdalena. Die Peruaner fühlen sich von ihren muslimischen Mitbürgern nicht bedroht, da diese die extremistischen Strömungen ihrer Religion klar ablehnen. Zudem versteht Peru sich immer noch als ein katholisches Land.

Zuwanderer aus deutschsprachigen Ländern

1802 kam der preußische Freiherr **Alexander von Humboldt** in Begleitung des französischen Botanikers *Aimé Bonpland* nach Peru und hinterließ seine Spuren im Land. *Humboldt* erforschte Kultur, Kunst, Sprachen und Geschichte der peruanischen Völker, Flora, Fauna, Vegetations- und Klimastufen sowie den Guano, ein Gemisch aus Calciumphosphaten und Exkrementen lokaler Seevögel, das als Dünger zu einem wichtigen Exportprodukt wurde. *Humboldt* maß die Temperaturen des nach ihm benannten Humboldtstroms, der maßgeblichen Einfluss auf die Wasser- und Lufttemperatur an der peruanischen Pazifikküste hat. Eine der bekanntesten Schulen sowie der Humboldt-Pinguin sind nach ihm benannt. Die Namen der deutschsprachigen Archäologen, Kultur- und Sprachforscher *Middendorf, Uhle, Brüning* und *Tschudi* kennt man noch heute.

Von den 60 Millionen **Deutschen,** die zwischen 1820 und 1914 aus ihrer Heimat auswanderten, ließen sich fünf Prozent in Peru nieder. Es waren **Händler, Bauern, Handwerker** und **Flüchtlinge,** die in Deutschland aus religiösen Gründen verfolgt wurden oder der Armut und dem Hunger entflohen.

Seit 1820 schlossen die Hansestädte Verträge mit peruanischen Häfen. 1828 wurde das **erste deutsche Konsulat in Lima** eröffnet. Die deutsche Familie *Pflücker* förderte im Andenhochland von Huancavelica und Huarochirí Kupfer und Silber. *Ernst Günther* legte in *Arequipa* – nach Lima die zweitwichtigste Stadt für die deutschen Einwanderer – den Grundstein für eine Brauerei und engagierte sich in der Züchtung neuer Getreidesorten sowie der Verbesserung der landwirtschaftlichen Produktion. Seine Urenkel, die Familie *von Wedemeyer*, bauten das Unternehmen zu einem Konzern mit Firmen in verschiedenen Branchen aus. Die Familie *Gildemeister* baute eine weit gefächerte Gruppe von Unternehmen auf und gehörte zu den bedeutendsten Zuckerproduzenten der Welt.

In den Städten heirateten viele Deutsche in peruanische Familien ein, wodurch Ursprungskultur und Sprache verloren gingen. Sie stiegen jedoch nicht in die höchsten gesellschaftlichen Kreise auf und hielten sich aus der Tagespolitik zurück.

Mitte des 19. Jahrhunderts wurden Armutsflüchtlinge aus dem Rhein-Mosel-Gebiet und aus Tirol auf Plantagen eingesetzt, was aufgrund ihres „Rassebonus" einen Skandal auslöste. Deshalb schickte die peruanische Regierung sie als *Colonos* ins Tiefland. Auf dem Weg dorthin starb die Hälfte von ihnen. Nur 157 erreichten 1859 das ihnen von der Regierung zugewiesene, abgelegene Urwaldtal. Dort gründeten sie die Dörfer **Pozuzo** und **Prusia** (span. „Preußen"). Noch heute zeugen die beiden Ortschaften von einer typisch deutschen Organisationsform. Obwohl die Eingewanderten sich zusehends mit Zuwanderern aus dem Andenhochland vermischten, haben sie Elemente wie die Sprache, Lieder, Tänze und Trachten aus Tirol bis heute bewahrt. Fernab vom wirtschaftlichen Geschehen der Landeshauptstadt lebten die ländlichen Deutsch-Peruaner lange in Armut. Heute wirbt der Ort, den Touristen von Lima aus in einer zweitägigen Busreise erreichen, damit, die „einzige deutsch-österreichische Kolonie" zu sein.

Wegen des wirtschaftlichen Aufschwungs durch den Guano-Export und den Beginn der Dampfschifffahrt kamen zwischen 1840 und 1860 viele Deutsche nach Lima und in die Hafenstadt El Callao. Der Anstieg des **Handels zwischen Peru und den großen deutschen Häfen** in den Jahren 1850 bis 1933 motivierte das Entstehen deutscher Handelshäuser in Lima wie die Casa Welsch, die Casa Gildemeister-Consbach sowie Dollmann und Einfeldt. Die Familie *Hardt,* die in Deutschland große Textilfabriken besaß, und die Vertreter von Handelshäusern in Hamburg und Bremen, ließen sich in der Folge in Peru nieder.

Die 1848 aus Hamburg eingewanderte **Familie Gildemeister** baute zu Beginn des 20. Jahrhunderts, ausgehend von der Hazienda Casa Grande an der nordperuanischen Küste, die *Johann Gildemeister* nach seiner Heirat mit einer Peruanerin der Oberschicht 1888 kaufte, ein Zuckerimperium auf, das mit denen auf Kuba und Hawai konkurrierte. Er kaufte mehrere Zuckerrohrplantagen, Bergbaufirmen und beteiligte sich am Eisenbahnbau. Seine Nachkommen holten deutsche Ingenieure nach Peru, die die Zuckerproduktion modernisierten. Die Familie *von Wedemeyer* gründete eine der bedeutendsten Brauereien und trieb die Forschung im

Bereich des Getreideanbaus voran. Im 20. Jahrhundert baute sie große Textilunternehmen auf und ist heute auch im Export landwirtschaftlicher Produkte tätig. Ihr wirtschaftliches Engagement geht bis heute mit einem hohen sozialen und kulturellen Engagement einher.

1868 gründeten 315 Deutsche die Ortschaft **Oxapampa** im Tiefland in der Nähe von Pozuzo, um dort Kaffee und Kakao anzubauen. In der Zeit des Zweiten Weltkrieges wies Peru deutschstämmige Peruaner aus oder schädigte sie wirtschaftlich. Deutsches Vereinseigentum wurde beschlagnahmt und die deutsche Sprache verboten.

Dass Deutsche nach dem Krieg wieder gern gesehen waren, liegt zum einen an dem **positiven Deutschenbild** der Peruaner, das die Kriege überdauerte, aber auch an den Verdiensten in Wirtschaft und Politik. Der Deutschböhme und Naturwissenschaftler *Thaddäus Haenke* hatte der spanischen Regierung in Peru und Bolivien seine Entdeckung der Salpeterumwandlung zur wirtschaftlichen Nutzung unentgeltlich zur Verfügung gestellt. Der deutsche Militärspezialist *Baron Althaus* hatte Peru im Unabhängigkeitskrieg unterstützt. Der Großunternehmer *Albrecht* rettete die Stadt Trujillo vor chilenischer Besatzung, indem er die geforderte Kriegskontribution aus eigener Tasche bezahlte. Die Familie *Gildemeister* errichtete in Trujillo ein großes Stadion und stellte beträchtliche Beträge für Wohlfahrt und Kultur zur Verfügung.

Im Laufe der Jahre wurden in Peru **deutsche Einrichtungen und Vereine** geschaffen. 1829 wurde der Club Alemán (Deutscher Klub) gegründet. 1905 öffnete die Transatlantische Deutsche Bank eine Niederlassung. 1863 war der Turnverein Germania gegründet worden, aus dem der Club Germania hervorging. Dort kann man heute „Landsleute" treffen, Sport treiben und im klubeigenen Restaurant essen. Im peruanischen Frühling wird dort das Oktoberfest veranstaltet. Der Klub verfügt über eines der größten Schwimmbäder in Lima. 1867 entstand der Club Teutonia und 1850 der Deutsche Verein.

1899 gründeten elf protestantische Familien die erste deutsch-lutherische Gemeinde. Am Ende des 19. Jahrhunderts förderte das Deutsche Kaiserreich im Ausland das „Deutschtum" und die Beziehungen zum Vaterland, was in Peru die lutherische Gemeinde, der Deutsche Klub, deutsche Diplomaten und die deutschen Schulen unterstützten.

1872 war die **erste deutsche Schule** in der Hauptstadt gegründet worden, das Colegio Humboldt, und 1910 öffnete in El Callao die **Deutsche Schule,** die ihren Sitz bald in den Distrikt Miraflores verlegte. Später entstanden in Lima weitere private deutsche Schulen wie das Colegio Weberbauer, das Colegio Santa Ursula und das Colegio Peruano-Alemán Beata Imelda. 1971 gründeten der gebürtige Stuttgarter Unternehmer *Wolfgang*

Extrainfo 3 (s. S. 11): „Österreichs größtes Dschungel-Camp" – Spiegel-Bericht über die von deutschen Auswanderern im peruanischen Urwald gegründeten Orte Pozuzo und Prusia

Spittler und seine Frau in Lima die erste Waldorfschule. Bereits 1956 war in der südperuanischen Stadt Arequipa die Max-Uhle-Schule gegründet worden.

Mit der Machtübernahme durch die NSDAP in Deutschland flohen 300 deutschstämmige Juden nach Peru, unter ihnen der in Österreich geborene *Theo Buchwald*, der gemeinsam mit anderen jüdischen Musikern 1938 das peruanische Nationale Synphonieorchester gründete. Ab 1936 übten die Machthaber in Berlin auf alle deutschen Einrichtungen in Peru Druck aus und verlangten ihre Gleichschaltung. Dadurch litt die Qualität der Bildung an den deutschen Schulen und jüdische Schüler wurden entlassen. Innerhalb der „deutschen Kolonie" bewirkten die Nationalsozialisten eine tiefe Spaltung.

Nach dem Zweiten Weltkrieg flohen einige Ostdeutsche vor den Kommunisten bis nach Peru. Bis in die 1960er-Jahre kamen junge talentierte Kaufleute und bauten in Peru Firmen auf. Auch die 1921 erstmals gegründete **Deutsch-Peruanische Industrie- und Handelskammer** wurde im Oktober 1968 neu gegründet. Sie ist heute die zweitgrößte binationale Handelskammer nach der der USA, hat 300 freiwillige beitragszahlende Mitglieder und zählt zu den angesehensten Einrichtungen in Peru. Zu ihren Mitgliedern gehören ortsansässige deutsche Unternehmen bzw. deren Niederlassungen, Firmen deutschstämmiger Peruaner und peruanische Firmen, die mit Deutschland Handel treiben. Für sie organisiert die Kammer u. a. Veranstaltungen, Teilnahmen an deutschen Messen und Unternehmerreisen nach Deutschland. Seit 1983 bietet die Kammer zusammen mit dem BerufsBildungsZentrum Alexander von Humboldt das Programm der dualen Berufsausbildung an.

Ein so spektakulärer Aufstieg bis an die Spitze der peruanischen Wirtschaft, wie ihn die Familien *von Wedemeyer* und *Gildemeister* schafften, war den Auswanderern des 20. Jahrhunderts nicht mehr möglich. Man schätzt und achtet sie, der höchsten Unternehmerschicht des Landes gehören sie allerdings nicht an. Einige sind gut vernetzt sowie bei peruanischen Unternehmern beliebt. Zu ihnen gehört zum Beispiel auch **Bernd Schmidt.** Der junge Kaufmann wanderte in den 1960er-Jahren nach Peru aus und gründete dort mehrere Firmen. Als Präsident der Deutsch-Peruanischen Industrie- und Handelskammer – ein Ehrenamt, dass er mehrmals innehatte – trieb er den Ausbau der deutsch-peruanischen Wirtschaftsbeziehungen voran. Dafür erhielt er 2003 das Bundesverdienstkreuz am Bande und 2015 das Verdienstkreuz erster Klasse des Verdienstordens der Bundesrepublik Deutschland. Neben seiner unternehmerischen Tätigkeit engagiert *Schmidt* sich für die Förderung der klassischen Musik in Peru.

Extrainfo 4 (s. S. 11): Bericht von BR 2 über Bayerische und Tiroler Auswanderer in Peru

Natur und Umwelt

☒ Bananen wachsen im Amazonastiefland und an der Küste.
Schlechte Straßenverbindungen erschweren den Transport in die Städte.
(030pe Foto: ah)

Landschaften und Klima, Berggötter und „Christkind“

Die Peruaner unterteilen ihr Land in drei große Regionen: **costa** (Küste), **sierra** (Bergland) und **selva** (Urwald). Die Abhänge zwischen Anden und Tiefland bezeichnen sie als **ceja de selva** (Augenbraue des Urwalds). Aufgrund natürlicher Besonderheiten hat Peru nicht das tropische Klima, das man bei einem Land zwölf Grad südlich des Äquators erwarten würde. An der langen Pazifikküste strömt aus südlicher Richtung der kalte Humboldtstrom vorbei. Er bringt antarktisches Wasser, das den Peruanern großen Fischreichtum beschert und das Küstenklima beeinflusst. Dort erreichen die Temperaturen im Januar (Hochsommer) tagsüber selten über 30 Grad. Im Juli (Winter) sinken sie tagsüber auf 16 Grad. Weniger als 50 mm Niederschlag fällt in der Küstenregion und in Lima regnet es in der Regel gar nicht. Nur in manchen Jahren fällt ein leichter Nieselregen, der **garúa.** Mit dem Seewind gelangt kühle Luft landeinwärts und führt in Lima in den Monaten Juni bis Oktober zu einem grau verhangenen Himmel sowie extrem feuchter Kälte. In Südperu liegt ein Teil der Atacama-Wüste, die trockenste Region weltweit.

Von Osten nach Westen sind die Höhenunterschiede extrem. Seit der Vorinkazeit gelten die höchsten Gipfel als heilig. So klettern im Juni 20.000 bis 30.000 Pilger auf den vereisten Bereich des 6384 m hohen Apu Ausangate und schleppen von dort „heiliges“ Gletscherwasser in ihre Dörfer. **Apus**, in manchen Regionen auch **Wamanis** genannt, sind Gottheiten aus der vorspanischen Zeit, die bei Heilritualen angerufen werden. Besonders hohe Berge wie z. B. der „Apu Ausangate“ dienen andinen Priestern als Orte ihrer Initiation. Ebenso wie dem Ausangate wohnt dem 6425 m hohen **Coropuna,** dem höchsten Vulkan Perus, dem Volksglauben zufolge ein Apu inne. Der 400 m hohe **Cerro San Cristóbal**, die höchste Erhebung in der Stadt Lima, wird bis in das 1000 km entfernte Andental von La Convención bei Ritualen angerufen. Im Gebiet des 5505 m hohen Vulkans **Sara Sara** weihen Tänzer ihr Leben den Wamanis. Schmerzen aufgrund ihrer akrobatischen Verrenkungen und Verletzungen, die sie sich beim Tanzen zufügen, spüren sie angeblich nicht.

Von den 32 Klimatypen der Erde kommen 28 in Peru vor. Von 117 ökologischen Zonen der Erde hat Peru 84. Es gibt aber nur zwei Jahreszeiten, die je nach Region variieren. In den Anden findet man **unterschiedliche Klimabedingungen** vor, abhängig von der Höhenlage. Je höher man steigt, desto kühler wird es. In der **tierra caliente** (bis 1000 m) beträgt die jährliche Durchschnittstemperatur 25 Grad Celsius, in der **tierra templada** (bis 2000 m) 15 bis 20 Grad und in der **tierra fria** (bis 3500 m) 12 Grad. Nachts kann sie im Juni bis unter 0 Grad fallen. Die Trockenzeit währt von Mai bis September. Die Regenzeit fällt in den Sommer der südlichen Halbkugel. Wegen der starken und lang anhaltenden Regenfälle bezeichnen Hochlandbewohner die Regenzeit als „Winter". Gefährliche **Erdrutsche,** genannt **huaycos,** zerstören Straßen und reißen manchmal Hütten mit in die Tiefe. Es gibt aber auch immer wieder Jahre, in denen zuerst der Regen und danach die Ernte ausbleibt, weshalb die Menschen hungern oder andernorts nach einem Zubrot suchen. Im Oktober rufen die Bauern deshalb die **Regengötter** an. Sie bringen ihnen Opfer und bitten sie, ihnen prall gefüllte Wolken zu schicken und die Gebirgsflüsse anschwellen zu lassen.

Östlich der Anden finden sich die tief gelegenen Regionen des Amazonasgebiets mit immerfeuchtem tropischem Regenklima, das nur im Juli und August kurze Trockenzeiten aufweist. Die Regenfälle sind immer nur kurz, heftig und berechenbar. Von Mai bis September ist die Luftfeuchtigkeit generell etwas geringer und die Sonne scheint sehr oft.

Perus touristische Saison fällt mit der Trockenzeit des Andenhochlands zusammen; diese Zeit eignet sich auch am besten für das Trekking oder Bergsteigen. Für einen Urlaub am Pazifik empfehlen sich dagegen die sonnigen und trockenen Monate Dezember bis April. In den restlichen Monaten herrschen an der Küste starker Nebel und Bewölkung, die wenig Lust auf Strandtage machen.

Etwa alle vier bis sieben Jahre führt **El Niño,** „das Christkind", zu ungewöhnlichen Wetterverhältnissen mit großer Hitze und starken Niederschlägen. El Niño bezeichnet die großskalige Erwärmung des oberen Ozeans im tropischen Pazifik. Den Ausdruck prägten peruanische Küstenfischer im vorigen Jahrhundert. Sie beobachteten, dass die Meeresoberflächentemperatur zur Weihnachtszeit immer anstieg, was das Ende der Fischfangsaison markierte. In einigen Jahren ist diese Erwärmung jedoch besonders stark und die Fische kehren anders als sonst üblich im Frühjahr nicht zurück. Diese besonders starken Erwärmungen kehren in unregelmäßigen Abständen wieder und dauern typischerweise etwa ein Jahr. Heute werden nur noch diese außergewöhnlichen Erwärmungen als „El Niño" bezeichnet. In Peru können sie fatale Folgen haben: sintflutartige Niederschläge an der Küste, wo sich Bäche innerhalb weniger Stunden in reißende Flüsse verwandeln, Straßen und Brücken zerstören. Auch in einigen Andenregionen kann heftiger Regen fallen. In anderen Bergregionen bleibt der Regen aus und eine extreme Dürre tritt an die Stelle der normalen Regenzeit. Inzwischen wurde viel getan, um **Niño-Jahre vorauszusagen.** Sie treffen allerdings nicht immer zu. So rechnete man beispielsweise damit, dass sich 2016 das stärkste „Christkind" seit Beginn der Aufzeichnungen ereignen würde. Zum Glück blieb die befürchtete Katastrophe jedoch aus.

Wasserbehörden und Wassergötter

Zuständig für den Umgang mit Wasser ist die Autoridad Nacional del Agua, kurz ANA genannt. Mit Ausnahme des Tieflandes müssen die Menschen in Peru überall sehr sparsam mit Wasser umgehen, weil Wasser knapp ist. Ausgerechnet die großen Städte und somit die Industrie befinden sich an der Pazifikküste, wo Wasser immer knapp ist und zudem sehr ungleich verteilt wird. Alle wasserreichen Flüsse vereinen sich bei Iquitos zum **Amazonas,** der in den Atlantik mündet. Flüsse, die in den Pazifik münden, führen nur von Januar bis März ein wenig Wasser. Pro-

Der „Herr der Wunder" und der „Herr der Erdbeben"

Wenn in der ersten Oktoberwoche in Lima eine der größten Prozessionen Südamerikas stattfindet und 20 Trägergruppen abwechselnd die zwei Tonnen schwere Sänfte des Señor de los Milagros („Herr der Wunder") schleppen, gedenken tausende Gläubige, die den Cristo Moreno („Dunkelhäutiger Christus") verehren, der beiden Erdbeben, die am 13. November 1655 und am 20. Oktober 1687 die Stadt Lima fast vollständig zerstörten. Nur das von Sklaven gemalte Bild des Cristo Moreno überstand die Erdstöße.

In den Anden hat die Stadt Cusco ihren „Herrn der Erdbeben", den Señor de los Temblores. Die quechuasprachige Bevölkerung nennt den dunkelhäutigen Christus liebevoll Taytacha Timplures. Kaiser Karl V. soll der Stadt die Statue des Gekreuzigten geschenkt haben, die sich bereits auf der Überfahrt von Europa nach Amerika als Wundertäter erwies, indem der Heilige einen schweren Sturm, der die Reisenden in Lebensgefahr brachte, abflauen ließ. Während des schweren Erdbebens am 31. März 1650 zogen Gläubige in einer Prozession mit der Statue durch Cusco. Daraufhin soll das Beben sofort aufgehört haben. In den folgenden Jahren fand die Prozession immer am 31. März statt. 1741 wurde sie auf den Montag vor Ostern verlegt.

Kleine Erdbeben, bei denen niemand zu Schaden kommt, sind in Peru keine Seltenheit. Vor der Küste schieben sich die Nazca- und die Südamerikanische Platte aufeinander zu, was immer wieder zu Erderschütterungen führt, insbesondere in der Küstenregion. Die peruanischen Tsunamis

blematisch wird die Versorgung der Bevölkerung in Jahren mit geringem Niederschlag, weil dann der Grundwasserspiegel sinkt. In den Küstenstädten wird das Wasser rationiert. Wer es sich leisten kann, kauft sich einen Wassertank zum Anlegen eines Wasservorrats. In der Zwölf-Millionen-Stadt Lima erfolgt die **Wasserversorgung** mit Grundwasser aus Brunnen und aus dem Fluss Rimac sowie die Wasseraufbereitung im städtischen Wasserwerk La Atarjea. Jährlich bekommt Lima ca. 136.000 neue Einwohner dazu. Viele haben keinen direkten Zugang zu Trinkwasser, sondern beziehen **stark verunreinigtes Wasser** aus Brunnen, Kanälen oder von Wasserhändlern, die mit ihren Wassertankwagen die abgelegensten Armensiedlungen anfahren und das Wasser dort teurer verkaufen, als es bei einem Hausanschluss ist. In Blechtonnen vor den Hütten wird das Wasser aufbewahrt, was zu weiteren Verunreinigungen und der Übertragung von Krankheiten führt. Auch durch Wasserdiebstahl (Anbohren von Wasserlei-

haben glücklicherweise bisher keine größeren Schäden angerichtet. Das schlimmste Erdbeben mit einer Stärke von 7,9 auf der Richterskala ereignete sich am 31. Mai 1970. Es zerstörte die nordperuanische Stadt Yungay und Teile der Gebirgsregion Ancash. Das Beben, das 2007 an Christi Himmelfahrt die Kleinstadt Ica erschütterte, forderte 500 Todesopfer, weil die vielen Menschen, die in einer Kirche beteten, nicht mehr alle rechtzeitig ins Freie fliehen konnten. Wer kann, sollte im Falle eines Erdbebens auch heute noch das Haus verlassen, aber inzwischen werden alle Gebäude so ausgestattet oder nachgerüstet, dass sie die leichteren Erdbeben überstehen. In Cusco kann man noch die erdbebensicheren Grundstrukturen von Inkapalästen bewundern, die die spanischen Eroberer als Fundamente für Kirchen, Klöster und Herrenhäuser nutzten. Die traditionelle Quincha-Bauweise, bei der einfache Holzrahmen mit lehmbedecktem Flechtwerk aus Schilfrohr und Bambus verwendet werden, birgt aufgrund ihres geringen Gewichts bei Erdbeben kaum eine Gefahr für die Bewohner eines solchen Hauses. Auch Hütten und mehrstöckige Häuser aus ungebrannten Lehmziegeln („adobe") werden wegen ihres geringen Gewichtes und ihrer hohen Elastizität in erdbebengefährdeten Gebieten geschätzt.

In Peru unterscheidet man zwischen „terremoto", das immer Zerstörung und viele Tote bedeutet, und „temblores" genannten geringeren Erschütterungen (zwei oder drei Grad auf der Richterskala), die man oft gar nicht spürt. „Temblores" sind willkommen, denn nach Auffassung der Peruaner entlädt sich die Erde so und größere Beben werden verhindert.

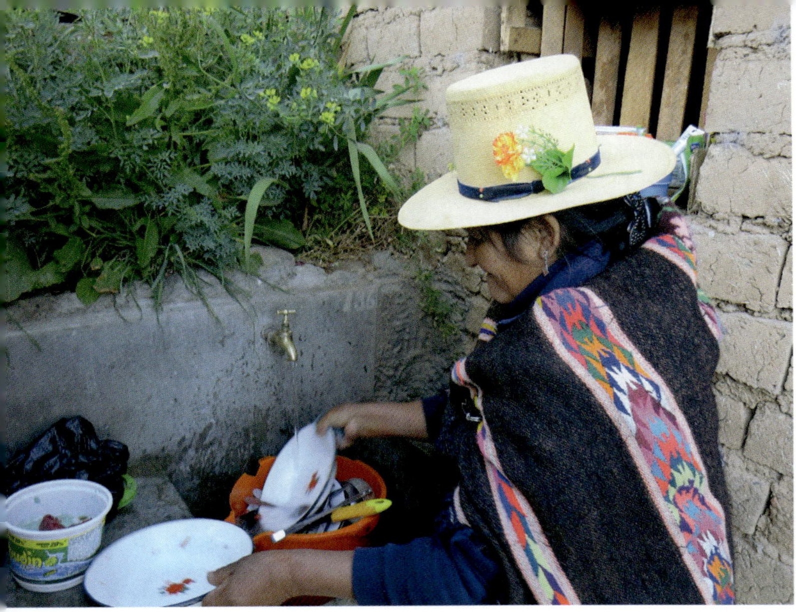

tungen) kommt es zu Verunreinigungen. Dank gut vorbereiteter Kampagnen im Gesundheitssektor hat ein Großteil der Bevölkerung inzwischen gelernt, wie man Wasser sauber hält und Ansteckungen vermeidet. Insbesondere in den Städten hängen Wassermangel und -verschwendung eng miteinander zusammen. Gärten, Parks und Golfplätze werden mit dem kostbaren Nass im Übermaß gegossen, weil der Preis niedrig ist. Die Industrie kann das Wasser unkontrolliert abpumpen und jeder dritte Liter versickert in der maroden Kanalisation. In exklusiven Hotels kommt aus Duschen, Wasserhähnen und Toilettenspülungen viel mehr Wasser als nötig wäre.

In vielen Andendörfern, wo man noch vor wenigen Jahren morgens und abends in einer langen Schlange vor einer Zapfstelle wartete, um ein paar kleine Behälter zu füllen, sorgen jetzt Hausanschlüsse für sauberes Leitungswasser, für das die Familien nicht mehr als zwei Euro im Monat ausgeben. Im Zusammenhang mit ihrer landwirtschaftlichen Produktion bereiteten die Regenmenge und das Wasser der Gebirgsflüsse den Bauern der Anden immer schon Sorgen. In **Legenden** bieten sich junge Bäuerin-

⌃ Abwasch im Dorf: Glücklich kann sich schätzen, wer einen Brauchwasseranschluss vor dem Haus hat.

nen göttlichen Wasserspendern an, einzig aus Sorge um ihre Pflanzen. Viele **Lieder** handeln davon, dass es ohne Wasser kein Leben gibt. Mit komplizierten Kanalsystemen versuchen die Menschen seit der Vorinkazeit, der natürlichen Schwankungen Herr zu werden. Sogenannte Comités de Regantes organisieren die Wasserzuteilung. Die alten Bewässerungsanlagen fordern regelmäßige Instandhaltung und Reinigung sowie gut organisierte Gemeinschaftsarbeit. Diese können die heutigen Gemeinden, die aus kolonialen Zwangsumsiedlungen hervorgingen, nur noch zum Teil erbringen. Die Menschen in den Anden stellen sich Quellen und Flüsse als von übernatürlichen Wesen beseelt vor, die sie in Liedern und Ritualen verehren. Zu den bekanntesten Festen im Zusammenhang mit der Bedeutung des Wassers für die Landwirtschaft gehören die **Wasserfeste** in der Region Ayacucho und im Hinterland von Lima. Mehrere Tage tanzen und singen die Menschen. Nach der Reinigung der Kanalsysteme von grobem Schlamm und Unkraut feiern sie das Wasser und das Leben. Es werden Festessen aufgetischt, für die den Familien keine Ausgabe zu gering ist. Die Jugendlichen nehmen an Wettkämpfen und Mutproben teil. Niemand denkt mehr an die harte Knochenarbeit an sieben Wochentagen und die Laune steigt beträchtlich. Jeder, der in einem Andendorf geboren wurde, spürt das starke Gemeinschaftsgefühl, selbst wenn er längst in eine Stadt abgewandert ist und das Dorf nur noch gelegentlich besucht.

Klimaveränderungen

Peru ist eines der artenreichsten Länder und gleichzeitig eines der verwundbarsten durch den Klimawandel. Es gibt Vorhersagen, denen zufolge Peru in 40 Jahren nur noch über 60 Prozent des derzeitigen **Wasservorkommens** verfügen wird.

Der Klimawandel hat starke Auswirkungen auf die Landwirtschaft. Auf den Gipfeln sind die Gletscher geschmolzen und es gibt weniger Wasser zur Bewässerung der Felder. Weideland und Viehfutter reichen nicht mehr aus. Die Produktion sinkt. Den andinen Dorfgemeinschaften ist bewusst, dass sie dringend darauf reagieren und nach Lösungen suchen müssen. Die Dörfer ganzer Täler schließen sich zusammen, um gemeinsam nach Lösungen zu suchen. Sowohl internationale Organisationen als auch peruanische Universitäten bieten Unterstützung oder Beratung an, zum Beispiel beim Aufbau von Technik für die „Regenwasserernte". Außerdem planen Bauern die Anlage von kleinen Staudämmen, Stauseen, Filtrationsgräben und die Wiederaufforstung. Ihre Probleme haben die Dorfgemeinschaften und Kleinproduzenten über das peruanische Umweltministerium 2015 auf der **Klimakonferenz in Paris** vorgetragen.

Guanakirma, die blutsaugende Göttin

Wenn das nächtliche Ritual zu Beginn des Wasserfestes zu Ende geht, dürfen nur die Männer hinaus in die Berge. Eine Frau könnte an der Stelle ausrutschen, an der Guanakirma, einst eine schöne Frau mit heller Haut, sich auf der Flucht vor einem Gott, der eine Liebesnacht von ihr forderte, in einen Stein verwandelte. Die „Gringa Guanakirma" würde das Blut aus dem Körper der Frau saugen und diese würde innerhalb von 24 Stunden sterben.

Yaku Raymi – das Fest des Wassers

Das Yaku Raymi Fest („Fest des Wassers") beginnt mit einem nächtlichen Ritual: Vorhersagen für die Zukunft des Dorfes und rituelle Reinigung der Bewässserungskanäle. Am darauffolgenden Morgen verkünden „Autoridades de Vara" („Machtinhaber mit Amtsstab") den Beginn eines achttägigen Arbeitsfests, bei dem die Bevölkerung gemeinschaftlich ein riesiges Kanalystem in über 3000 m Höhe reinigt und mit Liedern und Opfern die für das Wasser zuständigen Gottheiten und Naturgewalten feiert.

Nachdem der Schalmeibläser das Zeichen für den Aufbruch gegeben hat, ziehen Gruppen von Männern und Frauen „hualinas" singend zu den Kanälen, die gesäubert werden müssen. Die „hualina" ist eine in der Provinz Huarochiri typische Liedkomposition zu Ehren der Wasserspender: Wolken, Quellen, Götter. Bis zum Nachmittag reinigt jeder Bauer das ihm zugeteilte trockengelegte Stück Bewässerungskanal. Bei der anschließenden Versammlung erstatten die Dorfautoritäten Bericht über den Verlauf der Arbeiten. Am folgenden Tag werden die Arbeiten fortgesetzt. Nach getaner Arbeit ziehen die Bauern wieder tanzend, hüpfend und hualinasingend heim. Die Begeisterung wird von Tag zu Tag größer. Am dritten Tag erhalten die Wassergötter Opfergaben: Kokablätter und Anisschnaps. Bei einem Pferderennen beweisen junge Männer aus dem Dorf ihren Mut und erhalten Anerkennung von der Dorfgemeinschaft. Am vierten Tag teilen vier „paradas" (Abstammungsgruppen) die Reinigung der Wassersammelbecken, die zu diesem Zweck vorher trockengelegt werden, unter sich auf. „Michikuy" genannte traditionelle Amtsinhaber peitschen das hineinströmende Wasser und tanzen im Schlamm zu Trommelklängen und Gesang. Schlamm spritzt an die hochgelegenen Ränder zu den „mayoralas", Gruppen junger Frauen stampfen mit Fahnen auf den Boden und singen aus vollem Halse „hualinas". Bald stoßen alle vier „paradas" aufeinander. Jede singt die ihrer musikalischen Tradition entsprechenden „hualinas". Chirisuya- (Schalmei) bläser kommen dazu.

Extrainfo 5 (s. S. 11): Video von Liliam Areli Obispo zum Regen- und Wasserfest

Die Begeisterung und die Freude, die bei diesem kraftvollen, lebenslustigen Durcheinander entsteht, reißt auch die Fremden mit, die zu diesem Hauptfesttag in die Andengemeinde San Pedro de Casta reisen.

Das größte Wassersammelbecken, die „pampaqocha", wird von allen gemeinsam gereinigt. Dabei trinken manche Männer so viel Bier, Anisschnaps oder Maisbier, dass sie in den Schlamm und das einlaufende Wasser fallen. Dann fühlen sie sich der Natur, von der ihr Leben abhängt, noch mehr verbunden. Es ist der Augenblick, in dem die Identifikation der Menschen mit ihrem Land und den Wasserspendern einen Höhepunkt erreicht. Am Ufer des Wasserauffangbeckens, „qocha" genannt, tischen die Frauen einen riesigen Festschmaus auf. Würdenträger und Gäste dürfen im inneren Kreis auf dem Boden Platz nehmen, die anderen Dorfbewohner setzen sich in den äußeren Kreis. Vor ihnen werden bunt bestickte Tischtücher ausgebreitet. Es gibt Biskuit, Pfirsichkonserven und Obst von den Feldern. Einen ganzen Vormittag haben die Frauen im Dorf Meerschweinchen und Zicklein zubereitet. Bei dieser „karway mesa" (quechua-spanisch: „gelber Tisch") werden neben Kartoffeln gelb gefärbter Reis und in Chili gewälzter Käse als Beilagen angeboten. Fremden bringen die Frauen mehr Gerichte, als sie verspeisen können. Zum Nachtisch gibt es „humitas" - süße, gefüllte Maispasteten. An vielen Tischen wird der Festschmaus mit einem Gläschen süßen Weins beendet. Dann bricht die Menschenmenge auf. Frauen verfrachten leere Kessel, Teller sowie die Speisen, die nicht aufgegessen wurden, auf die Rücken ihrer Esel. Die ledigen Frauen singen. Die Männer ziehen springend, singend und Schnaps trinkend den Hang hinab. Auf dem Weg ins Dorf fallen oft bereits die ersten Regentropfen. Dann überkommt die „comuneros" Freude. Regen bedeutet, dass die Saat gedeihen wird.

Unabhängig vom Alter nimmt das Wasserfest einen wichtigen Teil im Identitätsbewusstsein der Dorfbewohner ein. Das gilt ebenso für diejenigen, die in Städte abgewandert sind. Wer kann, besucht zum Wasserfest sein Dorf und macht bei den Arbeiten und Gesängen mit. So fühlt er sich mit seinem innersten Wesen und seinem Ursprung im Einklang.

033pe-ah

[>] Viele traditionelle Feste verbinden Arbeiten und Feiern

Extrainfo 6 (s. S. 11): Video von Kenny Bautista zum Regen- und Wasserfest

Das Christkind und die Rache der Natur

Darin, dass das typischerweise in unregelmäßigen Abständen wiederkehrende Klimaphänomen **El Niño** zunehmend verheerendere Auswirkungen auf das Leben in Peru hat, sehen manche Peruaner eine **Rache der Natur.** Die Menschheit, so argumentieren sie, lebe seit Langem nicht mehr im Einklang mit der Natur und zeige keinen Respekt ihr gegenüber. Ende 2016 setzten in den Anden Starkregen ein, die bis März 2017 andauerten. Gebirgsflüsse wurden zu reißenden Strömen. Selbst in Lima riss der Rimac die Hütten an seinen Ufern in die Tiefe. 72 Menschen starben und 70.000 wurden durch den Einsturz ihrer Häuser obdachlos. 1900 km zerstörte Straßen und 159 eingestürzte Brücken schnitten ganze Regionen von der Außenwelt und von der Lebensmittelversorgung ab. In Städten schlossen sich aus abgelegenen Gegenden stammende Migranten zusammen, um die Versorgung mit Nahrungsmitteln für ihre Angehörigen zu organisieren. Problematisch war jedoch der Transport, der lediglich mit Armeehubschraubern oder kleinen Flugzeugen bewerkstelligt werden konnte. Diese Maßnahmen konzentrierten sich hauptsächlich auf die Hauptkrisengebiete. Obwohl die peruanische Regierung mit der Vorbereitung von Hilfsaktionen für das vorausgesagte „Mega-Niño" bereits 2015, also fast zwei Jahre zuvor, begonnen hatte, überstieg die Not Anfang 2017 die Möglichkeiten, sodass sie ein Hilfegesuch an die internationale Gemeinschaft richtete. Im April 2017 waren rund **568.000 Menschen zu Schaden gekommen.** Die Sachschäden werden auf über drei Millionen US-Dollar geschätzt. Zusätzlich wird ein Rückgang des Wirtschaftswachstums um drei Prozent vorausgesagt (Stand: Mai 2017).

Umweltschutz und Umweltzerstörung

15 Prozent der Landesfläche wurden zu Nationalparks, Naturreservaten und anderen Schutzgebieten erklärt. In den Städten wurde die **Mülltrennung** erfolgreich eingeführt. Für Recycling und die Wiederverwertung von Biomüll ist in der Bevölkerung ein breites Bewusstsein entstanden. In Umweltangelegenheiten hat das **Umweltministerium** („Ministerio del Ambiente") die Oberaufsicht über die Ministerien für Fischerei, Industrie, Landwirtschaft und Bergbau. Es bewilligt seit 2014 große Projekte dieser

[>] Auch die Polizisten sind indigener Herkunft.
Sie unterstützen die Demonstranten.

Ministerien. Kleine Projekte werden von den jeweiligen Ministerien selbst bewilligt, wobei diese die Auflagen des Umweltministeriums im Hinblick auf Luft, Wasser, Boden und Lärm erfüllen müssen. Bergbauunternehmen beschweren sich häufig über zu hohe Auflagen. Präsident *Kuczynski* möchte deshalb die Umweltgesetzgebung lockern, anstatt der Erhaltung von Lebensgrundlagen im Landesinnern mehr Beachtung zu schenken. Dort gab es in den vergangenen Jahren immer wieder soziale Konflikte mit Verletzten und Toten, bei denen die lokale Bevölkerung in Bergbaugebieten, im Tiefland angesichts der Abholzung des Regenwaldes und bei großflächigen Landnahmen die Zerstörung der Umwelt und ihrer Lebensgrundlagen anprangerte.

Bei der **Förderung von Erdöl und Erdgas** trifft der Staat Abkommen direkt mit den Förderfirmen. Für große Bergbaukonzerne gelten zwar strenge Umweltauflagen, aber das Umweltministerium ist zu schwach, um sich gegen das Bergbauministerium durchzusetzen. Für Probebohrungen, Hubschrauberlandeplätze und den Bau von Pipelines werden im Tiefland Schneisen in den Wald geschlagen. Auf dem Gebiet der indigenen Bevölkerung werden Flüsse und Boden kontaminiert. Sollte das **Goldminen-Projekt „Conga“** trotz massiver Proteste der betroffenen Bevölkerung von einem peruanisch-US-amerikanischen Konsortium umgesetzt werden, würden alle Flüsse verseucht, die von den Anden aus ins Amazonastiefland herabfließen.

032pe-ah

Unvereinbare Interessen prallen hier aufeinander. Den Konzernen geht es um Profit, dem peruanischen Staat um Investitionen und Einnahmen, der Landbevölkerung um den Erhalt ihrer Lebensgrundlage. Ein positives Wirtschaftswachstum ist in Peru vor allem an die Investitionen im Bergbau sowie an die Rohstoffexporte geknüpft, die 60 Prozent des gesamten Exports ausmachen. So kann mancher Städter nicht begreifen, dass die lokale Bevölkerung die Verseuchung ihres Ackerlandes, ihrer Flüsse und ihres Grundwassers beklagt. Für die *Campesinos* bedeuten die reichen Rohstoffvorkommen an Kupfer, Gold, Zink, Zinn, Silber, Blei und Molybdän keinen Segen, sondern einen Fluch. Zwischen 2006 und 2015 kamen bei sozialen Konflikten 275 Personen zu Tode, 4238 wurden verletzt, andere wurden schuldlos verhaftet.

Die Städte des Hinterlandes profitieren dagegen von den Abgaben der Förderfirmen, die in den **Canon Minero** (Zwangsabgaben der Bergbaugesellschaften für soziale Projekte in der Region, in der sie wirtschaftlich aktiv sind) fließen. Deshalb kam es im August 2015 im Norden zu **gewaltsamen Protesten.** Für die Vergabe des Erdölfelds „Lote 192" fand die Regierung nur einen Bewerber, der in Peru allgemein nicht als kompetent betrachtet wird. Problematisch ist, dass die Förderung unter den gegenwärtigen Bedingungen kaum rentabel sein kann und eine fähige Fördergesellschaft deshalb schwer auszumachen ist. Wegen des *Canon Minero* möchte die Bevölkerung vor Ort aber, dass das Öl gefördert wird. Zudem verlangt die Bevölkerung, dass die Firma, die vormals durch ihre Förderaktivitäten ein weites Gebiet verseucht hat, dieses säubert. Aus alten Pipelines läuft Öl in die Flüsse und in den *comunidades* werden die Menschen krank oder sterben früher.

In der deutschen Öffentlichkeit ist vor allem die Problematik der **Goldförderung in Yanacocha** im nordperuanischen Departamento Cajamarca bekannt. Dort baut das peruanisch-US-amerikanische Joint Venture Buenaventura und Newmont Mining, an dem auch die internationale Finanzkorporation der Weltbankgruppe IFC Aktien hält, Gold im Tagebau ab. Ganze Berge werden dabei abgetragen. Durch den Einsatz von **Zyanid** zum Auswaschen des Goldes aus dem Gestein drohen Gefahren für die Menschen und es werden riesige Mengen an Wasser benötigt, wodurch sich der Grundwasserspiegel absenkt, Flüsse verseucht und viele Quellen zum Versiegen gebracht werden. Als verlautete, das peruanische Bergbauministerium habe die Erschließung des heiligen Berges Quilish, welcher der Bevölkerung zudem als Wasserspeicher dient, genehmigt, löste dies **Massendemonstrationen** aus. Bei Konfrontationen zwischen Bevölkerung und Polizei wurden zahlreiche Menschen verletzt und ein Bauer getötet. Buenaventura bestritt, Arbeiten am Quilish zu planen. Das

Bergbauministerium erklärte den Quilish 2006 schließlich zum Schutzgebiet. Angeführt wurden die Proteste von dem Priester und Umweltaktivisten *Marco Arana,* der 2010 den Aachener Friedenspreis erhielt. Die geplante Erweiterung des Gold- und Kupferabbaus, das Conga-Projekt, würde auf der einen Seite wirtschaftliches Wachstum, staatliche Einnahmen und die Schaffung von 1600 Arbeitsplätzen bedeuten. Die lokale Bevölkerung fürchtet aber die Beeinträchtigung der Ökosysteme sowie die geplante Austrocknung vier großer Wasserreservoirs.

Ähnliche Auseinandersetzungen gab und gibt es auch in anderen Regionen. Der peruanische Staat fördert die Investitionen und misst Umweltstudien die geringstmögliche Bedeutung bei. Die Proteste der Bevölkerung werden als kriminell, extremistisch oder – wie 2005 vom damaligen Wirtschaftsminister *Kuczynski* (seit 2016 Staatspräsident) – als terroristisch bezeichnet. Präsident *Alan García* ging so weit, die indigene Bevölkerung als *„ciudadanos de segunda categoría"* (so etwas wie „Bürger, die weniger wichtig sind") zu bezeichnen. Unternehmer, Politiker und Wirtschaftsforscher sowie die „weiße Oberschicht" betrachten Schicksal und Proteste ihrer indigenen Landsleute in einem anderen Licht. In ihren Augen muss die peruanische Wirtschaft wachsen, damit es dem Land besser geht, und sie können nicht verstehen, dass sich Menschen im Landesinnern gegen diesen „Fortschritt" sträuben.

1994 hat Peru die **ILO-Konvention 169** für Indigene ratifiziert und 2007 auch der **UN-Erklärung der Rechte indigener Völker** zugestimmt. 2010 verabschiedete das peruanische Parlament das *Ley del derecho a la consulta previa a los pueblos indígenas u originarios:* Die internationale Konvention 169 soll indigenen Bevölkerungsgruppen Selbstbestimmung, die Anerkennung von Landrechten, Kultur und Religion sowie Mitentscheidung bei allen Projekten, die auf ihrem Gebiet geplant werden, garantieren, insbesondere bei der Vergabe von Erdöl- und Bergbauprojekten. Dies soll durch vormalige Konsultationen abgesichert werden, bei denen eine breite Mehrheit der betroffenen Ethnien für die Durchführung stimmen muss. Wenig später im selben Jahr stoppte Präsident *Alan Garcia* das Verfahren mit der Begründung, dass indigene Gruppen wichtige Infrastrukturvorhaben des Landes behindern könnten und forderte, den Begriff „Indigene Völker" neu zu definieren. Aufgrund seines Einspruchs musste das Gesetz überarbeitet werden. Seit 1995 wird die Konvention in Peru umgesetzt. Indigene *dirigentes* werfen der peruanischen Regierung aber mangelndes Interesse bei der Umsetzung vor sowie das Einräumen von zu vielen Ausnahmeregelungen.

2015 protestierte die **Vereinigung der indigenen Völker am Ucayali (FECONAU)** gegen die ohne jegliche vorherige Absprache und ohne Einverständnis der lokalen Bevölkerung von einer malaysischen Firma durchgeführten Aktivitäten. Auf einem Terrain von 5200 Hektar, auf dem sich Shipibo-Gemeinden befinden, rodete und verbrannte die Firma den Wald auf indigenem Land und kontaminiert seitdem Fisch- und Jagdgründe. Sie zerstört Beete von Heilpflanzen und Trinkwasserressourcen sowie Flora und Fauna, um afrikanische Ölpalmen für die **Herstellung von Palmöl** anzubauen. Insgesamt hat der Palmölanbau im peruanischen Regenwald bereits 60.000 Hektar Primärwald vernichtet.

Holzfirmen möchten sogar die Nationalparks abholzen und die Gesetzgebung hat es schwer, sich gegen sie durchzusetzen. Indigene erhalten nur für den Boden, den sie nutzen können, Landtitel. Können sie die Nutzung von Land nicht nachweisen, kann es ihnen weggenommen werden. Seit 2000 will die Regierung durch **Rodungskonzessionen** die illegale Rodung eindämmen und eine nachhaltige Nutzung der Waldressourcen fördern. Allerdings kritisieren Experten, die illegale Rodung halte weiterhin an. Um zu prüfen, wie sich die Genehmigungspflicht auf die Rodungspraxis auswirkt, werteten die Forscher Daten der **Aufsichtsbehörde Osinfor** (Organismo de Supervisión de los Recursos Forestales y de Fauna Silvestre) aus, vor allem für die Region Loreto im nördlichen Amazonasgebiet. Osinfor machte schwerwiegende Verstöße bekannt.

Um den Artenreichtum im Regenwald zu bewahren und seine Bewohner vor illegalem Raubbau von Holz und Bodenschätzen zu schützen, erklärt die peruanische Regierung einige Gebiete zu Nationalparks. Damit entspricht sie einem zentralen Punkt der Vereinbarung, die sie im Januar 2014 mit den indigenen Völkern des betreffenden Territoriums abgeschlossen hat. Allerdings sind die Maßnahmen problematisch, weil Umweltschützer und Indigene gegensätzliche Interessen haben.

Koka, geliebte und heilige Pflanze der Anden

Einst spendete das Blatt des nahezu als heilig verehrten **Kokastrauchs** den Zuwanderern aus den Anden in ihrer schweren Lebenssituation in den Städten Trost: *„Coca quintucha, hoja redonda ... qamsi yachanki ňuqap surtiyta ...“* („Liebstes Kokablatt, rundes Blatt ... nur du kennst mein Schicksal ...“). Seit über einem Jahrtausend spielt Koka, die in Höhen von 300 bis 2000 m gedeiht, in den Kulturen der Anden eine wichtige Rolle. Bei den Inkas war sie gar ein Luxusartikel. Bis heute ist sie wichtiger **Bestandteil von Ritualen.** Als Energiespender und gegen das Aufkommen von Hungergefühl verwenden die Andenbauern sie bei der Arbeit auf dem Feld. Sie kauen die Blätter zusammen mit gemahlenem Kalk oder Quinoapaste (siehe Seite 238). Dieser traditionelle Gebrauch wird *chacchado* genannt. Zur Linderung von Schmerzen oder zur Stimulierung der Verdauung wird Tee aus den Blättern zubereitet. Wer als Tourist in die Anden reist, bekommt bei der Ankunft *mate de coca* (Tee aus Kokablättern) gereicht. Der soll helfen, den Körper besser an die Höhe anzupassen. Bei wichtigen traditionellen Festen erhalten Götter, die die Naturgewalten repräsentieren, **Kokablätter als Opfergaben,** wovon die Menschen sich die Einflussnahme auf Wetter und Klima versprechen. Auch den Gästen werden Kokablätter angeboten. Damit zeigen die Einheimischen Besuchern gegenüber besondere Wertschätzung, die diese dadurch erwidern, dass sie ehrfürchtig ihren Kopf ein wenig nach vorne neigen und beide Hände aufhalten, so ähnlich wie man in der katholischen Messe die Hostie empfängt. 2005 hat der peruanische Staat die traditionelle Verwendung der Koka zum **nationalen Kulturerbe** erklärt.

Nicht verwechselt werden dürfen die Blätter der Koka mit der Droge Kokain (auch hierzu weitere Details im Abschnitt „Die sakrale Bedeutung der Koka: Opfer und Orakel" ab Seite 238 und Seite 261). Kokain ist eines der wichtigsten Exportgüter Perus. Der Großteil der Kokapflanzen wird heute zu **Kokainsulfat und Kokain** weiterverarbeitet. Bei der Produktion wechseln Peru und Bolivien sich auf dem vordersten Platz ab (zu Anbau, Produktion und Vermarktung weitere Details im Kapitel „Wirtschaft"). Die Droge ist zwar in Peru viel billiger als im Ausland, für Arme aber dennoch unerschwinglich. Sie verwenden stattdessen das billigere Kokainsulfat *(pasta básica de cocaína),* dessen Wirkung nur 30 bis 70 Sekunden anhält und bei dem sich die Abhängigkeit noch schneller einstellt. Süchtige müssen die Droge 100- bis 300-mal am Tag zu sich nehmen. Beide Drogen gelten in Peru als **illegal.** Die in Ritualen verwendete Koka ist hingegen keine Droge und erzeugt auch keine Rauschzustände.

Der **San-Pedro-Kaktus** (*Echinopsis pachanoi*), der in Heilzeremonien der nordperuanischen Küstenregion verwendet wird, enthält mehrere Alkaloide, darunter auch Meskalin. Daraus bereiten die Schamanen ein Getränk zu, von dem sie selbst und ihre Patienten trinken. Die Schamanen behandeln nicht nur Krankheiten, sondern auch Alkoholismus, Wahnsinn und Hexerei, sagen die Zukunft voraus und verhelfen zu geschäftlichem Erfolg. 2009 erregte der peruanische Schriftsteller *Eduardo González Viaña* Aufsehen mit seinem Buch über den aus Filmen und der ethnologischen Fachliteratur bekannten Heiler *Eduardo Calderón Palomino,* genannt *El Tuno.* Zu Lebzeiten war *El Tuno* durchaus ein Ziel für ausländische Touristen.

Zwar werden in der **peruanischen Volksmedizin** viele Heilpflanzen verwendet. Auf nationaler Ebene schenkte man ihnen jedoch bis in die 1990er-Jahre kaum Aufmerksamkeit – ausgenommen einige peruanische

Biologen und Psychologen, die ihre traditionelle Verwendung erforschten. Den in Deutschland als „Katzenklaue" bekannten **Uña de Gato** *(Uncaria tormentosa oder Uncaria guianensis)* lernte der oberbayrische Perureisende *Arthur Bell* Anfang der 1930er-Jahre bei den Asháninka im peruanischen Urwald kennen. Er vermutete eine starke immunologische Wirkung. Auf dem deutschen Markt eingeführt ist eine Knolle namens **Maca** (Lipidium Mayente), die in Peru zu Kapseln verarbeitet wird und als Energiespender gilt. Bereits 2007 stellten peruanische Unternehmen die Maca auf der ANUGA in Köln vor.

Seit den 1990er-Jahren bemüht sich die peruanische Regierung, die hemmungslose Ausbeutung von Heilpflanzen zu verhindern und die Weiterverarbeitung in Peru sowie den legalen Export zugunsten einer Wertschöpfung der peruanischen Wirtschaft zu fördern.

Drogen und Tourismusindustrie

Die Tourismusindustrie hat die Liane **Ayahuasca** (*Banisteriopsis caapi*), auch *Yajé oder Ojé* genannt, entdeckt, die in Kombination mit der Chacruna (*Psychotria viridis*) oder anderen Pflanzen, die halluzinogene Alkaloide enthalten, Rauschzustände erzeugen kann und bei traditionellen Heilzeremonien eingesetzt wird. Spirituell „Suchende" aus Europa und Nordamerika, aber auch aus lateinamerikanischen Nachbarländern interessieren sich für die **bewusstseinserweiternde Wirkung.** Manche buchen kostspielige Komplettangebote, bei denen sie einige Wochen in extra für sie angelegten Dschungel-Lodges verbringen und an mehreren Ayahuasca-Zeremonien teilnehmen. Andere, insbesondere Forscher und Therapeuten, reisen privat an, um in Zeremonien, bei denen der psychedelisch wirkende Pflanzensud von lokalen Schamanen zubereitet und verabreicht wird, Bewusstseinserweiterungen zu erfahren sowie sich das Wissen der Schamanen anzueignen, um da-

094pe-ah

mit später zu Hause Patienten zu behandeln. In Pucallpa verlangen lokale Schamanen inzwischen 100 bis 300 Dollar für eine Zeremonie. Manche Shipibo-Gemeinden verfügen über komfortable Hütten, in denen ausländische „Schüler" sich monatelang einquartieren können.

Mit Ayahuasca allein erzielt man jedoch nicht die gewünschte Wirkung. Das **Pflanzengemisch** aus der Liane **Ayahuasca** und den Blättern des **Chacruna-Strauches** wird mehrere Stunden gekocht und enthält dann unter anderem Dimethyltryptamin (DTM) sowie Harman Alkaloide, die zusammen eine psychoaktive Wirkung haben. Im Amazonasgebiet ist der Gebrauch des Ayahuasca in die animistische Weltanschauung eingebunden. Indigene suchen Shamanen, die sie als spirituelle Lehrer betrachten, nur auf, um von körperlichen oder geistigen Leiden geheilt zu werden, etwa wenn sie unter länger anhaltenden Depressionen leiden. Bei den Zeremonien nehmen mehrere Personen die Substanz ein, wodurch Identitätsgefühle gestärkt werden. Die ausgelösten Bewusstseinszustände werden als **Kontaktaufnahme mit der Geisterwelt** interpretiert, die im Animismus ihre feste Struktur und Logik hat. Die Konsumenten handeln meist verschiedene Anliegen mit den jeweiligen Wesen dieser Geisterwelt aus, die dann direkte Auswirkungen auf ihre Lebenssituation haben.

Die Einnahme von Ayahuasca löst eine starke Übelkeit mit Erbrechen aus. Je nach Verträglichkeit und Dosis kann die Einnahme von Zubereitungen mit Ayahuasca sehr gefährlich sein und sogar tödlich verlaufen. Die Wirkung kann auch erst Tage oder Wochen später erfolgen.

Touristische Exkursionen in die Nationalparks werden von einer Vielzahl von Reiseveranstaltern angeboten. Neben an Profit orientierten Agenturen, denen es nicht unbedingt um die Vermittlung eines realen Bildes geht, das dem Leben der Menschen entspricht, finden sich verantwortungsbewusste Veranstalter, die sich um nachhaltigen Tourismus im Einvernehmen mit den Interessen der lokalen Bevölkerung und eine menschenwürdige Bezahlung der Dienstleister vor Ort bemühen. Im südlichen Tiefland ist die von Indigenen selbst betriebene Casa Matsiguenka als einiziger Veranstalter autorisiert, Exkursionen in den entlegensten Teil des Manu-Nationalparks anzubieten. Der Manu-Nationalpark ist der größte Urwaldpark der Erde.

< In schamanistischen Ritualen wird die Kletterpflanze Ayahuasca nie allein verwendet. Chacruna und andere alkaloidhaltige Pflanzen kommen ebenso hinzu. Bei Fremden kann die Wirkung der Substanzen erheblich und auch schädlich sein.

PRIMEROS ALIMENTOS
Negocio
BUSINESS
REVOLUCIÓN MÓVIL
CUYES
Bolero

Die peruanische Gesellschaft heute

< Schuhputzer arbeiten ohne jegliche soziale Absicherung (034pe Foto: ah)

Wirtschaftliche und soziale Unterschiede

Hinsichtlich der **sozioökonomischen Unterschiede** verzeichnet das Nationale Statistikamt Perus, INEI, eine äußerst positive Entwicklung. Zwischen 2007 und 2014 sei die Armut von 42 auf 23 Prozent gesunken und hätten sich innerhalb von sieben Jahren fünf Millionen Peruaner aus der Armut befreit. Auf dem Land sei die Armut sogar von 74 auf 46 Prozent gesunken. Indikatoren sind Einkommen und Ausgaben, Beschäftigung und Bildung, aber auch die Abhängigkeit von Nahrungsmittelhilfen, zum Beispiel durch Volksküchen oder Schulspeisung.

Die **Vereinigung der peruanischen Marktforschungsinstitute APEIM** teilt die Bevölkerung in fünf Kategorien, von denen die ersten drei zusätzlich in jeweils zwei Unterkategorien aufgeteilt werden. So werden A1, A2, B1, B2, C1, C2, E und D unterschieden. Dabei entscheidet auch das Wohnumfeld mit über die Zugehörigkeit. A1 bezeichnet die Reichsten. Laut einer im August 2014 veröffentlichten Studie der APEIM gehören 0,2 Prozent aller Peruaner und 0,3 Prozent der in Peru lebenden Familien der sozialen Bevölkerungsgruppe A1 an. Die reichsten Familien leben in den Städten Lima, Arequipa und Trujillo. Personen der Kategorie A1 besitzen eigene Firmen oder haben hohe Managementpositionen inne. Sie besitzen Villen an den exklusiven Stränden Perus und verbringen ihre Urlaube im Ausland. Sie können sich jeden Luxus leisten und es bleibt ihnen immer noch viel Geld übrig. Dem Niveau A2 (4,1 Prozent der Familien in Lima und 1,7 Prozent der Familien in Peru) werden Führungskräfte und Personen in guten Positionen zugerechnet. Kinder aus diesen Familien besuchen teure Privatschulen und private Universitäten. Die Familien fahren ebenfalls jedes Jahr in Urlaub, müssen aber auf ihre Ausgaben achten. In den Gruppen C1 und C2 gibt es sowohl abhängig Beschäftigte als auch Unternehmer. Sie verdienen monatlich mindestens 400 Euro. Wer der Gesellschaftsschicht D angehört, kommt monatlich auf höchstens 300 Euro – zum Beispiel als Taxifahrer oder LKW-Fahrer –, hat aber kein festes Einkommen, sondern täglich ungewisse Einnahmen. Bauarbeiter, Hausangestellte, Reinigungskräfte, Chauffeure oder Straßenhändler werden der Kategorie E zugerechnet. Sie verdienen im Monat nicht mehr als den staatlich festgesetzten Mindestlohn von umgerechnet ca. 200 Euro. Der APEIM-Studie zufolge übersteigen die Ausgaben dieser Personen, deren Bevölkerungsanteil die Studie für Peru mit 38,2 Prozent angibt, ihre Einkommen. Derselben Studie zufolge gehörten 2014 in Lima nur neuneinhalb Prozent der Bevölkerung zu dieser Gruppe. Wer die riesigen Armenviertel der peruanischen Hauptstadt und die dortigen Lebensverhältnisse kennt, mag diese Zahl für unglaubwürdig halten. Entsprechend gibt es in

Peru durchaus andere subjektive Sichtweisen auf die sozioökonomische Verteilung als die der offiziellen Statistiken. Die Lebensbedingungen in den städtischen Armenvierteln und in den Dörfern auf dem Land lassen vermuten, dass das Leben der Menschen in der Realität härter ist als die Vorstellung, die die statistischen Daten vermitteln. In den meisten Andendörfern sind die Zukunftsperspektiven immer noch fatal, sodass nur in der Abwanderung in eine Stadt die Möglichkeit zur Verbesserung des Lebensstandards gesehen wird. Einen entscheidenden Einfluss auf die Lebensqualität hat außerdem die Anzahl der Jobs, die ein Mensch übernehmen muss, um über die Runden zu kommen, und die der Stunden, die er aufgrund dessen täglich arbeiten muss.

Politik und Parteien

Von der Gründung des unabhängigen Staates Peru bis in die 1970er-Jahre lösten demokratische Regierungen sowie rechte und linke Diktaturen einander ab. Peru ist heute eine **präsidiale Republik.** Staatsoberhaupt ist der mit weitgehenden Vollmachten ausgestattete Präsident, der für fünf Jahre und immer nur für eine Legislaturperiode direkt gewählt wird. Im Unterschied zu den 130 Abgeordneten des Einkammerparlaments, die im ersten Wahlgang gewählt werden, entscheidet sich in der Regel erst im zweiten Wahlgang, wer neuer Staatspräsident wird.

In Peru besteht **Wahlpflicht.** Wahlberechtigte ab dem 18. Lebensjahr müssen mit Strafzahlungen rechnen und können keine Formalitäten bei Behörden erledigen, wenn sie nicht wählen.

Seit Jahrzehnten steigt vor jeder **Präsidentschaftswahl** die Zahl neu gegründeter Parteien und Bewegungen. Viele treten mit populistischen Programmen an und den meisten gelingt es nicht, sich zu konsolidieren. Nicht selten wechseln Abgeordnete ihre Partei während einer Legislaturperiode. Auch entstehen vor den Wahlen die unterschiedlichsten Parteienbündnisse. Am Ende einer Legislaturperiode sind die Menschen in der Regel so enttäuscht, dass die Partei des scheidenden Präsidenten auf einen verschwindend geringen Stimmenanteil absinkt. Dadurch gelingt es keiner Partei, sich dauerhaften Rückhalt in der Bevölkerung zu sichern.

Wahlkampagnen und Wahlergebnisse spiegeln die Gräben, die durch die Gesellschaft verlaufen. Präsidentschaftskandidaten müssen – wollen sie gewinnen – den Interessen der einen mit Wahlversprechen entgegenkommen und die Pläne der anderen nach der Wahl verwirklichen. So fühlen sich viele Peruaner im Nachhinein betrogen, insbesondere die Armen und die indigenen Bevölkerungsgruppen. Ob eine Partei „rechts" oder

„links" ist, interessiert inzwischen niemanden mehr, wie auch ideologische Grundlagen keine Rolle mehr spielen. Seit den 1990er-Jahren sind es die Stimmen der von der Elite als indigen und rückständig betrachteten Bevölkerungsmehrheit, die darüber entscheiden, wer neues Staatsoberhaupt wird. Das wird von Mitgliedern der Oberschicht immer wieder kritisiert mit der Begründung, diese Bevölkerungsmehrheit hätte keine Ahnung, was gut für das Land sei. Allerdings werden populistische Parteien im Nachhinein von Elite und Wirtschaft „gekapert". 2016 gewann zuletzt eine von Mitgliedern der Elite neu gegründete Partei mit „populistischem" Anstrich die Präsidentschaftswahl.

Alianza Popular Revolucionaria Americana (APRA, „Revolutionäre amerikanische Volksallianz")

Zwei Persönlichkeiten beeinflussten im 20. Jahrhundert die Meinungsbildung und das politische Geschehen besonders. Einer von ihnen, **Victor Raúl Haya de la Torre** (1895–1979), gründete im mexikanischen Exil die „Alianza Popular Revolucionaria Americana", kurz APRA oder PAP. Die Partei stand lange für nationale Unabhängigkeit, gegen den ökonomischen Einfluss der USA und für eine stärkere staatliche Kontrolle der Wirtschaft, insbesondere der ausländischen Investitionen. Sie rief eine Vielzahl parteieigener Verbände ins Leben und schuf dadurch unter ihren Mitgliedern das Gefühl der Zusammengehörigkeit sowie einen **Fanatismus,** den keine andere Partei in Peru auslöste. Gelegentlich wurden manche Aspekte der APRA mit der europäischen Sozialdemokratie verglichen. In anderen sah man Berührungspunkte mit nationalistischen und faschistischen Bewegungen.

Die APRA war maßgeblich an der Durchsetzung besserer Arbeitsbedingungen auf den Zuckerrohrplantagen der Küste und in den Landwirtschaftsbetrieben in den Anden beteiligt. Deshalb sind in Nordperu viele Menschen der APRA bis heute treu. Allerdings musste die APRA lange warten, bis sie die Macht übernehmen konnte. Erst 1985 gelang dem charismatischen **Alan García** ein spektakulärer Wahlsieg. Mit 35 Jahren wurde er der erste von der APRA gestellte Präsident. Seine rhetorisch geschickt vorgetragenen linkspopulistischen und nationalistischen Ideen sprachen direkt die geheimen Wünsche vieler Peruaner an. *García* verspielte seinen Vertrauensvorschuss jedoch in seiner Amtszeit vollständig und hinterließ 1990 ein Land im wirtschaftlichen und politischen Chaos. Als er 2006 erneut Präsident wurde, hatten die zumeist jungen Wähler keine Erinnerung daran oder keine Kenntnis von dem Desaster, das er hinterlassen hatte.

Die Linke

Die andere wichtige Persönlichkeit war **José Carlos Mariátegui**, der in Zeitungsartikeln und seinen „Sieben Essays zur Interpretation der peruanischen Wirklichkeit" für eine Revolution mit peruanischem Charakter plädierte, bei der die Kulturtraditionen der andinen Bevölkerung sich in die sozialistische Gesellschaft einfügen sollten. In der Benachteiligung der „Indios" und der ungleichen Verteilung des Landbesitzes lagen seiner Meinung nach die Hauptprobleme Perus. 1928 gründete *Mariátegui* die „Partido Socialista Peruano", die 1930 in „Partido Comunista del Perú" (PCP) umbenannt wurde. Sie hatte großen Einfluss auf die Landbesetzungen und Rebellionen gewerkschaftlich organisierter Bauern und Plantagenarbeiter im Andenhochland in den 1960er-Jahren. So schuf *Luis de la Puente Uceda* 1962 die „Movimiento de Izquierda Revolucionaria" („Bewegung der revolutionären Linken"), die ebenso wie die von *Hugo Blanco* gegründete trotzkistische Partei Bauernaufstände gegen die erste Regierung *Belaúnde* anführte.

In den 1960er-, 1970er- und 1980er-Jahren fühlten viele junge Leute sich von den sozialistischen, marxistischen, trotzkistischen und maoistischen Ideen angezogen. Sie schöpften daraus Kraft und Optimismus. Manche glaubten sich einem revolutionären Umsturz der Gesellschaft sehr nahe und förderten mit hohem Engagement den Aufbau von Basisorganisationen unter der armen Bevölkerung. Dadurch vergrößerten sie ihren politischen Einfluss und unterstützten den Kampf der Armen für neue Rechte. In den Städten halfen sie bei der Besetzung von ungenutztem Wüstenland, auf dem später riesige Wohnviertel entstanden. Sie gründeten **Arbeiter- und Bauerngewerkschaften,** erstritten arbeitsrechtliche Vorteile für Fabrik- und Bergbauarbeiter und riefen zu Streiks und Blockaden auf. In beinahe allen Universitäten war der Marxismus fester Bestandteil der Unterrichtsinhalte. Aufgrund von Flügel- und Richtungskämpfen, Abspaltungen und Umorientierungen entstanden immer wieder neue linke Parteien. 1980 bildeten mehrere linke Parteien zum Zweck besserer Chancen bei Wahlen die Allianz **„Izquierda Unida", kurz IU.** Ihr Präsident, *Alfonso Barrantes Lingán,* ein gemäßigter Linker, hatte als Bürgermeister von Lima das Programm *Vaso de Leche* ins Leben gerufen, mit dem eine solide Basisorganisation unter den städtischen Armen etabliert werden sollte. 1993 löste sich die „Vereinigte Linke" auf und die linken Parteien spielen keine große Rolle mehr. Das Wahlprogramm von *Ollanta Humala* enthielt viele Ideen der Linken. Umsetzen konnte *Humala* sie als Präsident jedoch nicht. Das hing auch damit zusammen, dass er nicht der mächtigen Elite entstammt.

Die „antioligarchische Revolution"

Am 3. Oktober 1968 putschten sich linksgerichtete Offiziere um **General G. J. Velasco Alvarado** an die Macht. Sie wollten die peruanische Wirtschaft und die Gesellschaft mit einem „sozialistischen Reformprojekt" und einer „Revolution von oben" verändern. In der Folge führte die Regierung *Velasco* eine der weitreichendsten Landreformen Lateinamerikas durch, indem sie Latifundien verstaatlichte und in Genossenschaften umwandelte. Ebenfalls gingen Schlüsselindustrien wie Bergwerke und Erdölgesellschaften in den Besitz des Staates über. Durch Reformen des Bildungssystems wollten die Machthaber die Voraussetzung für eine **nationale Integration** schaffen. Die neuen Machthaber verfügten jedoch weder über Kenntnisse und Technologien noch über das erforderliche Kapital für eine rentable Produktion. Die **genossenschaftliche Wirtschaftsweise** entsprach keineswegs, wie die Militärs zunächst annahmen, dem Denken der ehemals Landlosen oder einfachen Bauern, sondern sie wurde von den Menschen als Unterdrückungsmechanismus empfunden. Ehemals erfolgreiche Unternehmer wanderten ins Ausland ab und ihr Erfahrungsschatz ging der peruanischen Wirtschaft verloren. In der Industrie führten Enteignungen und Verstaatlichungen sowie die neuen Formen der Mitbestimmung zu Produktionsrückgang. Das **„System zur Regierungsunterstützung"**, SINAMOS, geriet in den Ruf eines Apparats zum Ausspionieren der Arbeiter und Bauern. Durch die neuen Besitzverhältnisse im Andenhochland und das Ende der Willkür seitens der Großgrundbesitzer wurden die Menschen in den Anden aber selbstbewusster und freier.

1975 trat *General F. Morales Bermúdez,* der sich ebenfalls an die Macht putschte, *Velascos* Erbe an. Er verfolgte bis 1980 eine liberale Wirtschaftspolitik.

Acción Popular – („Aktion des Volkes")

1980 fanden freie Wahlen statt, die **Fernando Belaúnde Terry,** der bereits vor der Machtübernahme durch die Militärs einmal das Land regiert hatte, gewann. 1956 hatte er die Partei **Acción Popular** („Aktion des Volkes") gegründet. *Belaúnde* setzte die Re-Privatisierungspolitik von *General Bermúdez* fort. Auch Zeitungen sowie Rundfunk- und Fernsehsender wurden ihren alten Eigentümern zurückgegeben. Bergbau und Erdölsektor wurden wieder für ausländische Investitionen geöffnet. Im Bankenbereich wurde wieder ausländisches Kapital zugelassen.

Die Arbeiter auf den von der Regierung *Velasco* geschaffenen landwirtschaftlichen Kooperativen hatten das Recht, das Land in kleine private

Grundstücke unter sich aufzuteilen. Von Beruf Architekt, legte *Belaúnde* während seiner Amtszeit großen Wert auf den Ausbau der Infrastruktur. Er ließ Wohnungen für schlecht gestellte Familien in den Städten bauen und förderte den landesweiten Bau neuer Straßen. Außerdem rief er dazu auf, das vermeintlich „unbesiedelte" Amazonastiefland zu „kolonisieren". Kurz vor seinem Amtsantritt hatte im Gebirge die Guerilla-Bewegung „Sendero Luminoso" („Leuchtender Pfad") mit ihren Aktivitäten begonnen. *Belaúnde* nahm die Gefahr jedoch nicht ernst und so konnte die Bewegung landesweit Basen aufbauen und ihre gewaltsamen Aktionen ausdehnen. Seit dem Ende seiner zweiten Amtszeit 1985 hat die „Acción Popular" politisch keine Bedeutung mehr. *Belaúnde* selbst wird hoch angerechnet, dass er sich persönlich niemals aus der Staatskasse bediente.

Partido Popular Cristiano (PPC, „Christliche Volkspartei")

1966 gründete **Luis Bedoya Reyes** die „Partido Popular Cristiano", kurz PPC. Sie ging aus der älteren „Democracia Cristiana" hervor und basiert wie diese auf der christlich-sozialen Doktrin. 2006 bewarb sich die PPC innerhalb des Parteienzusammenschlusses „Unidad Nacional" („Nationale Einheit") mit *Lourdes Flores* als Kandidatin um die **peruanische Präsidentschaft.** Wichtige Punkte des Regierungsprogramms waren die Einführung der sozialen Marktwirtschaft, soziale Verantwortung durch die Unternehmer, Reformen in der Bildungspolitik und Chancengleichheit. *Flores* unterlag ihren beiden männlichen Hauptkonkurrenten, vermutlich, weil das Land für eine unverheiratete Frau als Staatsoberhaupt noch nicht reif war oder weil *Flores,* die aus der Mittelschicht stammt, die Kommunikation mit den ärmsten Bevölkerungsschichten nicht gut beherrscht.

Frente Democrático („Demokratische Front")

Der Versuch des Präsidenten *García (APRA),* die peruanischen Banken zu verstaatlichen, gab 1987 den Anstoß zur Gründung der **Movimiento Libertad** („Bewegung Freiheit"), an der viele peruanische Unternehmer beteiligt waren. Zusammen mit der Partei „Acción Popular" und der „Partido Popular Cristiano" wurde 1990 das Wahlbündnis **„FREDEMO"** gebildet, mit **Mario Vargas Llosa als Präsidentschaftskandidaten.** *Vargas Llosa* plädierte unter anderem für die Befriedung des Landes, die Anwerbung von Kapital und moderner Technologie sowie für die Einführung von Besitztiteln unter Kleinbauern. Zudem warb er während seiner Kampagne für ein neoliberales Schockprogramm, ein wesentlicher Grund für seine Niederlage in der zweiten Wahlrunde. Zusätzlich unbeliebt machte der Schriftsteller sich bei der Bevölkerung, als er öffentlich erklärte, er sei Atheist. Die allermeisten Peruaner vermögen einen Landsmann aus einer angesehenen Familie, der zudem für ein wichtiges Amt im Staat kandidiert, nur dann zu akzeptieren, wenn er katholisch, zumindest aber ein Christ ist, d.h. sich öffentlich als solcher bezeichnet und an wichtigen christlichen Zeremonien teilnimmt. Movimiento Libertad und FREDEMO lösten sich nach der Wahlniederlage von *Vargas Llosa* und dessen Rückkehr ins Ausland wieder auf. Einer der Hauptdenker der Bewegung, der Ökonom *Hernando de Soto,* beriet später die Regierung *Fujimori,* die das Schockprogramm durchführte.

Der „Fujimorismo"

1990 riefen der Rektor der staatlichen Hochschule für Landwirtschaft, **Alberto Fujimori,** und der aus den Anden stammende Brotmaschinenfabrikant *Maximo San Román* die **Movimiento Independiente Cambio 90** („Unabhängige Bewegung Wandel 90") ins Leben. *Fujimoris* Engagement in den Armenvierteln und die Einbindung armer Menschen in Aktivitäten zur Verbesserung ihrer eigenen Lebensbedingungen entzog der Linken die Basis. Die meisten Armen und auch hochrangige Wirtschaftsvertreter störte es scheinbar nicht, dass *Fujimori* nach seinem Wahlsieg ein neoliberales Wirtschaftsprogramm mit einer autoritären Innenpolitik kombinierte.

1992 wurde die Partei in **Nueva Mayoria** („Neue Mehrheit") umbenannt. Im selben Jahr tötete ein Mordkommando Studenten und Professoren der Terrororganisation „Leuchtender Pfad". Als staatliche Sicherheitskräfte 1997 ein Geiseldrama in der Residenz des japanischen Botschafters beendeten, ohne dass eine einzige Geisel getötet wurde, stieg *Fujimoris* Beliebtheit. Trotz zahlreicher Menschenrechtsverletzungen und der starken Einschränkung der Pressefreiheit während seiner Amtszeit gibt es in Peru in allen sozialen Schichten immer noch Menschen, die *Fujimori* sofort wieder ins Präsidentenamt wählen würden, wenn er nicht im Gefängnis säße. Seine politische Bewegung leitet heute seine Tochter **Keiko Sofía Fujimori** unter dem Namen „Fuerza Popular" („Kraft des Volkes"). Sie bewarb sich in zwei Wahlen um das höchste Amt im Staat und unterlag ihren Gegnern beide Male nur sehr knapp.

Perú Posible („Peru ist möglich")

Der Ökonom **Alejandro Toledo** und der Arzt *Luis Solari* gründeten diese Bewegung 1995, als *Toledo* zum ersten Mal gegen *Fujimori* antrat. Wirtschaftsliberal orientiert, warb die Bewegung für einen „Kapitalismus mit menschlichem Antlitz". In seiner Amtszeit lehnte *Toledo* sich außenpolitisch stark an die USA an. Seine **Dezentralisierung** und die Einrichtung von Lokalregierungen wirkten sich in ländlichen Regionen vorteilhaft auf kommunale Regierungen aus. Gelder der Interamerikanischen Entwicklungsbank wurden für die Verbesserung des Schulwesens, der Viehzucht und dörflicher Infrastruktur genutzt. Manche Campesinos in den Anden äußerten, dass sich noch nie eine Regierung so sehr für die Verbesserung ihrer Lebensbedingungen engagiert hätte. In der Einführung der Frauenquote sahen Amtsinhaberinnen in armen Dorfgemeinden neue Chancen für das Land. Auch im Zusammenhang mit *Toledo* fiel manches Mal der aus dem Quechua stammende Name *Pachacutec* („Zeitenwender", „Erdwender"). Meist nannten die Leute ihn aber *Choledo;* darin steckt das Wort *cholo* („kultureller Mischling").

Partido Nationalista Peruano („Nationalistische Partei Perus")

2005 gründeten Major *Ollanta Humala* und seine Frau *Nadine Heredia* die *Partido Nationalista*. Das Programm griff sozialistische und marxistische Ideen sowie Gedankengut der von *Humalas* Vater gegründeten Bewegung des **„Etnocacerismo"** auf. Der *Etnocacerismo,* der sich in der Tradition von *Andrés Avelino Cáceres,* einem Feldherrn und späteren Staatspräsidenten, der im 19. Jh. gegen die chilenischen Invasoren kämpfte, sah, propagierte rassistische und nationalistische Ideen, warb für eine neue ethnische Zusammensetzung der peruanischen Gesellschaft und forderte die Restauration des Inkareichs sowie die Legalisierung des Kokaanbaus. Unter den Anhängern befanden sich Bewunderer des linken Militärdiktators *Velasco Alvarado,* des damaligen venezolanischen Staatschefs *Hugo Chávez* sowie Verehrer von *Fidel Castro*.

Ollanta Humala selbst distanzierte sich in der Öffentlichkeit von den Ideen des *Ethnocacerismo*. Während sein Wahlprogramm 2011 der Wertschätzung der andinen Kulturen innerhalb der peruanischen Gesellschaft und der Entwicklung des Binnenmarktes eine große Bedeutung beimaß, berücksichtigte er diese Ziele in seiner Amtszeit kaum. Unter seiner Regierung kam es sogar zu blutigen Auseinandersetzungen aufgrund großer Investitionen und Landnahmen.

Progresando Perú („Peru macht Fortschritte")

2011 gab der 45-jährige **Miguel Hilario** vom Volk der Shipibo-Conibo als erster Indigener aus dem Amazonastiefland seine Kandidatur um das Präsidentenamt bekannt. In einem Kanu geboren hatte er sich durch Bildung aus der Armut befreit. Ähnlich wie Toledo hatte er nach einem Studium in den USA dort promoviert und bei internationalen Organisationen gearbeitet. Mit seiner *Partido Pluralista* trat er für die Förderung des interkulturellen Dialogs zwischen den Ethnien ein und kündigte in seinem Regierungsprogramm an, er werde 10 Prozent des Haushalts für Bildung ausgeben. An der Endphase des Wahlkampfs nahm Hilario aber nicht teil.

Peruanos por el Kambio (PPK, „Peruaner für den Wandel")

In Anlehnung an seinen Nachnamen schrieb der Gründer dieser Bewegung und spätere Präsidentschaftskandidat *Pedro Pablo Kuczynski* das spanische Wort *cambio* mit „k" anstatt mit „c", als er die Bewegung 2014 ins Leben rief. Vorausgegangen war die Bewegung **„Alianza por el Gran Cambio"** („Allianz für den großen Wandel"), ein Bündnis das mehrere bürgerliche Parteien gebildet hatten, um anlässlich der Wahlen im Jahr 2011 die Präsidentschaftskandidatur des liberalen Ökonomen *Kuczynski* zu unterstützen.

Die Guerillabewegungen der 1980er- und 1990er-Jahre

Zwei peruanische Guerillaorganisationen versetzten Peru am Ende des 20. Jahrhunderts in Angst und Schrecken. Über 20.000 Menschen wurden von Terroristen und staatlichen Sicherheitskräften ermordet. Es wurden ganze Landstriche entvölkert. Indigene Ethnien, die gegen eine Eroberung durch Guerilleros kämpften, befanden sich bis 2015 in deren Gewalt und mussten vom Militär befreit werden. Die peruanische Wirtschaft geriet in eine tiefe Krise. Ein anerkannter Soziologe sprach von der *„rabía andina"*, der „andinen Wut", die sich seiner Meinung nach in den bewaffneten Aktivitäten entlud.

Sendero Luminoso („Leuchtender Pfad")

Der Philosophieprofessor *Abimael Guzmán* und andere peruanische Intellektuelle wie *Antonio Diaz Martinez* und *Osman Morote Best* gründeten 1970 in der Andenstadt Ayacucho die „Partido Comunista Peruano – Sendero Luminoso" (abgekürzt für „por el camino luminoso de José Carlos Mariateguí" – „auf dem leuchtenden Pfad von *José Carlos Mariateguí*"). Die Partei **maoistischer Ausrichtung** wurde von ihren Mitgliedern – zu

Beginn Schüler und Studenten aus Ayacucho – oft „Sendero Luminoso" oder „SL" genannt. Außerhalb von Ayacucho blieb die Organisation zunächst unbemerkt, bis sie 1980 die peruanische Öffentlichkeit mit spektakulären Sabotageakten im Departamento Ayacucho auf sich aufmerksam machte.

Die peruanische Regierung schätzte die Partei anfänglich als bedeutungslos ein, behauptete sogar, die Unruhen würden vom Ausland geschürt – und unternahm nichts. Einige Jahre später versetzte der SL jedoch die Mehrheit der Peruaner mit Morddrohungen, Bombenattentaten und **„Volksgerichten"**, bei denen sogenannte „Klassenfeinde" bestraft oder zum Tode verurteilt und anschließend getötet wurden, in Angst und Schrecken. Später legten Stromausfälle durch das Umstürzen von Hochspannungsmasten sowie die Ausrufung „bewaffneter Streiks" und Dynamitattentate Teile des städtischen Lebens immer wieder lahm.

Viele arme Schüler und Studenten brachen ihre Ausbildung ab, um sich der *lucha armada* **(bewaffneter Kampf)** zu widmen. Aber auch Lehrer, Ingenieure, Händler oder Dichter folgten dem Aufruf des Philosophieprofessors aus Arequipa. Die Revolution sollte nach maoistischem Vorbild vom Land in die Stadt getragen und das Bürgertum nach marxistischem Verständnis entmachtet werden. Im weiteren Verlauf der Revolution sollte das städtische Proletariat gewonnen werden. Die *Senderistas* lehnten alle anderen linken Parteien und die von ihnen geschaffenen Basisorganisationen als „revisionistisch" ab.

Flohschwärmen gleich schlugen die Senderistas unerwartet zu. Die staatlichen Sicherheitskräfte waren schlecht ausgebildet und auf Anschläge nicht vorbereitet. Zudem waren sie nicht in der Lage, Schuldige von Unschuldigen zu unterscheiden. Dies führte mit dazu, dass Armee, Marine, Polizei und *Sinchis*, eine zur Terrorismusbekämpfung geschaffene Spezialeinheit, brutal gegen viele unbeteiligte Bauern vorgingen, denen sie eine Unterstützung der Guerilla unterstellten. In dem 500 Einwohner zählenden, 4000 m hoch gelegenen Dorf **Uchuraccay** erschlugen Bauern am 26. Januar 1983 acht Journalisten mit Ackergeräten. Die Journalisten waren angereist, um ein Massaker in einer Nachbargemeinde zu untersuchen. Die Bauern waren dem Rat der Sicherheitskräfte, alle zu Land in das Gebiet kommenden Fremden zu töten, gefolgt. Präsident *Belaúnde* setzte eine Sonderkommission ein, um die Tat aufzuklären. Ihr Vorsitzender war der Schriftsteller *Mario Vargas Llosa*. Die Aktion der Bauern wurde mit deren Rückständigkeit erklärt, ohne die geistige Mittäterschaft der Sicherheitskräfte zu benennen. In den folgenden Monaten wurden sowohl von den Sicherheitskräften als auch vom Leuchtenden Pfad fast ein Drittel der Dorfbewohner ermordet. Die Überlebenden flohen 1984 in den Urwald und nach Lima. Inzwischen kannte das ganze Land den Namen des Dorfes und in Volksliedern, die in dieser Zeit entstanden, werden die Greuel angeprangert.

Im Andenhochland nahmen die „Senderistas" abgelegene Dörfer militärisch ein und erklärten sie zu „befreiten Gebieten". Jedoch zogen sie nur sehr wenige Campesinos auf ihre Seite, weil diese ihre Ideologie nicht verstanden oder den Kommunismus fürchteten, der ihnen Hütten, Tiere und Felder – ihr einziges Eigentum – wegnehmen würde. Schließlich weiteten die *Senderistas* ihre Aktivitäten auf das gesamte Land aus. Sie lieferten sich Gefechte mit den *Sinchis,* der peruanischen Armee und mit einigen **rondas campesinas.** Diese ursprünglich zur Verteidigung gegen Viehdiebe geschaffenen Organisationen wurden vom Militär in die **Terrorismusbekämpfung** eingebunden. Viele Bauern wollten nicht länger in Angst zwischen den grausamen Aktionen der Sicherheitsorgane, der *Senderistas,* Drogenhändler und gewöhnlichen Kriminellen, die sich als Terroristen ausgaben, leben. Deshalb flüchteten sie in die Städte und es wurden **ganze Landstriche entvölkert.** Eltern schickten ihre Kinder zu Verwandten in die Städte, weil sie fürchteten, dass sie von der senderistischen Guerilla-Armee eingezogen würden.

Bei der Rekrutierung neuer Mitglieder in den Städten spielte der **Mangel an beruflichen Perspektiven** eine Rolle. Mutproben, die Initiationsriten gleichkamen, dürften bei vielen Jugendlichen das Bedürfnis nach der Anerkennung befriedigt haben, die die Gesellschaft ihnen verweigerte. In einigen Volksliedern, die in dieser Zeit bekannte Liedermacher ebenso wie die Terroristin Edith Lagos komponierten, wurden der bewaffnete Kampf und seine Helden auf poetische Weise verherrlicht und verharmlost.

Die bäuerliche Bevölkerung stand der Guerilla verständnislos gegenüber. Sie hatte keine Ahnung, was die *comités populares* („Volkskomitees") sein sollten, für die die *Senderistas* auf ihren Häuserwänden warben. Auch die indigene Bevölkerung im Tiefland lehnte die Guerilla ab. 1989 belebten die beiden Völker Asháninka und Amuesha ihre aus dem 18. Jahrhundert stammende Allianz neu und führten **Krieg gegen den „Leuchtenden Pfad"**. Die Terroristen antworteten mit Gegenoffensiven, bei der viele Indigene ermordet wurden. Andere wurden versklavt und konnten erst im Jahr 2015 befreit werden.

Bald war die Regierung kaum noch Herr der Lage im Land. Unter Präsident *García* wurden 1986 373 Gefangene auf der Gefängnisinsel *El Frontón* bei Lima ermordet. Später wurde eine Revolte senderistischer Gefangener im Zuchthaus Canto Grande blutig niedergeschlagen.

Soldaten und *Sinchi*s (Spezialeinheit zur Terrorismusbekämpfung), die in den Anden gegen die Guerrilla kämpfen mussten, trugen zum Teil schwere Schäden davon. Als ein ehemaliger *Sinchi* zu einem Lied von *Martina Portocarrero,* das ein Straßenhändler im Zentrum von Lima abspielte, in aller Öffentlichkeit weinte, wurde auch den Städtern das **Ausmaß der psychischen Folgen**, die die Antiterrorismuspolitik hinterließ, bekannt.

In Lima wurde das Leben durch die Zunahme von Bombenattentaten und vermehrten Angriffen auf die Stromversorgung immer unerträglicher. Die Regierung verhängte eine Ausgangssperre. Abend- und Nachtleben kamen zum Stillstand.

Als Präsident *Fujimori* 1992 **Abimael Guzmán,** den Anführer des „Leuchtenden Pfads" (SL) gefangen nehmen ließ, atmeten viele Peruaner auf. *Guzmán* rief seine Anhänger vom Gefängnis aus zur **Einstellung des bewaffneten Kampfes** auf. Die Mehrheit stellte 1992 ihre Aktivitäten ein. Es entstand jedoch eine zweite Strömung. „Kamarad Feliciano" wollte den bewaffneten Kampf weiterführen. Allerdings waren Staat und Sicherheitskräfte wachsamer geworden und erhielten mehr Befugnisse. Außerdem motivierte der Staat mit Belohnungen – angeblich mit dem Angebot der Auswanderungsmöglichkeit – Mitglieder zum Austritt sowie dazu, ehemalige Mitstreiter zu verraten. *Felicianos* Anhänger kämpften noch bis zu dessen Verhaftung im Jahr 1999 weiter, führten aber nur wenige Aktionen durch, die Aufsehen erregten. Neu rekrutierte Kämpfer waren schlecht ausgebildet, führten nur wenige Aktionen durch und wurden oft nach kurzer Zeit verhaftet.

Im Amazonastiefland versklavten die Terroristen Angehörige des Volks der Ashánika, das besonders mutig gegen die Terroristen gekämpft hatte. Wer nicht arbeiten wollte oder nicht mehr arbeiten konnte und wer zu fliehen versuchte, wurde von den Terroristen ermordet. Manche der Indigenen lebten 25 Jahre lang in der Gefangenschaft der Terroristen. Im August 2015 befreite eine Einheit der peruanischen Armee bei Mazamari 54 Männer, Frauen und Kinder vom Volk der Ashánika.

Die Guerilleros, die *Abimael Guzman* folgten, widmeten sich anderen Tätigkeiten. Sie gründeten Lesezirkel in den Fabriken an den großen Ausfahrtstraßen von Lima, arbeiteten als Kaufleute oder Lehrer. Dabei suchten sie anfänglich immer wieder Schutz vor der Verfolgung durch die Sicherheitskräfte. Manche verbrachten jede Nacht in einer anderen Wohnung. Nach der Machtübernahme durch Präsident Humala gründeten sie die Bewegung *„Movimiento por la Amnistía y Derechos Fundamentales"* – *Movadef* („Bewegung für Amnestie und Grundrechte") und versuchten, sich als offizielle Partei registrieren zu lassen, um sich an den nächsten Präsidentschaftswahlen zu beteiligen und dann die Freilassung von *Abimael Guzman* und anderen inhaftieren Guerillakämpfern zu fordern. Im September 2016 versuchten sie erneut, sich als Partei unter dem Namen

Fudepp registrieren zu lassen. Das lehnte jedoch der *Jurado Nacional de Elecciones* ab. Ein Mitglied dieser Bewegung wurde der Sänger und Liedermacher *Walter Humala*.

Movimiento Revolucionario Tupac Amaru („Revolutionäre Bewegung Tupac Amaru")

Diese Bewegung, kurz **MRTA** genannt, wurde 1984 von **Victor Polay,** vormals Mitglied der APRA, gegründet. Namensspender war der Mestize und Abkömmling von Inka-Adligen **Tupac Amaru II.,** der im 18. Jahrhundert Krieg gegen die spanischen Kolonialherren führte und eine Gesellschaft schaffen wollte, in der alle Ethnien gleichberechtigt sein sollten. Bis in die 1990er-Jahre führte die Bewegung ebenfalls einen Guerrillakrieg, unter anderem auch gegen die Asháninka. Sie distanzierte sich ausdrücklich vom maoistischen Sendero Luminoso.

Weltweites Aufsehen erregte die Gruppe, als sie im Dezember 1996 in der Residenz des japanischen Botschafters 600 Geiseln nahm, von denen sie nach kurzer Zeit die meisten freiließ. 126 Tage dauerte die **Geiselnahme.** Durch die Stürmung der Residenz beendete die peruanische Regierung am 22. April 1997 mit der berühmt gewordenen **„Operación Chavín"** das Geiseldrama fast ohne Blutvergießen: Ein Polizist starb bei der Aktion, der peruanische Außenminister wurde verletzt, alle anderen Geiseln wurden unversehrt in Sicherheit gebracht. Die spektakuläre Rettungs-

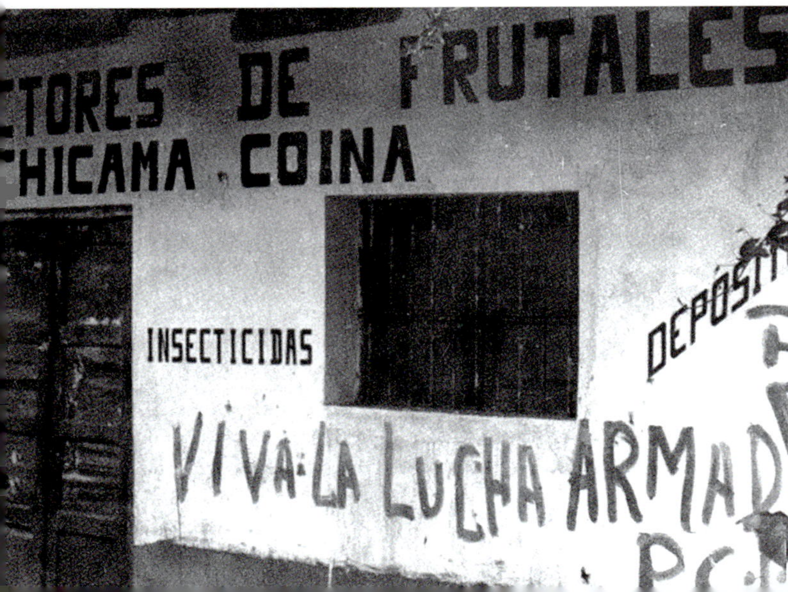

036pe-ah

aktion wurde vollständig im Fernsehen übertragen. Am darauffolgenden Tag erfuhr die Öffentlichkeit, dass die Terroristen vor Ort erschossen worden waren. Der Regierung *Fujimori* war es gelungen, den terroristischen Aktivitäten der MRTA ein Ende zu setzen.

Terrorismus und Bürgerkrieg in der Volkskunst

In Ayacucho entwickelte sich in der Volkskunst eine **geheime Pressefreiheit.** In den *retablos* - kleinen Kästen, in denen traditionell die Geschichten von christlichen Heiligen figurlich dargestellt wurden - zeigten die Künstler die Grausamkeiten des Bürgerkrieges in den Anden.

Im September 2014 nahm die Polizei den Sänger und Liedermacher *Walter Humala* fest, wegen seiner offensichtlichen Beziehungen zu *Movadef.* Auf ihrer Website bezeichneten Anhänger des Leuchtenden Pfades *Humala* als „peruanischen Staatspräsidenten". In einem Video trägt *Humala* sein bekanntes, in vielen Armenvierteln oft gesungenes Lied „La rosa roja" („die rote Rose") vor roten Fahnen und riesigen Porträts von *Karl Marx, Mao Tse Tung* und *Abimael Guzman* vor.

Andere Sänger, die keineswegs Mitglieder einer terroristischen Bewegung waren, trugen in der Zeit des Bürgerkriegs **Volkslieder** vor, in denen Aufstände oder Protestaktionen gegen die Regierung glorifiziert wurden. Die Sängerinnen *Martina Portocarrero* und *Trudy Palomino* bewehklagten in Huaynos (typischen Andenliedern) die unschuldigen Opfer des Massakers von Uchuraccay. *Portocarrero* thematisierte das Leid einer Mutter, deren Kind auf bestialische Art von Soldaten ermordet wurde sowie den Tod des Dichters *José Valdivía Dominguez,* genannt *Jovaldo,* der am 18. Juni 1986 bei dem Massaker im Gefängnis El Frontón starb. Sie trug sogar ein Gedicht der berühmten Guerrillakämpferin *Edith Lagos* vor, die 1982 ermordet worden war. Zur Beerdigung von *Edith Lagos* in Ayacucho waren Hunderte gekommen.

[<] Der „Leuchtende Pfad" warb auf Hauswänden für „lucha amarda" (bewaffneten Kampf)

Gegen das Vergessen

Im Juni 2000 schuf Übergangspräsident *Valentin Paniagua* die „**Kommission für Wahrheit und Versöhnung**" („Comisión de la Verdad y Reconciliación", CVR) und beauftragte sie mit der **Dokumentation der Menschenrechtsverletzungen** in den Jahren von 1980 bis 2000. Geleitet wurde die Kommission von dem peruanischen Philosophen *Salomón Lerner*. Dabei wurden die im Krieg von den Terrororganisationen und von den Staatsorganen begangenen Verbrechen aufgearbeitet. Am 28. August 2003 übergab die Kommission die neun Bände ihres 6000 Seiten umfassenden Abschlussberichts Staatspräsident *Alejandro Toledo*. In der Zeit des Bürgerkriegs waren 69.280 Menschen umgebracht worden. 75 Prozent von ihnen waren indigene Muttersprachler. 79 Prozent hatten in Dörfern gelebt. Von 55.000 Asháninka- kamen 6000 ums Leben und 10.000 wurden vertrieben. Viele Städter bekamen in den 1980er-Jahren jedoch kaum mit, was sich in den abgelegenen Anden- oder Urwalddörfern ereignete. Viele interessierte es gar nicht, weil sie sich den dortigen Ethnien nicht verbunden fühlten, sie vielleicht nicht einmal als gleichwertige Peruaner ansahen. Bis heute haben viele Opfer keine Entschädigung erhalten. Viele Täter wurden weder ermittelt noch verurteilt.

Heute erinnert in Lima das Museum **Lugar de la Memoria** (*„Ort der Erinnerung"/„Ort des Gedächtnisses"*) an die Ereignisse jener Zeit. Das Museum wird kurz „LUM" genannt, der offizielle Name ist „Lugar de Memoria, Tolerancia e Inclusión Social" („Ort der Erinnerung, der Toleranz und der sozialen Teilhabe"). Es ist das jüngste Museum von Lima. Fotos und Bilder dokumentieren Bürgerkrieg und Terrorismus der Jahre 1980 bis 2000. Präsident *Alan García* hatte eine deutsche Spende für den Bau des Museums zunächst abgelehnt, weil er befürchtete, dass Fragen nach seiner Verantwortung auftauchen würden. Der peruanische Schriftsteller und Literaturnobelpreisträger *Mario Vargas Llosa* intervenierte und so nahm *García* die Spende an. Präsident *Humala* hatte wegen der von ihm 1992 in der Militärbasis *Madre Mía* angeordneten Folterungen und Tötungen wenig Interesse an dem Museum. Am 17. Dezember 2015 – noch in der Amtszeit von *Ollanta Humala* – öffnete es seine Tore.

▷ Ein Schüler liest die auflagenstarke Zeitung „El Trome"

Medien und soziale Netzwerke

Das **Fernsehen** ist das uneingeschränkte Leitmedium. 86 Prozent der Peruaner informieren sich dort. Die kostenlosen privaten Sender finanzieren sich durch Werbung. Ausländische Kabelkanäle oder den peruanischen anspruchsvollen Nachrichtensender „Canal N" können sich aufgrund des hohen Grundpreises nur die höheren Einkommensstufen leisten. Die meisten privaten Fernsehkanäle gehören peruanischen Unternehmern, allerdings sind auch ausländische Betreiber wie kolumbianische an den Medien beteiligt. Einige der in der Regel anspruchslosen Unterhaltungssendungen werden in Peru produziert. Die meisten stammen jedoch aus dem lateinamerikanischen Ausland sowie aus den USA. Auch viele Telenovelas sind kolumbianische Produktionen.

41 Prozent der Peruaner – ungefähr halb so viele Menschen wie in Deutschland – nutzen das **Internet.** Über einen Internetzugang verfügen nur 26 Prozent. Weit verbreitet sind dagegen Internetcafés. Man findet sie im ganzen Land. Ihnen kommt eine wichtige Funktion bei der Überwindung der Isolation in entlegenen Landesteilen zu.

Bei den **sozialen Netzwerken** steht Facebook an oberster Stelle. An zweiter Stelle stehen als Informationsquelle die **lokalen Rundfunksender,** bei denen man sich über regionale Ereignisse informiert. Der bekannteste Sender ist *Radioprogramas del Peru, RPP*. Im Amazonastiefland sind kleine, lokale Rundfunkstationen von Bedeutung, in denen Indigene selbst in ihren Sprachen über Ereignisse berichten, die für die indigene Bevölkerung von Bedeutung sind.

037pe-ah

Die meistgelesene Tageszeitung, **„El Trome“** („Der Tolle“, „der Anpacker“), wird seit 2001 von der Verlagsgruppe *El Comercio* der Familie *Miró Quesada* herausgegeben. Sie dominiert 80 Prozent des peruanischen Zeitungsmarkts. Die Auflagenstärke von 740.000 Stück täglich ist nicht nur in Lateinamerika herausragend. Für umgerechnet nur 13 Eurocent kann man „El Trome“ am Kiosk kaufen, abonnieren kann man die Zeitung nicht. Im Unterschied zu anderen Boulevardzeitungen ist „El Trome“ auch für Kinder geeignet. Sie zeigt niemals nackte Brüste oder Blut. Storys, in der Sprache geschrieben, die die unteren Schichten sprechen, und niemals erfunden, reißen die Leser mit. Der Herausgeber ist derselbe, der seit 1839 die führende Wirtschaftszeitung des Landes, **„El Comercio“,** herausgibt. Dieses Blatt wird jedoch aufgrund des Preises und sprachlichen Niveaus nur von einer kleinen Schicht gebildeter Besserverdiener konsumiert. Montags bis freitags beträgt die Auflagenstärke 60.000 Exemplare täglich, sonntags dagegen 185.000.

Die Gruppe El Comercio ist auch größter Aktionär der Fernsehkanäle „Canal 4“, „América TV“ und „Canal N“.

Die journalistische Ausbildung liegt komplett in den Händen von privaten Universitäten. Längst gibt es jedoch ein Überangebot an ausgebildeten Journalisten. Redakteure und Reporter arbeiten, abgesehen von den Stars vor der Kamera, für Einkommen, von denen sie ihren Lebensunterhalt nicht bestreiten können. Das hat Auswirkungen auf die journalistische Unabhängigkeit. Seit den Ereignissen vom 11. September 2001 ist es auch in Peru mit dem investigativen, seriösen Enthüllungsjournalismus vorbei.

Das Bildungssystem

Keines der in Peru lebenden Völker verfügte bei Ankunft der Spanier über eine Schrift. Erfahrungen, Legenden, Kenntnisse, Gesetze und aktuelle Informationen wurden mündlich überliefert. Mythen, geschichtliche Ereignisse und Opferrituale wurden zudem in Tänzen, Liedern und bildlichen Darstellungen auf Textilien wiedergegeben. Die Inkas verwendeten eine auf einem Dezimalsystem basierende **Knotenschrift**, sogenannte *khipus*. Diese bis zu vier Kilo schweren Geflechte aus verschiedenfarbigen Fäden und Knoten informierten über historische Ereignisse, landwirtschaftliche Erträge, Lagerbestände, Steuereinnahmen und den Einsatz von Arbeitskräften.

Die spanischen Eroberer führten das lateinische Alphabet und die spanische Sprache ein. Seit der frühen Kolonialzeit musste die indigene Bevölkerung sich mit spanischen Rechtsinstitutionen und den Rechtsnormen für die spanischen Territorien in der neuen Welt auseinandersetzen. Dank

038pe-ah

ihrer Schreib- und Lese- sowie ihrer juristischen Kenntnisse verteidigten Angehörige der Inka-Elite, die dafür nach Spanien reisten, dort Landrechte der indigenen Bevölkerung. Das verdeutlichte den Menschen in den Anden die enorme Bedeutung des lateinischen Alphabets, der spanischen Sprache, der Kenntnis der christlichen Weltanschauung und juristischen Wissens als Instrumente der Verteidigung ihrer Rechte. Ein **Jurastudium** brachte deshalb schon früh ein hohes gesellschaftliches Ansehen mit sich, eröffnete Karrierechancen und die Möglichkeit, die Tricks der im Rechtssystem üblichen Korruption zu erlernen, um die Rechte der eigenen Familie oder Gemeinde zu verteidigen. 1615 schickte der indigene Geschichtsschreiber *Guaman Poma de Ayala* dem spanischen König sein Werk „Nueva crónica y buen gobierno", um ihn auf die katastrophalen Lebensbedingungen der indigenen Bevölkerung aufmerksam zu machen, in der Hoffnung, dass der König der kolonialen Ausbeutung ein Ende setzen würde. Dieses enthielt zugleich auch eine Ehrenrettung und eine Geschichtsdarstellung der inkaischen Vergangenheit.

Seit 1946 haben alle Peruaner das **Recht auf schulische Bildung** bis zum Abschluss der Sekundarschule. An die sechsjährige Grundschulzeit *(Escuela Primaria)* schließt sich die fünfjährige Sekundarschule *(Escuela Secundaria, Colegio)* an. Diese ist für alle Schüler gleich. In Peru kennt man keine Unterteilung in Haupt- und Realschule oder Gymnasium. Allerdings

⌃ Selbstverständlich stellen sich auch Sekundarschüler morgens vor dem Unterricht auf dem Schulhof auf

gibt es große Qualitätsunterschiede zwischen staatlichen Schulen und den teuren **Privatschulen,** die die Kinder der Reichen besuchen. 2016 gab der peruanische Staat 3,85 Prozent des Bruttoinlandprodukts für Bildung aus. Die **staatlichen Schulen** hat er über lange Zeit vernachlässigt. Deshalb entstanden auch in den Armenvierteln Privatschulen, die billig und meist schlecht sind. Trotzdem schicken Eltern ihre Kinder dorthin, weil die Schulleitungen die Anwesenheit der Lehrer strenger kontrollieren und somit, anders als an den staatlichen Schulen, kein Unterricht ausfällt. Kirchliche Schulen verlangen eine Aufnahmeprüfung, beschäftigen Sozialarbeiter und verständigen die Eltern bei schulischen Problemen oder wenn Schüler mehrere Tage fehlen. Katholischer Religionsunterricht ist in den staatlichen Schulen ein reguläres Fach. Evangelische Kinder können sich vom Unterricht befreien lassen. Eltern können darum bitten, dass ihre Kinder aus Glaubens- oder Bewusstseinsgründen vom **Religionsunterricht** befreit werden. Diese Regelung gilt jedoch nur in staatlichen und privaten Bildungseinrichtungen. Bei kirchlichen Bildungsträgern bleibt die Teilnahme weiterhin verpflichtend.

Die **schulische Infrastruktur** der staatlichen Schulen ist auf dem Land am schlechtesten. Dort sind auch die Fehlzeiten der Lehrer am höchsten. Für niemanden ist es attraktiv, in einem entlegenen Dorf bei gleicher Bezahlung wie in der Stadt zu arbeiten. Das Einstiegsgehalt eines Lehrers beträgt etwas mehr als 400 Euro monatlich. Ein Lehrer kann am Ende seiner Laufbahn bis zu 850 Euro verdienen, was aber nur sehr wenige erreichen. Finanzielle Not und Mangelernährung beeinträchtigen die Lernfähigkeit der Kinder insbesondere in den städtischen Armenvierteln. Deshalb übernehmen private Firmen dort als Auftragnehmer der Zentralregierung eine **Schulspeisung.** Die Klassen an den staatlichen Schulen haben im Durch-

039pe-ah

schnitt 35 Schüler und Schülerinnen. In den Städten wird in mehreren Schichten unterrichtet. Von den Schülern, die den Vormittagsunterricht besuchen, arbeitet nur ein kleiner Teil. Von den Schülern, die nachmittags zur Schule gehen, arbeitet ungefähr die Hälfte. Den Abendunterricht nutzen auch Erwachsene und Jugendliche, die die Schule zuvor abgebrochen haben, um Geld zu verdienen, und jetzt einen Abschluss erlangen möchten. Obwohl die Eltern in allen sozialen Schichten großen Wert darauf legen, dass ihre Kinder eine Schule besuchen und ein gutes Abschlusszeugnis erhalten, müssen viele Kinder zum **Lebensunterhalt ihrer Familien** beitragen. Für viele Kinder, die nicht bei ihren Eltern leben, ist es kaum möglich, eine Schule zu besuchen, ohne sich ihren Lebensunterhalt selbst zu verdienen. Eine Möglichkeit sind Ferienjobs. In den langen Sommerferien arbeiten viele Schüler in Fabriken. Umso beeindruckender ist das Wissen, dass die Schüler an staatlichen Schulen über andere Länder erwerben. So kennen Schüler der höheren Klassen nicht nur den Namen der deutschen Bundeskanzlerin, sondern verfügen über detaillierte Kenntnisse der deutschen Geschichte. Im letzten Schuljahr besuchen die Schüler parallel zum Schulunterricht eine Akademie, in der sie sich auf die Aufnahmeprüfung an einer Universität vorbereiten.

An staatlichen Schulen werden die Bücher gestellt. Hohe Ausgaben bedeuten für arme Familien jedoch der Kauf der obligatorischen **Schuluniform** und der Schreibutensilien. Die Einschreibegebühr beträgt ungefähr 10 Euro. Weitere Gebühren fallen nicht an. Zum Vergleich beträgt die **Einschreibegebühr** an teuren Privatschulen wie Franklin Delano Roosevelt und Colegio Markham in Lima 17.500 US-Dollar. Monatlich verlangen die Privatschulen Gebühren, die zwischen 1000 und 2500 Dollar liegen. Von über 8000 Privatschulen in Lima sind 6000 Sekundarschulen unterschiedlichster Qualität. Der Besuch der angesehen Privatschulen eröffnet ausgezeichnete Karrieremöglichkeiten. Aufgrund von anerkannten Abschlüssen und guten Fremdsprachenkenntnissen können die Absolventen sofort an einer Universität im Ausland studieren.

Die bekannten Privatschulen haben auch Vorschulkindergärten, für die die Einschreibegebühren genauso hoch sind. Vorschulerziehung wird in Peru allgemein als wichtig angesehen und in vielen Kindergärten wird Englischunterricht angeboten. Für Kinder unter drei Jahren gibt es Krippen und für die Drei- bis Fünfjährigen auch in ländlichen und armen Gegenden Kindergärten. Seit 1993 ist der Besuch eines Vorschulkindergartens ab dem fünften Lebensjahr obligatorisch.

◁ Gruppenarbeit stellt bei der üblichen Klassengröße eine Herausforderung dar

In verschiedenen **Amazonasethnien** gibt es Eltern, die Wert darauf legen, dass ihre Kinder nicht auf Spanisch, sondern auch in ihrer Muttersprache unterrichtet werden. Die indigene Selbstorganisation AIDESEP begann Ende der 1980er-Jahre mit der Ausbildung zweisprachiger Lehrer. Allerdings fehlt es an didaktischem Material und erst seit Kurzem gibt es eine Datenbank der zweisprachigen Lehrer Perus sowie eine dafür zuständige Abteilung im Erziehungsministerium, in der 100 Personen arbeiten.

Das Wichtigste ist die Bildung

Valentina
Das einzige Erbe, das ich von meinen Eltern bekommen habe, ist meine Bildung. Obwohl sie nicht viel Geld hatten, haben sie bei den Ausgaben für meine Bildung nie gespart. Ich war in der Schule schlecht in Englisch. Da hat meine Mutter mir eine Nachhilfelehrerin gesucht. Zu der wollte ich zwar nicht gehen, aber meine Mutter hat darauf bestanden. Später haben meine guten Englischkenntnisse mir geholfen, einen Studienplatz für ein Aufbaustudium in Kanada zu bekommen. Mein Vater gab sein ganzes Geld für Bücher aus. Als Schülerin habe ich oft darin gelesen und das war der Grund dafür, dass ich eine gute Studentin geworden bin. Alles, was ich bin und im Leben erreicht habe, verdanke ich meinen Eltern, denn für sie war meine Ausbildung stets das Wichtigste.

Dorly
Meine Mutter wäre gern zur Sekundarschule gegangen. Aber sie hat nur fünf Jahre die Grundschule besucht. Deshalb hat sie immer zu mir gesagt, zuerst solle ich meine Hausaufgaben machen und danach könne ich ihr im Haushalt und auf dem Feld helfen. Sie und mein Vater haben mich oft für meine guten Noten gelobt. Nach dem Abitur ist mein Vater mit mir nach Lima gefahren. Dort hat er mich an einer Sprachschule eingeschrieben. Ich habe drei Jahre intensiv Englisch gelernt. Das hat mir geholfen, eine gute Arbeit in einem großen Hotel zu finden.

Arno
Meine Mutter, die selbst nie zur Schule gegangen ist, hat mir immer gesagt: „Sohn, ich weiß zwar nicht, wie du es anstellen musst, aber geh' zur Schule, denn du musst lernen." Sie konnte mir kein Geld für die Schule geben. Deshalb habe ich in den Ferien einem Onkel bei seiner Arbeit in der Stadt geholfen. Ich habe für die Drogenhändler Schmiere gestanden und Geld dafür

Die Regierung *Humala* stockte das Budget für die **zweisprachige Erziehung** von vier auf 21 Millionen Euro auf. Außerdem erhalten zweisprachige Lehrer einen monatlichen Bonus von 43 Euro. 28 Institute und neun Universitäten dürfen Lehrer für zweisprachige Erziehung ausbilden. Die Kongresse der Asociación Nacional de Maestros de Educación Bilingüe Intercultural del Perú dienen den Lehrern als Plattform für den Austausch von Erfahrungen und für Forderungen an das Ministerium.

bekommen. Nach dem Abitur bin ich allein nach Lima gefahren. Ich habe die Aufnahmeprüfung an einer Universität bestanden. Dann habe ich mir eine Arbeit im Haushalt einer reichen Familie gesucht, um mein Studium zu finanzieren. Viele meiner Kommilitonen entstammen reichen Familien. Sie können sich ganz aufs Lernen konzentrieren. Ich muss nebenbei arbeiten. Das ist schwer.

Julio
Eigentlich ist Kinderarbeit in Peru verboten. Aber ich beschäftige in meiner kleinen Fabrik oft Kinder. Diese Kinder gehen in Andendörfern zur Schule. Da brauchen sie Geld für Hefte, Stifte, Schuhe und die Schuluniform. Das können ihre Eltern ihnen nicht geben. Deshalb kommen die Kinder in den Sommerferien nach Lima, mieten zu mehreren ein Zimmer und suchen Arbeit. Wenn solche Kinder bei mir anklopfen, gebe ich ihnen eine Arbeit. Ich biete ihnen an, ihre Berufsausbildung zu bezahlen, wenn sie gut arbeiten.

Liliana
Ich habe immer noch Kraft, obwohl zwei meiner Kinder ermordet worden sind. Mein Mann und ich waren sehr arm, als wir geheiratet haben. Wir sind aus dem Urwald nach Lima gezogen. Da habe ich als Hausmädchen gearbeitet und mein Mann hat angefangen, mit Drogen zu handeln. Er hat gut verdient. Wir konnten uns ein schönes, großes Haus in einem guten Viertel bauen. Unsere vier Kinder haben wir auf gute Schulen geschickt. Nach dem Abitur haben wir unseren Töchtern eine Ausbildung und unseren Söhnen ein Studium bezahlt. Mein Mann hat Karriere gemacht und fuhr manchmal ins Ausland. Eines Tages wurde er dort verhaftet. Ich ging wieder arbeiten, um den Lebensunterhalt zu verdienen. Für die Bildung unserer Kinder reichte es nicht mehr. Einer meiner Söhne trat in die Fußstapfen seines Vaters und wurde erschossen. Mein anderer Sohn muss arbeiten, um sein Studium abzuschließen. Schlechte Freunde meines Mannes haben eine meiner Töchter entführt und getötet. Die andere geht arbeiten.

Die zweisprachige Erziehung Spanisch-Quechua wurde unter *Velasco Alvarado* in den 1970er-Jahren eingeführt. Die deutsche Gesellschaft für Technische Zusammenarbeit führte zu dieser Zeit ein Modellprojekt in Puno in Südperu durch. Allerdings waren weder die Lehrer offen für die bilinguale Erziehung noch legten die Eltern der Schüler Wert darauf, weil der soziale Aufstieg in einem auf monokulturelle und monolinguistische Erziehung ausgerichteten Bildungssystem in der Regel nur dem gelingt, der die eigene indigene Sprache möglichst ignoriert und gut Spanisch lernt, um sich in die an Spanien und den USA orientierte Kultur einzufügen. Die zweisprachige Erziehung in Englisch-Spanisch, Französisch-Spanisch, Chinesisch-Spanisch und Deutsch-Spanisch genießt hingegen hohes Ansehen.

Deutsche Schulen gibt es in Lima und in Arequipa, darunter drei Auslandsschulen, die von der deutschen Bundesregierung mit finanziellen Mitteln unterstützt werden. An der Alexander-von-Humboldt-Schule können Schüler das deutsche Abitur erwerben. Abkommen mit den wichtigsten peruanischen Universitäten ermöglichen den Absolventen einen direkten Zugang dorthin, ohne die sonst übliche Aufnahmeprüfung. Die Beata-Imelda-Schule, die in privater Trägerschaft von Dominikanerinnen geleitet wird und von der Zentrale für Auslandschulwesen in Köln personell und finanziell gefördert wird, sowie die Max-Uhle-Schule in Arequipa schließen Schüler mit dem Internationalen Baccalaureate ab. Im Kindergarten der Beata-Imelda-Schule wird Deutsch als erste Fremdsprache bereits im Kindergarten angeboten.

Sowohl peruanische Unternehmer als auch junge Leute, die eine Ausbildung anstreben, schätzen die von Deutschland aus und vor Ort von der Deutsch-Peruanischen Industrie- und Handelskammer geförderte **duale Berufsausbildung**.

Das Berufsbildungszentrum Alexander von Humboldt bietet zweijährige Ausbildungen zum Bürokaufmann, Industriekaufmann sowie zum Kaufmann im Groß- und Außenhandel an. Die theoretische Ausbildung wird in deutscher, englischer und spanischer Sprache durchgeführt. Die praktische Ausbildung wird zusammen mit der Deutsch-Peruanischen Industrie- und Handelskammer von einem Ausbildungsbetrieb übernommen. Zusätzlich kann man die Fachhochschulreife für ein Studium in Deutschland erwerben. An der von den Unternehmern *Luis Hochschild Plaut* und *Rodolfo Beeck Navarro* gegründeten Berufsschule **Instituto Superior Tecnologico – TECSUP** können Schulabsolventen sich in einer Vielzahl technischer Berufe ausbilden lassen. Neu sind die Ausbildung zur „Fachkraft für Landwirtschaft" und zur „Fachkraft für Wasserversorgung", die auf einer Vereinbarung zwischen dem Projekt PROAGUA (Beratung bei Trinkwasserver- und Abwasserentsorgung) der deutschen Gesellschaft für Internationale Zusammenarbeit GIZ und dem peruanischen Berufsbildungszentrum SENATI basiert, sowie die Ausbildung junger Kaffeebauern, für die sich Initiativen der CARITAS, des staatlichen Berufsbildungsinstituts San Agustín, der Regionalvertretung des Bildungsministeriums in Cajamarca und der Deutsch-Peruanischen Industrie- und Handelskammer zusammentaten.

Die **„Beca 18“** („Stipendium 18“) des staatlichen Programms zur Vergabe von Stipendien und Ausbildungskrediten PRONABEC finanziert Schulabsolventen aus armen Familien, wenn sie die Aufnahmeprüfung bestanden haben, eine Ausbildung oder ein Universitätsstudium. Ein Teil des Förderprogramms richtet sich gezielt an Jugendliche aus ehemaligen Bürgerkriegsregionen sowie an junge Indigene, auch an diejenigen, die interkulturelle zweisprachige Pädagogik studieren möchten.

Oftmals ist es schwerer, die Aufnahmeprüfung an einer staatlichen Universität zu bestehen als an einer privaten, weil sich dort vielmehr Schulabsolventen um die freien Plätze bewerben. Die älteste Universität Amerikas ist die 1551 von *Karl V.* gegründete **Universidad Mayor de San Marcos.** Zehn Prozent der Bewerber werden dort in der Regel aufgenommen. Peru hat heute 170 Universitäten, von denen sich allein 26 in Lima befinden. Die Stadt Pucallpa im Amazonastiefland hat drei Universitäten: die **Universidad Nacional Intercultural de la Amazonia** (UNIA), an der Indigene aus ganz Peru zweisprachige Pädagogik studieren, die **Universidad Nacional de Ucayali** (UNU) und die private **Universidad Alas Peruanas** (UAP). 85 Prozent der peruanischen Universitäten sind privat organisiert. Renommierte wie die **Pontificia Universidad Católica**, die **Universidad Peruana Cayetano Heredia** oder die **Universidad del Pacífico** führen Gespräche mit Bewerbern und nehmen Schüler mit sehr guten Noten von angesehenen Sekundarschulen auf. Diese Universitäten ebnen den Studierenden den Weg zu einem erfolgreichen Berufsleben, wohingegen die Absolventen von schlechten bis mittelmäßigen privaten Universitäten trotz guter Abschlusszeugnisse keine Arbeit finden. 2016 machte der Unternehmer und Präsidentschaftskandidat *Cesar Acuña* durch ein Imperium von Privatuniversitäten in ganz Peru von sich reden, mit denen er einen enormen Umsatz erwirtschaftete. Hinsichtlich der Qualität belegten sie allerdings die letzten Plätze des Universitäten-Rankings. Manche der neuen privaten Universitäten nehmen niedrige Studiengebühren, haben aber keine Dozenten oder sonstigen Voraussetzungen, um Abschlussexamina durchzuführen und Diplome zu vergeben. Ihre Studenten müssen ihre Abschlüsse an anderen Universitäten erwerben, wodurch ihnen hohe Zusatzkosten entstehen.

Das Gesundheitssystem

Angestellte sind in Peru über den **Seguro Social** versichert, die staatliche Krankenversicherung, die überall im Land eigene Krankenhäuser betreibt. Dort können Versicherte sich untersuchen und behandeln lassen. Die Medikamente aus der Apotheke müssen Patienten selbst bezahlen.

Daneben gibt es in den Städten private Kliniken, in denen man für medizinische Leistungen zahlen muss. Private Krankenversicherungen, die manche Versicherten zusätzlich zum Seguro Social abschließen, erstatten zum Teil die Ausgaben für in Anspruch genommene Leistungen solcher Kliniken. **Niedergelassene Ärzte** sind nicht in das staatliche Versicherungssystem eingebunden. Deshalb muss ein Patient in einer Arztpraxis für alle ärztlichen Leistungen bezahlen.

Kostenlos bzw. sehr günstig sind ärztliche Untersuchungen und Behandlungen dagegen in den vom **Seguro Social** betriebenen sowie in den **staatlichen Krankenhäusern.** In den staatlichen Krankenhäusern und den Gesundheitsposten auf dem Land sowie in den ärmeren Stadtvierteln an den Stadträndern kann sich jeder behandeln lassen, der nicht über eine Krankenversicherung verfügt. Auch Ausländer können diesen Dienst in Anspruch nehmen. Allerdings steht für eine relativ große Anzahl Patienten und Ratsuchender nur wenig medizinisches oder paramedizinisches Personal zur Verfügung: ausgebildete Ärzte, angehende Ärzte, die das letzte Jahr ihrer medizinischen Ausbildung absolvieren, Krankenschwestern und in den Gesundheitsposten Sanitäter, die eine kurze medizinische Ausbildung durchlaufen haben, sowie Hebammen.

Wer sich als **Tourist** in Peru aufhält und **erkrankt,** sollte sich in einer privaten Klinik behandeln lassen, weil man sich dort Zeit nehmen kann. Die Ärzte in den staatlichen Krankenhäusern sind nicht weniger qualifiziert (mitunter sind es sogar dieselben Ärzte, die vormittags in einem öffentlichen Krankenhaus und nachmittags in ihrer Praxis oder einer Privatklinik arbeiten), sie arbeiten hier allerdings unter anderen Bedingungen. In dem der privaten Universität Cayatano Heredia angeschlossenen staatlichen Krankenhaus oder dem der Schwesternschule Arzobispo Loayza angeschlossenen Hospital arbeiten die angesehensten und fähigsten Ärzte des Landes. Allerdings stehen sie aufgrund der vielen Patienten unter einem enormen zeitlichen Druck und Stress.

⊡ Im Dorf leben die 80- und 90-Jährigen bei ihren Kindern
und arbeiten im Haushalt mit

Ethnien, Stereotype, Vorurteile

Viele Peruaner unterteilen ihre Nation in Gruppen auf der Grundlage von Abstammung, Kulturtraditionen, Hautfarbe, Identität und Herkunftsregion und betrachten sich selbst als der einen oder anderen Gruppe zugehörig. Dabei herrscht aber weder in populären noch in wissenschaftlichen Kreisen Einigkeit über die Aufteilung bzw. die Zuordnung von Individuen zu einer bestimmten Gruppe.

Eine gängige Aufteilung ist die in Weiße, Schwarze, Mestizen, Andenbewohner, Tieflandindigene sowie Menschen ostasiatischer Abstammung, dabei machen das überaus **komplexe System von Eigen- und Fremdzuweisungen** sowie die starke Durchmischung es unmöglich, die peruanische Gesellschaft in eindeutige ethnische oder kulturelle Gruppen zu unterteilen. Aus einer Reihe von Faktoren wie der Hautfarbe, der Kleidung und dem Wohnviertel, in dem jemand lebt, leiten Peruaner ab, welcher Gruppe sie einen Menschen zuordnen und welche Meinung sie aufgrund dessen vorab von ihm haben. An der Hautfarbe allein lässt sich selbstverständlich nicht zwangsläufig ablesen, welcher sozialen Schicht jemand angehört. Man trifft in Peru sogar Personen mit heller Haut, die sich als „schwarz" bezeichnen, weil viele ihrer Vorfahren aus Afrika stammten und weil ihre Vorliebe der „schwarzen" Kultur gilt. Die cusqueñische Oberschicht verweist mit Stolz auf ihre Abstammung von den Inka und grenzt sich gleichzeitig entschieden gegen die bäuerliche Bevölkerung der Umgebung ab.

040pe-ah

Quer durch die peruanische Gesellschaft ziehen sich **tiefe Gräben:** zwischen Armen und Reichen, zwischen dunkel- und hellhäutigen Menschen, zwischen den Bewohnern der Hauptstadt und den Menschen im Landesinnern, zwischen Menschen mit „westlichem" und „nicht-westlichem" Wertesystem. Hautfarbe, Herkunft, nachweisliche oder vermutete Abstammung, Kleidung und Sprache bilden die Grundlage für Vorurteile, Diskriminierung und Rassismus. Für die einen bergen sie dauerhafte Benachteiligungen, während die anderen daraus ihre gesellschaftlichen Privilegien ableiten, so als seien es natürliche Rechte. Es erscheint als ausgemacht, wer für welche Arbeiten herangezogen wird, wer für welche Positionen in Betracht kommt, wer mit „Du" und wer mit „Sie" angeredet wird. Wenn bei Stellenangeboten eine *buena presencia* (gepflegtes Äußeres) verlangt wird, so ist oft die helle Hautfarbe gemeint. Daher fühlen sich viele Peruaner in ihrem eigenen Land rassistisch diskriminiert und dauerhaft benachteiligt. In die Oberschicht muss man hineingeboren werden. Die **Mitglieder der verschiedenen Schichten und Ethnien** leben in räumlicher Entfernung voneinander und haben oft ihr ganzes Leben lang nur sehr geringen Kontakt zueinander. Ihre Meinung von den jeweils „anderen" gründet sich oft ausschließlich auf tradierte Vorurteile. Damit hängt es zusammen, dass die peruanische Bevölkerung bis heute kein gemeinschaftliches Bewusstsein für ihre Nationalität gefunden hat.

Die **städtische Gesellschaft** betrachtet die Kulturen im ländlichen Hinterland als fortschrittsfeindlich und bringt ihnen **keinerlei Wertschätzung** entgegen. Die europäisch geprägte Denk- und Lebensweise gilt als überlegen, die indigene als rückständig. Viele Menschen, die sich als Nachkommen der Urbevölkerung betrachten, haben deshalb ein zwiespältiges Verhältnis zu ihrem Kulturerbe. Mit dem von außen an sie herangetragenen Sammelnamen **„Indios",** der in der Regel eine **abwertende Bedeutung** hat, haben sie sich nie identifiziert und verwenden ihn deshalb nicht als Eigenbezeichnung, obwohl er von peruanischen Indigenisten, die sich zu Fürsprechern der armen Andenbevölkerung machen wollten, mit einer positiven, paternalistischen Bedeutung verwendet wurde. Heute ist das Wort „Indio" jedoch meist gleichbedeutend mit „einfältig", „rückständig", „bäuerlich", „schmutzig" und „hässlich" und wird von Mitgliedern der Mittel- und Oberschicht fast ausschließlich als Schimpfwort benutzt. Auch der **Ausdruck „indianische Rasse"** ist in Peru negativ besetzt.

Vielen Städtern ist das Schicksal ihrer Landsleute in abgelegenen Gebieten ihres Landes gleichgültig. Teile der städtischen Mittel- und Oberschicht zeigten keinerlei Interesse, als Mitte der 1990er-Jahre im Zuge bevölkerungspolitischer Maßnahmen junge Frauen in armen Hochlandregionen sterilisiert wurden und ebenso wenig als im Jahr 2000 die Existenz eines ganzen Tieflandvolkes von einer ansteckenden Hepatitis bedroht war. Durch die Weitergabe rassistischer Vorurteile hat die Elite ihre privilegierte Position zementiert. Das hat unter den Nachkommen der Urbevölkerung dazu geführt, dass viele ihre **eigene Kultur oder Sprache ablehnen.**

Während „Indio" in Peru lediglich demütigend benutzt wird, verschiebt sich **im Ausland** die Gewichtung. Dort impliziert „indianisch" mitunter einen alternativen Lebensentwurf, der in besserem Einklang mit der Natur steht und zuweilen eine exotische Attraktivität erzeugt.

„Cholos" – städtische Indigene

Als die Menschen aus den Anden in Massen in die Städte abwanderten, machten sie dort die Erfahrung, dass sie Diskriminierung mindern konnten, wenn sie urbane Normen, Werte und Verhaltensweisen annahmen ,und dass sie umso erfolgreicher waren, je mehr sie ihre mitgebrachte Kultur, ihre Muttersprache oder ihre andine Aussprache des Spanischen sowie typische Ausdrucks- und Verhaltensweisen aus ihrer Heimat ablegten. „Sozial aufsteigen kann nur, wer kulturell umsteigt", so beschreiben *Helga* und *Thomas Müller* es in ihrem Buch über die Q'ero. Menschen zweiter Klasse bleiben die Zuwanderer aus den Anden in der Regel trotz ihres wirtschaftlichen Aufstiegs, denn sie können ihre Haut nicht weiß waschen und ihre andinen Familiennamen nicht ablegen. Wer Condori, Cusihuaman, Huaman, Huancaruna, Huarcaya, Huicho, Mamani, Mayta oder Quispe heißt, wird in Peru leicht **Opfer von Benachteiligung,** selbst wenn er ein angesehener Rechtsanwalt, Unternehmer oder Politiker ist. Die Reaktionen der Migranten, die arm bleiben, sind unterschiedlich: Manche benehmen sich extrem unterwürfig; viele arrangieren sich mit der Diskriminierung und meistern dennoch ihren Weg nach „oben"; andere protestieren geradezu heimlich, indem sie Menschen mit weißer Hautfarbe schon einmal mit Wonne Schaden zufügen. Der Mensch aus den Anden, der urbane Vorstellungen in sein Wertesystem integriert, heißt in Peru **cholo,** darunter ist ein „kultureller Mischling" zu verstehen.

Ursprünglich bezeichnete der *cholo* den „leicht zivilisierten Indio", heute meint man damit allerdings „Ex-Indigene", die aus den Anden oder dem Tiefland stammen, sich dauerhaft in der Stadt niedergelassen haben und ihr ursprüngliches Wertesystem durch ein städtisches Wertesystem ersetzt haben. Sie haben städtische Verhaltensweisen, Sprache, Kleidung und Lebensform angenommen, springen aber noch zwischen zwei Kulturen hin und her: Sobald

101pe-ah

☐ Viele Zuwanderer möchten in der Stadt nicht als Indigene auffallen: In Kleidung und Sprache passt man sich an. Die Hautfarbe verrät die Herkunft.

sie in ihre Heimat zurückkehren oder ausschließlich von Leuten aus ihrer Heimat umgeben sind, legen *cholos* die städtisch-westlichen Verhaltensmuster wieder ab. Wer zum *cholo* wird, eignet sich die *viveza* (Schläue) der Städter an.

Heute hat das Wort *cholo* noch weitere Bedeutungen: Städter mit heller Hautfarbe drücken damit ihre Verachtung gegenüber dem Hinterwäldler aus und mit dem verniedlichenden *cholito* (kleiner *cholo*) bringen sie zum Ausdruck, dass ein Mensch als schmächtig und harmlos betrachtet wird. Liebespaare oder Freunde verwenden *cholito* (weibl. *cholita*) als Kosewort. Wird man von einem Peruaner auf freundliche Weise als *cholo* oder *chola* angesprochen, so ist das als großes Kompliment zu werten, da der Sprecher darin seine Hochachtung vor der **Anpassungsfähigkeit** des Fremden zum Ausdruck bringt.

Der kulturelle Mischling wurde sich selbst zum Feind, denn er legte seine Ursprungskultur ab, um eine fremde Kultur anzunehmen. Viele Cholos sahen auf die in der Heimat Gebliebenen und die vermeintliche altmodische, rückständige Ursprungskultur herab. Allerdings schufen sie in der Stadt **Heimatvereine,** in denen sie ihre mitgebrachten Kulturtraditionen lebten. Infolge der Globalisierung erhalten aber heute die heimatlichen Traditionen und damit die Vereine eine andere Gewichtung.

Aufgrund der Migration stellen *cholos* heute die **Bevölkerungsmehrheit,** weshalb Peru manchmal als *nación chola* bezeichnet wird. Die Aufwertung, die die „Cholokultur" in einigen Kreisen erfährt, machte es möglich, dass der aus einem Andendorf stammende *Alejandro Toledo* es bis an die Staatsspitze schaffte.

„Negros" – Schwarze

Peruaner, die ihre Abstammung von afrikanischen Vorfahren ableiten, bezeichnen sich selbst als *negros* (Schwarze). Dass die peruanischen Schwarzen **von den Kulturen ihrer Herkunftsländer nichts bewahrt** haben und auch nicht genau wissen, aus welchen afrikanischen Ländern ihre Urgroßeltern stammten, macht ihnen die Suche nach ihrer Identität schwer. Seit Mitte des 20. Jahrhunderts sind schwarze Vereine, Tanz- und Theatergruppen sowie **Organisationen gegen Diskriminierung** entstanden. Ihre Ziele sind die Aufwertung der schwarzen Bevölkerung, die Erforschung und Verbreitung der schwarzen Kultur, die Aufklärung der schwarzen Bevölkerung über ihre Rechte und der Kampf gegen Rassismus. **Schwarze Künstlerinnen** wie *Eva Ayllon* oder *Susana Baca* zeigen, dass man stolz auf seine schwarze Hautfarbe und Kultur sein kann. Beide genießen sowohl in Peru als auch im Ausland hohes Ansehen. Die afro-peruanische Bevölkerung hat viele Rhythmen, Lieder und Tänze geschaffen, die bei Peruanern aller Schichten und in allen Landesregionen beliebt sind und die darüber hinaus als Teil der Nationalkultur betrachtet werden. Sie geben durchaus das Lebensgefühl vieler Peruaner wieder und nicht nur das der schwarzen Bevölkerung.

Erst am 5. Dezember 2009, als sich die Abschaffung der Sklaverei zum 155. Mal jährte, **entschuldigte sich der peruanische Staat** in einer offiziellen Erklärung bei der afro-peruanischen Bevölkerung für die erfahrene Diskriminierung und Misshandlung.

„Criollos" – Kreolen

Vom 16. bis zum 18. Jahrhundert bezeichneten die **in Peru geborenen Spanier** sich selbst als *criollos* (Kreolen). Auch Kinder, deren einer Elternteil aus Spanien stammte während der andere indigen war, wurden „Kreolen" genannt. Heute hat das Wort allerdings eine andere Bedeutung: Viele Küstenbewohner sind stolz darauf, Kreolen zu sein und betrachten sich als echte Peruaner. Ein Kreole wird eher akzeptiert als ein *cholo:* Der Kreole praktiziert Elemente der schwarzen Kultur, ohne seine Identität aus Afrika herzuleiten; er gehört nicht der „schwarzen Rasse" an und gilt als der „weißen Rasse" näherstehend als der *cholo*. **Menschen, die in Lima geboren und aufgewachsen sind,** nennen sich *criollo,* unabhängig von der sozialen Schicht, der sie angehören. Ihre **urbane mediterrane Kultur** ist zum Teil afro-peruanisch mitgeprägt, sie haben eine starke Bindung an ihr Viertel und beherrschen die *jerga* (Gassensprache), sie lieben den *vals* (wörtl. „Walzer", eine afro-peruanisch überprägte Variante einer europäisch-lateinamerikanischen Musikmode des 19. und frühen 20. Jahrhunderts) und afro-peruanische Lieder. Sie gelten als *vivos* (schlitzohrig), Lebenskünstler und Schwätzer, die viel erreichen ohne sich anzustrengen. Sie verfügen über eine *boca suelta* (loses Mundwerk) und großes Redetalent. Man sagt ihnen nach, sie seien begabte Herzensbrecher. Ehrlichkeit und Zuverlässigkeit gelten nicht als ihre Stärken. Über das Volkstümliche hinaus versteht man unter kreolisch die nationale peruanische Kultur und Lebensart im Gegensatz zum „Andinen".

Weitere Stereotype

Als **pituco** bezeichnen die Peruaner einen Oberschichtangehörigen mit eitlem Lebenswandel, der seinen Reichtum bis zur Lächerlichkeit zur Schau stellt. Der **huachafo** ist der neureiche Snob. Das Alltagsvokabular kennt Ausdrücke wie **negro feo** („hässlicher Schwarzer"), **chino cochino**

(„dreckiger Chinese"), **chuncho** („Wilder aus dem Urwald") oder **charapa,** womit der angeblichen Heißblütigkeit der Menschen im Tiefland Ausdruck verliehen wird.

Provinciano („Provinzler") ist identisch mit „Hinterwäldler" und wurde lange ausschließlich abschätzig verwendet. Inzwischen verkündet mancher Zuwanderer in Lima mit Stolz, dass er ein *provinciano* ist.

Darüber hinaus gibt es regionale Stereotype wie etwa die *Arequipeñer,* die Menschen aus der Stadt Arequipa, die als stolz und arrogant betrachtet werden.

Mit **Chino** („Chinese") bezeichnet man völlig neutral alle Personen mit asiatischem Aussehen, egal aus welchem Land in Asien oder sonst wo sie stammen.

Asia – ein Strand für die Reichen

Lange durften die Hausangestellten nicht im Meer in der Nähe der Villen baden und außer den Besitzern durfte sich niemand am Strand aufhalten. Erst eine Demonstration der *empleadas,* angeführt von der Schauspielerin *Gisela Valcarcel,* bereitete diesen Bestimmungen ein Ende. Jetzt ist der Strand für alle offen. Allerdings stellen die in privaten Klubs organisierten Hauseigentümer Liegestühle und Sonnenschirme auf, die nur sie benutzen dürfen, und wenn sie verhindern wollen, dass Menschen niedriger sozialer Schichten denselben Strand nutzen, rücken sie mit ihren Liegestühlen und Sonnenschirmen einfach so nah ans Wasser, dass zwischen ihnen und dem Meer kein Platz mehr für andere Badegäste ist.

011pe-ah

Lebenswelten

Was die Lebensformen und die Lebensqualität betrifft, gibt es riesige Unterschiede innerhalb des Landes, sowohl zwischen Stadt und Land als auch innerhalb der Städte. So gibt es in Lima Stadtteile, die vollkommen europäisch wirken und solche, in denen die Moderne noch nicht angekommen zu sein scheint. Die Dörfer im Landesinnern erscheinen wie aus einer anderen Welt. Während die **Städte,** allen voran die Hauptstadt Lima sowie die mit ihr zusammengewachsene Hafenstadt El Callao, Entwicklung und Aufstiegschancen repräsentieren, stehen die **Dörfer** für Armut, Stillstand und Chancenlosigkeit. Im zentralistischen Peru konzentrieren sich Fortschritt und Wohlstand auf die Hauptstadt. Je weiter die Menschen von ihr entfernt leben, desto geringer sind ihre Möglichkeiten, daran zu partizipieren. Deshalb stellen die Städte der Küstenregion attraktive Zuwanderungsziele für die Menschen aus dem Landesinnern dar. Ungefähr drei Viertel der Gesamtbevölkerung leben in Städten. Auf dem Land lebt heute nur noch ein Viertel der Bevölkerung. Auch ferne Länder sind attraktiv. Zweieinhalb Millionen peruanische Staatsbürger leben dauerhaft im Ausland.

Das koloniale Lima war einst der Kopf des eroberten Landes und seine Pracht lebte von Tribut und Zwangsarbeit in Bergbau und Landwirtschaft. Von allen Städten hat **Lima** den **höchsten Lebensstandard.** Die Hauptstadt bietet die besten Möglichkeiten für Beruf, Geschäft, Ausbildung und Zugang zu Information. Hier haben die Regierung und alle wichtigen Unternehmen ihren Sitz. Zwei Drittel der wirtschaftlichen Aktivitäten konzentrieren sich auf die Region. Lima hat die besten Schulen und Universitäten, die besten Ärzte und Kliniken. Die reichsten Familien wohnen hier.

Lima ist eine **Stadt voller Gegensätze:** Im historischen Kern ist die ehemals prächtige Kolonialstadt mit ihren architektonisch einzigartigen Prachtbauten noch erkennbar. Das Leben der Reichen spielt sich heute in den modernen Stadtvierteln weit entfernt vom Zentrum ab. Dort entstehen in unmittelbarer Nähe der Villenviertel, Freizeitklubs und Golfplätze immer wieder neue mehrstöckige Häuser mit luxuriösen Apartments, Einkaufszentren und schicke Restaurants. Die Reichen flohen im vorigen Jahrhundert vor der fortschreitenden *tugurización* (Überbesiedlung und Zerstörung von Wohnraum), der wachsenden Zahl von Bettlern, Dieben, Prostituierten und fliegenden Händlern. Während die Händler tagsüber

◁ Marriott Hotel und „Larcomar“: ein Komplex mit schicken Cafés und Boutiquen an der Pazifikküste

ganze Bürgersteige zum Feilbieten ihrer Waren in Beschlag nahmen, wurden Staus und Verkehrschaos zur Normalität. Der Titel eines Buches, das der peruanische Soziologe *José Matos Mar* 1984 schrieb, reflektiert die Gefühle und Ängste der alteingesessenen Oberschicht. In „El desborde popular" („Das Überschwappen des Volkes") beschreibt *Matos Mar* das massenhafte „Eindringen" der Zuwanderer aus dem Hinterland, durch das neue kulturelle Eigenheiten, Armut, Schmutz, Chaos und Gewalt nach Lima kamen. Ende des 20. Jahrhunderts gelang es Bürgermeister *Alberto Andrade,* dem **historischen Stadtkern** wieder mehr Ansehen und Würde zu verleihen. Plätze und historische Gebäude wurden restauriert. Seine Maßnahmen forderten aber auch viele Verletzte und ruinierten Existenzen. Mit ihren nächtlichen Einsätzen vertrieb die „Stadtpolizei" Bettler, Prostituierte, Drogenabhängige, Taschendiebe sowie Hunderte von Straßenhändlern, die ihre über viele Jahre aufgebaute Existenzgrundlage mit einem Schlag verloren. Durch kulturelle Angebote wertete *Andrade* den historischen Stadtkern auf. Seine *policia municipal* macht das koloniale Lima bis heute zu einer sicheren Gegend, in der man sich als Tourist problemlos aufhalten kann. Die Oberschicht jedoch meidet das Zentrum weiterhin, mit Ausnahme des exklusiven „Klub Nacional" an der Plaza San Martín.

In den **Stadtvierteln der Reichen** vollzieht sich das Leben der Familien abgeschirmt. Die Villen liegen hinter hohen Mauern und sind für Passanten nicht sichtbar. Auch die Bewohner der modernen Apartmenthäuser schützen sich durch elektrische Zäune und Wachpersonal vor Einbrechern.

Den **Vierteln der Mittelschicht** sieht man die Verarmung der letzten Jahrzehnte an. Wenn die Fassade des Hauses nicht mehr frisch gestrichen oder wenn das Auto verkauft wird, sieht man, dass (wieder) ein Familienmitglied arbeitslos geworden ist. Öffentliche Parkanlagen, Vorgärten und Cafés fallen bescheidener aus.

Von den zwölf Millionen Einwohnern Limas leben neun Millionen in **Armenvierteln,** oft ohne Strom und fließendes Wasser. Sie haben ihre Hütten entweder auf steilen, steinigen Stadthügeln oder auf Wüstensand an den **Stadträndern** erbaut. Bis in die 1990er-Jahre organisierten Parteien des linken Spektrums Landbesetzungen, sogenannte *invasiones,* aus denen später Armensiedlungen entstanden, *asentamientos humanos* („menschliche Ansiedlungen"). Im Süden von Lima trafen die Bewohner eines Reichenviertels eine Vorsichtsmaßnahme, um das Vordringen armer „Invasoren" zu verhindern. Sie bauten eine lange Mauer, die quer über einen Hügel verläuft und Arme und Reiche trennt. Auf der einen Seite befinden sich prachtvolle Villen, auf der anderen Seite werden Hütten all-

042pe-ah

mählich in mehrstöckige Wohnhäuser verwandelt. Für Strom, Wasser und Infrastruktur kämpfen die „Invasoren" lange. Wenn ein Viertel eine effiziente **Eigenorganisation** mit engagierten gewählten Vertretern hat, kann es rasch Fortschritte machen: Grundstücke werden zu Eigentum, die Wohnungen an das Stromnetz angeschlossen und Wasserleitungen zu den Wohnungen gelegt. Heute wird brachliegendes Land an den Stadträndern von Schwarzhändlern an diejenigen verkauft, die dafür zahlen können. Dabei gerät manch einer in die Fänge von Betrügern und bekommt am Ende nichts für sein Geld.

Die Besiedlung von unbewohntem Wüstensand beginnt mit der Errichtung von **provisorischen Behausungen.** *Aguateros* (Wasserhändler) bringen Trink- und Brauchwasser mit dem Tanklastwagen. Wo es möglich ist, werden Strom- und Wasserleitungen illegal angezapft. Trink- und Brauchwasser wird in dünnen Eisentonnen vor den Hütten aufbewahrt. Trinkwasser muss daher immer abgekocht werden, da eine hohe Infektionsgefahr besteht. Der Boden in den Hütten besteht aus Lehm oder Sand. Die „Außenwände" aus Schilfmatten, Blech oder Pappe bieten keinerlei Schutz vor Feuchtigkeit, Regen und kalten Wintern. Die Busverbindungen sind schlecht und die Wege zu den Arbeitsplätzen nehmen täglich viele Stunden in Anspruch. Viele junge Mütter sind abends so erschöpft, dass sie kaum noch Kraft und Zeit für ihre Kinder haben. Den Kauf von Ziegelsteinen sparen die Siedler sich vom Munde ab, was die Mangelernährung der Kinder verschlimmert. Die meisten Häuser befinden sich dauerhaft in einem provisorischen Zustand: Außen sind sie unverputzt, die Wände nur zur Hälfte oder nicht an allen Seiten hochgezogenen, Fensterrahmen und Scheiben fehlen, im Innern sind die Bäder nur notdürftig hergerichtet.

⌃ Ein neues „junges Dorf" („Pueblo joven") entsteht: Die Mauer mit Stacheldraht im Hintergrund trennt die Armen von den Reichen im Süden von Lima.

Abseits der Touristenroute

*Der deutsche Agraringenieur **Alois Kennerknecht** lebt seit 1987 in Peru und kennt Land und Leute sehr gut. Bis 1992 war er Regierungsberater für die Wiederherstellung der Inkaterrassen zur landwirtschaftlichen Nutzung. Seit 1992 arbeitet er selbstständig. Inzwischen führt er u. a. alternative Stadtrundfahrten für Touristen durch und zeigt auf der Tour durch die Pueblos Jóvenes („Junge Dörfer") von Pamplona Alta, Villa María el Triunfo und Villa El Salvador, wie die Mehrheit der Einwohner der 12-Millionen-Stadt lebt. In den riesigen Siedlungen, die Zuwanderer sich im Süden von Lima auf den kargen Berghängen und im Wüstensand bauten, erfahren Besucher, dass diese Menschen sich nicht apathisch oder verzweifelt ihrem Elend hingeben, sondern sich organisieren und kämpfen, um sich eine bessere Zukunft aufzubauen und dass sich sogar Schulkinder mit Begeisterung bei der Entsorgung von Biomüll und der Begrünung der Wüste engagieren. Oder sie erleben auf dem größten Friedhof Lateinamerikas, Nueva Esperanza („Neue Hoffnung"), wie Angehörige bei Auftritten von Danzantes de Tijera (Scherentänzer) zu Ehren der Berggötter ihre innige Beziehung zu den Verstorbenen zum Ausdruck bringen oder die Geburtstage ihrer toten Angehörigen mit diesen gemeinsam feiern. Schwerpunkte und Dauer der Tour bestimmen die Besucher selbst. Stets zeigt Kennerknecht, der mit seiner Frau eine Firma für Beratung in ökologischer Landwirtschaft, Stadtsanierung und Abwasseraufbereitung betreibt, wie er in den Armenvierteln Umwelt- und Sanitätsprobleme auf kreative und kostengünstige Art sowie mit vor Ort befindlichen Materialien löst. Sein erfolgreichstes Projekt sind die „Ecosilos", unterirdische Silos, in denen organischer Abfall gesammelt und in nahrhaften Humus verwandelt wird, auf dem später Obst oder Gemüse angebaut werden kann.*

Kontakt: ecoalke@terra.com.pe

In Lima sind aus einigen Armensiedlungen **prosperierende Stadtviertel** hervorgegangen. Den Anfang bildeten kleine Betriebe. An den großen Ausfahrtstraßen von Lima wurde eine erfolgreiche Unterhaltungsindustrie mit Diskotheken aufgebaut. In anderen **Armenvierteln** wie La Victoria, El Agustino, dem Cerro San Cosme, Cerro San Cristobal und Teilen von Barrios Altos leben die Menschen dagegen nach vielen Jahrzehnten immer noch in prekären Verhältnissen und mit defizitärer Infrastruktur. Die namentlich genannten Viertel sollte man als Fremder besser meiden, denn dort ist die Kriminalität sehr hoch. Ansonsten lohnt sich ein Besuch in einem *asientamiento humano*. Wer Einheimische kennt, die einen dorthin begleiten, oder die Möglichkeit hat, an einer „alternativen Stadtrundfahrt" (siehe den Exkurs links) teilzunehmen, sollte die Gelegenheit unbedingt nutzen. Im Gespräch mit den Bewohnern wird jeder ausländische Besucher überrascht sein, wie fortschrittlich die Menschen denken, wie gut sie ihre Zukunft planen und was sie alles gemeinsam unternehmen, um ihre Lebensbedingungen Schritt für Schritt zu verbessern.

Die „comunidad campesina"

Viele andine *comunidades campesinas* (Bauerngemeinden) gehen auf **spanische Gründungen** zurück. So ist auch das Autoritätensystem spanischen und vorspanischen Ursprungs. Die Bewohner sind auch hier keine reinen Subsistenzbauern mehr. Acker- und Weideland befinden sich in Gemeindebesitz. Das **Ackerland** wird aber größtenteils privatwirtschaftlich bearbeitet und sogar innerhalb der Familien weitervererbt. Dabei steht einer Familie oft weniger als ein Hektar Land zur Verfügung. Deshalb reicht die Ernte nicht aus, um die Familienmitglieder zu ernähren. Der Verkauf der eigenen Arbeitsleistung innerhalb und außerhalb des Dorfes, kurzfristige Beschäftigung in weit entfernten Orten und der Verkauf landwirtschaftlicher oder handwerklicher Produkte bessern die Familieneinkommen auf. Da die Campesinos nicht über Besitztitel verfügen, können sie keine Bankkredite aufnehmen, auch nicht für die Weiterverarbeitung oder den Aufbau von Vermarktungsstrukturen ihrer landwirtschaftlichen Produkte.

Überall in den Anden sind die Bauern abhängig vom **Klima:** Wenn der Regen ausfällt, fällt auch die Ernte aus. Dann haben die Menschen noch weniger zu essen und viele Männer suchen sich längerfristig außerhalb des Dorfes eine Arbeit.

Die Wege zu Weiden und Feldern sind weit und beschwerlich. Die Campesinos brechen am frühen Morgen auf, um tagaus, tagein dieselbe anstrengende **Arbeit auf den Feldern,** die meist an steilen Abhängen liegen, zu verrichten.

Kanalsysteme dienen der **Bewässerung** der Felder. Damit kein Wasser vergeudet wird, teilen kommunale Wasserausschüsse die Nutzrechte in Schichten rund um die Uhr ein und es kommt oft vor, dass ein Familienmitglied mitten in der Nacht ein Feld bewässern geht. In der Trockenzeit wird die Erde fest und trocken. Nach einiger Zeit ist die Erdkruste so hart geworden, dass Kartoffeln und andere Knollen zur Ernte nur mit großer Mühe aus dem Boden gegraben werden können.

Dünne, abgetragene Kleidung, Schuhe aus dünnem Leder, Tierfell oder Autoreifen oder gar keine Schuhe und die **einfachen Häuser** aus Lehmziegeln oder Steinen bieten den Menschen wenig Schutz vor der Kälte. Im Innern teilen sich meist mehrere Personen einen Schlafplatz. Die einfachen Wohnverhältnisse, Übermüdung, Wassermangel, schlechte Wasserqualität, Mangelernährung sowie Unwissenheit **verhindern eine optimale Hygiene,** insbesondere bei der Nahrungsmittelzubereitung, und fördern die Ansteckung mit Erregern von Atemwegs- und Durchfallerkrankungen. Wo die Bauern in den letzten Jahren häusliche Wasseranschlüsse beantragt haben, müssen die Menschen ihr Trink- und Brauchwasser nicht mehr aus Quellen oder von öffentlichen Zapfstellen holen. Auch die Anzahl öffentlicher Latrinen wurde erhöht.

Neben der harten Arbeit gibt es auf dem Land **Freiräume,** die eine Stadt nicht bietet. Campesinos, die das Stadtleben kennengelernt haben und dort für einen Vorgesetzten arbeiten mussten, schätzen die „Freiheit", ihre „eigenen" Felder in Eigenregie zu bestellen, sowie das Schwätzchen auf dem Dorfplatz nach verrichteter Arbeit und die Landschaft, die sie umgibt, ebenso die Dorffeste, bei denen sie sich nach Herzenslust vergnügen.

Auf **Versammlungen** *(asambleas comunales),* die sonntagsmorgens beginnen und bis Mitternacht dauern können, fassen die Bauern Beschlüsse, die das Gemeinwohl des Dorfes betreffen. Für die Ausführung sind gewählte Vertreter zuständig, die ihr Dorf auch nach außen vertreten. Themen sind Streitigkeiten mit Nachbardörfern, bei denen es um von beiden beanspruchtes Land oder den Zugang zu Wasserressourcen geht.

Der Bau eines Hauses oder Erntearbeiten werden im **ayni** (Austausch von Arbeitskraft zwischen verwandten oder befreundeten Familien) ausgeführt. Die Instandhaltung der öffentlichen Infrastruktur wie Wege, Plätze, Ruinen, Bewässerungskanäle oder neue Wasserauffangbecken wird in **Gemeinschaftsarbeit** *(minka)* erledigt. Dabei singen, tanzen und trinken die Menschen – und so endet die harte Arbeit in einem Fest. Bei Festen und Beerdigungen kochen die Frauen in kleinen Gruppen, beim Waschen treffen sie sich am Fluss oder Kanal, wenn Männer und Frauen zu ihren Feldern oder Weiden unterwegs sind, gehen sie ein Stück des Weges gemeinsam und unterhalten sich.

Auch **größere Kinder und Jugendliche** arbeiten bereits auf Feldern und Weiden. Für manche Kinder ist die **landwirtschaftliche Arbeit** hart und unerträglich, von anderen wird sie manchmal als Abwechslung neben der Schule empfunden. Immer mehr junge Leute entschließen sich zur Abwanderung in die Städte, wo sie auf ein weniger anstrengendes Arbeitsleben hoffen und wo sie eine Ausbildung absolvieren können. Wenn sie in der Stadt erfolgreich sind, kommt ihnen häufig zugute, dass sie bereits als kleine Kinder trainiert haben, karge Lebensbedingungen ohne Murren auszuhalten. *Aguantar* („Aushalten", „Ertragen") ist eine wichtige Eigenschaft, die die andinen Zuwanderer in den Städten auszeichnet und ihnen hilft, ihre Ziele zu erreichen, nicht zu verzagen und Widerstände zu überwinden.

Verkehrstechnisch sind die Andendörfer immer noch **schlecht erschlossen.** Häufig sind große Höhenunterschiede zu überwinden. Die Straßenverhältnisse stellen die Bus- und Lastwagenfahrer vor große Herausforderungen. Während der Regenzeit gefährden *huaycos* (Erdrutsche) den Verkehr und schwemmen in manchen Jahren Hütten die Berge hinunter. Dann verlieren die Menschen Hab und Gut.

Wer die **Anden bereist**, sollte dies nach Möglichkeit besser nicht während der Regenzeit tun. Wichtig ist auch, dass man viel Flüssigkeit zu sich nimmt, beim Essen sowie bei der Bewegung und dem Tragen von Lasten Maß hält. Der Einfluss der Höhe auf den menschlichen Körper ist nicht zu unterschätzen: Die Luft ist dünner, die Verdauung ist langsamer und ab ca. 3000 m Höhe kann die Höhenkrankheit *(sorroche, mal de altura)* Kopfschmerzen, Mattheit, veränderten Blutdruck und manchmal Atemnot oder Herzrasen hervorrufen. Nach wenigen Tagen stellt der Körper sich aber auf die neuen Gegebenheiten ein.

Cusco

Der Sage nach wurde die auf 3416 m Höhe gelegene Stadt, die wegen der Winde nur vormittags angeflogen werden kann, um 1200 vom Inka *Manco Qhapaq* gegründet. Als **Hauptstadt des Inkareiches** und **Ausgangspunkt zur Ruinenstadt Machu Picchu** wurde Cusco weltbekannt. Der **Tourismus** ist die größte Einnahmequelle und beschäftigt die meisten Bewohner. Die Stadtverwaltung unternimmt große Anstrengungen, um die Bauwerke aus der Inkazeit sowie Kirchen und Paläste aus der Kolonialzeit in bestem Zustand zu erhalten und führt immer wieder Verbesserungen der touristischen Infrastruktur durch. Zur Sicherheit der Besucher wurde eigens eine Touristenpolizei eingeführt. Die Polizisten wachen bei allen wichtigen Festen und patrouillieren auch nachts.

Am 24. Juni findet in der Inkafestung Saqsayhuaman das Sonnenfest „Inti Raymi" der Inka statt. Weitere attraktive **Feste** sind „Corpus Christi" (Fronleichnam) und die Prozessionen in der Karwoche, die mit dem Fest des „Señor de los Temblores" („Christus der Erdbeben") beginnt. Das Centro Qosqo de Arte Nativo zeigt allabendlich folkloristische Tänze aus der Region. 1924 gegründet, gehört es zu den ältesten Folklore-Theatern Perus. Der Eintrittspreis ist erschwinglich.

043pe-pg

Allen Einheimischen ist **die Pflege traditioneller Tänze** wichtig, egal welcher Schicht sie angehören. Kinder trainieren in der Schule, Jugendliche auf öffentlichen Plätzen, um an Umzügen, Wettbewerben und sonstigen Auftritten teilzunehmen. Für die Karnevalsfeierlichkeiten im Februar gibt es besondere Tänze und Lieder. Sie finden in den umliegenden Dörfern oder in Ruinen aus der Inkazeit statt.

Durch Zuwanderung aus den umliegenden Dörfern ist Cusco in den vergangenen Jahren stark gewachsen. Während die Stadt 2007 349.000 und 2013 420.000 Einwohner zählte, bezifferten Cusquener die Einwohnerzahl 2016 auf über 800.000. Auf den ehemals grünen Bergen, die die Stadt umgeben, haben Zuwanderer Hütten und Häuser errichtet. Neue Straßen, mehrstöckige Wohn- und Mietshäuser sowie neue Tourismusunterkünfte entstehen überall in der Stadt. In Cusco leben immer noch viele Menschen, die sehr arm sind. Insgesamt ist der Wohlstand aber durch das Wachstum des Bergbausektors im Umland und positive Entwicklungen im Bau- und im Dienstleistungssektor gestiegen. Dadurch stiegen sowohl das Angebot an Arbeitsplätzen als auch die Einkommen. Man kann heute in Cafés einheimische Familien treffen, die sich dort ein Frühstück leisten, das auch für deutsche Verhältnisse teuer ist. Baukredite sind heute für junge Familien aus unteren Schichten erschwinglich, wenn beide Partner berufstätig sind.

⌃ Plaza de Armas in Cusco

Der peruanische Dschungel – „la selva"

Der Übergang vom Bergland ins Waldland ist fließend. Wer von Osten kommend die Anden überquert und dann ins Amazonastiefland gelangt, vermisst an manchen Stellen den Wald. Bäume wurden gefällt und wo einst Regenwald stand, befinden sich heute baumlose Flächen. Das **Amazonastiefland,** das zum größten Teil aus tropischem Regenwald besteht, macht 59 Prozent des peruanischen Territoriums aus. Im Amazonastiefland leben 13 Prozent der Bevölkerung. Neben der indigenen Bevölkerung, die aus dem Tiefland stammt, kamen in den 1980er-Jahren viele Menschen aus den Anden sowie aus der Küstenregion, sogenannte *colonos,* die dem Aufruf der Regierung zur Besiedlung des angeblich zu gering besiedelten Urwaldes folgten. Da sie die Böden dauerhaft ohne Brache bestellen, hat dies zur Bodenversalzung geführt. Sie ernten hier Kakao, Achiote, Gelbwurz sowie andere Gewürze, Reis, Bohnen und Kaffee für den städtischen Markt.

Die **Tieflandstädte** Iquitos, Pucallpa, Tarapoto und Puerto Maldonado werden mehrmals täglich von Lima aus angeflogen. Während die Dörfer in der Nähe dieser Städte recht gut zu erreichen sind, sind die Menschen in abgelegenere Dörfer mehrere Tage lang unterwegs, meist in Motorbooten.

Die Mehrheit der indigenen Bevölkerung hat ihre traditionelle Lebensweise mit häufig verlegten Höfen aufgegeben und ist in **kleinen Siedlungen an den Flussufern** sesshaft geworden. Meist ging das mit der Gründung von Schulen durch Missionare einher, die von der peruanischen Regierung beauftragt worden waren, die Indigenen durch die Vermittlung „westlicher" Werte in die nationale Gesellschaft zu „integrieren". Die Einrichtung von Gesundheitsstationen und kleinen Produktionsstätten mögen weitere Gründe für diese konzentrierte Sesshaftwerdung gewesen sein. Die indigene Bevölkerung in den Urwalddörfern lebt in extremer Armut. Ausnahmen bilden nur die traditionellen Heiler, die vom Ayahuasca-Tourismus und deshalb von Ausländern profitieren, die sich für längere Zeit bei ihnen einquartieren, um an Zeremonien teilzunehmen, bei denen sie mithilfe von Drogen ihr Bewusstsein erweitern möchten. Einige halbnomadisch lebende Gruppen haben geringen Kontakt zur Außenwelt. Daneben gibt es **indigene Gruppen,** die sich bewusst gegen die „Zivilisation" entschieden haben. Sie leben **in freiwilliger Isolation.** Andererseits wandern immer mehr indigene Familien in die Städte ab, weil sie ihren Kindern nur dort eine gute Schulbildung ermöglichen können. Dort leben sie in Armenvierteln am Rande der Städte. Bevor Nichtregierungsorganisationen sich um den Bau von Latrinen kümmerten und die Hütten an die Wasserversorgung angeschlossen wurden, nutzten die Menschen die öffentlichen Duschen und Toiletten der Markthallen. In den Städten gibt es keine öffentlichen Busse. Dort transportieren Motorradtaxis bis zu drei Personen zu ihren Zielorten.

Peru hat die **Konvention 169 der Internationalen Organisation für Arbeit** ratifiziert und sich zum Respekt indigener Kulturen, der Gewährung von grundlegenden Landrechten, dem Recht auf Bildung und dem Zugang zu natürlichen Ressourcen verpflichtet. Doch die Umsetzung bleibt schwierig und problematisch. Wirtschaftliche Interessen stehen im Vordergrund und die Grenzen von Naturschutzgebieten werden so gelegt, dass Explorations- und Förderaktivitäten großer Konzerne nicht beeinträchtigt werden.

Unter der indigenen Bevölkerung finden sich zahlenmäßig **starke Ethnien** wie die Matsiguenka mit etwa 10.000 Personen oder die Aguaruna mit 14.000 Personen. Viele kleine Völker wie die Huachipairi mit nur 159 Mitgliedern, die Ucarina oder die Huitoto sind vom Aussterben bedroht.

Insbesondere in der **Region Iquitos** hatte der gegen Ende des 19. Jahrhunderts einsetzende Kautschukboom schwerwiegende Folgen für die indigene Bevölkerung: Zwangsarbeit, Schuldknechtschaft, Ermordungen und die Vertreibung aus den angestammten Gebieten. Heute berauben der Abbau von Tropenhölzern sowie die Suche und Gewinnung von Erdöl und Erdgas viele Indigene ihrer Lebensgrundlage oder vertreiben sie gar aus ihren Lebensräumen. Der Rohstoffabbau (Erdöl, Erdgas und Gold) hat großflächige Umweltzerstörungen verursacht und traditionelle Lebensformen ausgelöscht. Die **Ölförderung hinterlässt gravierende Schäden:** Traditionell homogene Gebiete werden von einem auf den anderen Tag zweigeteilt, neue Krankheiten werden von den Ölarbeitern eingeschleppt, indigene Männer verlassen ihre Familien und lassen ihre Frauen mit der harten Arbeit in den Dörfern zurück, Gewässer werden stark verschmutzt und das Trinkwasser verunreinigt, sexuelle Gewalt, Entführungen, Alkoholismus und Prostitution halten Einzug in die von Indigenen bewohnten Gebiete.

Die **Beziehungen zwischen colonos** (Zugewanderten aus anderen Landesteilen) **und Indigenen** *(nativos)* sind immer noch angespannt. Indigene beschuldigen die *colonos,* ihnen ihr Land und damit ihre Lebensgrundlage weggenommen zu haben. In den 1960er-Jahren, als bereits Migranten aus den Anden Land in Besitz genommen hatten, vergab die Militärregierung Besitztitel, um dem Problem Einhalt zu gebieten. Dadurch wurden aber Territorien, die die Indigenen traditionell für ihre nomadische Lebensweise genutzt hatten, zerteilt. Die von der peruanischen Regierung vergebenen kommunalen Besitztitel erstrecken sich nur auf Land, das für Ackerbau und Viehzucht genutzt wird; die Waldgebiete werden vom Staat verwaltet und den Indigenen als Treugut zur Verfügung gestellt.

Seit Langem sind der Regenwald und die in ihm lebenden Menschen in Gefahr. Deshalb schuf die peruanische Regierung auf einer Fläche von 22 Millionen Hektar ein **System von 77 Naturschutzgebieten**, das der Zerstörung von Natur und Kultur Einhalt gebieten soll. Innerhalb dieser Gebiete unterliegt das Leben den Bestimmungen des Naturschutzes und alle wirtschaftlichen Aktivitäten müssen diesem untergeordnet werden. Aufgrund der Größe der Flächen steht den Indigenen zwar genug Land zur Verfügung, sie haben aber nicht das Recht, ihre natürlichen Ressourcen zu nutzen und ihre Produkte zu verkaufen.

Eine Antwort auf solche Eingriffe in Kultur und Umwelt stellt der Ansatz der **Empresa Multicomunal Matsiguenka** dar, einem Unternehmen, an dem mehrere Matsiguenka-Gemeinden teilhaben und das eine Herberge im Naturschutzgebiet des Manu, die Casa Matsiguenka, betreibt. Touristen dürfen nur in kleinen Gruppen anreisen, damit Tiere und Natur nicht gefährdet werden. Während der achtstündigen Bootsfahrt zur Casa Matsiguenka bringen die Matsiguenka den Touristen die wichtigsten Matsiguenkawörter bei. Spaziergänge im Urwald sind nur auf vorgegebenen Wegen erlaubt. Die Besucher haben die Möglichkeit, unter Anleitung Gebrauchsgegenstände der Matsiguenka selbst herzustellen.

Die „comunidad nativa"

Die Gesetzgebung von 1974 und 1978 schuf die *comunidad nativa* („Eingeborenengemeinde") und ihre politische Struktur der **Generalversammlung**, auf der die Bewohner Beschlüsse fassen und ihre Dorfvorsteher wählen. In der *comunidad nativa* leben ausschließlich Indigene aus dem Amazonastiefland und keine *colonos*.

An den Flussufern betreiben die Menschen Brandrodung: Ein bis zwei Hektar große Felder werden drei bis fünf Jahre lang bestellt und danach dem Urwald übergeben, sodass an ihrer Stelle der Wald neu entsteht und die Erde ihre ursprüngliche Fruchtbarkeit wiedererlangt. Diese Wirtschaftsweise ist aber heute nur noch in Gegenden mit niedriger Bevölkerungsdichte möglich, wo ausreichend große Flächen zur Verfügung stehen. Die Bevölkerung baut Maniok, Kochbananen, Ananas, Erdnüsse, Zuckerrohr, Mais und Gemüse für den Eigenbedarf an. In der traditionellen Arbeitsteilung übernehmen die Männer Jagd, Fischfang, Hausbau, Reparaturarbeiten sowie die Herstellung von Pfeilen, Bögen und Speeren, Frauen das Bestellen der Felder, Ernten, Kochen, Waschen, Reinigungsarbeiten, die Kindererziehung, Töpfern, Spinnen sowie die Anfertigung von

Baumwolltaschen und Palmkörben. Innerhalb der Familie werden Kenntnisse über Nutz- und Heilpflanzen, Tiere, Gesänge, Mythen, Legenden und traditionelles Kunsthandwerk vermittelt. Außer einem Kanu, Bögen, Pfeilen, Speeren, Kochtöpfen und Werkzeugen haben die meisten nicht viel Besitz. Die Menschen sind aufeinander angewiesen; viele schätzen es, in ihrer dörflichen Gemeinschaft zu leben, weil sie dort mit der Hilfe ihrer Familienangehörigen oder Nachbarn rechnen können.

Heute sind viele Haushaltsgegenstände aus Plastik oder Aluminium. Mobiltelefone, Batterieradios und CD-Player verbreiten sich zunehmend.

Bei Festen tanzen die Menschen zu traditionellen und modernen „tropischen" Rhythmen und trinken *masato* (ein alkoholisches Getränk aus gegorenem Maniok) oder Bier. Junge Indigene würden gerne teils in Vergessenheit geratene Feiern wiederbeleben. So gab es in den Shipibo-Dörfern wichtige Übergangsriten wie den ersten Ponyschnitt bei Mädchen im Alter von zwölf bis 14 Jahren, das sogenannte Pishta-Fest.

Eine Bedrohung sind der kommerzielle Anbau von Ölpalmen, Soja oder Kaffee durch peruanische oder internationale Konzerne, die illegale Abholzung und die Ausweitung der Flächen, auf denen Koka für die Herstellung von Kokain angebaut wird.

Musik und Tänze

Peruaner musizieren, singen und tanzen gern. Dazu bieten sich zahlreiche Gelegenheiten wie Geburtstage, Hochzeiten, die katholischen Patronatsfeste oder Arbeitsfeste in den Dörfern, in den Städten Vereins- und Stadtviertelfeste und natürlich der Karneval.

Neben der klassischen Musik, die in Cusco eine eigene Variante mit lokalen Komponisten hat, und sämtlichen internationalen Genres hat Peru einheimische Musiktraditionen, die gern nach den drei Hauptregionen Küste, Andenhochland und Amazonastiefland unterschieden werden.

Die **musikalische Vielfalt** des Landes dürfte in Südamerika **einzigartig** sein. Über 50 verschiedene Karnevalstänze stellen nur einen kleinen Ausschnitt dar. Insgesamt **3000 Tänze** zählte die Liedermacherin und Musikforscherin *Chalena Vasquez*. Kostüme, Masken, Choreografien, Melodien und Musikinstrumente spiegeln die Vermischung des musikalischen Erbes der drei Kontinente Amerika, Afrika und Europa wider. Liedtexte und Tänze erzählen die wechselvolle Geschichte des Landes. In den tänzerischen Darstellungen treten der Inka mit seiner Leibgarde und seinen Ñustas auf, die spanischen Eroberer oder die chilenischen Invasoren, afrikanische Sklaven ebenso wie maurische Moslems, Tiere aus Anden und Urwald,

Geister, Teufel und viele Varianten. Und ständig kommen neue Figuren dazu wie Polizisten oder Soldaten und sogar fotografierende Touristen. Landwirtschaftliche Aktiviäten wie Aussaat und Ernte werden im Tanz nachgeahmt oder die Erkrankung an Malaria bei der Arbeit im Urwald. Und es gibt oft etwas zu lachen. Wenn der im Malariafieber zitternde Tänzer unter den weiten Kittel der Krankenschwester kriecht, bringt das die Zuschauer zum Schmunzeln oder wenn ein Bauer nach der Ernte zuviel Alkohol getrunken hat und seine Partnerin ihn mit ihren kräftigen Armen packt und zappelnd davonträgt. Andere Tänze fordern vom Betrachter dagegen Ehrfurcht und manche lehren sie sogar das Fürchten. Wenn die *Qhapaq Qolla,* die reichen Wollhändler vom Altiplano, zu Ehren der Muttergottes tanzen, handelt es sich schon fast um eine religiöse Zeremonie, bei der die Betrachter ernst bleiben. Bei der **Danza de las Tijeras,** einem rituellen Tanz aus der Gegend von Ayacucho und Huancavelica stimmen Harfe und Geige ein Klagelied an, zu dem die in die Götterwelt initiierten Tänzer in einen akrobatischen Wettstreit treten, der bei den Betrachtern den Eindruck des Leids mitunter so sehr verstärkt, dass sie entweder wegschauen oder „bitte aufhören" rufen. Die Tänzer stechen große Nadeln durch ihre Wangen und Zungen. Sie bitten den Geiger um sein Instrument, um es daran aufzuhängen. Sie klemmen ihren Kopf zwischen die Saiten der Harfe und springen damit tanzend über die Bühne. Man sagt, dass sie dabei keinerlei Schmerz spüren, weil sie ihr Leben dem Gott *Wamani* geweiht haben.

Auf vielfältigste Weise werden Liebesbeziehungen zwischen Mann und Frau dargestellt. Der **Wayno,** die typischste Liedart der Anden, zu der man auch tanzt, entstand in der Kolonialzeit und ist oft zweisprachig: halb Spanisch, halb Quechua. Seine Melodie ist herzzerreißend traurig, wenn Härte und Ungerechtigkeit des andinen Lebens oder das Liebesleid thematisiert werden. Er kann aber auch fröhlich sein, wohingegen die *Muliza,* ein getragener Mestizogesang immer traurig und manchmal sogar depressiv ist. Die **Hualina** aus dem Hinterland von Lima wird von den Bauern zu Ehren von Wasser und Regen sowie den damit in Verbindung stehenden Gottheiten komponiert. Eine Woche lang singen und tanzen junge Leute während der Instandhaltungsarbeiten uralter Kanalsysteme die *Hualinas,* die für jedes **Wasserfest** neu komponiert werden. Anders als beim *Wayno* und *Huaylarsh* sind die *Texte* von *Hualina, Marinera, Muliza, Polca* und *Vals* ausschließlich in spanischer Sprache verfasst. Aber alle Lieder gehen auf volkstümliche Komponisten zurück.

Die meisten Genres sind das Ergebnis kolonialzeitlichen Zusammenfließens musikalischer Traditionen. Ausschließlich der im Altiplano beheimatete Ayarachi-Tanz der quechuasprachigen Indigenen stammt aus

Extrainfo 7 (s. S. 11): Video über die Beerdigung der Liedermacherin Chalena Vasquez und gleichzeitig ein Dank von Sängern und Tänzern aus dem ganzen Land (Spanisch)

vorspanischer Zeit. Er wird von alten Musikinstrumenten begleitet: die *Siku* ist eine Zampona-Bambusflöte und die *Wankara* eine Art Panflöte. Die für europäische Ohren extrem fremden Klänge scheinen aus einer anderen Zeit wie aus dem Innersten der Erde zu stammen. Die beliebten Auftritte der *sikuris*, Tänzer in roten Ponchos und beeindruckendem Federschmuck, die zum Spiel den *Siku* bzw. *Zampona* tanzen, haben ihren Ursprung in der Aymara-Kultur des Altiplano.

Zu den bekanntesten Genres der Küstenregion gehören *Marinera, Polca, Tondero* und *Vals* sowie zahlreiche afro-peruanische Tänze wie *Alcatraz, Festejo, Zamba Landó*, die mit dem afro-peruanischen Kulturrevival wieder populär wurden, oder die *Habanera* kubanischen Ursprungs, die Einfluss auf den *Vals* hatte.

Der peruanische **Vals** geht auf den europäischen Walzer zurück, hat aber in Peru eigene Merkmale und Züge entwickelt. Die ursprüngliche Struktur ist noch erkennbar, allerdings sind die Texte in Peru entstanden. Meist handeln sie von der unglücklichen Liebe, der *amor desdichado*, oder die Schönheit des Landes wird besungen. Der *Vals* kann als Lied vorgetragen und auch getanzt werden. Das **Canción Criolla** ist von afrikanischen, spanischen und andinen Einflüssen geprägt. Die Bezeichnung basiert auf dem Wort *criollo*, das für die Küstenbewohner, insbesondere von Lima, steht. Die *Música Criolla* ist ein sozial-integratives Element der peruanischen Nation. Seit 1944 feiern die Limenser am 31. Oktober den *Día de la Canción criolla*, den „Tag des kreolischen Liedes". Zu dieser Gelegenheit treffen sich die Menschen in Restaurants, Tanzlokalen und Klubs, um bis zum frühen Morgen kreolische Lieder zu hören und dazu zu tanzen. Kultstatus genießen die verstorbene Liedermacherin und Sängerin *Chabuca Granda*, die vor allem durch den *Vals* „La flor de la canela" berühmt wurde, der Liedermacher und Sänger *Felipe Pinglo*, der 2009 verstorbene *Arturo Zambo Cavero* sowie der aus den Anden stammende Sänger und Liedermacher *Augusto Polo Campos*. Die berühmtesten Vertreterinnen von *Vals* und *Canción criolla* sind derzeit die Sängerinnen *Cecilia Barraza, Lucía de la Cruz* und *Eva Ayllon*, die auch schon mal als Jazzsängerin auftritt.

Die afro-peruanische Sängerin und Komponistin *Susana Baca* kombiniert Melodien und Rhythmen mit modernen Stilelementen und vertonte Texte der Dichter *César Vallejo* und *Pablo Neruda*. Unter Präsident *Humala* war sie für kurze Zeit Kulturministerin. Sie erforscht die afro-peruanische Musik. 1992 gründete sie mit ihrem Mann das Instituto Negro Continuo, das die Dokumentation und Förderung afro-peruanischer Kunst und Kultur zum Ziel hat.

Der walzerähnliche nordperuanische Paartanz **Tondero** enthält sowohl afrikanische als auch europäische Elemente. Er ist verwandt mit der *Mari-*

Extrainfo 8 (s. S. 11): Video über Entstehung und Charakteristika der „Musica Criolla" am Beispiel einer afro-peruanischen Familie, die berühmte Sänger hervorbrachte (Spanisch)

nera Nortena, die aus der afro-peruanischen *Zamacueca* hervorging. Der Tanz verlor aber zeitweise an Bedeutung und kam später als Modetanz mit dem Namen *Cueca* von Chile aus nach Peru zurück. Da es für Peruaner undenkbar gewesen wäre, den vom chilenischen Feind stammenden Namen zu übernehmen, gab man ihm zu Ehren des im Salpeterkrieg gefallenen peruanischen Nationalhelden und Marineadmirals *Miguel Grau* den Namen **Marinera.** Bei der *Marinera* tanzt die Frau wie beim *Tondero* barfuß. Ein typisches Merkmal ist ein ausgehaltener Trommelwirbel. Der Tanz wird immer paarweise durchgeführt und beschreibt die Werbung des Herrn um die Dame. Dabei wechseln sich starke Verneigungsgesten und schnelle Drehungen mit dem Stepptanz ähnlichen virtuosen Kurzschritten ab. Das Paar tanzt Anfangs im Abstand von zwei bis drei Metern, zum Schluss mit leichten Berührungen an Hüfte oder Händen. Typische Kleidungsstücke sind der große Hut des Tänzers und der weite Rock der Tänzerin. Beide halten zusätzlich ein weißes Taschentuch in den Händen, das sie im Rhythmus schwenken oder in die Luft wirbeln. Jedes Jahr im Januar veranstaltet der Club de la Libertad in der nordperuanischen Stadt Trujillo ein Marinera-Festival, aus dem seit 1961 die beste Marinera-Tänzerin als *reina de la marinera* („Marinera-Königin") hervorgeht.

Neben der *Marinera* der nordperuanischen Küstenregion gibt es eine andinisierte Form sowie die mit wesentlich langsameren Bewegungen getanzte *Marinera Limena*. Die aus Tschechien stammende *Polca* kam wahrscheinlich über Österreich und Frankreich nach Peru.

In vielen Regionen feiern die Menschen mehrere Tage lang **Karneval.** Dabei treten vor allem Tanzgruppen unverheirateter junger Leute auf. *„Los casados a la casa, los solteros a la calle ...."* („Die Verheirateten gehören ins Haus, die Junggesellen auf die Straße ...") lautet der Text eines berühmten Karnevalsliedes. In der Woche vor

045pe-lg

☒ Internationaler Marina-Wettbewerb: Die besten Tanzpaare werden gekürt.

der Fastenzeit ziehen mehrere Tage lang Tanzgruppen in prächtigen Kostümen durch die Straßen der Karnevalshochburgen Andahuaylas, Ayacucho, Cajamarca und Juliaca/Puno. Die jungen Tänzer singen dabei Lieder, die an manchen Orten jedes Jahr neu komponiert werden. Im nordperuanischen Cajamarca sprühen die Lieder vor Witzen und derbem Humor. In den südperuanischen Karnevalshochburgen handeln die Liedtexte von der Liebe, zumal es für manche Tänzerinnen und Tänzer tatsächlich um den Beginn ihrer Liebesbeziehung geht. In der schlimmen Zeit des Bürgerkriegs stellten die Menschen die Karnevalsfeierlichkeiten nicht ein. In Ayacucho ließen sie ihre Umzüge vom Militär genehmigen und die politische Gewalt, der Terrorismus und dessen Niederschlagung hat oft in Form von poetischen Umschreibungen Eingang in die Kompositionen gefunden. *„Esta vida ya no es vida ..."* („Dieses Leben ist kein Leben mehr ...") sangen Tänzerinnen und Tänzer oder auf Quechua: „Wir sind im Hunger vereint, verbrüdert am Ort des Todes."

Mit der Massenabwanderung in die Städte kamen bereits um die Mitte des vorigen Jahrhunderts der *Wayno* und der *Waylarsh* aus den Anden an die Küste. Bevor sie Einzug in die berühmten Theater von Lima hielten, wurden sie in sogenannten *Coliseos*, großen Konzertarenen unter freiem Himmel, von berühmten Sängerinnen und Sängern vorgetragen. An die Stelle der *Coliseos* traten später die *Chichódromos*, in denen heute Tausende an den Wochenenden zu Chicha- und Tecnocumbia-Präsentationen kommen. Aus karibischer *Cumbia* und andinem *Wayno* entstand in den 1980er-Jahren die **Chicha,** deren Texte sich mit der Liebe und den durch die Abwanderung in die Städte veränderten Lebensumständen und Moralvorstellungen befassen. In den Chichódromos an den Ausfahrtstraßen von Lima zelebrieren Zuwanderer und deren Nachkommen an den Wochenenden bei viel Bier ihre andine Identität und die „Eroberung" der Stadt Lima. Unter Einbeziehung anderer lateinamerikanischer Rhythmen entstand die der *Chicha* verwandte **Technocumbia,** ein Genre, das Präsident *Fujimori* in seinen Wahlkampagnen benutzte, um beim einfachen Volk seine Chancen zu verbessern.

In der Stadt komponierte Volkslieder haben einfachere Melodien und die Texte sind weniger poetisch. An die Stelle wohltemperierter Emotionalität treten Verletzung, Schuldzuweisung, Bezichtigung und offen ausgesprochene Rachegelüste. Die Texte postulieren, jedes Gefühl habe das Recht, haltlos ausgelebt zu werden. Wenn das Publikum im Nationaltheater schreiend den *Wayno* „Sag ihr, dass du sie nicht mehr liebst, sag ihr, dass du mich liebst ..." von der Sängerin *Amanda Portales* fordert, singen die Zuschauer inbrünstig mit. Der Liebe freien Lauf zu lassen, ist im peruanischen Volkslied kein Tabu mehr: „Verzeih mir, dass ich eine andere habe, verzeih mir, dass ich dir wehtue, aber ich kann nichts dafür, mein Herz ist schuld ..."

Die anspruchsvollen *Waynos* und *Yaravis* der Sängerin *Martina Portocarrero* beschreiben das Sterben und das Leid der Frauen in Ayacucho während des Bürgerkriegs. In manchen Liedern wird die Revolution auf poetische Weise verherrlicht. Die in Ayacucho geborene und bereits verstorbene Sängerin *Nelly Munguía* trat hauptsächlich mit traditionellen *Waynos, Yaravis, Pasacalles* und *Carnavales* auf. Wenn ihr Publikum in den 1980er-Jahren im Nationaltheater Lieder forderte, die den Terrorismus und seine Folgen thematisierten, trug *Munguía* sie voller Inbrunst vor und verließ, noch während die Zuschauer stürmisch applaudierten, fluchtartig das Theater. Verhaftet wurde sie allerdings nie. *Martina Portocarrero* verbrachte viele Jahre in der Schweiz.

Die *Waynos* aus Ayacucho haben poetische anspruchsvolle Texte in Spanisch und Quechua sowie kunstvolle Melodien mit vielen Glissandi. Heute ist eine der besten Interpretinnen die in Spanien lebende Sängerin *Magali Revollar*.

Musikinstrumente

Die vorspanischen Kulturen von Caral, Chimu, Chincha, Lima, Mochica, Nazca und Inkas kannten keine Saiteninstrumente. Diese kamen erst mit den Eroberern ins Land. Die Trommeln, Rasseln und Flöten der Kulturen der Nazca, Mochica und Chimu wurden aus Keramik, Kürbissen oder Pelikanknochen gefertigt. Die in Europa sehr bekannte **Quena** ist eine Kerbflöte aus Holz ohne ein gesondertes Mundstück, stammt aus dem zentralen Andenhochland und spielt längst nicht überall in der Volksmusik eine Rolle. Dagegen ist sie heute auch in den Nachbarländern Perus verbreitet. Sie ist trotz ihrer technischen Möglichkeiten wie Chromatik, differenzierter Dynamik, einem Tonumfang von drei Oktaven und Möglichkeiten der Klangfarbenmodulation sehr preiswert. Die vorspanischen Blasinstrumente, als *instrumentos del viento* („Windinstrumente") bezeichnet, dürfen in einigen Gegenden nicht von Frauen gespielt werden, da man der Meinung ist, dass sonst ein schädlicher Wind in ihre Körper eindringt. Das **Pututo,** eine riesige Meeresmuschel, wird noch bei Festen verwendet, die an die Inkazeit erinnern.

Aus Europa kamen Saxophone, die aus der Musik im zentralperuanischen Andenhochland nicht mehr wegzudenken sind. Blechblasorchester gibt es heute in den Dörfern sowie in der Stadt bei Polizei und Feuerwehr. Wenn diese bei zivilen Zeremonien spielen, sind die letzten Melodien meist die Marinera und der Wayno, stellvertretend für die Küste und die

Anden. Auch Geige, Gitarre und Harfe sind ein fester Bestandteil der Musik der Anden und teilweise auch der afro-peruanischen Musik geworden. Allerdings werden Geige und Harfe anders gespielt als in Europa und die Töne klingen anders. Zudem ist der Resonanzkörper der Harfe runder als bei der europäischen Harfe. In Umzügen zu Dorffesten und beim Aufspielen zum Tanz wird die Harfe vom Musiker getragen bzw. hochgeladen. Aus der Gitarre entstand in Peru das schwer zu spielende Charango, dessen Klang dem einer Mandoline gleicht. Zunächst wurde es für die rhythmische Begleitung verwendet und erst im 20. Jahrhundert von Virtuosen als Soloinstrument eingesetzt.

In der afro-peruanischen Musik darf der Cajon, ein Holzkasten mit einem Loch, auf dem der Trommler beim Spielen sitzt, nicht fehlen. Auch Rasseln, verschiedene Trommeln und die quijada, der Eselskiefer, werden als Rhythmusinstrumente verwendet. Darüber hinaus spielen Geige und Harfe sowie viele andere Instrumente eine wichtige Rolle.

Forschung, Dokumentation und Pflege musikalischer Traditionen

Stellvertretend für die Erforschung einheimischer musikalischer Traditionen seien der Schriftsteller und Ethnologe *José María Arguedas* sowie die 2017 verstorbene Musikologin *Chalena Vasquez* genannt. Die Pontificia Universidad Católica in Lima verfügt über das bedeutendste **Archiv musikethnografischer Aufzeichnungen indigener Musik.** Forschung und Archivierung widmet sich auch die Escuela Nacional de Folklore in Lima.

1929 wurde in der Andenstadt Cusco das **Centro Qosqo de Arte Nativo** gegründet, das über 400 Plätze verfügt. Allgemein ist die Bevölkerung von Cusco besonders stolz auf ihr musikalisches Erbe aus der Inkazeit. In den Schulen werden traditionelle Tänze gepflegt. Bei Festen führen die Schüler Tänze auf oder ziehen in Umzügen durch die Stadt. Sogar auf öffentlichen Plätzen üben junge Leute in ihrer Freizeit traditionelle Tänze für öffentliche Wettbewerbe ein.

Überall identifiziert sich die **Jugend andinen Ursprungs** mit der andinen Musik und wer an einer Veranstaltung des ayacuchanischen Karneval im Nationalstadion von Lima teilnimmt, kann ihren Stolz und ihre Begeisterung miterleben.

Einige Universitäten unterhalten eigene Folkloreensembles. Das 1992 gegründete Tanzensemble der privaten Pontificia Universidad Catolica de Lima CEMDUC bringt es im Jahr auf 40 bis 50 Aufführungen (siehe auch den Exkurs „Peruanische Volkstänze an einer Elite-Universität", Seite 170). Das Centro Cultural der staatlichen Universidad Nacional Mayor de San Marcos hat Theater-, Ballet- und Folklore-Ensembles sowie einen Chor und ein Orchester.

Auch städtische **Migrantenvereine** pflegen Musiktraditionen. Aus einem Verein ging das berühmte Tanzlokal **Brisas del Titicaca** hervor, in dem sich an fünf Abenden in der Woche Hunderte von Zuschauern aus dem In- und Ausland einfinden, um die Tanzdarbietungen anzuschauen und selbst mitzutanzen. Mit der Massenabwanderung andiner Bauern an die Küste machten berühmte Volkssänger wie *Flor Pucarina* oder *Picaflor de los Andes* die Musik der Anden in den Küstenstädten bekannt. Die Sängerin *Pastorita Huaracina setzte* sich in ihren Liedern und Radiosendungen sowohl für die Emanzipation der andinen Kultur als auch für die der Frau ein. *Jilguero de Huascarán* prangerte in zahlreichen Liedern poetisch und zugleich in aller Schärfe die auf Rassismus und sozialer Exklusion basierenden Ungerechtigkeiten an und setzte sich als Abgeordneter für die Verbesserung der Lebensbedingungen in seiner Region ein.

Erforschung und Verbreitung der **afro-peruanischen Musik** gehen auf die Aktivitäten der **Familie Santa Cruz** zurück. Die Geschwister *Victoria Santa Cruz* und *Nicomedes Santa Cruz* erforschten nicht nur die afro-peruanische Folklore, sondern machten darüber hinaus durch die Tanzensembles Pancho Fierro, Cumanana und Teatro y Danzas Negras del Perú sowie die Organisation des ersten Festivals „Schwarze Kunst“ in Cañete und die Fiesta Internacional del Cajón Peruano Tänze wie **Landó, Festejo** oder **Zamacueca** bekannt und auch salonfähig. Teilweise fielen ihre Aktivitäten in die Zeit der Militärregierung von General *Velasco*. Dieser gab der Volksmusik, nachdem er die Medien verstaatlicht hatte, viel Raum, indem er dafür vorgesehene Sendezeiten zur Auflage machte. In seiner Regierungszeit wurde das Conjunto Nacional de Folclore ins Leben gerufen, das *Victoria de la Cruz* leitete. Sie sorgte dafür, dass die andinen und amazonischen Musiktraditionen mehr Beachtung fanden, etwa durch Inszenierungen in städtischen Theatern. Zur selben Zeit wurde das Musikfestival Inkarri gegründet, zu dem Tänzer und Sänger aus dem ganzen Land eingeladen wurden.

Seit 2008 bietet das „Elenco Nacional de Folklore“ in Lima spektakuläre Aufführungen. Seit 2012 finden die Aufführungen im Nationaltheater statt.

Diverse **kommerzielle Kulturvereine** wie Brisas del Titicaca!, Candelaria, sogenannte **Peñas Criollas** wie De Rompe y Raja, Sachún und eine Vielzahl weiterer Tanz- oder Show-Lokale zeigen Tänze aus den Anden oder afro-peruanische Tänze. Dort können Besucher typische Gerichte der Küstenkost bestellen und zwischen den Aufführungen zur Musik der Kapellen tanzen. Leider vermitteln viele *Peñas* allerdings ein vereinfach-

Peruanische Volkstänze an einer Elite-Universität

Riesige Masken verdecken die Gesichter von Tänzerinnen und Tänzern. Sie lassen die jungen Jura-Studenten der Katholischen Universität von Lima älter erscheinen. Jung und zeitgemäß wirken sie aber durch ihre schnittigen, schwarzen Kostüme mit Miniröcken und schwarzen Anzügen. Sie tragen Zylinder oder silberne Hüte, weiße Blusen oder Hemden und Handschuhe, die Tänzerinnen Nylonstrümpfe. Unter die Arme geklemmte Bücher und Hefte sowie Namensschilder, auf denen „Doctor" und ein Familienname stehen, weisen sie als „Doctorcitos" aus, als die Richter der jungen Republik Peru. Der Tanz ist eine Parodie auf jene „Verwalter der Un-Gerechtigkeit" – so wurden sie von der indigenen Bevölkerung wahrgenommen. Die Ausübung ihrer uneingeschränkten Macht und ihre Überheblichkeit werden auf die Schippe genommen. Ein indianischer Würdenträger, ein sogenannter „Varayoq", im Poncho wirft sich vor den Abkömmlingen der Konquistadoren anbiedernd auf die Knie. Ein Polizist als Symbol der heutigen Unterdrückung und Ungerechtigkeit in den Andendörfern wirkt in seinem viel zu großen Anzug und mit orangeschwarzem Spielzeuggewehr lächerlich. Sowohl in der Region Cusco als auch in der Provinz Huarochirí führen die Bauern den Tanz bei Dorffesten auf. Und sie passen ihn mit neuen Figuren einer sich verändernden Wirklichkeit an. Gemeinsam mit den Studenten des universitären Tanzensembles CEMDUC erforschte dessen Leiterin und Gründerin Chalena Vásquez Tänze und Musik im ganzen Land. Wie Richter und Rechtsanwälte im Landesinnern wahrgenommen werden, gehört für die Jura-Studenten zum Lehrstoff. Die 80 Tänzerinnen, Tänzer und Musiker des CEMDUC veranstalten jedes Jahr 40 bis 50 Aufführungen und sie geben Tanzunterricht im Hochsicherheitstrakt eines Gefängnisses. Ausgebildet werden sie von Dozenten für Tanz, Musik, Theater und Ausdruck. Die Studenten kommen aus allen Fakultäten und entstammen den unterschiedlichsten sozialen Schichten. Bereitwillig opfern sie ihre Wochenenden für die Proben. Jede Aufführung spiegelt ihre Freude am Tanz sowie ihr Bemühen, das kulturelle Erbe möglichst authentisch wiederzugeben. Durch die kontinuierliche musikwissenschaftliche Recherche kommen ständig neue Tänze hinzu. Ebenso wichtig wie eine authentische Choreographie sind die Bedeutung sowie der soziale, wirtschaftliche und ideologische Kontext der Tänze.

095pe-ah

tes oder unvollständiges Bild der musikalischen Vielfalt des Landes. Eine Sonderstellung nimmt die „Casa de Pepe Villalobos" im nicht ungefährlichen Stadtteil La Victoria (unbedingt mit dem Taxi hinfahren) ein, wo *Pepe Villalobos* und dessen Söhne afro-peruanische Lieder singen, darunter zahlreiche Kompositionen, die der berühmte schwarze Sänger *Zambo Cavero* gesungen hat. Die Musiker spielen Gitarre, Cajón und auf der *Quijada de burro,* dem „Eselsgebiss", Vals, Marinera, Tondero, Festejo und weitere afro-peruanische Rhythmen.

Im Norden des Landes finden neben den erwähnten Wettbewerben für Marinera Norteña Wettbewerbe für Tondero statt.

Wer **klassische Musik** mag, kann in Lima Konzerte der Sociedad Filarmonica de Lima besuchen. Seit 2014 werden im Nationaltheater der peruanischen Hauptstadt Opern und *Zarzuelas* aufgeführt. Am Conservatorio Nacional de Música lernen Studenten sowohl traditionelle Instrumente als auch solche der klassischen Musik. Das nationale Symphonieorchester und der Nationalchor entstanden in dieser Einrichtung und hier begann der peruanische Tenor **Juan Diego Florez** seine Ausbildung. Heute trägt der Sänger, der an den wichtigsten Opernhäusern der Welt auftritt, sich mit dem Gedanken, in Peru eine Schule für Opernsänger ins Leben zu rufen.

Revolution in der Küche

Seit 8000 Jahren bauen die Peruaner **Kartoffeln** an: 4000 verschiedene Sorten, von denen jede anders schmeckt. Im April bedecken weiße, gelbe und blaue Kartoffelblüten ganze Bergrücken. Volkslieder sind der Knolle gewidmet, die in Peru **papa** heißt. Mit dem kraftstrotzenden, fröhlich ausgelassenen Huaylarsh-Tanz feiern die Bauern im Mantaro-Tal in farbenprächtigen Kostümen Aussaat und Ernte. Bei den Festen nach der Kartoffelernte werden in den Andendörfern die leckersten Gerichte aufgetischt. Nach getaner Arbeit wird die frische Ernte im Erdofen zu einer köstlichen **Pachamanca** zubereitet.

Auf der **Gastronomiemesse Mistura,** die jedes Jahr im September in Lima stattfindet, stellen Kleinbauern auch in Vergessenheit geratene weiße, gelbe und violette Kartoffelsorten zur Schau. Man kann traditionelle Gerichte oder Neukreationen wie Chips aus den alten Sorten probieren. Imbissbuden bieten Pommes Frites aus der einheimischen *papa huayro* an und servieren dazu Saucen aus peruanischen Chilisorten. Im Internationalen Kartoffelforschungszentrum in Lima werden die alten Sorten aufbewahrt und studiert.

046pe-ah

Die Kartoffel ist Hauptbestandteil vieler Nationalgerichte. Das arbeitsaufwendige und beliebte Gericht *Causa* (Schichten von mit Chili zubereitetem kaltem Kartoffelstampf, dazwischen Thunfisch-Gemüse-Aufstrich oder Ähnliches) wird auf vielerlei Arten zubereitet. Für die Vorspeise *Papa a la huancaína* werden in Salatblätter gebettete Kartoffeln mit scharfer Käsesauce übergossen und mit schwarzen Oliven und Eiern dekoriert. Für die nach einer Andenstadt benannten *Ocopa* wird diese Käsesauce mit gemahlenen Erdnüssen und dem Küchenkraut *Huacatay (Tagetes Minuta)* verfeinert. Die Grundlage vieler herzhafter und süßer Speisen bilden **Trockenkartoffeln.** Um die Knollen länger haltbar zu machen, erfanden die Bauern der Anden die Gefriertrocknung. Kleine, möglichst gleichgroße Kartoffeln werden abwechselnd intensivem Frost und extremer Sonnenbestrahlung ausgesetzt. Dabei entsteht *chuño*, woraus *Carapulcra* zubereitet wird, eines der ältesten Gerichte Perus. Der ursprüngliche Name *Qala phurk'a* stammt aus dem Aymara, der Sprache eines Indianervolkes am Titicacasee. Das Gericht aus Hühner- oder Schweinefleisch und verschiedenen Chilisorten fand früh Eingang in die kreolische Küche der europäischen Zuwanderer. In den südperuanischen Anden sollte man nicht versäumen, einen Teller *Chairo* zu probieren, eine Suppe aus weißem *chuño*, Bohnen, Speck, frischem Rind- oder Schafsowie Trockenfleisch. Für die Herstellung des weißen *chuño*, der in Peru auch *moraya* heißt, verwenden die Bauern bittere Kartoffeln, die sie in lichtdurchlässige Säcke verpacken und tagsüber, während die Sonne scheint, in Fluss- oder Lagunenwasser einlegen.

Aber die peruanische Küche kennt noch mehr schmackhafte Knollen. Die *achira* wird seit viereinhalb Jahrtausenden auf Meereshöhe und bis auf 3000 m angebaut. Die proteinhaltige *ahipa* gedeiht in den Tälern

⌃ Geschmack und Schärfe verleihen die verschiedenen Chili- und Rocotoschoten

〉 Pachamanca: verschiedene Fleischsorten mit Kräutern im Erdofen zubereitet

der Anden und im Amazonastiefland. Die Arakacha-Wurzel schmeckt aufgrund ihrer ätherischen Öle würzig und wird deshalb in manchen Gegenden sogar der Kartoffel vorgezogen. Die knollige Kapuzinerkresse – *mashua, añu* oder *ysaño* genannt – verabreichten die Inkas regelmäßig ihren Soldaten wegen ihrer vermeintlichen antiaphrodisierenden Wirkung. In ländlichen Gebieten der Hochanden ist die *mashua* sehr wichtig für die Ernährung der armen Bevölkerung. Sie wird auch als Brei oder in gerösteter Form verzehrt. Die Knolle einer anderen Kresse, die *maca,* erlebte in den 1980er- und 1990er-Jahren einen Boom, weil ihr potenzsteigernde Eigenschaften zugeschrieben wurden. Auf den internationalen Märkten erlangt die Yacon-Knolle zunehmend Bedeutung, weil sie nicht nur nahrhaft ist, sondern auch Krämpfen und den Auswirkungen von Diabetis vorbeugen kann. Die beliebteste aller Knollen aber ist seit der Vorinkazeit die *olluco* oder *papa lisa*. Mit angebratenen Zwiebeln, Knoblauch, Chili und eingeweichtem Trockenfleisch wird daraus das beliebte Gericht O*lluquito con charqui"* zubereitet. Die *oca,* der peruanische Sauerklee, der je nach Sorte gelb, rot oder lila ist, gedeiht in 3500 bis 3900 m Höhe. Auch aus der *oca* wird *chuño* hergestellt.

Ähnlich wie die Kartoffel wurde der **Maniok,** in Peru **yuca** genannt, zu einem der Hauptnahrungsmittel der Menschheit. Schon vor 10.000 Jahren wurde er an der nordperuanischen Pazifikküste angebaut. Darüber, ob er aus Peru stammt, gehen die Meinungen der Wissenschaftler auseinander. Im Amazonastiefland ist der Maniok eines der wichtigsten Nahrungsmittel. „Süßer" Maniok wird gekocht oder gebraten gegessen. Dem „bitteren" Maniok entzieht man vor dem Verzehr die giftigen Substanzen. *Fariña* ist eine Art Mehl, für dessen Herstellung dem Maniok das Wasser entzogen wird, damit die Knolle länger haltbar bleibt. Die Tieflandindianer stellen aus Maniok Erfrischungsgetränke und Bier her. Das indigene Volk der Kukama, das an den Flüssen Ucayali und Mantaro lebt, konserviert Maniok, indem es ihn zuerst in Wasser einlegt und anschließend solange zerstößt, bis eine Masse entsteht. Diese wickelt man in Bananenblätter und gräbt sie dann im Boden ein. Monate später graben die Kukama sie aus dem vom Anstieg der Flüsse durchnässten Boden wieder aus, rösten sie und bereiten daraus eine Art Mehl zu. Nur das Volk der Jíbaro weiß, wie köstlich junge Maniokblätter schmecken, nachdem man ihnen durch gründliches Waschen

047pe-ah

und kurzes Aufkochen die Bitterkeit entzogen hat. Man isst die Blätter mit Fisch oder Fleisch. Das peruanische Nationalgericht *Ceviche,* für das roher Fisch in Limettensaft „gekocht" wird und das zahllose Restaurauts, sogenannte *Cevicherías,* in allen Küstenstädten anbieten, kommt ohne *yuca* als Beilage nicht aus. In Nordperu gibt es kein leckereres Frühstück als gebratenen Maniok mit Frischkäse – mit frisch gebrühtem peruanischen Kaffee.

Die kulinarische Hauptstadt Lateinamerikas

In Lima fällt die Dichte **exklusiver Restaurants** in den schicken Stadtvierteln auf. Schon in den 1990er-Jahren bereisten Mitglieder deutscher Wirtschaftsdelegationen Peru gerne, weil sie dort die leckersten Gerichte fanden. Das Restaurante Central, das der peruanische Sternekoch **Virgilio Martinez** im Stadtteil Miraflores in Lima betreibt, wurde von britischen Gourmetkritikern auf Platz 15 der Liste der 50 besten Restaurants der Erde gesetzt. In Cusco kocht *Martinez* im Senzo.

Lange waren Gerichte und Lebensmittel aus den Anden innerhalb der Elite und auch unter abgewanderten Hochlandbewohnern verpönt. Wer es sich leisten konnte, aß kein „billiges Indioessen" mehr. Heute gilt das längst nicht mehr dank einer Gruppe peruanischer Sterneköche, die sich 2007 zur **APEGA, der Gastronomischen Gesellschaft Perus** zusammenschlossen. Heute wertschätzen alle Schichten die kulinarischen Traditionen der andinen Urbevölkerung ebenso wie die des Amazonastieflandes und die von Afrikanern, Japanern, Chinesen, Spaniern und Italienern eingeführten. Die Aufwertung der kulinarischen Traditionen verleiht den Peruanern Selbstbewusstsein und Identität. Das war ein erklärtes Ziel der APEGA. Gleichzeitig trat die APEGA an, um die Vielfalt der peruanischen Küche bis 2021 weltweit bekannt und Peru zu einem bedeutenden gastronomischen Reiseziel zu machen.

Wenn der Sternekoch **Gaston Acurio** von der **Mistura,** der **internationalen Gastronomiemesse in Lima,** erzählt, beschreibt er den langen Weg, der zugleich ein kurzer war, denn die Franzosen brauchten 200 Jahre, um ihrer Küche internationales Ansehen zu verschaffen. Just in dem Moment, in dem sich die Rebellion der peruanischen Köche vollzog, sei die Welt begierig gewesen auf Neues und offen für gesundes Essen sowie für traditionelle, nachhaltige Herstellungsverfahren. Die Köche wollten die „Verführungskunst" der peruanischen Küche international bekannt machen, die **Produktion der Kleinbauern** sowie **traditionelle Nahrungsmittel** wie die andinen Getreide *quinua* oder *cañihua* sowie die eiweißhaltigen *kiwicha* (Amaranth) aufwerten, peruanische Restaurants im Ausland gründen und den sozialen Zusammenhalt innerhalb der peruanischen Ge-

Extrainfo 9 (s. S. 11): Der peruanische Sternekoch Gaston Acurio bereitet das berühmte peruanische Fischgericht „Ceviche" zu (Spanisch).

sellschaft fördern. „Wir wollten unsere kulturelle Vielfalt feiern, die sich in der Gastronomie manifestiert."

Dank der Mistura genießen heute **einfache Fischlokale, landestypische Fast-Food-Stände oder Garküchen** auf den Straßen **hohes Ansehen** und, obwohl die Gerichte nicht viel Geld kosten, erkennt man an, dass sie vorzüglich schmecken. Lange geringgeschätzte einheimische Lebensmittel werden heute selbstverständlich in Nobelrestaurants zu raffinierten Gerichten verarbeitet. Die Leute fingen an, auch die Köche zu schätzen, die an den Straßenecken *anticuchos* zubereiteten, die berühmten Fleischspieße aus Rinderherzen, zu denen saftige Maiskolben, Kartoffeln und Chilisaucen gereicht werden.

Inzwischen findet die Mistura in vielen Stadtvierteln, auch in Armensiedlungen, statt. Das Angebot der Speisen ist immer vielfältig und es werden alle hygienischen Vorschriften eingehalten.

Die Köche der APEGA treten dafür ein, die einzigartige **Biodiversität** zu erhalten, weil dort, wo Genmais angebaut wird, kein einheimischer maiz morado (dunkelroter Mais, aus dem Erfrischungsgetränke und Süßspeisen hergestellt werden) mehr angebaut werden kann. Sie möchten, dass die **indigenen Sorten** weiter angebaut werden und dass die Bedeutung, die der Mais für die Kultur hat, erhalten bleibt. Ursprüngliche Kartoffelsorten, *papa nativa*, die früher als billige „minderwertige Indioknollen" missachtet und nicht gegessen wurden, werden jetzt in Supermärkten in schönen Kistchen in kleinen Mengen und zu höheren Preisen verkauft. Es wurden „Marken" geschaffen, die nur Produkte einer bestimmten Region umfassen. Dafür schlossen sich beispielsweise Bauern eines Tales zusammen. Solche Initiativen haben Einfluss auf die Vermarktung.

Durch die **Aufwertung der traditionellen Lebensmittel** haben sich in vielen peruanischen Restaurants die angebotenen Speisen und Getränke verändert. In feinen Restaurants trinkt man heute häufiger *Chicha Morada* als Softdrinks, selbst im Flugzeug bekommt man das typische Erfrischungsgetränk aus violettem Mais und die unteren Schichten essen wieder ihr zuvor verschmähtes Maisbrot. Auch beim Fastfood geht Peru inzwischen eigene Wege. Die Sanguchería-Imbisskette Pasquale y Hermanos ist die peruanische Antwort auf McDonald's. Ihr Renner, *Pan con chicharron*, der peruanische Burger – ein großes knuspriges Brötchen mit saftigem Schweinefleisch, marinierten Zwiebeln, gebräunten Süßkartoffelscheiben und pikanter Soße –, ist köstlich und nahrhaft.

Viele Zutaten kaufen die Sterneköche direkt bei den **Kleinproduzenten.** Dadurch fördern sie deren ökologische und nachhaltige Landwirtschaft und heben Wert und Preis einheimischer Produkte, die früher mit billigeren, importierten Nahrungsmitteln nicht konkurrieren konnten.

Extrainfo 10 (s. S. 11): Bericht über die gastro-kulturelle Revolution durch Gaston Acurio

Deutsche Präsenz

In Peru gibt es **drei deutsche Auslandsschulen,** die von der deutschen Bundesregierung mit sowohl mit finanziellen Mitteln als auch durch die Entsendung von Lehrern unterstützt werden und an denen man ein deutsches Abitur erwerben kann: die Alexander-von-Humboldt-Schule und die Beate-Imelda-Schule sowie die Max-Uhle-Schule in Arequipa. **Deutschsprachigen Unterricht** bieten ebenfalls drei weitere Schulen an: das Colegio Reina del Mundo, die Santa-Ursula-Schule und die Weberbauerschule. Diese Schulen werden von der deutschen Regierung ebenfalls finanziell gefördert. Die Gebühren sind in der Regel niedriger als an den englischsprachigen Privatschulen. Die Mehrheit der Schüler kommt aus Familien, die nicht deutscher Abstammung sind. Die Schulabschlüsse berechtigen ohne weiteres Aufnahmeexamen zum Studium an peruanischen Universitäten.

Die Max-Uhle-Schule in Arequipa gilt im Süden des Landes als führend. Sie verfügt über die modernsten Labors für Biochemie und Physik. Wie die meisten deutschen Schulen bietet sie einen Kindergarten sowie eine Grund- und Sekundarschule an und darüber hinaus Berufsorientierung, Studienberatung und Start-ups für die älteren Schüler. Bemerkenswert ist das soziale Engagement. Dazu gehören zum Beispiel die mehrtägigen Aufenthalte von Schülern in abgelegenen indigenen Andendörfern und die Unterstützung dort ansässiger Schulen. Der deutschstämmige Unternehmer *Andrés von Wedemeyer* finanzierte Schulen und Universitäten in Arequipa über viele Jahre mit, vergab Stipendien und initiierte das personelle Engagement seiner Firmenmitarbeiter an den Bildungseinrichtungen der Stadt.

Die **Deutsch-Peruanische Industrie- und Handelskammer** engagiert sich in der dualen Berufsausbildung und unterstützt die Teilnahme peruanischer Unternehmen an Messen in Deutschland. Seit 1983 bietet sie zusammen mit dem Institut Alexander von Humboldt das Programm der dualen Berufsschulbildung an. Als Geschäftsplattform für deutsche Unternehmer erleichtert sie deren Zugang zum lokalen Markt, vermittelt Geschäftstermine und fertigt Marktstudien an. Sie organisiert Geschäftsreisen und Veranstaltungen zu aktuellen Wirtschaftsthemen für ortsansässige Firmen. Für im Land ansässige Unternehmen besteht allerdings keine Pflichtmitgliedschaft in den Kammern. Deutsche Unternehmen mit Sitz in Peru und von deutschstämmigen Peruanern gegründete Firmen sind freiwillige Mitglieder.

Zu den **erfolgreichsten deutschstämmigen Unternehmern** gehörten gewiss die Nachkommen von *Johann Gildemeister*, des ersten Bremer

Konsuls in Peru, der im 19. Jahrhundert die größten Zuckerrohrplantagen in der nordperuanischen Küstenregion gründete und Peru zu einem der bedeutendsten Zuckerrohrexporteure machte. Durch die Enteignungen während der Militärdiktatur besitzen die Nachkommen heute nur noch kleinere Firmen. Im Süden des Landes machte eine andere deutschstämmige Familie von sich reden: die *von Wedemeyers,* die ebenfalls aus Bremen stammten und die landwirtschaftliche Forschung in Peru vorantrieben. Der mehrfache Firmeneigentümer *Andrés von Wedemeyer* unterstützt das Bildungssystem in Arequipa und ist seit 2015 Präsident des Peruanischen Industrieverbandes. In den Jahren nach Kriegsende bis in die 1960er-Jahre kamen junge deutsche Kaufleute mit großem unternehmerischem Talent nach Peru. Der Hamburger Kaufmann *Bernd Schmidt* kam 1965 nach Peru und baute dort mehrere Firmen auf. Viermal war *Schmidt* Präsident der Deutsch-Peruanischen Industrie- und Handelskammer. Das Bundesverdienstkreuz erhielt er für seinen Einsatz bei der Erweiterung der deutsch-peruanischen Handelsbeziehungen. Er unterstützt Bildungseinrichtungen und fördert musikalische Bildung und Veranstaltungen.

In der Deutsch-Peruanischen Industrie- und Handelskammer, aber auch in deutschen Unternehmen sowie in den Firmen deutscher Einwanderer haben Peruaner und Deutsche täglich miteinander zu tun. Dabei haben viele Peruaner eine hohe Meinung von **deutschen Arbeitgebern.** Wenn Peruaner die Unterschiede zu peruanischen Vorgesetzten beschreiben, sagen sie, die Deutschen seien zwar streng, aber gerecht und würden ihre Arbeitnehmer gut behandeln. Sie erwarteten nicht, dass Befehle kritiklos ausgeführt würden, sondern ließen ihre Angestellten entscheiden. Man könne mit ihnen über Anweisungen diskutieren und Entscheidungen aushandeln. Sie hätten keine Angst, ihr Gesicht zu verlieren, wenn man ihnen widerspricht. Positiv bewerten Peruaner die Tatsache, dass deutsche Vorgesetzte nicht erwarten, mit *„doctor“* oder *„ingeniero“* angeredet zu werden, und dass sie im Gespräch „nicht so viele Konjunktive verwenden müssen“. Deutsche Arbeitgeber loben die Freundlichkeit, die Hilfsbereitschaft und die Dienstbeflissenheit ihrer peruanischen Angestellten, bemängeln aber, dass sie manchmal Probleme mit der Pünktlichkeit hätten. Peruanische Angestellte würden ihre Schwächen verbergen und auch nicht andeuten, wenn etwas schieflaufe, weil sie nicht negativ auffallen möchten. Man braucht mehr Geduld als bei deutschen Angestellten und sollte behutsam kritisieren. Wenn sich ein peruanischer Angestellter „verkriecht“, weil er sich durch direkt vorgebrachte Kritik „verletzt“ fühlt, ist es zu spät und man kann von ihm keine hohe Motivation mehr erwarten.

PUCP

Geschlechter und Familie

< Chalena Vasquez (†) umringt von Tänzern und Musikern des von ihr gegründeten Ensembles CEMDUC (062go Foto: ah)

Frauen in Peru

Rollenverständnis

Wenn die Bewohner eines Andendorfes in der sonntäglichen Gemeindeversammlung ihre Probleme zur Sprache bringen, kann es sein, dass eine Bäuerin sich zu Wort meldet. Sobald es ihr erteilt wird, spricht sie selbstbewusst und mit kräftiger Stimme wichtige Problem an wie die Verteilung des Wasserrechts oder die häufige Abwesenheit der Grundschullehrer. Sie nimmt dabei kein Blatt vor den Mund, fürchtet nichts und niemanden. Wer so eine Frau reden hört, glaubt an die weibliche Mitbestimmung in Peru. Die selbstbewussten Peruanerinnen haben berühmte Vorbilder.

Als am 18. Mai 1781 in Cusco die 36-jährige **Micaela Bastidas** hingerichtet wurde, starb eine der mutigsten Frauen Perus. Bis heute sprechen Peruanerinnen ihren Namen mit Stolz aus. Eine 1979 gegründete Frauenrechtsorganisation hat sich nach ihr benannt. *Micaela Bastidas,* die Tochter einer Indigenen und eines aus Afrika stammenden Peruaners führte 1780 gemeinsam mit ihrem Mann *José Gabriel Condorkanqui (Tupac Amaru II.)* den Aufstand der Indigenen gegen die Spanier an und übernahm zeitweise sogar das Kommando über die Truppen. *„De armas tomar"* („bereit, mit der Waffe zu kämpfen") ist heute ein geflügeltes Wort für starke Frauen.

Heeresführerinnen wie *Micaela Bastidas* hat es allerdings seitdem nicht mehr gegeben. Die beiden terroristischen Organisationen der 1980er-Jahre taten sich mit der Gleichberechtigung schwer. In der **Armee** steigt zwar der Frauenanteil, hohe Positionen erlangen die Soldatinnen aber nicht. Etwa die Hälfte absolviert nach dem Wehrdienst eine Ausbildung bei der Polizei. Dort werden Frauen meist als Verkehrspolizistinnen eingesetzt mit der Begründung, sie ließen sich von Verkehrssündern weniger leicht bestechen als Männer.

Das **traditionelle Frauenbild,** mit dem sich viele Frauen selbst identifizieren, impliziert Ehe und Kinder. Erziehung wird in erster Linie als Aufgabe der Frauen betrachtet. Während die sozial schlecht gestellten Frauen sich selbst um ihre Kinder kümmern, obliegt den Frauen der Ober- und Mittelschicht nur die Organisation des Haushalts. Sie geben den größten Teil der Kindererziehung an Dienstmädchen ab, die meist im Haus leben. Berufstätigkeit von Frauen ist nahezu selbstverständlich und vom traditionellen Rollenverständnis keineswegs ausgeschlossen. Von den besser gestellten Frauen erwartet man, dass ihr Haus stets bestens gepflegt, die Wäsche sorgfältig gewaschen, gebügelt ist und täglich gekocht wird. So wird der berufliche Erfolg und die Karriere dieser Frauen mit der billigen Arbeitskraft von schlechter gestellten Frauen erkauft. Für die Frauen in den Armenvierteln und die Bäuerinnen sind die Arbeitstage durch die zusätzliche Hausarbeit aber wesentlich länger. Diese Frauen stehen viel früher auf als ihre Männer und gehen später schlafen.

Etwa zwei Drittel der peruanischen Frauen sind **berufstätig.** Damit liegt Peru über dem lateinamerikanischen Durchschnitt. Allerdings geht nur die Hälfte von ihnen einer regelmäßigen Beschäftigung nach. Viele arbeiten im informellen Sektor, sind nicht sozialversichert und verdienen weniger als den gesetzlich festgelegten Mindestlohn von umgerechnet 150 Euro pro Monat. Durch die Abwanderung in die Städte stehen den Reichen dort viele billige Arbeitskräfte zur Verfügung. „Würde ich sie nicht beschäftigen, hätte sie gar keine Arbeit", hört man häufig als Rechtfertigung für die niedrigen Löhne der Hausangestellten. Arbeitgeber sind heute gesetzlich verpflichtet, für ihre Hausangestellten Krankenversicherungen abzuschließen und in die staatliche Rentenkasse einzuzahlen. Jede Hausangestellte hat das Recht auf 15 Tage bezahlten Urlaub sowie auf eine Sechstagewoche bei maximal 10 Stunden Arbeit pro Tag. In den Bauerndörfern ist keine Frau ausschließlich Hausfrau. Mann und Frau arbeiten gemeinsam auf Feldern und Weiden. Für die Frauen kommt aber die Arbeit im Haushalt als zusätzliche Belastung dazu. Eltern legen jedoch Wert darauf, dass ihre Töchter die Schule besuchen.

27 Prozent der mittleren und höheren **Führungspositionen** sind von Frauen besetzt. Beruflicher Erfolg ist aber immer noch von Herkunft und Hautfarbe abhängig, wenngleich sich hier viel verbessert.

Als vorletztes Land in Lateinamerika gab Peru 1955 den Frauen das Wahlrecht. Seitdem haben die Frauen aller sozialen Schichten die **Politik** für sich entdeckt. Gewählte Vertreterinnen engagieren sich in Armenvierteln für den Fortschritt. Seit 1996 hat Peru ein Frauenministerium, das 2012 in „Ministerium für Frauen und verletzliche Bevölkerungsgruppen" umbenannt wurde. 2015 waren 22 Prozent der Abgeordneten Frauen. Mit **Lourdes Flores Nano**

▷ Wenn der Ehemann gut verdient, können die Frauen sich nachmittags zum Kaffee in einem Klub treffen

102pe-ah

050pe-ah

und **Keiko Fujimori** bewarben sich 2006 und 2011 zum ersten Mal Frauen um das höchste Amt im Staat. Allerdings fällt es den Peruanern schwer, Frauen zu akzeptieren, die nicht in ihr traditionelles Rollenbild passen. Der unverheirateten, kinderlosen Rechtsanwältin *Lourdes Flores* traute man nicht zu, als Präsidentin die Geschicke des Landes zu lenken. Dementsprechend schwer ist es auch für beruflich erfolgreiche Frauen, einen Partner zu finden.

In den Armenvierteln sowie in manchen Andenregionen ist das Zusammenleben von Beziehungspartnern **ohne formale Heirat** durchaus üblich. Während im Hochland die Kulturtraditionen dabei eine Rolle spielen, liegt der Grund in den Städten im Geldmangel. In der Region Cusco beispielsweise leben Paare häufig zunächst einige Jahre zusammen und „lernen sich kennen". In dieser Zeit bekommen sie in der Regel ein Kind. Erst danach heiraten sie. In den Dörfern im Hinterland von Lima heiraten die Paare meist standesamtlich. Durch die formale Eheschließung kommt das Paar in den Genuss aller kommunalen Rechte. Je vermögender die Familien, desto wichtiger die Heirat. Für die Armen in den Städten gilt: Je ärmer ein Paar, desto eher wird auf eine kostspielige Eheschließung verzichtet. Ist ein Paar nicht offiziell verheiratet, ist es für den Mann leichter, die Familie zu verlassen. Eine Umfrage des Gesundheitsministeriums ergab 2015, dass nur neun Prozent der Frauen, die ihr Kind in einem öffentlichen Krankenhaus zur Welt brachten, verheiratet waren und zwölf Prozent der jungen Mütter allein lebten. Gerade unter den städtischen Armen gibt es viele **alleinerziehende Mütter,** entweder weil der Vater nie mit der Mutter zusammenleben wollte oder weil er die Familie verlassen hat. Aufgrund steigender Verdienstmöglichkeiten erhöht sich die Zahl der ledigen Mütter, die es vorziehen, ihre Kinder allein aufzuziehen, sogar. Einerseits haben ledige Mütter es wirtschaftlich schwer,

⌃ Einen eigenen Kiosk in der Stadt zu betreiben, ermöglicht jungen Frauen aus dem Hinterland wirtschaftlichen Aufstieg

andererseits sind sie frei von einem Partner, der seinen Verdienst verprasst und vertrinkt oder fremdgeht. Die Zahl der Unter-40-Jährigen, die es vorziehen, unverheiratett mit ihrem Lebensgefährten zusammenzuleben, hat sich im letzten Jahrzehnt verdreifacht.

Von ihren Müttern dazu erzogen, dass sie das Recht haben, verwöhnt zu werden und ihren Gefühlen freien Lauf zu lassen, übernehmen manche Männer auch später ungern Verantwortung für ihr eigenes Gefühlsleben. „Nicht ich bin schuld, sondern mein Herz ....“ heißt es in einem Lied. Zwar gibt die katholische Erziehung Monogamie und eheliche Treue vor, zahlreiche Untersuchungen haben jedoch ergeben, dass die Praxis sowohl bei Männern als auch bei Frauen anders aussieht. Die Geliebte – mitunter auch der Geliebte – wird gesellschaftlich akzeptiert. „Sag ihr, dass du sie nicht mehr liebst, sag ihr, dass du mich liebst ....“ sagt die Ehebrecherin, die ihren Geliebten zum Ehebruch anstiftet, in einem Lied.

Gewalt gegen Frauen

In den Armenvierteln sind Alkoholismus, Unfähigkeit im Umgang mit Geld und Gewalt gegen Frauen die häufigsten **Ursachen für Trennungen,** die Frauen initiieren. In der ersten Hälfte des Jahres 2016 wurden 54 Frauenmorde und 188 Mordversuche angezeigt. Proportional sind die Zahlen in Deutschland ähnlich hoch. In Peru werden Anzeigen von Polizisten und Krankenhäusern oft nicht ernst genommen. Oft erstatten die Frauen gar keine Anzeige, weil sie Angst vor noch mehr Unterdrückung haben oder weil die Familie sich ein Weiterleben ohne den „Ernährer“ nicht vorstellen kann. Eine *mujer valiente,* eine Frau, die viel aushält ohne zu murren, verdient sich gesellschaftliche Anerkennung ebenso wie die *mujer sufrida,* die „leidgeprüfte Frau“. Natürlich spielen wie auch anderswo auf der Erde geringe Bildung, Alkohol, schwaches Selbstbewusstsein und die Saisonarbeit eine Rolle, bei der die Partner für Wochen oder Monate voneinander getrennt sind und sich deshalb schon einmal Geliebte zulegen. Mit *saco largo* bezeichnet man meistens einen Mann, der sich seiner Lebensgefährtin gegenüber nicht durchsetzen kann, sowie einen Mann, der keine Entscheidungen für die Familie und seine Kinder trifft. Der **machista** stellt seine Interessen über die der Frau und respektiert ihre Gefühle nicht. Er sagt von sich *„en la casa tengo la catedral, pero fuera están las capillas“* („im Haus habe ich die Kathedrale, aber draußen sind die Kapellen“). Außereheliche Liebschaften und der sonntägliche Besuch der Heiligen Messe sind für peruanische Männer kein Widerspruch.

Es kommt immer noch vor, dass Männer bei Vergehen gegen Frauen zu geringe oder gar keine Strafen erhalten. Nach Behördenangaben hat ein Drittel der weiblichen Opfer seine Peiniger schon vorher einmal angezeigt. Bei der Rate von **sexueller Gewalt gegen Frauen** durch ihre Partner rangiert Peru auf Platz zwei der lateinamerikanischen Länder.

Als 2016 bekannt wurde, dass ein Mann, der seine Freundin schwer misshandelt hatte, die über ihn verhängte Freiheitsstrafe von vier Jahren nie antreten musste und ein anderer Mann, der seine Freundin brutal zusammengeschlagen hatte, eine Freiheitsstrafe von nur einem Jahr erhielt, wurde über soziale Netzwerke **eine der größten Demonstrationen der peruanischen Geschichte** organisiert. Am 16. August protestierten in Lima 50.000 Personen öffentlich gegen häusliche Gewalt und auch in anderen Landesteilen gingen Zehntausende auf die Straße. Dabei riefen sie immer wieder *„ni una menos"* („nicht eine weniger"), womit gemeint war, dass keine einzige Frau mehr durch die Hände eines brutalen Mannes sterben sollte. Unter den Demonstranten waren Präsident *Kuczynski,* dessen Frau, Minister und Polizistinnen. Die Justizministerin forderte eine erfolgreichere Politik der Gleichberechtigung, den Bruch mit traditionellen Geschlechterbeziehungen und dass Polizisten während ihrer Ausbildung stärker für solche Vergehen sensibilisiert würden.

Dabei hat sich in den vergangenen Jahrzehnten viel geändert. Zu Beginn der 1980er-Jahre musste man in überfüllten Stadtbussen nicht nur auf Taschendiebe Acht geben, sondern im Gedränge damit rechnen, begrabscht zu werden oder zu spüren, wie ein männlicher Fahrgast onanierte. Seit den 1990er-Jahren ist dies jedoch undenkbar geworden und keine Frau müsste es sich mehr gefallen lassen.

Solange eine Frau nicht verheiratet ist, lebt sie bei ihren Eltern. **Bildung und Berufstätigkeit** geben ihr Unabhängigkeit. Seit der zweiten Hälfte des vorigen Jahrhunderts machen sich junge, noch ledige Frauen aus den Dörfern in die Städte auf. Dort schaffen sie es, eine Ausbildung oder ein Studium zu absolvieren und wirtschaftlich unabhängig zu werden.

Das betrifft auch Karrieren berühmter Volkssängerinnen. Von den Männern, die sie in der Stadt kennenlernen, werden sie nicht selten betrogen. So geht es in ihren Liedern meist um die Liebe. Ein wichtiges Thema ist aber auch die Gleichberechtigung. Die 2001 verstorbene *Pastorita Huaracina* forderte die Zuwanderinnen auf, sich Unterdrückung und Ungleichbehandlung nicht länger gefallen zu lassen. Wenn in den 1990er-Jahren ein Mann in einem Armenviertel seine Lebensgefährtin unterdrückte, verbündeten die anderen Frauen sich gegen ihn und manchmal vertrieben sie ihn sogar aus dem Viertel.

Für viele Zuwanderinnen begann das Arbeitsleben mit einer **Beschäftigung als Dienstmädchen.** Manche blieben ein Leben lang bei derselben Familie. Vor Vergewaltigungen durch den Hausherrn oder die Söhne konnten die Mädchen nicht sicher sein. Inzwischen muss sich das keine Hausangestellte mehr gefallen lassen. Die **Vereinigung der Hausangestellten** hat über Jahre für mehr Rechte gekämpft. Heute nutzen junge Frauen die vorübergehende Tätigkeit im Haushalt, um sich Schule, Ausbildung oder ein Studium zu finanzieren. Sobald sie ihre Ausbildung abgeschlossen haben, verabschieden sie sich für immer von der Arbeit in einem fremden Haushalt und gehen eigene Wege.

Völkermord und Geburtenkontrolle

Unter der Präsidentschaft *Fujimoris* (1990–2000) war ein **„Nationales Programm zur Familienplanung"** durchgeführt worden, das dazu dienen sollte, die **demografische Entwicklung in den armen Bevölkerungsteilen** politisch zu kontrollieren. Im Zuge dessen wurden in Peru zwischen 1996 und 2000 rund 350.000 Frauen und 25.000 Männer zwangssterilisiert, vor allem Indigene sowie arme Bäuerinnen und Bauern. In den seltenen Fällen, in denen die Betroffenen zuvor über die Operation informiert wurden, wurde ihnen bei ablehnender Haltung mit Strafzahlungen, Gefängnis oder dem Entzug von staatlichen Leistungen gedroht. Schwangere Frauen mussten sich ebenfalls den Operationen unterziehen, weil die Funktionäre des Gesundheitsministeriums festgesetzte Quoten zu erfüllen hatten. Die Sterilisationen fanden unter prekären, lebensgefährlichen Bedingungen statt. Dutzende von Frauen starben an den Folgen des Eingriffs. Tausende müssen mit den lebenslangen Folgen zurechtkommen. Eine gesundheitliche Nachsorge wurde nicht gewährleistet, sodass ein Teil der Frauen direkt nach der Operation an Komplikationen starb.

Königlich aussehen und hofiert werden

Der männlichen Dominanz können die Peruanerinnen durchaus positive Seiten abgewinnen, etwa wenn der Mann bei einem Date die Rechnung bezahlt oder wenn er Komplimente macht, egal wie ehrlich diese sind. Begehrenswert zu sein, ist keine Eigenschaft, derer eine Frau sich schämen würde. Kokett bleibt die Frau auch mit ein paar überschüssigen Pfunden. An der Küste und im Tiefland, wo es warm ist, tragen Frauen Kleider, die viel Haut freilassen. Prüderie ist nicht angesagt, Vertrauen auf die eigene Wirkung schon. Darin, dass sie *regia* („königlich") aussehen, bestärken Frauen einander gern und oft.

Frauen, die es sich zeitlich und finanziell leisten können, trainieren regelmäßig in einem Fitnesscenter, um ihren Körper so zu formen, dass er dem **Schönheitsideal** entspricht. Maniküre, Pediküre und Enthaarung gehören in den Städten ab einem gewissen Einkommen zum wöchentlichen Pflichtprogramm. Die peruanische Frau möchte *lucir* („leuchten"/„glänzen"/„zur Geltung kommen"), am liebsten auf Veranstaltungen, die von vielen Gästen besucht werden. Dazu gehören die Hochzeiten, die in den Sommermonaten gefeiert werden und bei denen die Frauen ebenfalls viel Haut zeigen. Das Beherrschen der Koketterie und die Kunst, einen Mann zu umgarnen, sind nicht nur ein beliebter Gesprächsstoff unter Freundinnen, sondern ein fester Bestandteil weiblicher Sozialisation.

Homosexualität

Sich als homosexuelles Paar **in der peruanischen Öffentlichkeit** zu zeigen, kann **gefährlich** werden, wenngleich sich die Toleranz seit der Jahrtausendwende sehr erhöht hat. Aber der Alltag bedeutet für Schwule und Lesben nach wie vor ein permanentes Versteckspiel. Offen zeigen homosexuelle Paare ihre Beziehung nur vor guten Freunden und in entsprechenden Szenelokalen. Die Zahl solcher *discotecas de ambiente,* die es sowohl für Schwule als auch für Lesben gibt und die man vor allem im Stadtteil *Miraflores* in Lima findet, ist im vergangenen Jahrzehnt gestiegen.

Homosexuellen Männern waren lange Zeit nur bestimmte Berufe zugänglich wie beispielsweise Friseur oder Entertainer. Dabei ging es im Fernsehen darum, Schwule dem Gelächter des Publikums preiszugeben. Respekt und Toleranz brachte man ihnen nicht entgegen. Das änderte sich mit dem bisexuellen Schriftsteller und Fernsehmoderator *Jaime Bayli,* dessen Polit-Talkshows 2001 und 2005 hohe Einschaltquoten erreichten. *Bayli* warb für die **gleichgeschlechtliche Ehe.** Sein erster Roman „No se lo digas a nadie" („Sag es keinem"), in dem ein Vater seinem schwulen Sohn zum 15. Geburtstag einen Bordellbesuch schenkt, um ihn zum Macho zu bekehren, erlebte in fünf Monaten sechs Auflagen und wurde 1998 vom peruanischen Regisseur *Francisco Lombardi* verfilmt. Seit 2010 veranstalten Homosexuelle Umzüge in verschiedenen Städten. 2013 setzte der Abgeordnete *Carlos Bruce* sich für die Legitimierung der „Homo-Ehe" ein, was ein Drittel der Peruaner befürwortete. *Bruce,* der nicht nur als Wohnungsminister äußerst beliebt war, sondern als Präsidialminister eines der höchsten politischen Ämter bekleidet hatte, outete sich 2014 in einem Zeitungsinterview als Homosexueller. Dadurch setzte er eine breite **Diskussion** in Gang und die **Toleranz** gegenüber Homosexuellen erhielt Auftrieb. 2007 erfuhr die peruanische Öffentlichkeit, dass die beiden Volkssängerinnen *Alicia Delgado* und *Abencia Meza* zusammenlebten und man munkelte, sie seien lesbisch. Auch dieses Ereignis beflügelte nicht nur die

Debatte über weibliche Homosexualität, sondern gleichzeitig die Toleranz gegenüber Lesben.

Allgemein wird Homosexualität heute in allen Schichten aufgrund der weltweiten Tendenz und als Folge des Outings von *Carlos Bruce* leichter akzeptiert. *Bruce* stieß viele Gesetze zugunsten der Homosexuellen an. Transsexuellen erlaubt das peruanische Gesetz, ihren Namen und ihr Geschlecht zu ändern, nicht aber die Angabe bezüglich ihres Geschlechtes im Personalausweis.

Stationen des Lebens

Geburt

Vorsorge und Geburtsvorbereitung sowie die Umständeeiner Geburt hängen von der sozialen Schicht, der Kultur, der Region und von der medizinischen Infrastruktur ab. Die **staatlichen Krankenhäuser,** die alle Patienten aufnehmen müssen, sind bei Weitem nicht so gut ausgestattet wie die Privatkliniken. Medikamente und qualifiziertes Personal fehlen, das Personal ist überfordert, schlecht bezahlt und deshalb oft wenig motiviert.

In den Dörfern gibt es keine Krankenhäuser, das nächste ist oft weit entfernt und es gibt kaum Transportmöglichkeiten, das Geld für Transport und Behandlung fehlt. Dazu kommt manchmal das fehlende Vertrauen in die staatlichen Einrichtungen seitens der armen Bevölkerung. Wenn auf dem Land bei einer Geburt **Komplikationen** auftreten, hat ein Kind nur geringe Chancen, gerettet zu werden. Je abgelegener ein Dorf ist, desto höher ist die Säuglings-, Kinder- und Müttersterblichkeit, sowohl bei der Geburt als auch in den Monaten danach. Bäuerinnen, die nach ihrer Kinderzahl gefragt werden, nennen zwei Zahlen: die der geborenen Kinder und die der noch lebenden Kinder. Die Sanitäter in den größeren Dörfern haben allenfalls eine medizinische Grundausbildung durchlaufen und die *parteras tradicionales* (traditionelle Hebammen) verfügen über Kenntnisse der Volksmedizin und ein Minimum an schulmedizinischen Kenntnissen. Wenn im Andenhochland des Departamentos Lima beispielsweise der Eindruck entsteht, ein Ungeborenes befinde sich in „falscher" Lage, dann wird die Schwangere in eine Decke gelegt und von vier Frauen so lange geschüttelt, bis die „richtige" Lage erreicht ist. Dabei rufen die vier Frauen Gott und verschiedene Heilige an. Auf dem Land werden die Kinder im Haus oder auf dem Feld geboren bzw. da, wo die Frau gerade ihre Arbeit verrichtet. Eine Ruhezeit vor der Geburt gibt es nicht. Sowohl im Andenhochland als auch im Amazonastiefland gebären viele Frauen in Hock-

Der fünfte Sohn wurde auf einem Kartoffelfeld geboren

Die Bäuerin Ronalda hatte bereits viele Kinder geboren. Kaum war ein Kind ein oder zwei Jahre alt, war sie wieder schwanger. Einige Kinder starben, so auch ihr letztes. Das war etwa ein Jahr her.
Am Morgen hatte Ronalda sich nicht gut gefühlt. Aber die landwirtschaftliche Arbeit musste verrichtet werden. So ging sie zur Ziegenweide; auf dem Rückweg grub sie noch Kartoffeln aus der Erde. Es war bereits vier Uhr nachmittags, da setzten plötzlich die Wehen ein. Eine Bäuerin, die in der Nähe war, eilte ins Dorf. Ronaldas Mann war noch nicht von der Feldarbeit heimgekehrt. So bauten andere Männer im Dorf eine Trage aus Holz und begaben sich zu dem Kartoffelfeld, auf dem Ronalda ihr sechstes Kind geboren hatte. Sie hüllten Mutter und Baby in viele warme Decken und brachten sie ins Dorf. Im Haus waren bereits Nachbarinnen und weibliche Verwandte eingetroffen. Sie bereiteten „mazamorra con cal" zu, einen Maisbrei, dem geriebener Kalk hinzugefügt wird. Dieses aus vorinkaischer Zeit überlieferte Gericht soll der Frau nach der großen Anstrengung wieder Kraft geben. Außerdem kochten die Frauen Tees aus verschiedenen Kräutern. Eine Freundin band die Nabelschnur mit einem weißen Faden ab, eine andere schnitt sie ab. Dann badete eine das Neugeborene in lauwarmem Wasser, trocknete es ab, umwickelte es von Kopf bis Fuß mit Tüchern und gab ihm Anistee zu trinken: Dieser hilft, „die Gase aus dem Körper zu werfen" und dem kleinen Körper „die Kälte zu entziehen." Sandino kam an einer Stelle zur Welt, an der die Geister von Urahnen besonders schwachen Menschen Schaden zufügen können. Deshalb mussten Mutter und Kind später von einem traditionellen Heiler behandelt werden. Das Neugeborene öffnete seine Augen nicht. Das wurde behandelt, indem sein Vater an einem Dienstag- und Freitagabend jeweils eine Zigarette rauchte und den Rauch in seine Augen blies.

stellung. Der jungen Frau helfen Nachbarinnen oder Freundinnen und eine traditionelle Hebamme, wenn es eine solche im Dorf gibt. **Nach der Geburt** wird das Kind von den anwesenden Frauen gebadet; das Bemalen seines Körpers mit der schwarz färbenden Huito-Frucht bei den Shipibo hat möglicherweise eine hygienische Schutzfunktion. Die Plazenta wird bei einigen Tieflandvölkern weggeworfen, in einigen Andenregionen wird sie „beerdigt" und die Nabelschnur wird aufgehoben.

Nicht immer handelt sich um ein Wunschkind und nicht jede Geburt löst innerhalb der Familie Freude aus, insbesondere wenn die Familie arm ist. Von 2000 Schwangerschaften sind über 800 ungewollt. Die Schwangerschaften bei 12- bis 14-Jährigen gehen offiziellen Statistiken zufolge zu 90 Prozent auf Vergewaltigungen zurück. So werden jedes Jahr ca. 370.000 heimliche Abtreibungen durchgeführt.

Nach der Geburt werden in einigen Regionen besondere Vorschriften befolgt. So beachten zum Beispiel bei einigen Tieflandvölkern sowohl Vater als auch Mutter des Neugeborenen Ernährungsvorschriften, außerdem dürfen sie bestimmte Arbeiten nicht verrichten, bis das Kind ein gewisses Alter erreicht hat. Auf dem Lande werden Kinder etwa bis zum zweiten Lebensjahr gestillt. Zum Abstillen reiben viele Mütter sich die Brüste mit scharfen Pfefferschoten ein.

Namensgebung, Taufe und Patenschaft

Bei einigen Tieflandvölkern erhalten Neugeborene zunächst einen **provisorischen Namen.** Damit soll der Einfluss böser spiritueller Wesen abgewendet werden. Nach einer Woche bekommt das Kind dann seinen endgültigen Namen, bei dem es aber nicht gerufen wird. Bei den Shipibo hat jeder Mensch sowohl einen offiziellen Namen, der auf dem Papier steht, als auch einen in der Shipibosprache. Eltern der städtischen Mittel- und Oberschicht, aber auch Eltern in den Andendörfern legen oft schon lange vor der Geburt fest, welchen Namen ein Kind erhalten soll. Dabei werden ausländische Namen immer beliebter und auch solche von berühmten Persönlichkeiten. Inzwischen werden die Kinder in allen Landesregionen **christlich getauft,** sofern sie nicht einer anderen Religionsgemeinschaft angehören. Im Tiefland ist die Anwesenheit eines Priesters nicht erforderlich, da die Taufpaten das Taufritual ausführen. Der Zeitpunkt der Taufe variiert je nach Religionsgemeinschaft, Religiosität und Landesregion. Kinder der städtischen Mittel- und Oberschicht werden bereits nach einigen Tagen oder Wochen getauft; auf dem Lande ist es nicht unüblich, dass ein Kind ein Jahr oder älter ist, wenn es getauft wird.

In den Andendörfern und unter Migranten aus den Anden kommt ein Ritual mit dem **agua de socorro** (Wasser der Rettung) häufig zur Anwendung, vor allem, wenn ein ungetauftes Kind erkrankt. Im Volksglauben kann durch dieses Ritual die Erbsünde „gelöscht" und akute Lebensgefahr abgewendet werden. Eine beliebige Person kann Weihwasser auf das Haupt des Kindes gießen und wird dadurch zu seinem Paten. Die **christliche Taufe** *(bautizo)* muss unterdessen von einem Priester zelebriert werden. Zuvor werden Taufpate *(padrino)* und Taufpatin *(madrina)* von den Eltern sorgfältig ausgewählt. Sie müssen derselben Glaubensgemeinschaft angehören: Wird das Kind katholisch getauft, müssen sie unbedingt katholisch sein. Die **Paten** gehen mit der Familie des Kindes ein **rituelles Verwandtschaftsverhältnis** ein. Paten und Eltern reden sich fortan mit *comadre* und *compadre* an. Bei der Wahl der Paten spielt nicht nur Sympathie eine Rolle, sondern auch der spätere Nutzen. So suchen sich beispielsweise arme Eltern auf dem Land reiche Städter oder Ausländer als Paten für ihre Kinder aus, weil sie hoffen, dass diese ihren Kindern ein besseres Leben garantieren. Außerdem möchten sie selbst von den Kontakten und dem Geldbeutel der Paten profitieren. Sie knüpfen hohe Erwartungen an die Beziehung mit den Paten und überschätzen oft deren finanzielle Möglichkeiten. Gehört der Pate einer höheren Gesellschaftsschicht an, richtet sich an ihn die Erwartung, dem Patenkind den gesellschaftlichen Aufstieg zu ermöglichen, ihm eine gute Ausbildung zu finanzieren bzw. es dabei zu unterstützen, eine Arbeitstelle zu vermitteln und auch teure Geschenke zu machen.

Ein Leben lang behandeln die Eltern des Patenkindes *(ahijado)* ihre *compadres* so, als gehörten sie zur Familie. Nach der Taufe in der Kirche laden die Eltern des Kindes die Paten und andere Verwandte zu sich nach

Die Kinder vor Gefahren schützen

In manchen ländlichen Regionen binden Mütter ihren Babys ein Bändchen mit einer trockenen Huayruro-Frucht um den Hals, um so dem Tod des Kindes durch den „Bösen Blick" vorzubeugen. Der „ojo" oder „ojeado" gilt in einigen Regionen als eine der gefürchtetsten Todesursachen. Deshalb schützen die Campesinos ihre Babys vor solchen Blicken. Wenn sie den Verdacht haben, eine fremde Person - die das Kind niedlich findet - betrachte es mit „Bösem Blick", dann ziehen sie das Kind schnell weg, um die Gefahr zu bannen.

Fremde werden von der armen Bevölkerung sowohl auf dem Lande als auch in der Stadt teilweise als gefährlich betrachtet, weil berichtet wird, dass Menschen mit heller Haut Kinder entführen, das Fett aus ihren Körpern heraussaugen, ihnen die Augen ausstechen oder sie als Adoptivkinder verkaufen. Um dem Verschwinden von Personen im Allgemeinen, dem Raub von Kindern und Jugendlichen, Missbrauch von Minderjährigen und Kinderzwangsarbeit vorzubeugen, führten Nichtregierungsorganisationen sowie Polizei, Innen-, Gesundheits- und Frauenministerium gemeinsame Aktionen zur Aufklärung durch.

Hause ein, wo die Mutter ein besonderes Essen vorbereitet hat. Die frisch gebackenen Paten werden mit großem Respekt und einer Gastfreundschaft bedient, die das übliche Maß übersteigt. Der Grundstein für **ein lebenslanges Netz gegenseitiger Verpflichtungen** wird in diesem Moment gelegt.

Vom Kind zum Jugendlichen

Auf dem Land werden **Babys so fest eingewickelt,** dass sie weder Arme noch Beine bewegen können. Die Mutter bindet sie sich mit einem Tragetuch fest auf den Rücken und nimmt sie überallhin mit: aufs Feld, auf die Weide und sogar zum Dorffest, wo sie dann mit dem schlafenden Baby auf dem Rücken hin und wieder mittanzt.

In allen Schichten und bei allen Ethnien gibt es Väter, die ihre Kinder lieben und so viel Zeit wie möglich mit ihnen verbringen. In allen Schichten gibt es aber auch **Väter,** die Ernährung und Erziehung der Kinder als **alleinige Aufgabe der Frau** betrachten. Insgesamt ist die Zahl der Kinder, die ohne Vater und nur bei der Mutter oder den Großeltern aufwachsen, in Peru sehr hoch. Einen Grund für das Verhalten der Männer sehen man-

Jugendliche im Amazonastiefland

051pe-lg

che Sozialwissenschaftler in der peruanischen Geschichte: Die spanischen Eroberer zeugten Kinder mit indigenen Frauen, die sie verachteten. Infolgedessen verachteten sie auch ihre eigenen Kinder und verließen beide. Lange wurden solche Kinder von indigenen Frauen von der hispanischstämmigen Gesellschaft nicht anerkannt. *Madre soltera,* **ledige Mutter,** zu sein, ist – vor allem in den unteren Schichten des urbanen Peru – nichts Außergewöhnliches.

Die vielen *madres solteras* der Unter- und auch der Mittelschicht sind gezwungen, den Lebensunterhalt für sich und ihre Kinder selbst zu verdienen. In der Stadt geben sie die Erziehung ihrer Kinder tagsüber häufig an ihre Mütter oder an eine fremde Person ab, wenn sie diese bezahlen können. Alleinstehenden Müttern in den städtischen Armenvierteln, die tagsüber den Lebensunterhalt für ihre Kinder verdienen müssen, bleibt oft nichts anderes übrig, als ihre kleinen Kinder allein zu Hause zu lassen oder sie mit zur Arbeit zu nehmen. Manche Kinder sind den ganzen Tag lang in einer Schilfmattenhütte eingesperrt. Da kommt es vor, dass sie mit dem Feuer spielen und sich dabei lebensgefährliche Verbrennungen zuziehen. Oder aber sie sind Kindesentführungen ausgesetzt.

In der peruanischen Mittel- und Oberschicht erfolgt ein großer Teil der **Kindererziehung durch die empleada** (Hausangestellte), entweder weil die Mütter auf ihren Beruf nicht verzichten möchten oder weil die Familie auf das Gehalt der Frau angewiesen ist. Junge Dienstmädchen haben in der Kindererziehung kaum Erfahrung. Zudem entstammen sie einem sozialen und kulturellen Kontext, der weder von den Eltern noch von den Kindern als gleichwertig betrachtet wird.

Auf dem Land wachsen Kinder in der Regel **in der Großfamilie** auf. Sobald die Mutter ihr Kind nicht mehr auf dem Rücken tragen kann, lässt sie es im Dorf, wenn sie sich für die landwirtschaftlichen Arbeiten aus dem Dorf entfernt. Die Kinder bleiben allein im Dorf. Sie spielen die Dorffeste und andere wichtige Ereignisse nach. Manche waschen schmutzige Kleidungsstücke. Omas, Opas und ältere Geschwister beaufsichtigen und versorgen die Kinder oder Freundinnen und weibliche Verwandte werfen ein Auge auf sie. Von ihren Eltern haben die Kinder gelernt, gegenüber unbekannten Personen misstrauisch zu sein.

Die **Kinder übernehmen früh Verantwortung.** Dreijährige Kinder verrichten bereits kleine Aufgaben im Haushalt: Sie holen Futter für die Meerschweinchen, die in den Anden als Haustiere zum Verzehr gehalten werden. Manchmal müssen kleine Kinder schon auf das nächste Geschwisterkind aufpassen. Kleine Mädchen helfen beim Kochen; Jungen und Mädchen üben sich im Waschen. Die Eltern nehmen sie mit auf die Felder und die Weiden, damit sie den Weg kennenlernen. Beklagt ein vierjähriges Kind sich bei einem langen Fußmarsch über Müdigkeit, dann wird es entweder nicht beachtet oder gescholten. Die Eltern kennen in solchen Situationen kein Mitleid. An schulfreien Tagen werden die älteren Kinder von ihren Eltern auf die Weiden geschickt, wo sie Kühe, Ziegen und Schafe hüten.

Erwachsenwerden

Reifefeiern symbolisieren den Übergang zum Erwachsensein. Auf dem Land werden Feste veranstaltet, bei denen junge Männer an Wettkämpfen teilnehmen und Mutproben bestehen müssen. Das bietet ihnen die Gelegenheit, sich zu profilieren und die Anerkennung durch die dörfliche Gemeinschaft sowie die Bewunderung der jungen Frauen aus dem Ort und den Nachbardörfern zu erlangen. Junge Frauen auf der Schwelle zum Erwachsenwerden übernehmen bei manchen Festen wichtige Aufgaben. In der Stadt hat der fünfzehnte Geburtstag eines Mädchens besondere Bedeutung, weil er den Übergang zum Erwachsensein symbolisiert.

Der fünfzehnte Geburtstag

Quinceañera: So heißt das Mädchen, das 15 Jahre alt wird. Der **quinceañero** (15. Geburtstag) ist in der Stadt der zweitwichtigste Tag im Leben einer jungen Frau – noch wichtiger ist nur die Hochzeit. An diesem Tag hört sie auf, eine *niña* (ein Mädchen) zu sein und wird zur *señorita* (zum Fräulein). In allen Schichten legen die Eltern Wert darauf, ihre Tochter an diesem Tag „der Gesellschaft zu präsentieren". Zu Hause oder in einem Klub wird ein **großes Fest** veranstaltet, zu dem die Eltern Freunde und Verwandte einladen. Die Verwandten kommen gern und bringen kleine Geschenke mit, denn bei einer Quinceañero-Feier wird immer ausgiebig und bis in die frühen Morgenstunden gefeiert. Es gibt gut zu essen, viel zu trinken und alle, die gern tanzen, kommen auf ihre Kosten. Das geringste Interesse an der Feier haben oft die Mädchen selbst. Wenn der Vater gestorben ist oder nicht bei der Familie lebt, kann das der Grund dafür sein, dass keine Geburtstagsfeier veranstaltet wird. Es gibt aber auch Familien, in denen solche Feiern nicht Tradition sind. Auch arme Familien geben viel Geld aus und sogar auf dem Land feiern manche Familien den 15. Geburtstag ihrer Töchter.

Meist trägt die *quinceañera* ein rosafarbenes Kleid, das einem Brautkleid nicht unähnlich sieht. Eine Band spielt zum Tanz auf oder die Anlage stellt die Musik. Wenn die elegant gekleideten Gäste versammelt sind, schreitet der Vater feierlich mit seiner Tochter in den Festraum und tanzt mit ihr

052pe-pd

den Walzer „Aniversario". Danach dürfen die Onkel und Brüder mit dem Mädchen tanzen. In manchen Familien wird der Freund angefeuert, mit dem Mächen zu tanzen. Fotos und Videos sind wichtig. Die obligatorische Geburtstagstorte darf nicht fehlen. In manchen Armenvierteln ist es üblich geworden, sich Lautsprecher zu besorgen, damit die gesamte Nachbarschaft die Einführung der Tochter in die Gesellschaft mitverfolgen kann.

Anstatt einer Feier schenken Eltern der Mittel- und Oberschicht ihrer Tochter schon einmal eine Reise ins Ausland.

Verlieben

Männern in der Küstenregion gehen **palabras encantadoras** (bezaubernde Worte) leicht über die Lippen. Die Frauen aus Lima erwarten überschwängliche Komplimente und Liebeserklärungen mit solcher Selbstverständlichkeit, dass es zweitrangig wird, ob diese tatsächlich die Gefühle eines Mannes widerspiegeln. Beispiele für die Redegewandtheit der Männer aus Lima liefern die unzähligen *vals,* die für Lima typischen Lieder, zu denen die Paare in der Hauptstadt so gerne tanzen.

Ein Mann darf umso hartnäckiger sein, je mehr die von ihm Angebetete ihn verschmäht. Ein weibliches „Nein" oder Nicht-Reagieren wird keineswegs als abweisend verstanden, es sei denn, es wird in sehr bösem Ton ausgesprochen. Eine Frau sollte kokett, betont weiblich und stets guter Dinge sein und sie sollte nicht zeigen, wie viel sie weiß. In den Städten

⌃ Beim gefährlichen Pferderennen beweisen junge Männer ihren Mut

Extrainfo 11 (s. S. 11): Fernsehsendung über die „Carrera de caballos", ein auf schmalen und abschüssigen Pfaden veranstaltetes Pferderennen der Dörfer des Eulalia-Tals in über 3000 m Höhe

der Küstenregion und des Amazonastieflandes gehören aufreizende Kleidung, das Wiegen von Po und Hüften beim Gehen und oft auch das Imitieren der Schauspielerinnen aus den Telenovelas dazu.

Auf dem Land verlieben sich viele junge Leute bei **Festen.** Im eigenen oder im Nachbardorf finden Stierkämpfe, Wettbewerbe oder Tanzdarbietungen statt, alte kriegerische Auseinandersetzungen werden nachgespielt, es wird bis in die frühen Morgenstunden getanzt; bei traditionellen Riten übernehmen junge Frauen und Männer gemeinsam schwierige Aufgaben. Bei solchen Anlässen entdeckt mancher junge Mann die Schönheit und das sympathische Wesen einer jungen Frau und manches Mädchen beginnt, für einen guten Tänzer oder einen erfolgreichen Reiter zu schwärmen.

Es gibt auch Andendörfer, in denen immer noch die Eltern den Partner für ihre Tochter auswählen. In den Wochen, die einem Fest oder einem Viehmarkt vorausgehen, treffen die Familien Abmachungen und bereiten schon die Hochzeitszeremonie vor. Meist ahnt die Tochter davon nichts; sie wird während des Festes bzw. des Marktes dem ausgesuchten Mann, der meist älter ist als sie, viel Vieh oder Land besitzt, „überreicht". Es kommt auch vor, dass die Eltern ihrer Tochter einen Freund ausreden, weil dieser zu wenig Land besitzt oder aus einem Dorf stammt, in dem es weder Telefon noch Strom gibt und dessen Bewohner keinen Handel mit der Stadt treiben.

Unter den Völkern des Amazonastieflandes gelten teilweise strenge **Heiratsvorschriften,** die nicht nur Verbindungen mit nahen Verwandten verbieten, sondern darüber hinaus festlegen, ob innerhalb der eigenen Gruppe ein Partner gesucht werden darf oder nicht. Je stärker der Kontakt zur „westlichen" Gesellschaft, umso weniger spielen Arrangements durch die Eltern eine Rolle.

In der Stadt verlieben die Jugendlichen sich bei Familien- und Nachbarschaftsfesten, in Kulturvereinen, in der Diskothek oder am Strand, am Arbeitsplatz, in der Universität oder in dem exklusiven Klub, dem ihre Eltern angehören.

Wenn ein junges Paar seine Liebesbeziehung im Familien- und Freundeskreis bekannt gegeben hat, wird der Partner ins elterliche Haus eingeladen und dort von den Schwiegereltern umsorgt. Junge Männer werden von ihrer Freundin verwöhnt. Das Paar geht tanzen, oft gemeinsam mit Freunden. Im Dorf treffen manche Liebespaare sich jahrelang heimlich, aus Angst, die Eltern könnten die Liebesbeziehung verbieten oder weil es dem jungen Mann an Mut fehlt, um die Hand des Mädchens anzuhalten. Auf den Weiden oder auf den Feldern finden sie Gelegenheit, ihren Gefühlen ungestört freien Lauf zu lassen.

053pe-ah

Neben Zuneigung und Verständnis füreinander gibt es eine Reihe von Faktoren, die eine Rolle spielen und selbstverständlich legen auch peruanische Eltern bei ihren Töchtern großen Wert darauf, dass sie eine gute Partie machen. Soziale, kulturelle und ethnische Abgrenzungen sowie Vorurteile aufgrund der Hautfarbe schränken die **Partnerwahl** ein. Arme und Reiche wohnen in weit voneinander entfernten Stadtteilen, die Freizeitgestaltung sowie der Besuch von Schulen und Universitäten variiert stark je nach Geldbeutel. Deshalb begegnen Arme und Reiche einander kaum. Die Hautfarbe des zukünftigen Schwiegersohns oder der Schwiegertochter spielt für viele Eltern eine große Rolle. Auch in Peru werden Partner im Internet gesucht.

Für junge Frauen, die materielle Vorteile in den Vordergrund stellen und **gezielt einen solventen Heiratskandidaten suchen,** um durch die Heirat ihre eigene wirtschaftliche Situation und die ihrer Familie zu verbessern, gibt es einen feststehenden Ausdruck: Man nennt sie *interesadas*. Verbreitet ist die Meinung, Männer aus Europa und Nordamerika seien besonders verantwortungsvolle Ehemänner. Das macht die ausländischen Männer für manche peruanische Frau besonders interessant. Vielleicht sieht die eine oder andere darin auch die Chance, ihr Land zu verlassen und sich im Ausland eine bessere Zukunft aufzubauen und später ihre daheimgebliebenen Familienangehörigen mit Geldüberweisungen zu unterstützen. Männer aus armen Verhältnissen suchen in der **Partnerschaft mit einer ausländischen weißen Frau** mitunter die Verbesserung ihrer Lebenssituation oder die Aufwertung des eigenen Status. In manchen Dörfern sprechen die Leute sogar von *mejorar la raza* (die Rasse verbessern). So galt der Lebenslauf von Staatspräsident

⌃ Für junge Liebespaare sind Rückzugsmöglichkeiten rar

Alejandro Toledo als Beispiel einer erfolgreichen Männerkarriere: *Toledo* wurde in einem armen Andendorf geboren, arbeitete bei der Weltbank und heiratete eine blonde Frau aus Europa. Das steigerte sein Ansehen bei Männern aus den unteren sozialen Schichten. Und auch der Präsidentschaftskandidat aus dem Volk der Shipibo, *Miguel Hilario,* schmückte sich 2015 mit einer europäischen Partnerin.

In den 1960er-Jahren suchten sich hellhäutige Studentinnen aus einer gewissen Protesthaltung heruas dunkelhäutige, „indianisch" aussehende Lebensgefährten. Allgemein ist es jedoch für einen Mann mit „indianischem" Aussehen und dunkler Haut leichter, eine Ausländerin zu erobern als eine weiße Frau aus der peruanischen Oberschicht.

Natürlich verfolgen keineswegs alle Peruaner und Peruanerinnen, die sich für einen hellhäutigen Menschen aus dem Ausland interessieren, solche Ziele. Ebenso kann reine Liebe, die völlig frei von *interés* ist, der Beweggrund sein. Aber je größer die Armut und je härter der alltägliche Überlebenskampf, desto größer ist die Gefahr, dass Liebe nicht das Hauptmotiv für eine Partnerschaft ist.

Die Zeit zwischen Verlieben und Heirat

Der Mann wird umgarnt

Wenn ein junger Mann aus einer angesehenen Familie stammt, eine gute Position hat, viel Geld verdient oder wenn er die erwünschten menschlichen Qualitäten besitzt, dann wird er „eingekreist". Häufige Einladungen in das Haus der jungen Frau und zu Familienfeiern bilden den Rahmen für das **corralito** (wörtl. „Laufställchen"), aus dem der Mann irgendwann nicht mehr ausbrechen kann. Der Schwiegervater macht ihm großzügige Geschenke, versorgt ihn mit einer hohen Position oder wichtigen Geschäftskontakten. Die junge Frau fährt – beraten von der Mutter – ihr gesamtes Repertoire an Verführungskünsten auf. Die Mutter schlichtet kleine Streitigkeiten und versöhnt die jungen Leute miteinander. So viel Hilfe, Vertrauen und Gastfreundschaft führen dann unweigerlich zur Eheschließung.

Sexualität

Voreheliche Sexualität ist in den Familien immer noch ein Tabuthema. Deshalb verhindert manchmal mangelnde Aufklärung, oft aber auch die Angst, über das Thema zu sprechen, die **Empfängnisverhütung.** Bis eine umfassende Aufklärung der Bevölkerung sich durchsetzen konnte, hat es in Peru lange gebraucht, und so hatte die arme Bevölkerung lange wenig Kenntnis von der Existenz empfängnisverhütender Mittel. Die traditionelle katholische Kirche behinderte durch ihren Einfluss in unterschiedlichen Gremien die effiziente Durchführung staatlicher Programme und Sexualkundeunterricht in den Schulen. Radikale Evangelikale verbreiteten ihre ablehnende Haltung gegenüber der Familienplanung. Gegen traditionelle Widerstände gab es Initiativen des öffentlichen und des privaten Sektors, die Bevölkerung aufzuklären.

Die Regierung *Fujimori* implementierte landesweit Aufklärungskampagnen und **Familienplanungsprogramme,** führte aber gleichzeitig **Zwangssterilisationen** durch (siehe Seite 185). Dadurch sank die Geburtenrate erheblich ab.

Manche junge Frauen trauen sich auch heute noch nicht, das Thema Sexualität anzusprechen, wenn sie sich verlieben. Aus diesem Grund und als Folge von Vergewaltigungen werden viele **ungewollt schwanger.** Auf dem Land und auch in den Städten ist die regelmäßige Einnahme der Pille für viele arme Frauen angesichts der harten Lebensbedingungen problematisch. Spiralen sind beliebter, schwierig wird es allerdings mit der erforderlichen regelmäßigen Kontrolle, da die landwirtschaftliche Arbeit kaum Zeit für den weiten Weg zur nächsten Gesundheitsstation lässt. Peruanische Männer sind in überaus geringem Umfang bereit, sich sterilisieren zu lassen, und Frauen können sich nur mit dem Einverständnis des Partners sterilisieren lassen.

Aus einem Überlegenheitsgefühl heraus suchen manche hellhäutige Peruaner mit jungen Frauen, die aus den Bergen oder aus dem Dschungel stammen, schnelle Abenteuer und verlassen sie dann, ohne sich Gedanken über ihre Gefühle und ihre Zukunft oder eine eventuelle Schwangerschaft zu machen. *Gringas,* weißhäutige Ausländerinnen, gelten als sexuell freizügig und viele peruanische Männer finden es völlig in Ordnung, mit einer *gringa* eine flüchtige sexuelle Beziehung einzugehen.

Um die Hand anhalten

Diese Sitte heißt in Peru **pedir la mano** (die Hand erbitten). In den Andendörfern, wo die jungen Männer nicht so wortgewandt sind, schicken manche einen *zorro* („Fuchs"), einen Freund, der stellvertretend für sie um die Hand des Mädchens anhält. In einigen Dörfern ist es üblich, dass der junge Mann ein Tier schlachtet und es seinen zukünftigen Schwiegereltern bringt. Die Aufnahme des zukünftigen Schwiegersohns in die Familie wird dann mit einer mehrtätigen Feier besiegelt. Es werden *padrinos* (Paten) bestimmt, die die finanzielle Verantwortung bei der Hochzeitsfeier übernehmen.

In der Stadt folgt darauf die Verlobung, die im Kreis der Familie gefeiert wird und bei der das junge Paar Ringe austauscht.

„Die Zeit ist reif"

Ein junges Paar entscheidet zu heiraten, weil die beiden finden, dass sie lange genug zusammen sind, weil sie alle Anschaffungen getätigt haben, die für ein gemeinsames Leben erforderlich sind, oder weil die junge Frau ein Kind erwartet. Nun beginnen die jungen Leute und ihre Eltern mit der **Planung und der Vorbereitung der Hochzeit.** Eheschließung und Hochzeitsfeier sind mit hohen Kosten für die Messe und den Priester, den Standesbeamten, die Einladungen und schließlich die Bewirtung der Gäste sowie die Bezahlung der Fotografen und Videofilmer verbunden. Nur besser gestellte Peruaner sind in der Lage, diese Ausgaben zu tätigen. Je mehr Geld zur Verfügung steht, desto beliebter und damit teurer die Kirche, die für die Trauung ausgewählt werden kann.

Die Verabschiedung der Ledigen

In der Stadt organisieren Familienangehörige, Freunde oder Arbeitskollegen **despedidas de soltera** („Verabschiedung der ledigen Frau"), auch *shower* genannt, bzw. die **despedidas de soltero** („Verabschiedung des ledigen Mannes"). Dabei handelt es sich in der Regel um **reine Frauen- bzw. Männerveranstaltungen.** In der Oberschicht verschicken die Familien offizielle Einladungen in der Hoffnung, dass viele Gäste kommen und diese viel Geld oder schöne Geschenke für den Haushalt mitbringen. Es werden Speisen und Getränke serviert. Dabei sorgt so manche Anspielung auf die männliche bzw. die weibliche Sexualität – beispielsweise, wenn die Braut eine Speise verzehren muss, die wie ein männliches Geschlechtsorgan dekoriert ist – für eine ausgelassene, fröhliche Stimmung. Manchmal muss eine Braut sich auf Drängen ihrer Freundinnen einen mit Zeitungspapier gefüllten Nylonstrumpf umbinden lassen, der die Form eines Riesenpenis hat. Von Freundinnen, Kolleginnen und anderen Bekannten wird die Braut zu mehreren Verabschiedungen eingeladen. Auf jeder *despedida de soltera* wird ihr mehr Alkohol verabreicht, als ihr lieb ist. Folgen mehrere *despedidas* aufeinander, kann daraus eine echte Strapaze werden. Die Krönung des Abends bildet bei manchen Feiern der Auftritt eines Strippers bzw. einer Stripteasetänzerin. Für manchen angetrunkenen Bräutigam endet der Abend mit einem sexuellen Abenteuer mit der Tänzerin. Neuerdings werden auch „gemischte" Verabschiedungen gefeiert.

Hochzeit

Die Städterin, die ihren eigenen Beruf hat, ihren Lebensunterhalt selbst verdient und unabhängig ist, ist keinem sozialen Druck ausgesetzt und es wird akzeptiert, wenn sie nicht heiratet. Auch auf dem Lande werden nicht verheiratete Frauen akzeptiert und viele bäuerliche Eltern legen Wert darauf, dass die Tochter nicht zu jung heiratet. Dort allerdings, wo die bäuerliche Arbeit besonders hart ist, wo nur Mann und Frau sie gemeinsam verrichten können, ist es wichtig, dass eine Frau einen Partner findet und mit ihm eine Lebensgemeinschaft gründet. Auch in vielen Tieflandgemeinden, wo männliche Tätigkeiten wie Jagen und Fischen für das Überleben notwendig sind, ist es von großer Wichtigkeit, dass die Frau eine partnerschaftliche Beziehung eingeht.

Die formale **kirchliche und standesamtliche Trauung** ist in allen Schichten üblich, in der städtischen Mittel- und Oberschicht ist sie aber besonders wichtig. Zuwanderer aus den Anden, die es in der Stadt zu etwas gebracht haben, nutzen die formale Eheschließung mit anschließendem großen Fest als eine Gelegenheit, einem weiten Bekanntenkreis ihren gesellschaftlichen Aufstieg zu demonstrieren.

Hochzeiten werden samstagabends mit einer **Messe** gefeiert. Männer sollten im dunklen Anzug erscheinen, Frauen in den Küstenstädten in einem eleganten und ruhig weit ausgeschnittenen Kleid sowie Schuhen mit hohen Absätzen. Im Hochland wird eine warme elegante Jacke über dem Kleid getragen. Die Messe beginnt nie ganz pünktlich, weil am selben Abend viele Paare nacheinander getraut werden und somit mehrere Messen in dichter Abfolge zelebriert werden. Meist wird man gebeten, sich im Anschluss an die Messe in einen neben der Kirche befindlichen Raum zu begeben. Dort wird *champan* (Sekt oder Perlwein) serviert. Jeder Gast erhält ein Stück vom Hochzeitskuchen. Dieses nicht anzunehmen, wäre unhöflich. Ob im Anschluss an die öffentliche Feier noch eine privatere stattfindet, hängt von der finanziellen Situation der Familie ab. Es geht entweder aus der persönlichen Einladung hervor (Adressangabe) oder wird einem im Anschluss an die Gratulation mündlich mitgeteilt.

054pe-ai

◁ Hochzeitsfeier der Oberschicht an einem schicken Strandort

Wenn die Familie Geld hat, spielt eine Band. Es gibt reichlich zu essen und zu trinken. Den Tanz eröffnet das Brautpaar mit dem „Donauwalzer", auf den der „Kaiserwalzer" folgt, den **Eltern und Brautleute tanzen.** Anschließend wird die Tanzfläche für die Gäste freigegeben. Die Gäste tanzen in Paaren oder auch in Gruppen, ganz gleich, ob sie die Kunst des Tanzens beherrschen. Die Feier geht bis in die frühen Morgenstunden. Auf den Hochzeitsfeiern der limensischen Mittelschicht löst der frischgebackene Ehemann zu fortgeschrittener Stunde die Strumpfbänder seiner Angetrauten. Dabei wird eine *sexy música* gespielt und wenn der junge Mann sogar seine Zähne benutzt, erreicht die Stimmung ihren Höhepunkt. Videoaufzeichnungen und **Fotos der gesamten Feier** werden in der Regel in Auftrag gegeben. Für professionelle und Amateurfotografen bieten Hochzeiten gute Nebenverdienstmöglichkeiten.

Nach der Eheschließung behält die Frau in der Regel ihre beiden Mädchennamen, den Nachnamen des Vaters und den der Mutter. Früher wurde der **Familienname** der Mutter durch den Zunamen des Ehemanns ersetzt, vorangestellt wurde dabei ein *de* („von").

In den *comunidades campesinas* und den randstädtischen Armenvierteln hat sich die formale Eheschließung erst in den letzten Jahren verbreitet. Aus Geldmangel und weil ihre kulturellen Traditionen anders als die katholisch-europäischen sind, gründen Paare **gemeinsame Haushalte, ohne zu heiraten.** Manche *convivientes* (wörtlich „Mitlebende") heiraten, nachdem sie schon Jahre zusammengelebt haben, zum Beispiel, weil ihre Kinder eine konfessionelle Schule besuchen sollen und eine vom Staat anerkannte Eheschließung Einschulungsbedingung ist. Bei sogenannten *matrimonios masivos* werden mehrere hundert Paare gleichzeitig getraut. Das hat finanzielle Vorteile, da solche Eheschließungen nicht so teuer sind.

In den andinen Städten ähneln die Traditionen denen der Küstenregion. Je näher ein Dorf bei einer Stadt liegt, desto wahrscheinlicher ist es heutzutage, dass junge Leute standesamtlich heiraten. Eine kirchliche Trauung findet aber in vielen Fällen nicht statt, weil Priester die Andendörfer nur selten und nur an besonderen christlichen Festtagen aufsuchen.

In manchen Dörfern wird auch heute noch die **traditionelle Form der Eheschließung,** das *warmichakuy* (quechua, „sich mit einer Frau verbinden"), praktiziert. Von den katholischen Städtern wurde diese Form des Zusammenlebens wohl deswegen als *matrimonio de prueba* („Ehe auf Probe") angesehen, weil die Paare ohne das christliche Sakrament der Ehe als unverheiratet galten und erst nach vielen Jahren des Zusammenlebens, wenn sie die finanziellen Mittel hatten, die kirchliche Trauung vollziehen ließen. Als *servinakuy* (quechua-span., „einander dienen") bezeichnete man die Form des Zusammenlebens, bei der ein verheirateter

Großgrundbesitzer sich eine indigene Angestellte, die ihm gefiel, als Konkubine nahm.

Eine traditionelle Form des Zusammenlebens in den südlichen Anden, das *tawanku* (quechua, „unter Vieren"), ist heute selten geworden. Es handelt sich um eine Arbeits-, Wirtschafts- und Sexualgemeinschaft zweier Paare, die gelegentlich untereinander den Mann bzw. die Frau tauschen. Diese **Doppel-Familien-Form** kam meistens auf Wunsch zweier befreundeter Männer zustande, dem sich die Frauen entweder fügten oder auch nicht.

Catalina

Catalina war 26, ging aus ihrem Andendorf in die Stadt, um eine Ausbildung zu machen. Seit ihrer Schulzeit war sie in Gerardo verliebt und Gerardo in sie. Er war inzwischen 28. Seit über einem Jahr wollte er um Catalinas Hand anhalten, aber er traute sich nicht, weil ihr Vater ihn nicht empfangen wollte. Catalina arbeitete inzwischen als Rezeptionistin in einem großen Hotel bei Lima, Gerardo als Elektriker bei einer Automobilfirma. Regelmäßig gab er Catalina einen bestimmten Betrag von seinem Verdienst, denn sie verwaltete beider Geld. Damit leisteten sie später die Anzahlung für ein Grundstück in einem ärmeren Stadtviertel.

Gerardo war nicht der Wunschschwiegersohn, weil sein und Catalinas Vater Feinde waren. Dennoch fasste Gerardo Mut. Gemeinsam mit Catalina wartete er vor der Haustür auf ihren Vater. Als der endlich von der Feldarbeit nach Hause kam, redete er in harschem Ton mit Gerardo, dem es offensichtlich schwer gefallen war, seine Worte zu wählen. Schließlich beruhigte der Vater sich. Er erklärte den jungen Leuten, dass die Ehe ein Bund fürs Leben sei und dass man sich reiflich überlegen solle, ob man heiraten wolle, dass man Freud und Leid teile. Er sagte, es sei sein Wunsch gewesen, Catalina die Fortsetzung ihrer Ausbildung zu finanzieren sowie eine eigene Wohnung, bevor sie heiratete. Gerardo schlug einen Termin vor. Die beiden wollten bald heiraten, denn Catalina war seit zwei Monaten schwanger und wollte kein uneheliches Kind zur Welt bringen. Zum Glück willigte ihr Vater letztlich in die baldige Heirat ein.

Inzwischen haben Catalina und Gerardo zwei Kinder. Die Familie lebt im eigenen Haus. Beide Eltern arbeiten. Das älteste Kind geht schon zur Schule. Catalina und Gerardo sind immer noch glücklich und Catalinas Eltern haben nur lobende Worte für den Schwiegersohn.

Auf dem Land ist die partnerschaftliche Lebensgemeinschaft die Voraussetzung für die landwirtschaftlichen Arbeiten. Die Verpflichtungen, die mit der Übernahme der vielen traditionellen Ämter im Dorf verbunden sind, können nur als Paar erfüllt werden.

Im Amazonastiefland gibt es große Unterschiede – je nachdem, ob ein Liebespaar in der Stadt oder auf dem Land lebt. Viele indigene Tieflandvölker kennen keine formelle Eheschließung. Wird eine junge Frau von ihrem Freund schwanger, dann ziehen die beiden zusammen.

Wenn ein Paar 25 Jahre lang verheiratet ist, „heiratet es noch einmal". Allerdings begleiten die schon erwachsenen Kinder ihre Eltern, die ein silberfarbenes „Brautkleid" und einen eleganten Anzug tragen und den Tag mit Essen und Spaziergängen verbringen.

Partnerschaftliches Zusammenleben

Verheiratete Männer sprechen in der Öffentlichkeit von *mi esposa* (meine Gattin/Ehefrau), seltener von *mi mujer,* meine Frau, in Peru ein eher abschätziger Ausdruck. Verheiratete Frauen sprechen von *mi marido* (mein Ehemann) oder *mi esposo.* Partner, die nicht formell verheiratet sind, bezeichnen einander in der Regel als *mi conviviente* (Lebensgefährte, mit dem man zusammenlebt), manchmal als *mi pareja* (Partner).

055pe-cd

Carmen und Angel feiern silberne Hochzeit

Das partnerschaftliche Zusammenleben beinhaltet viele **Herausforderungen für die Frau.** Frauen aus dem einfachen Volk sind wahre Künstlerinnen im Umgang mit dem Haushaltsgeld: Obwohl ihr Einkommen und das ihrer Männer kaum für die Ernährung der Familie ausreicht, schaffen sie es mit viel Kreativität immer wieder, schmackhafte Gerichte auf den Tisch zu bringen.

Die Ehefrau der städtischen Mittelschicht muss alle ihre Kenntnisse einbringen und organisatorisches Talent besitzen, denn sie ist „Managerin, Hausverwalterin, Sekretärin, Mutter, Lehrerin, Pflegerin, Ärztin, Psychologin und Handwerkerin". Die *empleada* nimmt der berufstätigen Frau zwar Arbeit ab, aber viele Familien der peruanischen Mittelschicht können heute keine Vollzeitstelle mehr bezahlen. Die Frau muss die richtige Balance finden zwischen dem Umsorgen und Verwöhnen ihres Mannes und der Erziehung der Kinder sowie ein ausgezeichnetes Verhältnis zur Familie ihres Mannes pflegen. Die Familie erwartet, dass sie Erschöpfung niemals zeigt, ihrem Gatten jeden Wunsch erfüllt, ihre eigenen Wünsche zurückstellt und den Kindern sowie dem Mann zuliebe auf vieles verzichtet.

Nur die **Frau der Oberschicht** kann auf ein angenehmes Leben hoffen: Entweder hat sie ein eigenes Auto oder einen Chauffeur zu ihrer ständigen Verfügung und zwei Dienstmädchen, die ihr die gesamte Hausarbeit abnehmen. Morgens hat sie Zeit, um im Klub Sport zu treiben, sich im

Salon von den Kosmetikerinnen verwöhnen zu lassen, ein Fitnessstudio zu besuchen oder sich mit Freundinnen zum Frühstück zu treffen. Nachmittags nimmt sie an *lonches* (moderne Kaffeekränzchen, das Wort stammt vom amerikanischen *lunch* ab) teil, organisiert Feste, ist in Wohltätigkeitsvereinen aktiv und verbringt die drei Sommermonate mit ihren Kindern am Strand. Viele ihrer Freizeitbeschäftigungen stellen allerdings ein Muss dar. So wird von ihr eine Topfigur und im Sommer eine sonnengebräunte Haut erwartet. Die Oberschichtfrau ist stets beschäftigt und es ist durchaus üblich, dass reiche Peruanerinnen darüber klagen, was sie alles zu tun haben.

In allen Schichten und Bevölkerungsgruppen besteht die **Forderung an die Männer** vor allem darin, dass sie genug Geld mit nach Hause bringen. Die wenigsten können diese Erwartung erfüllen. Auch Männer aus der Oberschicht verlieren schon einmal ihre Arbeitsstelle. Es gibt sogar Männer, die vor ihren Frauen verbergen, dass sie keiner Arbeit nachgehen. In der Mittelschicht gibt es seit der wirtschaftlichen Liberalisierung auch Familien, in denen die Frau den Familienunterhalt allein erwirtschaftet. Für viele indigene Familien im Amazonastiefland ist es wichtig, dass der Mann ein guter Jäger ist, da die Familie sonst nicht überlebensfähig ist. Ist er kein guter Ackerbauer, ist das im Tief- wie im Hochland gleichermaßen fatal für die Familie.

In der Stadt suchen Paare, die sich für ein Zusammenleben entscheiden, meist eine eigene **Wohnung,** auf dem Land wohnen sie oft zunächst – je nach Kulturtradition –bei den Eltern einer der beiden Partner.

Seitensprünge

Sacar la vuelta, was soviel bedeutet wie „den Partner betrügen", wird in den Städten und Bergbauzentren als **normale männliche Verhaltensweise** betrachtet und von der Gesellschaft toleriert. Trotzdem passen die meisten Männer auf, dass ihre Frau nichts erfährt. Verheiratete Männer gestehen ihren Frauen keine Seitensprünge zu. Peruanischen Medienberichten zufolge gehen aber die Peruanerinnen genauso häufig fremd wie die Peruaner.

◁ Wer seine Liebste zu einem Drink in der Bar der Rosa Nautica, einem Restaurant auf den Wellen des Pazifik, einlädt, zeigt, dass er eine gute Partie ist

Adelina

El Carmen ist ein schwarzes Dorf im Süden von Lima. Die Bevölkerung arbeitet in der Landwirtschaft und verdient wenig mit dem Verkauf der Baumwolle. Adelina Vallumbrosio wurde dort geboren. Heute ist sie 70 Jahre alt. Als sie 60 war, hat sie mir ihre Geschichte erzählt und wollte, dass sie mit ihrem Namen veröffentlicht wurde.

Einige ihrer Kinder und deren Freunde sitzen in ihrer Küche, Amador Vallumbrosio, ihr Mann, im Rollstuhl daneben. Als 12-Jährige hat Adelina sich in ihn verliebt. Seine Eltern waren gegen die Beziehung, weil Adelina aus einer „Problemfamilie" stammte und ihre Mutter Kinder von verschiedenen Partnern hatte. Auch Adelinas Eltern waren gegen die Beziehung, weil Amador viel älter war und ständig neue Frauen eroberte. Sie schickten die Tochter als Hausangestellte nach Lima. Von ihrem Lohn sah Adelina nie etwas, denn den ließen sich ihre Eltern auszahlen. Mit 19 floh sie mit Amador für eine Woche in das Dorf El Huallago. Dort lebte das Paar eine Woche zusammen und deshalb mussten die beiden Familien bei ihrer Rückkehr nach El Carmen einer Heirat zustimmen. Amador ließ dennoch keine Gelegenheit ungenutzt, um neue Frauen zu erobern. Sogar mit der Nachbarin hatte er ein Verhältnis. Wenn er nach Hause kam, schob er Adelinas Essen weg und sagte, er habe bereits bei seiner Geliebten gegessen. Auf ihre Schwiegermutter hält Adelina große Stücke. Sie habe ihr gute Ratschläge gegeben: Sie solle Amadors Seitensprünge nicht beachten und eine gute Mutter sein. Amador kümmerte sich nicht um die Erziehung der Kinder. Wenn die Kinder etwas brauchten, dann sagte er stets: „Geh doch zu deiner Mutter!" Adelina lächelt; sie ist glücklich. „Ich ernte die Liebe, die ich gesät habe." Sie hat 15 Kinder geboren, eins ist gestorben. Ihre Kinder leben in Lima, Spanien und den USA. Wenn sie anrufen, fragen sie nur nach der Mutter. Mit dem Vater wollen sie nicht sprechen. „Er erntet, was er gesät hat", kommentiert Adelina.

Weiblicher Protest gegen männliche Seitensprünge und die Forderung nach gleichem Recht für die Frau, bildet in der peruanischen Volksmusik eher eine Ausnahme. So brachte die Sängerin *Pastorita Huaracina* (†) in einem Huayno das weibliche Wunschdenken nach diesbezüglicher Emanzipation zum Ausdruck: „Der Mann mit zwei Frauen hat 500 Hiebe verdient, die Frau mit zwei Geliebten eine Goldmedaille."

Viele Frauen akzeptieren frei- oder unfreiwillig stillschweigend, dass ihre Partner Abenteuer von kurzer Dauer oder dauerhaft eine *amante,* eine

Geliebte, haben, solange die finanzielle Situation der Familie nicht berührt wird. In der Unterschicht werden Auseinandersetzungen zwischen offizieller Frau und *mujer de la calle* („Frau von der Straße") mitunter handgreiflicher geführt. *Amantes,* die sich mit einem reichen Mann befreunden, genießen finanzielle und materielle Vorteile, manche verbessern ihren Status oder verschaffen sich berufliche Vorteile.

Manche *amante* würde den Geliebten gern für sich allein haben; dass er sich allerdings von seiner Frau voll und ganz trennt, bleibt meist Wunschdenken. Immer wenn *Amanda Portales* oder *Nelly Mungia* im voll besetzten Teatro Nacional auf ausdrücklichen Wunsch des Publikums den Huayno „wenn Du bei ihr bist, sag ihr, dass Du vergangene Nacht mit mir zusammen warst, sag ihr, dass Du sie nicht mehr liebst, sag ihr, dass ich es bin, die Du liebst, erzähl ihr, was wir alles miteinander gemacht haben" vortrugen, klatschten Frauen und Männer den Takt und sangen aus vollem Halse mit.

Dem Volksglauben zufolge wird eine Frau, die einmal eine Beziehung zu einem verheirateten Mann gehabt hat, „salzig" *(se sala):* Sie verdirbt sozusagen und ledige Mäner beißen nicht mehr an. Die Frau kann diesen Teufelskreis nur durchbrechen, wenn sie es schafft, sich in einen ledigen Mann zu verlieben und dieser sie heiratet.

Das peruanische Gesetz erkennt die **Vaterschaft** für außereheliche Kinder mit einer Geliebten an und damit deren **Erbrecht,** ein Grund, weshalb es Männer in hohen Positionen geben soll, die ihre *amante* drängen, sich sterilisieren zu lassen. Allmählich verliert das Prinzip der *amante,* bedingt durch die zunehmende berufliche Unabhängigkeit der Frauen, an Akzeptanz. Zudem haben immer mehr Männer nicht mehr das Geld und auch nicht die Zeit für eine zweite Frau.

Trennung und Scheidung

Manche Frauen, die erfahren, dass ihre Männer eine Geliebte haben, ziehen mit den Kindern ins Haus ihrer Eltern und drohen dem Mann damit, dass er seine Kinder nie wieder sehen wird. Die gesamte Familie des Mannes leidet mit, weil auch ein Großelternpaar seine Enkel und die Geschwister des Mannes ihre Nichten und Neffen nicht mehr sehen. Andere werden erneut schwanger oder behaupten, schwanger zu sein und vereiteln damit die Trennung, die ihre Männer vollziehen wollten. Ehebruch, Gewalt, Alkoholismus, Arbeitslosigkeit oder Faulheit sowie die Tatsache, dass der Partner die Familie verlässt, sind in der Stadt die **häufigsten Gründe,** wegen derer eine Frau sich von einem Mann trennt oder scheiden lässt.

Im **Amazonastiefland** sind Trennungsgründe aufseiten der Männer, dass die Frau nicht für sie kocht, ihre Kleider nicht wäscht, dass sie oft schlecht gelaunt ist, einen Liebhaber hat oder keine Töchter zur Welt bringt. Frauen haben die Möglichkeit, ihren Partner zum Verlassen des Hauses zu bewegen, wenn sie nicht mehr mit ihm zusammenleben möchten. Sie werden von ihren Eltern unterstützt. Die häufigsten Gründe für Frauen sind dabei, dass der Mann gewalttätig gegen sie ist oder dass er mit seiner Arbeit zur Ernährung der Familie nicht genug beiträgt. Wenn bei den Machiguenga ein Mann für lange Zeit nicht nach Hause kommt, kann es vorkommen, dass die Frau sich einen neuen Partner sucht, was dann von dem Mann – wenn er schließlich doch wieder heimkehrt – auch verstanden wird, da Familien ohne einen guten Jäger nur sehr schwer überleben können.

Wie in typischen Liedern aus den Anden, den Huaynos, gern beschrieben, folgt nach dem Schwelgen im Leid zunächst die Lust auf Rache und darauf irgendwann die pragmatische Suche nach einem neuen Partner.

Manchmal berichten Medien über **Eifersuchtsmorde.** Solche werden insbesondere in den unteren Schichten sofort bekannt, weil viele Menschen auf engstem Raum zusammenleben. Die bedrückenden Lebensverhältnisse entladen sich nicht nur in der Problematik der Partnerwahl, sondern auch in den Konflikten innerhalb der Beziehungen. Der Mann aus armen Verhältnissen sucht Zuflucht im Alkohol und entflieht der häuslichen Enge, betrinkt sich mit seinen Freunden und kommt spät oder gar nicht nach Hause; irgendwann verlässt er Frau und Kinder. Wenn die Frau sich nach einiger Zeit einen neuen Partner sucht, beginnt oft dasselbe Leid von neuem.

Da das kirchlich und standesamtlich besiegelte Zusammenleben eines Paares mit Kindern die Lebensform ist, die in Peru das höchste Ansehen genießt, bleiben viele Paare trotz großer Schwierigkeiten zusammen und verwandte Personen beraten oder versöhnen sie bei Auseinandersetzungen. Aber Trennung und Scheidung nehmen zu. Reformen in der Rechtsprechung kommen dabei den Paaren, die sich trennen wollen, zugute. Der häufigste Scheidungsgrund ist *adulterio,* **Ehebruch.** Bei Bekanntwerden eines Seitensprungs des Mannes, ist das Recht aufseiten der Frau. Sie und ihre Kinder haben Anspruch auf Unterhaltszahlungen. Oft werden diese aber gar nicht geleistet. Verlässt einer der Partner die gemeinsame Wohnung und die gemeinsamen Kinder *(abandono),* so müssen zwei Jahre verstreichen und zwei Zeugen aussagen, um die legale Scheidung zu ermöglichen. In den städtischen Armenvierteln haben die Familien kaum gemeinsames Eigentum, das bei einer Trennung verteilt werden muss. Einer Frau aus der Mittelschicht mit einem angesehenen Beruf, die genug verdient, fällt die Entscheidung zur Scheidung leichter als der Frau aus der Oberschicht, für die meist viel auf dem Spiel steht: Sie kann ihren Status, finanzielle Vorteile und Besitz verlieren. Der Mann aus der Oberschicht riskiert sein Ansehen und kann ebenso Besitz verlieren.

Krankheit

Leichtere Erkrankungen werden zu Hause behandelt, im Andenhochland und im Amazonastiefland oft mit Heilkräutern, wobei „männlichen" *(macho)* und „weiblichen" *(hembra)* Pflanzen unterschiedliche Wirkungen zugeschrieben werden. Außerdem werden dort Ernährungsvorschriften beachtet. In den Anden nimmt man bei durch Kälte verursachten Krankheiten keine „kalten" Nahrungsmittel zu sich und bei durch Wärme hervorgerufenen keine „heißen". Diese Klassifikation hat aber mit der Temperatur des Essens wenig zu tun. Sie bezieht sich auf Wirkungseigenschaften, die **Heil- und Nahrungspflanzen** sowie tierischen Produkten zugeschrieben werden. Oft wird auch schnell ein Medikament aus der Apotheke beziehungsweise im Dorfladen oder im Supermarkt besorgt. Verschreibungs- und Rezeptpflicht werden in Peru locker gehandhabt und so werden viele Antibiotika nur so lange eingenommen, wie der Kranke die Symptome spürt, oder nur so lange, wie der Geldbeutel es erlaubt.

Die Tuberkulose, die als typische Krankheit der Armen wie ein soziales Stigma wirkt, stürzt die Erkrankten zusätzlich oft in eine tiefe Depression, weshalb sie sich vor der Öffentlichkeit verbergen. Aus Unkenntnis oder wegen fehlender finanzieller Mittel führt dies dazu, dass viele Tuberkulosekranke ihre Behandlung frühzeitig abbrechen. Die meisten Peruaner haben keine Krankenversicherung.

Die **staatliche Krankenversicherung** deckt vieles nicht ab und deshalb schließen Personen, die es sich leisten können, zusätzlich private Krankenversicherungen ab. Oft muss die Familie für die Operation eines Familienmitglieds zusammenlegen, da der chirurgische Eingriff sonst nicht finanzierbar wäre. Viele berufstätige Kinder kommen für die Behandlung ihrer Eltern auf.

Auf dem Lande gelten nicht alle Krankheiten als von der Schulmedizin heilbar. So werden auch vielfach traditionelle Heilkundige zurate gezogen. Erklären diese eine Krankheit für unheilbar oder diagnostizieren sie eine übernatürliche Ursache, sucht die Familie meist keinen Arzt oder Sanitäter auf.

Sowohl im Amazonastiefland als auch im Andenhochland und in einigen Küstenregionen wird **Hexerei** (span.: *brujería* oder *maldad*) als eine mögliche Todesursache betrachtet. Insbesondere dann, wenn eine Krankheit sich als unheilbar erweist oder bei besonders seltsamen Kombinationen verschiedener Krankheitssymptome neigen Menschen dazu, Hexerei als Erklärung heranzuziehen. Die Familie des Kranken nimmt an, dass jemand aus Neid, Rachsucht, enttäuschter Liebe oder nach einem vorausgegangenen Streit bei einem professionellen Hexer (span.: *brujo*) einen Schadenszauber in Auftrag gegeben hat. Um die lebensbedrohliche Gefahr abzuwenden, sucht die Familie des Kranken einen traditionellen Heilkundigen auf. Dieser stellt durch Abreiben mit einem Meerschweinchen, das Lesen von Karten oder von Kokablättern die Krankheitsursache fest und macht sich dann daran, dass versteckte Schadenspaket auszugraben,

Die Schreckenskrankheit

Mitten in der Stadt Cusco kann man freitags nachmittags Mütter mit ihren Kindern vor den Wohnungen traditioneller Heilerinnen, „curanderas", warten sehen. Die Mütter hoffen, dass ihre Kinder vom „Susto" (quechua „mancharisqa", zu deutsch „Schreckenskrankheit) geheilt werden. Auslöser dieser kulturspezifischen Erkrankung der Anden ist oft ein starker Eindruck, ein Schrecken durch ein Tier, die Gewalt der Natur oder einen Unfall; spirituelle Wasserwesen oder Erdwesen können Mitverursacher sein.

Als typische Symptome gelten Müdigkeit um die Mittagszeit, Schlaflosigkeit und Aufschreien im Schlaf, Angstzustände, Appetitlosigkeit, Anämie, Magenkrämpfe, Austrocknung und viele mehr, bei Kindern zusätzlich häufiges Weinen und eine salzige Stirn sowie Durchfall.

Der wichtigste Bestandteil der Heilung ist die Rückführung des „espíritu" (Seele und Lebenskraft) in den Körper des Kranken. Bei Kleinkindern reicht es manchmal aus, sie mit einem rohen Ei, Alaun oder Chilischoten abzureiben und dabei den „espíritu" zu rufen. Mitunter ist es notwendig, dass die Eltern des Kindes oder ein Heiler sich zu dem Ort begeben, an dem die Schreckenskrankheit ausgelöst wurde, und dort den „espíritu" anflehen, er möge doch in den menschlichen Körper zurückkehren. In vielen Regionen führen Heiler dieses Ritual des „animu waqay" (quechua, „Rufen der Seele") nur dienstags und freitags aus, denn an diesen Tagen sollen die spirituellen Wesen, die die Seele gefangen halten, empfänglicher für Opfergaben und damit leichter zu beschwichtigen sein. Viele Campesinos gehen davon aus, dass der Kranke es spürt, wenn sein „espírtu" wieder in seinen Körper eintritt und dass er dann ganz ruhig wird, ein Ergebnis, das durchaus durch die begleitende Behandlung mit Beruhigungstees, Baldrian oder Melissenwasser bewirkt werden kann.

die Schadenspuppe zu zerstören oder die negative Energie auf andere Weise zu entschärfen.

Kulturspezifische Erkrankungen wie z. B. der böse Blick (span.: *ojo, mal de ojo*), die verschiedenen Windkrankheiten (span.: *aire*, quechua: *wayrasqa*), die „Schreckenskrankheit" (span.: *susto*, quechua: *mancharisqa*), das in der Region Cusco verbreitete *pachaq hap'isqan* („die Erde bemächtigt sich einer Person") sowie zahlreiche andere im Volksglauben bekannte Leiden können in der Vorstellung vieler Campesinos, wenn sie nicht rechtzeitig als solche erkannt werden, zum Tod führen. Für die Heilung sind besondere Riten erforderlich. Ende 2015 besuchte ich eine befreundete Heilerin in der Stadt Cusco. Leider hatte sie an diesem Tag keine Zeit für mich. In dichter Abfolge klingelten Mütter mit ihren Kindern und baten darum, diese von der Schreckenskrankheit zu heilen.

Die **Volksmedizin** kennt Diagnosemethoden, die sich von den schulmedizinischen unterscheiden. Da sie über keinerlei Apparate verfügt, ist sie vielmehr auf Beobachtung angewiesen. So ist in einigen Regionen die Beurteilung der Farbe des Urins und des Kots Teil der Diagnose. In vielen Gegenden entnehmen Heiler und kundige Laien den Varianten des Pulsschlags die Erkrankung bestimmter Organe. Auch magische Abreibungen, wie etwa mit einem Meerschweinchen, das anschließend seziert wird, einem rohen Ei oder geheiligten Steinen sind Diagnosetechniken. Manche Heiler ermitteln Krankheitsursachen durch die *adivinación* (Erraten), wozu sie die Figuren interpretieren, die auf eine Decke geworfene Maiskörner oder Kokablätter bilden. Allerdings nimmt die Zahl der traditionellen Heilkundigen auf dem Lande stark ab, da die alten keine jungen Leute mehr finden, die ihre Kunst erlernen möchten. In der Küstenregion blüht das Geschäft; manche *curanderos* oder *brujos* sind berühmt geworden und verdienen inzwischen viel Geld. Wer Liebes- und Schadenszauber, die Zerstörung von Konkurrenten sowie magische Hilfe beim Aufbau von materiellem Wohlstand anbietet, hat gute Chancen, bekannt und reich zu werden. Und wenn Menschen weder bei der Arbeit noch in der Liebe noch mit ihrer Gesundheit Glück haben, dann suchen auch viele Städter Personen auf, die für sich als Spezialisten auf diesem Gebiet Werbung machen. Entsprechende Anzeigen an Laternenpfählen und in Boulevardzeitungen werden keineswegs weniger. Welche Rolle die überlieferten Rituale bis heute spielen, zeigte die Amtseinführung von *Alejandro Toledo:* Der erste indigene Staatspräsident lud die anderen lateinamerikanischen Staatschefs am 28. Juli 2001 nicht wie üblich in die Hauptstadt Lima ein, sondern nach Machu Picchu. Dort opferten andine Priester während der offiziellen Zeremonie nach den Traditionen der Inka den Berggöttern und der Pachamama.

057pe-ah

Tod

Der Tod bringt Familien und Familienangehörige zusammen, die einander sonst über lange Zeiten nicht sehen. Zur **Totenwache,** die an den Tagen vor dem christlichen Begräbnis im Haus des Verstorbenen abgehalten wird, kommen auch viele Nachbarn. Freunde und Arbeitskollegen der Angehörigen des Verstorbenen kommen ebenfalls zum *velorio* (Totenwache).

Je nach Landesregion zelebrieren die Angehörigen unterschiedliche Beerdigungsriten. Mancherorts kommt für die Beerdigungen und die Gedenkfeiern sechs Monate nach dem Tod ein großer Kreis von Verwandten und Bekannten – manchmal für mehrere Tage – zusammen. Dabei wird nicht nur getrauert. Es sind auch Gelegenheiten, einander wiederzutreffen und Spaß miteinander zu haben.

Trauern im Amazonastiefland

Je nachdem, um welches Volk es sich handelt, sind die **Trauer- und Todesriten** unterschiedlich. Dabei vollzieht sich der Wandel in Richtung Globalisierung auch hier rasch und viele typische Riten, die vor einigen Jahren noch bei einem Volk üblich waren, finden inzwischen nicht mehr statt. Nur die christliche Beisetzung wird durchgeführt, dafür muss aber kein Priester anwesend sein. Angesichts der Hitze wird der Tote noch am Tag seines Todes in einen Sarg gelegt und am selben oder am folgenden

⌃ Auf „La Esperanza" („Die Hoffnung"), dem größten Friedhof Lateinamerikas, begraben die Armen von Lima ihre Toten

Tag auf einem Friedhof beerdigt. Früher wurde das Haus eines Toten verbrannt, heute ist diese Praxis jedoch wegen der hohen Kosten für die Konstruktionsmaterialien nicht mehr üblich. Auf dem Grab versprengte Asche zeigt später den Angehörigen, ob der Geist des Toten im Grab geblieben oder seinen Weg zu den Lebenden zurück gesucht hat. Die **Shipibo** gehen davon aus, dass die Seele des Toten noch einige Zeit im Dorf umherstreift. Da solche **Totenseelen** sich in böse Geister verwandeln können, bewachen Männer das Grab mancherorts eine Zeit lang, damit die Seele des Verstorbenen nicht in das Haus von dessen Familie zurückkehrt.

Bei vielen Tieflandvölkern geht die Witwe bald wieder eine neue Beziehung ein, weil das Überleben der Familie auf die Tätigkeiten des Mannes ebenso angewiesen ist wie auf die Aktivitäten der Frau.

Der Tod kündigt sich an. Wer gestorben ist, wird tagelang beweint.

Menschen, deren Tod naht, teilen sich ihren Angehörigen auf vielfältige Weise mit. Ihre Seelen verlassen die Körper und reißen Angehörige aus dem Schlaf, z. B. indem sie sie plötzlich anpacken oder ein Leuchten verströmen. Manchen erscheinen sie sogar als die Person, die sie sind. Menschen aller sozialen Schichten berichten von solchen Erlebnissen. In den Andendörfern suchen Menschen, die in der Fremde arbeiten, die Angehörigen vor ihrem Tod in ihrem Heimatdorf in der Form eines Geistes auf.

In den Dörfern wird der Tod eines Menschen, wenngleich mit Trauer, so doch widerstandsloser hingenommen als in der Stadt. **In den Dörfern** ist der **Tod der ständige und natürliche Begleiter des Lebens.** Auf dem Land können viele Krankheiten nicht geheilt werden und schneller zum Tod führen als anderswo. **Stirbt aber ein Kind** an der Schwelle zum Erwachsenwerden oder in einem Alter, in dem die Eltern ihm bereits viel Liebe sowie viel Kraft und Geld für seine Ernährung und Schulbildung gegeben haben, ist den Trauernden die Auflehnung gegen das Schicksal anzumerken. Dann stimmen Mütter ein nimmer enden wollendes Trauerlied an. Während das Kind – in seine schönsten Kleider gehüllt – in der häuslichen Wohnung aufgebahrt wird, singen sie von seiner Lebenslust, von seiner Freundlichkeit und Hilfsbereitschaft, von allem, was die Eltern an dem Kind erfreute. Solche Gesänge ertönen mehrere Tage lang. Am Tag nach dem Tod oder dem übernächsten Tag wird das Kind in einen kleinen Sarg gebettet, den ein Zimmermann des Dorfes angefertigt hat, und von der Familie und deren Freunden zu Grabe getragen. Die Dorfband begleitet den Leichenzug und spielt Trauermärsche bis zur Ankunft am Friedhof. Normalerweise ist kein Priester anwesend, deshalb spricht ein kundiger Laie die christlichen Gebete. Das Kind wird dann entweder in einem Erdgrab oder einem Nischengrab beerdigt.

Blumen erhalten die peruanischen Toten von ihren Angehörigen nur **selten.** In einigen Regionen kochen die Angehörigen am 31. Oktober die Speisen, die der Tote besonders gern gegessen hat. Diese platzieren sie auf einem Tisch, sodass der Verstorbene, wenn er das Haus aufsucht, sich davon bedienen kann. Die Menschen in den Anden und die andinen Zuwanderer in Lima feiern den **1. November** mit ihren verstorbenen Angehörigen. Sie schleppen Bierkästen und andere Alkoholika auf die Friedhöfe, bringen Speisen, Kokablätter und Musikkappellen mit. Ein wenig von den Getränken wird auf das Grab gegossen, sodass der Tote sich bedie-

Friedhöfe im urbanen Peru

Wer Geld hat, kauft sich sein Grab zu Lebzeiten. Den Markt teilen sich Anbieter, die kleine Flächen für Gräber auf ihren privaten Friedhöfen vermarkten. Bekannte Unternehmen sind das 1990 gegründete „Compañía Administradora el Parque" mit seinen „Jardines de la Paz" („Gärten des Friedens") genannten Friedhöfen oder das „Campo Fé", das 1989 den ersten privaten Friedhof eröffnete. Die Unternehmen werben mit farbigen Prospekten und auf eigenen Websites. Verkäufer überzeugen die Kunden von den Vorteilen der privaten gegenüber den städtischen Friedhöfen: Lage, Service, Zahlungsmodalitäten, eigenes Krematorium, Organisation der Totenwache sowie Bestellung des Priesters, der die Totenmesse zelebriert. Außerdem schließt das Servicepaket den Sarg, Träger, Karosse, Blumen, Kränze und die anschließende Grabpflege mit ein.

058pe-ah

Der Bevölkerungsmehrheit fehlt das Geld für die Totenbestattung. Auf Wüstenland, wo auch die Armenviertel gegründet wurden, entstanden riesige Friedhöfe ohne genaue Planung, so „Los Sauces" im Distrikt San Juan de Lurigancho oder im Süden von Lima „Nueva Esperanza", der größte Friedhof Südamerikas und zweitgrößter der Welt. Zuwanderer, meist aus den Anden, beerdigen dort ihre Toten. Es

nen kann. Dann trinken die Angehörigen die mitgebrachten Alkoholika vor dessen Grab und kauen die Kokablätter. Wenn die Kokablätter mit Kalk- oder Quinuapaste eingenommen werden, haben sie eine anregende Wirkung – wie Kaffee oder Tee – und die Angehörigen werden nicht müde. So können sie lange bei ihren Toten auf dem Friedhof bleiben.

In den südperuanischen Anden und in Lima, wo Zuwanderer aus dieser Region leben, spielt man **Musik** für die Toten oder führt **Tänze** auf wie den Scherentanz, der die Verbindung zu den Berggöttern herstellt. Außerdem erhält die *Pachamama* (Mutter Erde) Opfer.

fallen geringere Kosten an als auf den städtischen oder privaten Friedhöfen. Der Friedhof liegt im Süden von Lima mitten im Armendistrikt Villa Maria El Triunfo und wurde am 7. Dezember 1970 gegründet. Um von einem Ende zum anderen zu gelangen, muss man mit dem Auto oder mit dem Motorradtaxi fahren. Soweit das Auge reicht, sieht man Grabsteine und Kreuze. Im Winter sind die Hügel, auf denen sich der Friedhof befindet, in saftiges Grün getaucht. Wochentags herrscht hier Stille. Sonntags und am ersten November wird es dagegen laut und lebhaft und der Ort mutet an wie ein Vergnügungspark. Im andinen Denken gehören Tod und Leben zusammen. Deshalb pflegen die Angehörigen geradezu lebendige Beziehungen zu den Toten. Sie kleiden sich wie zu einem Fest und besuchen die Verstorbenen an ihren Todes- und an ihren Geburtstagen bzw. an den darauffolgenden Sonntagen. Sie engagieren Musiker, die für die Toten aufspielen oder bringen CD-Player mit und spielen deren Lieblingslieder. Sie tanzen am Grab, kauen Kokablätter, trinken Bier oder Schnaps. Manche lassen die Danza de las Tijeras („Tanz der Schere“) aufführen, die eine unmittelbare Verbindung zu den Apus, den Berggöttern herstellt. An Kindergräbern stellen die Familien Stäbe mit Luftballons auf. Auch Luftballons in Herzform mit silbernen Großbuchstaben werden an die Kreuze gehängt. In der Vorstellung vieler Zuwanderer kommen die Seelen der Verstorbenen auf dem Friedhof vorbei, ihr Geist ist demnach gegenwärtig und deshalb sollen sie hier ein schönes Zuhause haben. Man sieht auch blumengeschmückte Altäre, Marienbilder, farbige Blumensträuße und Miniaturkirchen. Auf einigen Friedhöfen haben Zuwanderer sich ihre Wohnungen eingerichtet.

< Jedes Jahr richtet die Familie auf dem Friedhof eine Geburtstagfeier für das verstorbene Kind aus

Religion und Magie

◁ Tanz zu Ehren der „Virgen Asunta"
in der Pfarrkirche von Calca (059pe Foto: ah)

Die Christianisierung Perus

Manchmal berichten Bauern in San Pedro de Casta, dass die Marienstatue immer wieder aus der Dorfkirche verschwand, weil sie sich lieber in ihrer Lagune aufhielt. Diese Erzählung verdeutlicht, was in der Kolonialzeit vor sich ging: Spanische Priester ersetzten einheimische Gottheiten durch christliche Heilige, in der Hoffnung, die Bevölkerung werde die neuen „Gottheiten" so leichter akzeptieren. Während das Christentum sich in Form des **iberisch geprägten Katholizismus** als Religion durchsetzte, erhielten die Mutter Gottes und *Jesus Christus* Eigenschaften aus der einheimischen Götterwelt.

Der Dominikanerpater *Vicente Valverde,* der den Konquistador *Pizarro* (siehe Seite 49) begleitete, befürwortete die Ermordung des Inka *Atahualpa* auf der Grundlage eines auf Mordanklage gestützten Scheinprozesses. Als erster Mönchsorden widmeten die **Dominikaner** sich der „Indianermission", gefolgt von den **Franziskanern.** Die indigene Bevölkerung hatte keine Gelegenheit, sich mit der neuen Religion auseinanderzusetzen. Sie wurde in neu angelegte Reduktionsdörfer zwangsumgesiedelt und dort „missioniert". Diese flächendeckende **Missionierung im Andenhochland** ging einher mit der konsequenten „Ausrottung von Götzendiensten": Die Eroberer verboten Glaubensvorstellungen und religiöse Praktiken, zerstörten Anbetungsstätten und religiöse Zentren von regionaler Bedeutung. An den Kultstätten indigener Gottheiten bauten die Spanier christliche Kirchen, während andine Priester „heidnische" Praktiken unbemerkt weiterzelebrierten. Allerdings gaben sie den alten Gottheiten, aus Angst vor Folter und Tod durch Kampagnen zur „Ausrottung der Götzendienerei", christliche Namen. So verschmolzen alte Naturgottheiten mit christlichen Heiligen, *Maria* und *Christus* erhielten Eigenschaften andiner Götter und die Menschen schufen sich neue Heilsbringer, die teils andine, teils christliche Züge trugen. Bis heute stellt die **parallele Verehrung christlicher und nichtchristlicher Gottwesen** für die Menschen in den Anden, auf dem Lande und in der Stadt keinen Widerspruch dar.

Viele Menschen, die unter schwerer Ausbeutung litten, oft auch unter der Zwangsarbeit zusammenbrachen, suchten Trost bei dem neuen Gott. Wenn sie von ihren Vorgesetzten ausgepeitscht wurden, **identifizierten sie sich mit dem gegeißelten Christus.** Südlich von Cusco erschien einem Minenarbeiter, der vor den brutalen Peitschenhieben flüchtete, der gegeißelte Christus, aus dessen Wunden frisches Blut strömte. Pilger aus Südperu und Bolivien kommen seitdem jedes Jahr in die kleine Kirche, die erbaut wurde, wo einst der „Señor de Huanca" (span./quechua: „Herr vom Stein") erschienen war. Christus wurde auch zum Erlöser mit indigenen Charakteristika. Der „Señor de Qoyllur Rit'i" (quechua: „Herr vom Sternglanzschnee") wird in der Nähe einer der höchsten Berggottheiten *(Apu Ausangate)* und in Verbindung mit dieser auf der bedeutendsten jährlichen andinen Pilgerfahrt verehrt.

In einigen Gegenden des Andenhochlandes entstand als Gegenbild zum „bösen Christus", dem Symbol der Unterwerfung und des Völkermords ein mythisch heroisierter „Inkarebell". Dieser hatte halbchristliche Züge und wurde *Inkarrí* (Inkakönig) genannt. Der Legende zufolge soll er vom bösen *Ispañarrí* (Spanien-König) oder vom „bösen Christus" zerstückelt und weitverstreut vergraben worden sein. Unter der Erde soll er wieder zusammenwachsen und eines Tages als Heilsbringer wiedergeboren werden.

Einige Völker Amazoniens wurden im 16. und 17. Jahrhundert in das kolonial-spanische Wirtschafts- und Arbeitssystem einbezogen. In der Mitte des 17. Jahrhunderts errichteten **Jesuiten** am oberen Urubamba Zuckerplantagen, um ihre Schulen in Cusco zu finanzieren, gründeten aber dort damals keine Missionen. Andere Amazonasvölker wurden im 17. und 18. Jahrhundert von Franziskanern und Jesuiten missioniert, in der Regel ohne nachhaltigen Erfolg. Mitte des 20. Jahrhunderts begann das evangelikale Summer Linguistic Institute die Völker an Urubamba und Ucayali zu missionieren. Evangelikal-fundamentalistische Religionsgemeinschaften mit ausgebildeten Seelsorgern erzielten beträchtliche Bekehrungsresultate. Ihnen folgten katholische Missionsorden mit geringerem Erfolg in der Christianisierung, aber sehr aktiver Sozial- und Entwicklungsarbeit. Alle

Eine wilde Horde bringt eine neue Religion ins Land der Inka

Anlässlich des Festes der „Lieben Frau vom Berg Carmel" am 16. Juli wird in manchen Dörfern die Geschichte der Eroberung des Inkareichs aufgeführt: Während Inka Atahualpa im Gefolge seiner Getreuen würdevoll über den Dorfplatz schreitet, prescht eine wild-chaotische Reitertruppe, bestehend aus schmutzigen, schlampig gekleideten Männern mit schwarz bemalten Gesichtern – Pizarro mit seinen spanischen Soldaten –, vor und zerstört die Harmonie. Im Handumdrehen töten die Eindringlinge den Gottkönig und seine Armee. Ein als spanischer Priester verkleideter Bauer führt Massentaufen durch. Dabei bricht die auf dem Hauptplatz versammelte Dorfbevölkerung in herzhaftes Gelächter aus.

Christianisierungsprozesse haben jedoch die traditionelle Kosmovision mit ihren religiösen und mythischen Bezügen nicht vollständig zerstören können. Mit katholischen und evangelikalen Missionaren unterzeichnete das peruanische Erziehungsministerium ein Abkommen, das ihnen den offiziellen Auftrag gibt, die indigene Tieflandbevölkerung via Schulbildung im „westlichen" Wertesystem zu unterweisen. Die politischen Urheber dieser Maßnahme glaubten, die „unzivilisierten" Indigenen müssten erst in die peruanische Gesellschaft integriert werden. Die Idee, indigene Werte als gleichwertig in ein nationales Wertesystem zu integrieren, kam ihnen nicht. Die Schulen veranlassten viele Indigene, ihre halbnomadische Lebensweise aufzugeben. So ist die Sesshaftigkeit eine unmittelbare Folge der Missionierungsbestrebungen.

Das Christentum im heutigen Peru

Die Verfassung von 1993 garantiert den Peruanern Religionsfreiheit. Allerdings spielt die katholische Kirche bei wichtigen Ereignissen immer noch eine große Rolle. Das Gesetz sieht vor, dass die Teilnahme am katholischen Religionsunterricht in den Schulen freigestellt wird. Deshalb können Eltern anderer Konfessionen ihre Kinder in staatlichen und privaten nichtkonfessionellen Schulen vom katholischen Religionsunterricht befreien lassen.

Rund 80 Prozent der Peruaner sind **katholisch.** Ihr Anteil an der Gesamtbevölkerung sinkt zugunsten der Mitgliedschaft in evangelikalen Kirchen, insbesondere den Pfingstkirchen. Die in Peru entstandene messianische Bewegung der „Israeliten" (siehe Seite 223) verzeichnet in den letzten Jahren besonders großen Zulauf.

Aufgrund der Geschichte bleibt dem Katholizismus ein Sonderstatus erhalten. So ist es ein fester Brauch, dass jeder peruanische Staatspräsident am 28. Juli, dem Nationalfeiertag, einem vom Kardinal von Lima zelebrierten *Te Deum* beiwohnt und an allen wichtigen Feiertagen nehmen die peruanischen Streitkräfte an einer katholischen Messe teil. Die Militärkapläne sind katholisch. Bei der Einweihung von öffentlichen Gebäuden mit den Vertretern des Staates segnet ein katholischer Geistlicher das neue Gebäude.

Peru hat eine große Anzahl **katholischer Schulen,** die in der Regel privat sind, und mehrere private katholische Universitäten. Die katholische Kirche mit dem Erzbischof von Lima, den Bischöfen, Ordensvertretern sowie Vertretern in verschiedenen Gremien und auch die Vertreter des **Opus Dei** haben Einfluss auf Politik, Bildung und Wirtschaft. Die Befreiungstheo-

061pe-lg

logie spielt trotz ihres peruanischen Mitbegründers, *Pater Gutierrez,* keine bedeutende Rolle in Peru. Viele Dörfer werden von katholischen Priestern nur an großen christlichen Festtagen aufgesucht. Die Geistlichen zelebrieren dann die Messe und auch Taufen. So bezeichnen viele Leute in den Dörfern sich als katholisch, wissen aber nicht allzu viel über die Lehre der katholischen Kirche.

Allgemein spielen die christliche Religion und Ethik **im Alltag der Peruaner** eine bedeutende Rolle. Christlicher Glaube und Religiosität ziehen sich in Peru quer durch alle Schichten. Mehr Wohlstand bedeutet nicht weniger Religiosität. Die meisten Peruaner betrachten Gott als den Lenker ihres Schicksals. Manche ertragen ihre Armut dadurch leichter, dass sie Gott im Himmel, Christus oder Maria ihr Leid klagen. Der Glaube an Gott hilft den Menschen, schwierige Lebenssituationen zu ertragen und durchzustehen. Aus dem Gebet und dem Vertrauen auf die Hilfe von Gott, Christus, Maria und den Heiligen schöpfen viele Peruaner Kraft bei Krankheit oder Tod und die Hoffnung auf Rettung in Notsituationen.

Von den vorgeschriebenen Riten werden Taufe, Trauung und Beerdigung wichtig genommen. Dem allsonntäglichen Kirchgang oder der Beichte messen die meisten Peruaner keine große Bedeutung bei. Sie betrachten sich aber deshalb keineswegs als schlechte Christen.

Auf absolutes Unverständnis stößt allerdings das Bekenntnis, man sei Atheist. Das bekam der peruanische Schriftsteller *Mario Vargas Llosa* während seiner Präsidentschaftskandidatur zu spüren (siehe Seite 125).

Ein Curandero während eines nächtlichen Rituals

Evangelikale Glaubensgemeinschaften

In vielen Dörfern und städtischen Armenvierteln haben Menschen den Eindruck, dass der katholische Glaube ihnen keinen Ausweg aus dem Elend weist. Die Priester kommen zwar, um die Messe zu feiern und Kinder zu taufen, aber danach verschwinden sie wieder. Sie besuchen die Menschen nicht in ihren Hütten, essen nicht mit ihnen und bieten ihnen keine praktische Hilfestellung, die ihre Lage verbessern würde. Das Gefühl der dauerhaften Marginalisierung macht viele Menschen empfänglich für die Botschaften der „evangelikalen Kirchen", deren Vertreter mehr Zeit in den Dörfern verbringen. Seit dem Ende des 19. Jahrhunderts missionieren die Glaubensgemeinschaften der **Adventisten, Baptisten, Mormonen** und **Pfingstkirchen** *(pentecostales)*. Man schätzt, dass ungefähr 20 Prozent der peruanischen Bevölkerung evangelikalen Kirchen angehören. Den größten Erfolg verzeichnen die Pfingstkirchen. Dabei spielen auch **spektakuläre Heilungen** eine Rolle. Während beispielsweise in der Stadt Cusco der Katholizismus stark ist und Messen an den Vormittagen gut besucht werden, schwindet der Einfluss der katholischen Kirche in den umliegenden Dörfern. Dort gewinnen Adventisten, Zeugen Jehovas, Mormonen und andere an Einfluss. Ihre Musik und die Zeltlager für Jugendliche ziehen auch junge Menschen an. Frauen schätzen das Alkoholverbot der„neuen Religionen". Sie drängen ihre Männer, ebenfalls zu konvertie-

064pe-ah

ren, damit sie nüchtern weniger gewalttätig sind und ihre Frauen beim Verkauf landwirtschaftlicher Produkte auf dem Großmarkt unterstützen. In den Dörfern nimmt die häusliche Gewalt ab, wenn ein Paar konvertiert, denn die Glaubensgemeinschaften verpflichten sich dazu, ihre Mitglieder aufzuklären, Schulungen im Bereich vom Umgang mit häuslicher Gewalt und von Konfliktbewältigung durchzuführen und sich intensiver um solche Opfer zu kümmern. Da bei den traditionellen Dorffesten exzessiver Alkoholgenuss üblich ist, führt die Zunahme an Evangelikalen dazu, dass insgesamt weniger gefeiert wird und verbliebene Kulturtraditionen aus der Inkazeit verloren gehen.

Die „Evangelikale Vereinigung der Israelitischen Mission des Neuen Universal-Bundes"

Die christliche Religionsgemeinschaft „Asociación Evangelista de la Misión Israelita del Nuevo Pacto Universal", kurz **AEMINPU** genannt, entstand in Peru. Sie geht auf den quechuasprachigen Bauernsohn *Ezequiel Ataucusi Gamonal* zurück, der, 1955 durch schwere Krankheit geläutert, berichtete, Gott sei ihm erschienen und habe ihn beauftragt, die Menschheit zu evangelisieren und zu erretten.

1968 gründete **Ataucusi,** der eine Zeit lang zu den Adventisten gehörte und von diesen stark geprägt, vermutlich aber auch von den Zeugen Jehovas beeinflusst wurde, seine eigene Glaubenskongregation und begann mit der Bekehrungsarbeit rund um Lima.

Die **„israelitische" Gemeinde** nennt ihren Gott *Jehová;* in der Hauptstadt Lima besteht sie vor allem aus Zuwanderern aus den Anden. Äußerlich unterscheiden diese sich von ihren Landsleuten dadurch, dass die Männer ihren spärlichen Bartwuchs nicht abrasieren und die Frauen lange Gewänder tragen sowie ihr Haar stets bedecken. *Bruder Ezequiel* galt der Gemeinschaft als der „Christus des Ostens" und die Wiedergeburt Jesu Christi. Die „israelitische" Lehre bezeichnet die Peruaner als „einen der Stämme Israels" und erklärt Peru zum „auserwählten Land". Die Lehre basiert zu einem großen Teil auf dem Alten Testament. Materieller Reichtum gilt als erstrebenswert, solange die Anhäufung von Geld nicht den wichtigsten Stellenwert im Leben eines Menschen einnimmt. Dankbarkeit gegenüber Gott betrachten die Israeliten als oberstes Gebot. Sie kommt zum Ausdruck in Gebeten, Tieropfern, dem Studium der Bibel und den religiösen Hymnen, in denen sich andiner Huayno und Yaravi, die

[<] Katholische Kirche in Calca bei Cusco (Anden)

„Chicha"-Musik der Migranten und Rock vermischen. Den Samstag wahren die „Israelitas" als Ruhetag. Sie begehen einige christliche Feste wie Ostern oder Pfingsten und daneben eigene wie das „Fest des Mondes". Die Taufe wird erst ab dem achten Lebensjahr in aller Öffentlichkeit in einem Fluss vollzogen.

Da *Ataucusi* eine „alternative Gemeinschaft" aufbauen wollte, ohne Kriminalität und Gewalt, ohne „verlassene Ehefrauen" und „obdachlose Kinder", gelten für die Gläubigen **strenge Regeln.** Alkoholismus, Drogenkonsum und Ehebruch sind verboten. Der „Prophet" sprach sich sogar für die Einführung der Todesstrafe aus sowie für die Steinigung bei Ehebruch und das Abschlagen der Hand bei Diebstahl. Empfängnisverhütung lehnen die „Israelitas" ab. Das wichtigste Gesetz der Inka *„Ama suwa, ama qella, ama llulla"* (quechua: „Sei kein Dieb, kein Faulenzer und kein Lügner") haben sie übernommen. Arbeit, insbesondere landwirtschaftliche, hat einen hohen Stellenwert. Um eine Gesellschaft ohne Hunger und Armut zu schaffen mit dem Ziel der völligen Autarkie, gründete die Glaubensgemeinschaft in der peruanischen Hauptstadt Handwerks- und Handelsgenossenschaften und nahm im Amazonasgebiet die Urbarmachung und Besiedlung neuer Gebiete in Angriff. Dabei ging die israelitische Führung jedoch von falschen Voraussetzungen aus. Konflikte mit indigenen Ureinwohnern, Streitigkeiten untereinander sowie Hunger waren die Folgen dieser Siedlungspolitik. Die Glaubensgemeinschaft kritisiert die Macht der großen Konzerne und fordert die Verteilung von Nahrungsmittelüberschüssen an die Armen. Um ihre politischen Forderungen durchzusetzen, wurde 1984 eine eigene Partei gegründet, die FREPAP, und *Ezequiel Ataucusi* ließ sich 1990, 1995 und 2000 – jeweils völlig ohne Aussicht auf Erfolg – als Präsidentschaftskandidat aufstellen.

Das **Weltbild der „Israelitas"** gliedert die Geschichte der Menschheit in drei Zeitalter. Das erste begann mit Adam und Eva und endete mit der Sintflut. Das zweite ging von Noahs Nachkommen bis zur „Feuerflut" von Sodom und Gomorra. Das dritte begann nach Abraham und dauert bis heute an. Ein viertes Zeitalter lässt sich ihrer Meinung nach nur dadurch herbeiführen, dass die Menschen eine profunde Änderung ihres spirituellen Lebens und ihrer Moral vollziehen. Die Apokalypse am Ende des dritten Zeitalters kündige sich bereits an. Hungersnöte, Erdbeben, furchtbare Krankheiten (Pest, AIDS u. a.), Wolkenbrüche und Überschwemmungen würden die Menschen peinigen. Danach werde die Sonne der Erde so nahe kommen, dass jegliches Wasser versiegen sowie Ernten und Menschen verbrennen würden. Die „Israelitas" glauben, dass die Verschlechterung der Lebensbedingungen sowie die Zunahme der sozialen Konflikte in Peru besonders drastisch sind und dass deshalb die Rettung der Menschheit von Peru ausgehen wird. Nur durch die Schaffung einer gerechten Gesellschaft sowie von Frieden und Harmonie könne Gott motiviert werden, die Katastrophe abzuwenden und ein viertes glückliches Zeitalter anbrechen zu lassen.

Ataucusi wurde von seinen Anhängern vergöttert. Sie gingen davon aus, dass er am Kreuz sterben und am dritten Tag wieder auferstehen würde. Als der **„Prophet"** dann am 21. Juni 2000 an einem Herzinfarkt starb, balsamierten sie seinen Körper ein und betteten ihn in einen durchsichtigen Sarg. Als am dritten Tag nichts geschah und der Körper nach 14 Tagen verfiel, begruben sie ihn so wie andere Tote begraben werden. Noch zu Lebzeiten hatte *Ataucusi* seinen Sohn zum Nachfolger ernannt. Ihm hinterließ er ein beträchtliches Erbe, u. a. Grundstücke und Besitz im Ausland. Die Kritik der Medien hatte jedoch schon mit den Problemen der Urwaldsiedlungen eingesetzt. Schwere Vergehen wie Sexualdelikte wurden dem „Propheten" unterstellt; Untersuchungen erbrachten keinen Beweis. *Ataucusis* Sohn *Jonas Ataucusi Molina* bezeichnet sich selbst als Nachfolger des „Propheten". Es ist jedoch in Peru recht still geworden um die Glaubensgemeinschaft und es dringen nur noch wenige Informationen nach außen.

Die sakrale Welt

Peruanische Heilige

Ähnlich wie die Menschen auf der iberischen Halbinsel verehren die Peruaner eine Vielzahl von Heiligen. Die meisten **Heiligen wurden von den Spaniern mitgebracht.** Mithilfe von leicht zu transportierenden *retablos* machten die spanischen Priester die christlichen Heiligen bis ins abgelegenste Dorf bekannt. *Retablos* sind bunt bemalte verschließbare Holzkästchen, in deren Innern kleine aus Gips gefertigte Figuren auf der unteren Ebene das irdische Leben und auf der oberen Ebene Heilige darstellen. Heute sind die *retablos* Bestandteil der Volkskunst von Ayacucho und werden als Kunsthandwerk verkauft.

Peru hat auch eigene Heilige hervorgebracht. Die bekanntesten sind **Santa Rosa de Lima**, **San Martín de Porres** und **Sarita Colonia.**

Einfluss der Naturgewalten auf die Götterwelt

Wird die **Harmonie zwischen Mensch und Kosmos** beeinträchtigt oder das Gleichgewicht innerhalb der Natur gestört oder werden die Götter

017pe-ah

Santa Rosa de Lima

Die Tochter eines Puertorikaners und einer Limenserin ist die Schutzpatronin Limas (sowie der Philippinen). Außerdem verehrt die peruanische Polizei sie als ihre Patronin, deshalb wird am 30. August, am Todestag von Santa Rosa, auf den Polizeiwachen gefeiert. Bereits im Jahr 1671 heilig gesprochen, war Rosa die erste christliche Heilige der „neuen Welt". Sie verkörperte zu ihrer Zeit viele Eigenschaften der „idealen Peruanerin". Nach ihrem Eintritt in das Kloster der Dominikanerinnen in Lima verbrachte Rosa neben dem Beten einen großen Teil ihrer Zeit mit Hand- und Gartenarbeiten. Ihr Leben weihte sie ganz und gar Gott. Sie unterhielt eine natürliche Beziehung zur Gottesmutter, mit der sie täglich sprach, und zu den Engeln, besaß eine profunde Kenntnis der christlichen Lehre und hellseherische Fähigkeiten. Rosa tat oft Buße, fastete viel, legte sich selbst Kasteiungen auf und half den Armen. Nach ihrem Tod wurde die Nonne in ihrem Kloster in Lima begraben. In vielen Fällen, in denen sie angerufen wurde, wurden Kranke auf wundersame Weise geheilt. Das Dorf Quives, in dem Rosa konfirmiert wurde, ist heute ein beliebtes Ausflugsziel.

< Santa Rosa de Lima, eine der ersten christlichen Heiligen Perus

San Martín de Porres

Er wurde als uneheliches Kind eines spanischen Ritters und einer schwarzen Sklavin geboren. Der Vater schämte sich seines mulattischen Kindes. Der junge Martín erlitt aufgrund seiner Hautfarbe Beschimpfungen und wurde nach seinem Eintritt in das Dominikanerkloster nicht zum Priestertum zugelassen. Allerdings verwandelte der gelernte Bader durch seine Heilkräfte das Kloster in ein berühmtes Spital, in dem der Vizekönig ein häufiger Gast war und wo die Kranken, selbst wenn sie verschiedenen Ständen angehörten, in denselben Trakten untergebracht wurden. San Martín de Porres werden zahlreiche Wunder zugeschrieben. 1962 heilig gesprochen, zählt er zu den berühmtesten Heiligen des Landes. Außerdem ist er der erste „schwarze" Heilige der katholischen Kirche.

Die eigentlichen „Besitzer" des Ackerlandes

Viele Campesinos betrachten die Gentiles (vorchristliche „Heiden") als die eigentlichen Eigentümer des Ackerlandes. „Die Gentiles waren kräftige, fähige und fleißige Menschen, die in den Anden lebten, bis die spanischen Eroberer kamen. Sie verehrten Naturgottheiten wie Sonne und Mond. Als die Spanier kamen, hatten sie große Angst vor der Taufe. Sie glaubten, dass es Sklaverei geben würde. Deshalb töteten viele sich selbst. Andere glaubten, die schlimmen Zeiten würden eines Tages vorbei sein, und versteckten sich im Erdinnern. Es kam das Gesetz der Spanier. Dann wurde getauft. „Die Gentiles finden wir hier und dort, hier ein paar Knochen, da ein paar Knochen, einige Gebrauchsgegenstände oder Handarbeiten, Ponchos, Decken." Das berichtete 1990 eine Bäuerin in einem Andendorf.

Ein Gentil, der Eigentümer eines Grundstücks ist, muss von den Menschen, die es zum ersten Mal landwirtschaftlich nutzen, um Erlaubnis gebeten werden. Kokablätter oder Ähnliches müssen geopfert werden. Andernfalls kann der Gentil Rache nehmen und zum Beispiel ein Kind des Bauern erkranken lassen.

„Pariapunko" – der Wasserspender

Wenn im Oktober die Trockenzeit zu Ende geht, bitten die Bauern im Hinterland von Lima ihre alten Gottheiten um ausreichende Regenfälle, damit alles, was sie anbauen, gedeiht, sodass Menschen und Vieh genug zu essen haben. Während eines achttägigen Festes singen sie Lieder zu Ehren der Quellen, reinigen ihre Bewässerungskanäle und bringen den Gottheiten, die mit Quellen, Wasserfällen, Flüssen und dem Regen in Verbindung ste-

hen, Opfer dar. Die traditionellen Autoritäten begeben sich zur Höhle des Regenspenders Pariapunko. Im Innern der Höhle stoßen sie mit Schnapsgläschen an und rufen mit tiefer Stimme „Wasser Pariapunko!“ - das beflügelt ihre Hoffnung auf ein regenreiches Jahr. Meist fallen die ersten Tropfen bereits, wenn das Fest noch in vollem Gange ist.

Vom Blitz Getroffene

„Der erste Blitz tötet, der zweite zerlegt den Körper in Einzelteile, der dritte fügt die einzelnen Körperteile wieder zusammen und gibt dem Menschen seine ursprüngliche Gestalt zurück. Während seiner Bewusstlosigkeit erfährt der Auserwählte die Namen seiner Schutzgeister sowie der Apus (Berggottheiten), die ihn bei seinen zukünftigen Heilungen unterstützen werden.“ So schildern es traditionelle Heilkundige in den Departements Apurimac und Cusco.

Frauen sind unter den traditionellen Heilern selten. Grimalda war bereits im Mutterleib vom Blitz berührt worden: „Meine schwangere Mutter hatte sich während des Gewitters in eine Höhle geflüchtet, blieb aber unversehrt. Ich, von den Apus, den Berggöttern, auserwählt, arbeite mit Karten als Hilfsmittel, um die Zukunft vorauszusagen.“

„Pachamama“ – die Mutter Erde

Die Pachamama ist die am weitesten verbreitete andine Gottheit. Sie wird vor allem im südperuanischen Andenhochland verehrt. Im August kann sie den Menschen gefährlich werden und verlangt deshalb Opfer in Form von „despachos“, kleinen Päckchen, die alles enthalten, was die Göttin gerne mag, und die ihr traditionelle Heilkundige beim Ritual des „pago a la tierra“ („Zahlung an die Erde“) darbringen. Die Pachamama verlangt Respekt, weil sie die Menschen ernährt. Und weil sie sie so sehr liebt, verleibt sie sich sie manchmal ein. Dann stirbt die Person. Betreten Frauen die Eingeweide der Pachamama oder wühlen allzu habgierige Bergbauunternehmer intensiv in ihren Eingeweiden herum, rächt sie sich durch Erdbeben oder andere Naturkatastrophen.

Am 28. Juli 2001 feierte Alejandro Toledo, der erste indigene Staatspräsident, seine Amtseinführung nicht in Lima, sondern in Machu Picchu. Bei dieser offiziellen Zeremonie brachten andine Priester nach Inkatradition den Berggöttern und der Pachamama Opfer dar.

auf eine andere Weise erzürnt, rächen diese sich und bestrafen die Menschen. Die Örtlichkeiten, an denen die Götter sich aufhalten, gelten als heilig und dürfen von Menschen nicht leichtfertig betreten werden. Es gibt Naturgottheiten, die nach Opfern verlangen, wenn sie Regen schicken, Quellen oder Flüsse nicht versiegen lassen und dadurch eine gute Ernte ermöglichen sollen.

Aus **Furcht vor der Rache göttlicher Wesen** rotten Menschen in den Anden und im Amazonastiefland keine Tierart aus. Sie sind bemüht, die Gottheiten nicht zu erzürnen, um nicht krank zu werden, oder flehen sie mit der Hilfe eines traditionellen Heilkundigen um die Wiederherstellung ihrer Gesundheit an. Sie veranstalten Rituale für ihre Tiere. So bitten die Bauern im Andenhochland des Departements Lima am christlichen Johannistag am 24. Juni um Gesundheit und Fruchtbarkeit ihrer Tiere. Jedem Tier wird ein Stückchen aus dem Ohr herausgeschnitten, dieses wird im Boden begraben, sozusagen als Opfer für die Gottheiten, die für die Vermehrung der Tiere zuständig sind.

Manifestationen und Orte heiliger Kraft und Macht

Dem **Blitz** kommt als Naturgewalt eine besondere Bedeutung zu: Wenn der Blitz eine schwangere Frau berührt, ist das Kind nach der Geburt Mittler zwischen irdischer und überirdischer Welt. Wenn der Blitz den Menschen zerstückelt und dann wieder zusammensetzt, wacht dieser wieder auf mit der Fähigkeit, die Verbindung zur Götterwelt herzustellen; er wird zum Heilkundigen und Wahrsager. In einigen Regionen wird dem Donner besondere Verehrung zuteil. Innerhalb der Tierwelt nimmt der Kondor eine Sonderstellung ein: Götter, Heiler und Wahrsager können seine Gestalt annehmen.

Neben dem Blitz ist der **Regenbogen** (quechua: *kuychi*) (mit einer symbolischen Beziehung zur mythisch-kosmischen Schlange *amaru*) ein nicht ungefährliches Wesen.

Besonders geformte Felsen (quechua: *qaqa, wanka*), Quellen (quechua: *puqyu*) und Hochgebirgsseen (quechua: *qucha,* spanisch: *laguna, cocha*) sind göttliche, zumindest übermenschliche Wesen und damit zugleich heilige Orte. Die Seen, die in Beziehung zu den Berggottheiten stehen, sind wie diese männlich oder weiblich, oft eigensinnig oder eifersüchtig. Mit im Wasser golden und silbern funkelnden Gegenständen locken sie Menschen an, die sie haben wollen (als Sexual- bzw. Lebenspartner) und verschlingen sie mit plötzlichen Wogen, lassen sie nur sehr selten und nach einiger Zeit wieder entkommen, gewinnen sie meistens für immer. Ungewöhnlich geformte kleinere Steine oder Knollenfrüchte haben ihre eigene Mächtigkeit, werden zu sakralen Objekten.

Der Berggott „Wamani" verkörpert sich im „Scherentänzer"

In Ayacucho und Huancavelica weiht der Scherentänzer, der sogenannte Danzaq, sein Leben dem Wamani. Manchmal ist auch vom Pakt mit dem Teufel die Rede. Diese Inbesitznahme durch ein übernatürliches Wesen bei einer „Danza de la Tijera" („Tanz der Schere") zu beobachten, ist ein ganz besonderes Erlebnis.

Die akrobatischen Bewegungen des Danzaq werden immer mutiger, während Geige und Harfe immer schneller werden. Die beiden Hälften einer Riesenschere, die der Danzaq im Rhythmus bewegt und die unentwegt aneinander stoßen, klirren laut und schrill. Das Weinen der Geige wird penetranter. Nun gelangt der Scherentänzer in Trance; er sticht sich große Nadeln durch Wangen und Zunge, hängt gar Geige und Harfe daran auf. Viele Zuschauer leiden mit ihm; aber der Danzaq hat nicht wirkliche Qualen. Es fließt kein Blut.

Es ist nicht mehr der Tänzer, der sich bewegt, sondern der Wamani, der Berggott. Dem hat der Danzaq sich anvertraut, ihm hat er sein Leben geweiht. Der Wamani gibt ihm übernatürliche Kraft, deshalb spürt der Danzaq keine Schmerzen: Es fließt kein Blut und es bleiben auch keine Wunden zurück.

Immer wetteifern zwei Danzaqs miteinander. Am Ende geraten die beiden Tänzer in Ekstase. Die Zuschauer sind begeistert, applaudieren und leiden schon zu Beginn mit, wenn jeder Tänzer den anderen mit seinen akrobatischen Meisterstücken übertreffen will und sich beide heftig auf ihre Knie fallen lassen.

Wer als Kind von seiner Gemeinschaft zum Danzaq bestimmt wurde oder sich selbst dazu entschied und sein Leben lang das heilige Ritual der „Danza de la Tijera" vorführt, muss rein sein. Er muss ein vorbildliches Leben führen, darf nicht viel Alkohol und keine Drogen zu sich nehmen. Die „Danza de la Tijera" wird stets in der Öffentlichkeit aufgeführt. Dabei ist kein Ort zu heilig und keiner zu profan. Aber der Danzaq nimmt an christlichen Feiertagen nicht an der Festmesse teil, denn nach traditioneller Vorstellung hat er mit dem Herrn des Innern der Erde und der Bodenschätze, den die christliche Evangelisation mit dem Teufel gleichgesetzt hat, einen Pakt geschlossen, um übermenschlich virtuos tanzen zu können und möglichst auch zu siegen.

Berggötter

Mitunter bezeichnen traditionelle Heilkundige, die Mittler zwischen Mensch und Gott sind, den **„Roal"** als ihren höchsten Gott. Sie rufen ihn an bei Heilritualen oder wenn sie die Zukunft voraussagen wollen. „Roal", „Apu", „Auki" oder „Wamani" sind Gattungsnamen für die Gottheiten, die den Spitzen der hohen Berge innewohnen und mit ihnen identisch sind. Jeder von ihnen hat verschiedene Aufgaben und Zuständigkeiten. Solche Berge gibt es im ganzen Land. So kommt es, dass ein Heiler in Quillabamba den „Cerro San Cristobal" in Lima anruft. Mancherorts betrachten die Menschen es als Unrechtshandlung, wenn ein christlicher Priester einen „Apu" (Berggott) zu bezwingen versucht, indem er ein christliches Kreuz auf seiner Spitze aufstellen lässt. Jedoch wiegt der christliche Glaube im Endeffekt mehr als alte andine Vorstellungen: Als Papst *Johannes Paul II.* 1985 Cusco besuchte, protestierte niemand gegen die Errichtung eines Kreuzes auf dem Berg Saqsahuaman.

Traditionelle Weltsicht im Amazonasgebiet

Religiöse Orientierungen und Weltsicht der verschiedenen indigenen Völker im östlichen Tiefland Perus zeigen eine Vielfalt von Vorstellungen, Bildern, Symbolen, Ideen über Transformationen und damit verbundene Geschichten. Der innere Reichtum allein einer einzelnen Kultur und Sprache zeugt davon, dass es sich, wie schon im Andenraum, insgesamt um lange dauernde, zumindest mehrtausendjährige Prozesse der **Auseinandersetzung von Menschen mit Pflanzen- und Tierwelt, Naturkräften und übermenschlichen Phänomenen** (als Wesen erlebt) wie auch mit anderen Menschen handeln muss. Es zeigt außerdem, dass die Umgangsarten mit den natürlichen Gegebenheiten überwiegend erfolgreich und nachhaltig gewesen sein müssen.

Eine **Vielzahl von Buschgeistern** kann den Menschen überraschen, ihn krank machen und allmählich oder sofort töten. Die Anakonda, als im Wasser jagende Riesenschlange, hat kosmische Bezüge und wird im Fluss, in Fluss-Seen und an Ufern gefährlich; in mächtigen Strudeln kann man in eine Wasser-Unterwelt hinabgezogen werden. Im Wald werden nicht nur Jaguar, Puma, Giftschlangen und zwei Arten von in Rotten äußerst aggressiver Pekaris (Nabelschweine) gefährlich, sondern eine Vielzahl von Dämonen und Monstern. Dennoch ist der Wald als Nahrungs- und Rohstoffquelle wichtig. An bestimmten Flussabschnitten gewinnen die Frauen Lehm und Ton als Töpfererde für ihre Keramik. Der „Herrin" der Töpfererde und den „Herren" der (jagdbaren) Tiere (und mancher Bäu-

Der „Herr vom Sternglanzschnee" und die Eroberung der Kathedrale

Kurz nach der Niederschlagung des Aufstandes von José Gabriel Condorcanqui, der sich in Anlehnung an den inkaischen Widerstand gegen die spanische Eroberung Tupac Amaru II. nannte, erschien einem Hirtenjungen am 6340 m hohen Ausangate, dem zugleich ein Berggott („apu") innewohnt, das „Kind Emmanuel". Vor Fronleichnam begeben sich jährlich über 20.000 Pilger, Gläubige, Tänzer und Hunderte von sogenannten „ukukus" zu der in 4500 m Höhe gelegenen Kirche. Ukukus („Bärenmenschen") haben ihr Leben dem Berggott „Apu Ausangate" geweiht. Mit Trillerpfeifen musizieren sie in der Prozession, in der ein christlicher Priester das Sinnbild des „Señor de Qoyllur Rit'i" trägt. Nachts erklettern sie den Gletscher. Stürzt dabei ein Ukuku in die Tiefe, wird er zum Helden. Sein Tod gereicht der Bevölkerung seines Heimatdorfes zur Ehre und bei den folgenden Pilgerreisen führen die Tanzgruppen sein Foto mit auf den Berg. Der Apu verlangt seine Opfer und die Pilger lassen gern zu, dass er sich seine menschlichen Opfer nimmt. Die Gläubigen aus den vier „Suyus", den vier Teilen des Inkareiches, beten und büßen. Sie bitten um die Erfüllung ihrer materiellen Wünsche und nehmen das Gletscherwasser, dem Heilkraft zugesprochen wird, mit nach Hause. Fester Bestandteil der religiösen Zeremonien und einer fast endlosen Prozession ist eine Vielzahl andiner Tänze. Die urbane Reproduktion des Festes in Lima sind einwöchige Feierlichkeiten mit Messen und eine Prozession durch das Zentrum, an der über 5000 Gläubige teilnehmen sowie anschließende Festschmäuse und Tanzvorführungen zu Ehren der Christuserscheinung.

Als die Prozession mit etwa 5000 Menschen im Jahr 1998 die Kathedrale erreichte und die Gläubigen den Erzbischof von Lima am Fenster seiner Residenz neben der Kathedrale erblickten, riefen sie mehrmals laut: „queremos la catedral" („wir wollen die Kathedrale"). Angesichts des vehement geäußerten Wunsches beharrte der Erzbischof nicht länger darauf, die „heidnischen Riten und Volkstänze" aus der Kathedrale zu verbannen, sondern stellte sie für die quechuasprachige Messfeier, traditionelle Tänze und Musikbands zur Verfügung.

065pe-ah

me und Pflanzen) muss man danken und darf sie nicht verärgern. Dieser „Wildnis“ steht als „zivilisiert“ oder „kultiviert“ der (immer gereinigte) Platz menschlicher Behausung oder Siedlung sowie menschliche Anbaufläche (Pflanzung, Obst- und Gemüse-Garten) gegenüber. Diesen entsprechen andere übermenschliche Wesen mit auf sie gerichteten Riten. Wichtige soziale Einrichtungen und Verhaltensweisen, die Sexualität, die bedeutenden Anbaupflanzen, aber auch Fischfang, Sammeln, Jagd, natürliche Gegebenheiten, Flussverläufe und andere lebensrelevante Phänomene wurden nach mythischen Geschichten von vorzeitlichen Heroen eingeführt, geschaffen oder geordnet. Häufig waren dies menschengestaltige Zwillinge, die mächtige kosmische Jaguare oder Riesenschlangen bändigten, einsperrten oder töteten, mit anderen Wesen viel bösen Schabernack trieben, denen dennoch die Menschen (zumindest der eigenen Gemeinschaft) nahezu alles verdanken und die am Ende ihrer Taten und Wege zum Himmel aufstiegen, zu Morgen- und Abendstern oder Sonne und Mond wurden. Ihnen gilt zumeist keinerlei Kult, aber manchen Wesen der Wildnis, des Wassers, einigen Wetterphänomenen und Wesen der organisierten pflanzlichen Reproduktion gelten durchaus rituelle Aufmerksamkeit, zumindest aber Etikette- oder Vermeidungs-Regeln.

Für das Heilen von Krankheiten, die Abwendung von Schadenszauber und die Wiederherstellung gestörter Beziehungen zu übermenschlichen Wesen gibt es Spezialisten, die man aufgrund der von ihnen verwendeten Methoden (Hilfsgeister, magische Objekte, Ekstasetechniken) und dem Stil ihrer „Ursachenschau“ mittels Trance und „Seelenreise“ als **„Schamanen“** bezeichnen kann. Ein derartiger Spezialist, der fast immer „bei und von einem anderen gelernt hat“, hat manchmal auch soziale bzw. im Kern politische Macht. Er beschützt eine Gemeinschaft oder Verwandtschaftsgruppe, gilt aber Außenstehenden gleicher Sprache und Kultur häufig als schwarzmagischer Schadensverursacher und potenziell durch Hexerei Mordender. Bei Todesfällen kann in dieser Lebens- und Ideenwelt ein Spezialist häufig herausfinden, wer der hexerische Mörder ist. Bei Krankheiten kommt es darauf an, ob er in einem Kampf in tiefer Trance den anderen Zauberer besiegen kann.

Madonnenverehrung

Maria wird in manchen Gegenden liebevoll *Virgencita* (span.: „geliebte kleine Jungfrau“), *Mamacita* („kleine Mutter“), *Mamacha* („liebe Mutter“) oder *Mamacita Virgen* („Mütterchen Jungfrau“) genannt. Maria hat Verständnis für die Not der Menschen. Man kann sich bei ihr ausweinen und ihr von seinem Elend berichten. Ihr vertrauen die armen Menschen

062pe-ah

ihre Sorgen und Nöte an. Von ihr erhoffen sie sich Genesung oder die Erfüllung ihrer materiellen Wünsche, indem sie eine Marienstatue in einer Prozession ein Stück weit tragen, sie durch Tanz oder Gesang ehren, sie berühren oder ehrfurchtsvoll unter einem von ihr getragenen Mantel niederknien. Umgekehrt empfindet aber auch die Gottesmutter Mitleid für die Menschen. In den zahlreichen Verehrungs- und **Erscheinungsformen der Gottesmutter** verschmolzen christliche mit indigenen Glaubensvorstellungen. Peruanische Fernsehsender berichteten während der Wirtschaftskrise der 1980er-Jahre von weinenden Madonnenfiguren.

Marienfeste werden in der Regel mehrere Tage lang gefeiert. Dabei scheinen die von Musikkapellen, Tänzern und Sängern begleiteten Prozessionen den Gläubigen wichtiger zu sein als die abendlichen Messen.

Zu den **bekanntesten peruanischen Marienfesten** gehören das für die „Virgen de la Candelaria", das im Februar in Puno und Umgebung mehrere Tage lang zum wirtschaftlichen Stillstand führen kann, sowie das Fest der „Virgen del Carmen" bzw. „Mamacha del Carmen", das Mitte August in Paucartambo bei Cusco stattfindet. Solche Feste locken mit einem sensationellen Aufgebot an Tänzen, Wettkämpfen und Theateraufführungen Besucher an. Überregionale Bedeutung haben auch das Fest der „Virgen de la Nieves" in Tinta südlich von Cusco in der ersten Augustwoche, der „Virgen de la Natividad" am 8. September im Almudena-Viertel in Cusco und im Dezember das Fest der „Virgen de la Puerta", die die nordperuanische Stadt Otuzco im 17. Jahrhundert vor einem Räuberangriff bewahrt haben soll. Auch die aus Europa stammenden „Virgen de las Mercedes", „Virgen de Fatima" und „Virgen de Lourdes" werden gefeiert, letztere in der Woche vor Fronleichnam auf dem 6000 m hohen Ausangate.

Vor den Kirchen bieten fliegende Händlerinnen Heiligen- und Madonnenbilder an

Christus in Peru

Unter dem grausamen Regiment der neuen Herrscher wurde *Jesus* für die indigene Bevölkerung bald zum Trostspender. Bis heute identifizieren Menschen sich mit seinen Leiden, wenn sie unter der Last ihrer Arbeitsbedingungen zusammenbrechen. Dies entspricht der Tradition: Einem andinen Bergwerksarbeiter, der den Auspeitschungen seines Patrons nicht mehr standhielt und floh, erschien auf der Anhöhe von Huanca bei Cusco **der gegeißelte Christus,** aus dessen frischen Wunden Blut floss. An jener Stelle wurde eine Wallfahrtskirche gebaut und zum „Señor de Huanca" pilgern seitdem Menschen aus dem gesamten Bereich der südperuanischen Anden. Noch heute trifft man im Andenhochland auf Wallfahrten Campesinos, die unter Tränen über ihr Elend klagen und *Jesus* am Ziel ihrer Pilgerreise davon berichten möchten. *Christus* hat in Peru viele eigene Varianten, die auf geschichtliche Ereignisse wie große Erdbeben oder die Niederschlagung von Aufständen zurückgehen. Dabei vermischten sich Historie und Legende. In Cusco verehren die Menschen den „Señor de los Temblores" („Herr der Erderschütterungen"). Der „Señor de Qoyllur Rit'i" zieht in der Woche vor Fronleichnam Tausende Pilger an, die die mühsame Reise auf den über 6000 m hohen Berg Ausangate südwestlich von Cusco nicht scheuen. Der „Señor de los Milagros" („Herr der Wunder") wird im Oktober in Lima mit zahlreichen Prozessionen gefeiert.

Überall im Land nehmen die Menschen **die Karwoche, die „Semana Santa",** sehr wichtig. In dieser Zeit verlangt Jesus Christus auch den Ärmsten Opfer und Buße ab. In den Dörfern schleppen abgearbeitete, ausgemergelte Menschen in Bußgewändern, die sie bis auf Schlitze für die Augen verhüllen, zu herzbewegenden Melodien Traggestelle durch ihre Orte, auf denen sich Holzfiguren des gekreuzigten Christus befinden. Wie begehrt das Schultern der Christusstatuen ist, zeigt sich in den stetig wachsenden Mitgliederzahlen der Bruderschaften. Solche Bruderschaften, *hermandades* genannt, bereiten Feiern und Prozessionen vor. Sie engagieren Musikkapellen und Tanzgruppen, sorgen für die Verpflegung der Gläubigen und organisieren das Tragen der Statue. Meist werden die *hermandades* von *devotos* unterstützt, Spendern, die sich dem jeweiligen Christus besonders verbunden fühlen, weil sie ihm beispielsweise die wundersame Heilung von einer schweren Krankheit verdanken. **Großzügige Spenden** sind Ausdruck tiefer Religiosität. Gleichzeitig dienen sie dazu, erworbenen Reichtum und die eigene gesellschaftliche Stellung zur Schau zu stellen, ohne dass der Neid der Gemeinschaft auf sich gezogen wird. Außerdem steigern sie das Ansehen innerhalb der eigenen Gruppe. Deshalb wetteifern die *devotos* miteinander. Das erklärt, warum solche Feste in den Städten und von peruanischen Migranten im Ausland von Jahr zu Jahr pompöser gefeiert werden. An den Tagen vor Ostern finden in Lima, Cusco oder Ayacucho abends große Prozessionen statt. In Lima schreibt der Brauch vor, am **Gründonnerstag** sieben Kirchen zu besuchen. Am **Karfreitag** pilgern Tausende auf den mitten in der Stadt gelegenen Cerro San Cristobal, auf dessen Gipfel drei große Holzkreuze errichtet werden. Am Wegrand verkaufen Händler Glücksbringer, Getränke und Speisen. Auf dem schmalen Pfad, der nach oben führt, weichen die Leute zurück, um den Weg für *Christus* und sein Gefolge freizugeben. Römische Soldaten peitschen und geißeln den Mann mit dem Kreuz so heftig, dass er immer wieder stürzt. Auf dem Gipfel des Cerro San Cristobal wird die Kreuzigung *Christi* von einem oder mehreren peruanischen Schauspielern nachgestellt.

066pe-lg

An den ersten Maifeiertagen feiern die Menschen in vielen Orten die **„Velación de la Cruz“** oder **„Cruz Velacuy“** (*velar*, span.: „verhüllen“, „bewachen“). Dabei vermischen sich alte andine Glaubensvorstellungen mit dem Gedenken an die christliche Missionierung, bei der das Kreuz wichtigstes Symbol für die Unterwerfung der eroberten Bevölkerung war. Viele Kreuze waren von den Spaniern dort aufgestellt worden, wo sich „heidnische“ Heiligtümer befunden hatten.

Als um das Jahr 1600 für die nordperuanische Küstenregion eine schlimme Erdumwälzung mit Erdbeben und Fluten vorausgesagt wurde, begaben sich die Menschen zu einer Berggrotte, in der ein Eremit ein Kreuz errichtet hatte. Sie brachten das Kreuz ins Tal, feierten die Messe und brachten es dann wieder zurück in die Grotte. So wurde ihrer Meinung nach die Katastrophe verhindert. Um sich auch weiterhin des Schutzes dieser Christuserscheinung sicher zu sein, veranstalten die Menschen in der Gegend von Chiclayo jedes Jahr in der ersten Augustwoche eine Pilgerreise zu dem heiligen Berg. Dass die Schutzfunktion des Kreuzes im Volksglauben Erweiterungen erfährt, zeigen der Name eines nordperuanischen Busunternehmens, „Cruz de Chalpón“, oder die Namensgebung eines limensischen Armenviertels, das nach dem heiligen Berg **„Cruz de Motupe“** genannt wurde.

Der in Cusco verehrte „Señor de los Temblores“ (**„Herr der Erderschütterungen“**, siehe Seite 104) wird als Gekreuzigter durch die Straßen der Andenstadt getragen und alles, was Amt und Würde hat, wohnt der großen Prozession bei. Er soll die Menschen in Cusco vor Erdbeben schützen.

Der Gedächtnistag des „Señor de los Milagros“ (**„Herr der Wunder“**, siehe Seite 104) im Oktober gibt Anlass für eine der größten Prozessionen in Südamerika, bei der das Abbild des „Cristo moreno“ („brauner Christus“) auf einer zwei Tonnen schweren Sänfte 24 Stunden lang durch das Zentrum von Lima getragen wird. Die Prozession wird an mehreren Tagen wiederholt und bringt jedes Mal den Verkehr zum Erliegen. Das Abbild des Gekreuzigten geht auf die Wandmalerei eines aus Angola stammenden Sklaven zurück, die bei dem heftigen Erdbeben im Jahr 1746 unzerstört blieb. Die „Bruderschaft des Herrn der Wunder“, eine Initiative der schwarzen Sklaven, zieht inzwischen Mitglieder aus allen sozialen Schichten an, selbst Ex-Staatspräsident *Alan García* gehört zu ihren Mitgliedern. Frauen, die den *Senor de los Milagros* besonders verehren, tragen während des *mes morado* (violetter Monat) – so wird der Oktober genannt – eine violette Kutte.

◁ Die Prozession des „Herrn der Wunder“ gehört zu den größten in Südamerika

Die sakrale Bedeutung der Koka: Opfer und Orakel

Eine besondere religiöse Bedeutung haben im Andenhochland die Blätter der Koka, die bei sakralen wie alltäglichen Anlässen (Arbeitspausen) „gekaut" werden. Das **„Kokakauen"** ist aber eigentlich kein Kauen, sondern ein Auslutschen, indem im zentralen und südlichen Peru mittels kleiner Stückchen eines Aschekuchens aus bestimmten Pflanzen, in Nord-Peru mittels einer kleinen Portion gebrannten Kalks, zusammen mit dem Speichel geringe Mengen zweier Alkaloide aus dem in einer Backentasche eingeweichten und ausgedrückten „Blätter-Pfriem" gelöst werden. Es lassen sich keinerlei religiös-spirituell nutzbare oder sonstige Rauschzustände durch Koka erreichen, wie auch keinerlei wahrnehmungsverändernde, bewusstseinsmodifizierende oder Visionen erzeugende Wirkungen. Koka kann beruhigend und emotionell stabilisierend wirken, es kann Hunger- und Durstgefühle mindern und Schwächezuständen entgegenwirken.

In **Opferhandlungen** für andine Gottheiten spielen Koka-Blätter eine bedeutende Rolle. Die Pflanze selbst wird als ein göttliches Geschenk empfunden, sodass man von der Ernte an die Gottheiten Blätter zurückgibt. Außerdem dienen die Blätter in einem äußerst komplexen Deutungssystem (Farbe, Form, Ober-/Unter-Seite, Risse, Brüche und Lageposition geworfener Blätter) für eine traditionelle Form des Orakels, durch das religiöse Spezialisten Auskunft geben können über den Verbleib verloren gegangener oder gestohlener Tiere, Gegenstände etc., über Verursa-

067pe-ah

Mit Kokablättern und Maiskörnern sagt ein Dorfheiliger die Zukunft voraus

cher von Schadenszauber, kulturspezifische Erkrankungen, abwesende Angehörige und vieles mehr. In der gemeinschaftsstiftenden Funktion des Kokakauens – im Kontext wichtiger Feste, nach Gemeinschaftsarbeiten oder bei Dorfversammlungen – gibt es eine religiöse Dimension, wenn man anderen Blätter anbietet und von diesen dann wieder Blätter angeboten bekommt und nimmt.

Jahreszeitlich **wiederkehrende Riten,** die mit Aussaat und Ernte oder der Vermehrung der Nutztiere zu tun haben, sind ohne Koka-Opfer und Kokakauen unvorstellbar. Die rituelle und alltägliche Nutzung der Koka (die nur in den tief gelegenen Andentälern sowie in den Tälern der höher gelegenen Teile des Amazonasgebiets traditionell angebaut und gepflückt wird) ist – ebenso wie ihr Verkauf auf den regionalen und dörflichen Märkten – für die Hochlandbewohner in Peru und in Bolivien absolut legal.

Viele falsche Vorstellungen über Koka beruhen auf der **Verwechslung von Koka mit Kokain.** Das letztere wird zwar mittels chemischer Prozesse aus riesigen Mengen der ersteren gewonnen, stellt jedoch eine Substanz mit vollkommen anderer Wirkung dar. Kokain euphorisiert stark und der Gebrauch zieht – so ergaben Forschungen in den letzten Jahrzehnten– sehr gefährliche Langzeitwirkungen und Spätfolgen für Nervensystem, Herzfunktion, den Organismus und das Leben insgesamt nach sich. Im traditionellen Leben der andinen Bauern kommt Kokain nicht vor (es sei denn, sie werden als Migranten in den – illegalen – Anbaugebieten in die – vollkommen illegale und offiziell verfolgte – Produktion dieser Droge verwickelt). Somit gibt es auch keine Verwendung des Kokains zur Erzeugung von Visionen oder veränderten Bewusstseinszuständen bei den andinen Bauern.

Drogen für spirituelle Visionen und schamanistische Sitzungen

Zu Erzeugung von spirituellen Visionen, schamanistischer Trance und „übermenschlichen" Bewusstseinszuständen dienen im Andenhochland wie im Amazonasgebiet und im Bereich der Nordküste **verschiedene Pflanzen.** Bei der Einnahme von Blättern, Wurzeln, Strünken oder Früchten treten starke wahrnehmungs- und bewusstseinsändernde Wirkungen auf. Im Andenhochland sind dies vor allem der San-Pedro-Kaktus und die Brugmansia arborea (früher: Datura arborea; in Peru bekannt unter den Namen Huántuc oder Floripondio; bei uns als Zierstrauch oder -baum auch Engelstrompete genannt).

Im Amazonasgebiet wird aus verschiedenen Lianen der Gattung Banisteriopsis und anderen Pflanzen ein konzentrierter Sud hergestellt, der nach einer der namengebenden Lianen Yajé oder Ayahuasca genannt wird. Daneben gibt es noch weitere Pflanzen mit wahrnehmungs- und bewusstseinsverändernder Wirkung.

Alle diese Visionen erzeugenden **Pflanzen sind als hochgiftig einzustufen.** Ihr nach den traditionellen Vorstellungen richtiger Gebrauch bei verschiedenen indigenen Ethnien und Bevölkerungen ist kulturell eingebettet und kontrolliert und bedarf für jeden „Einzuweihenden" einer längere Zeit dauernden Anleitung durch einen religiösen Spezialisten. Unkontrollierter Gebrauch kann zu mehrfach bis immer wiederkehrenden „Horror-Trips", zur Auslösung von Psychosen, zum Gedächtnisverlust, zu bleibender Hirnschädigung oder im Extremfall zum Tod führen.

Magier und traditionelle Priester

In der Magie fließen in Peru christliche, orientalische und indigene religiöse Vorstellungen zusammen. In allen Schichten gibt es Menschen, die sich ihre Zukunft voraussagen lassen oder einen Zauberer beauftragen, mit einem Wunschpartner eine unauflösliche Liebesbeziehung herzustellen oder aber einem Feind Übles anzuhexen. So erfuhr die gesamte Nation via abendliche Fernsehberichterstattung vom Schicksal eines Textilunternehmers, dem von seiner neidischen Schwägerin angeblich eine seltsame Krankheit angehext worden war, an der er auf elende Weise zugrunde ging.

Gegenstände, von denen Heilkraft oder eine Schutzfunktion ausgehen soll, sind Talismane oder metallene Fingerringe, an denen Verwünschungen abprallen sollen. Die in den Anden innen über der Eingangstür aufgehängte Aloe Vera soll die Familie vor Schadenszauber schützen: Vertrocknet die Pflanze schnell, so wird das als Zeichen dafür gewertet, dass neidische Bekannte Schadenszauber in Auftrag gegeben haben.

Die Magier sind Menschen mit **anerkanntem religiösen Sonderstatus,** die je nach Landesregion unterschiedliche Aufgaben haben und deren Bezeichnungen variieren: Der Begriff *Brujo* (spanisch: Hexer) bezeichnet an der nordperuanischen Küste alle Heilkundigen, *Brujo* oder *Layqa* (quechua: Hexer) steht allerdings in anderen Regionen nur für Spezialisten, die Schadensmagie ausführen. *Curandero* (Heiler), *Curioso* (kleiner Heiler, Mensch mit Wissensdurst) oder *Hampiq* (quechua: Heilkundiger) sind allgemeine Bezeichnungen. Die Begriffe *Paqo* (Priester), *Pampamisayoq* (andiner Priester mit begrenzter Kompetenz) oder *Altomisayoq* (andiner

Priester mit höchster Kompetenz) verwendet man in der Region Cusco. Von *Shamenes* spricht man in einigen Tieflandregionen, neuerdings aber auch im Andenhochland.

Das große **Interesse esoterisch orientierter Touristen** hat in den letzten Jahren das Heiler- und Schamanenwesen zu einem blühenden Geschäft werden lassen. In Amazonien wie im Andenraum und auch in Lima kann man sich gegen Bezahlung als „Schamane" ausbilden lassen oder zum „spirituellen Heiler" initiieren lassen, ohne die Glaubensvorstellungen der jeweiligen Gruppe zu teilen.

Magie im Geschäft

Bei der Eröffnung eines Geschäftes werden manchmal spezielle Rituale durchgeführt. Sie können indigenen, christlichen oder auch asiatischen Ursprungs sein. Es werden dabei Schutzgottheiten angerufen oder Götter beschwichtigt. Dadurch sollen Geld und Kunden angezogen, Misserfolg und Pech abgewendet werden. Viele Taxi- und Busfahrer hängen christliche Symbole oder kleine Heiligenfiguren an ihre Frontscheibe, weil sie sich davon besonderen Schutz versprechen.

Sowohl für den Taxifahrer als auch für den kleinen Geschäftsmann ist der erste Kunde besonders wichtig. Sobald dieser bezahlt hat, bekreuzigt sich der Händler oder spricht ein Gebet, damit ihm Gottes Glück während des ganzen Tagesgeschäftes zuteil wird. Damit das geschäftliche Glück sich besonders schnell einstellt, ist so mancher Geschäftsmann bestrebt, das erste Geschäft möglichst früh und schnell abzuschließen. Dem Kunden bleiben dann oft Preisverhandlungen erspart und er bekommt einen günstigen Preis.

¡QUE VIVA
TODOS LOS
PUEBLOS
INDIGENOS
Y SU
COSMOVISION!

Wirtschaft

◁ Ein Plädoyer für die Lebensweise und Weltanschauung der Amazonasvölker (091pe Foto: ah)

Lateinamerikanischer Tiger mit divergierenden Wachstumsideologien

Peru gehört zu den **dynamischsten Volkswirtschaften Lateinamerikas.** Pro Jahr wächst die Wirtschaft durchschnittlich um vier bis sechs Prozent. Unter Einbeziehung der Schattenwirtschaft ist das Wachstum allerdings noch höher. Unmittelbar nach der Einführung der neoliberalen Wirtschaftspolitik im Jahr 1990 lag das Wachstum sogar noch höher. Damals schenkte das Bild vom „südamerikanischen Tiger" den Peruanern mehr Selbstbewusstsein, hatte doch jahrezehntelang die Vorstellung vom „Bettler, der auf einem Goldberg sitzt" und seinen Reichtum nicht zu nutzen weiß, die von Selbstmitleid bestimmte Sicht der Peruaner auf ihre wirtschaftliche Lage beeinflusst. Seitdem der italienische Forscher und Perureisende *Antonio Raimondi* Mitte des 19. Jahrhunderts die bereits vor seiner Ankunft in Peru geprägte Aussage *„el Perú es un mendigo sentado en un banco de oro"* bekannt gemacht hatte, entschuldigten Journalisten und Politiker damit geringes Wirtschaftswachstum oder Mangel an unternehmerischem Mut. Beides wurde als unabänderliche Folge kolonialer Strukturen gesehen und führte bei vielen Menschen sogar zu einer fatalistischen Arbeitseinstellung.

Der *fujichoque* im Jahr 1990 (siehe Seite 63 und Seite 126) kehrte das ins Gegenteil um. Die **wirtschaftliche Liberalisierung** zog Massenentlassungen nach sich und schuf gleichzeitig Möglichkeiten, das eigene Gehalt durch Eigenleistung zu verbessern und den wirtschaftlichen Aufstieg zu beschleunigen. Motivation und Disziplin stiegen überall, wo Menschen abhängig beschäftigt waren. Postkarten und Publikationen, erhältlich in Buchhandlungen oder bei Straßenhändlern und an Zeitungskiosken, sowie ein in Peru nie dagewesenes Angebot an Weiterbildungsveranstaltungen verbreiteten die Überzeugung, der Glaube an die eigenen Fähigkeiten könne Berge versetzen. Die Jugend wurde aufgefordert, schlummernde Führungsqualititäten in sich zu entdecken und zu nutzen. Die Kaufhauskette E.Wong richtete für ihre Angestellten Schulen ein, in denen diese sich persönlich und beruflich weiterbilden konnten, und prämierte regelmäßig die/den „Angestellte/n des Monats". Viele Firmen belohnten leistungsbereite Angestellte, indem sie ihnen Weiterbildungskurse finanzierten. Dadurch wurden Anreize zu hoher Leistungsbereitschaft geschaffen und auch das Selbstvertrauen in die eigenen Fähigkeiten gestärkt. Perus Wirtschaft wuchs damals um acht Prozent im Jahr. Es gilt seit 1990 als **lateinamerikanisches Vorzeigeland** für Fiskaldisziplin mit guten Devisenreserven, geringer Staatsverschuldung und Geldwertstabilität.

Regionale Produkte für den Export

Durch die Steigerung der Wettbewerbsfähigkeit, die Förderung von Auslandsinvestitionen und die Ausfuhr von Rohstoffen erhöhten sich die **Exporte,** wozu zusätzlich gute Weltmarktpreise beitrugen. Ende 2015 verzeichnete der **Bergbau** ein Wachstum von 22 Prozent. Der offizielle Bergbau beschäftigt 3 Millionen Menschen, erwirtschaftet 22 Prozent des Bruttoinlandsprodukts und macht 60 Prozent der Exporte aus. Peru ist heute weltweit größter Produzent von Silber und steht bei der Kupferförderung an zweiter, bei der Förderung von Zinn an dritter und bei der Förderung von Gold an fünfter Stelle.

Auf viele Jahre angelegte Investitionen in die Rohstoffförderung kurbeln nachhaltiges Wachstum an. Einkommen und Kaufkraft steigen. Neue Investitionen in Bildung und Infrastruktur werden möglich. Deshalb plädieren Wirtschaftswissenschaftler für noch mehr Auslandsinvestitionen und die Politik schafft Anreize dafür. Darüber, ob die groß angelegten Rohstoffprojekte jedoch dem Land letztlich gut tun, sind die Peruaner unversöhnlich zerstritten. Der **Wohlstand** der städtischen Bevölkerung, insbesondere der Mittel- und Oberschicht, hängt eng mit der **Zerstörung von Lebensgrundlagen** in ländlichen, ärmeren Gebieten zusammen. Dort versuchen Bevölkerungsgruppen, neue Rohstoffabbauprojekte zu verhindern, weil sie die Beeinträchtigung der Qualität ihres Trinkwassers, die Verseuchung der Böden und die Schadstoffbelastung der Luft fürchten und weil abzusehen ist, dass gegen die strengen Umweltauflagen des peruanischen Gesetzes verstoßen wird. (Ausführliche Informationen dazu finden sich im Kapitel „Umweltschutz und Umweltzerstörung“ ab Seite 110 sowie im Kapitel „Der peruanische Dschungel“ ab Seite 159.) Wo der Staat den Protesten nachgibt, kommen die

Lastwagen sind das gängige Transportmittel für Menschen, Tiere und Waren im Landesinnern

069pe-ah

großen Projekte nicht zustande. Dann – so argumentieren ihre Befürworter – ruft dies kleine schattenwirtschaftlich agierende Unternehmer auf den Plan, die über keine moderne Technologie verfügen, weder Umwelt- noch arbeitsrechtliche Auflagen beachten und auch keine Steuern zahlen. Teilweise schuften die Arbeiter unter katastrophalen Bedingungen bei unregelmäßigem Einkommen. Die peruanische Regierung versucht seit Jahrzehnten, die Vorgaben für die informellen Kleinbetriebe zu formalisieren und sie steuerrechtlich zu erfassen. Gegen die kleinen Goldgewinnungsbetriebe gibt es keinen Protest, weil die Bevölkerung auf gewisse Weise direkt vom **Goldabbau** profitiert.

Erdöl spielt bei den Exporten eine geringere Rolle und nur 42 Prozent des nationalen Bedarfs an Diesel und Benzin werden in einheimischen Raffinerien produziert.

Die Landwirtschaft beschäftigt heute nur noch 21 Prozent der arbeitsfähigen Bevölkerung. Das hängt auch damit zusammen, dass die mühsame Arbeit in den Bauerndörfern für die Subsistenzbauern nicht einmal so viel abwirft, wie sie für ein menschenwürdiges Leben benötigen. (Detaillierte Informationen hierzu finden sich auch in den Abschnitten „Bevölkerung der Anden“ ab Seite 80 und „Die ‚comunidad campesina‘“ ab Seite 155). Mit der **Exportlandwirtschaft** geht es hingegen aufwärts. Der Landwirtschaftssektor erwirtschaftet neun Prozent des BIP und macht elf Prozent der Exporte aus. Im 19. Jahrhundert war Peru zu einem der

070pe-lg

wichtigsten Lieferanten von Rohrzucker aufgestiegen. Dem setzten die Enteignungen im Zuge der Agrarreform ein jähes Ende. Erfolgreiche Unternehmer wie die deutschstämmige Familie *Gildemeister* verließen das Land. In Folge der Umwandlung in Kooperativen und aufgrund der Überalterung der Anlagen **sank die Zuckerproduktion drastisch.** Heute kann Peru sich nicht mehr selbst mit Zucker versorgen.

85 Prozent der landwirtschaftlichen Exporte machen Kaffee, Tafeltrauben, Spargel, Avocados und Quinoa aus. Peru ist heute der wichtigste Exporteur von frischem, konserviertem und tiefgefrorenem **Spargel.** Quinoa wird in Peru seit etwa 6000 Jahren angebaut. Sie hat einen Eiweißgehalt von 11 bis 18 Prozent und enthält viele Aminosäuren in einer für den menschlichen Organismus optimalen Form. Dazu kommen Mineralstoffe wie Magnesium, Vitamine und Fettsäuren. Der Anbau hat sich von 2000 bis 2013 um 40 Prozent erhöht, aber ein Großteil davon geht in den Export, vor allem in die USA sowie nach Japan und Deutschland. Auch in der Türkei schätzen die Menschen das Inkakorn. Die Kleinbauern selbst hingegen, die das Korn in den Anden anbauen, schätzten es als Nahrungsmittel lange gering und konsumierten als Beilagen lieber Reis und Nudeln. Als die amerikanische Raumfahrt Mitte der 1990er-Jahre Quinoa als ideale Astronautennahrung entdeckte, vervielfachte sich der Preis. 2013 riefen die Vereinten Nationen das **Jahr der Quinoa** aus. So entstand in den Anden ein neues Bewusstsein für den Nährwert der Quinoa. Auch die Sterneköche von Lima bereiten teure Gerichte mit Quinoa zu.

1000 Jahre später begannen die Bewohner der peruanischen Küstenregion, **Baumwolle** anzubauen. In den präkolumbischen Kulturen und unter den Inka fertigten die Menschen daraus kunstvolle Textilien. Seit der Agrarreform hat die Fläche, auf der Baumwolle angebaut wird, abgenommen. Mit den niedrigen Weltmarktpreisen können die hochwertigen peruanischen Baumwollarten – insbesondere die langfasrige Pima – nicht konkurrieren. Dennoch wurden bei der Weiterverarbeitung hochwertiger Baumwolle die langjährigen Verluste durch Enteignungen und veraltete Technologien überwunden. Moderne Baumwollspinnereien bedienen einen exklusiven Markt im In- und Ausland. Die asiatische Konkurrenz und billige Importtextilien aus den USA stellen eine zunehmende Herausforderung insbesondere für die kleinen Textilfirmen dar. Für sie wird die Konkurrenz mitunter lebensbedrohlich, wenn nicht gar tödlich.

[<] Im Amazonastiefland werden Waren meist in Booten über die Flüsse transportiert und manchmal gleich am Ufer verkauft

Mit seiner modernen Fischfangflotte reiht Peru sich in die größten **Fischereinationen** weltweit ein. Andererseits gehören zwei Drittel der Boote Kleinfischern, die teilweise ohne Genehmigung operieren. Die peruanische Kriegsmarine hat die Aufgabe, darüber zu wachen, dass ausländische Fischer die Konzessionen beachten und die Meeresgrenzen respektieren, also unzulässiges Eindringen zu verhindern. Allerdings unternahm die Kriegsmarine in mehreren Fällen, in denen Verstöße angezeigt wurden, nichts. Wo Geld fließt, schauen die Offiziere gern einmal weg, und die Beschwerden der kleinen Fischer werden von der Politik nicht ernst genommen.

Auf gleichbleibende Verdienstmöglichkeiten kann im Fischereisektor niemand vertrauen. Bedingt durch das Niño-Phänomen und die in unre-

Produkte für den Weltmarkt

Mit der Gier nach Gold und Silber begann Europas Interesse an den Reichtümern Perus. Von den Männern aus den Andendörfern, die zur Arbeit in den Bergwerken gezwungen wurden, kamen Tausende zu Tode. Bei der Eroberung im Jahr 1532 hatte das Inkareich ca. neun Millionen Einwohner. 1720 lebten im selben Gebiet nur noch 600.000 Nachkommen der Ureinwohner. An der Ausfuhr von Guano (Düngemittel aus den phosphor- und stickstoffhaltigen Ablagerungen der Exkremente von Seevögeln) nach Europa verdienten Mitte des 19. Jahrhunderts sowohl peruanische als auch europäische Kaufleute. Chinesische Kulis kratzten unter härtesten Arbeitsbedingungen den salpeterhaltigen Dung von den kahlen Inseln an der peruanischen Küste. Mit dem Anbau von Baumwolle und Zuckerrohr im großen Stil wurde der Guano auch innerhalb Perus wichtig.

Am Ende des 19. Jahrhunderts wurde in Peru wieder ein Produkt entdeckt, das auf dem Weltmarkt heiß begehrt war: In- und ausländische Händler profitierten vom Export des Kautschuks. Um eine hohe Produktion zu erzielen, überfielen die „Kautschukbarone“ indigene Dörfer, brachten Alte und Schwache um und verschleppten Kräftige und Arbeitsfähige zur Zwangsarbeit. Sie heizten alte Feindschaften zwischen Tieflandvölkern wieder auf, sodass diese sich gegenseitig überfielen und ihre Gefangenen an die Kaufleute verkauften. In jener Zeit wurden einige Völker fast völlig ausgerottet. In der Urwaldstadt Iquitos gab es unterdessen Familien, die im Geld schwammen. Da die Region sich der Kontrolle der peruanischen Regierung entzog, nahm in der weit entfernten Landeshauptstadt kaum jemand wahr, was im Tiefland geschah. Nachdem der Kautschukbaum

gelmäßigen Abständen wiederkehrende saisonale Erwärmung des sonst kalten Pazifiks vor der peruanischen Küste verändert sich der Fischbestand in manchen Jahren. Dann verfügt das Fischereiministerium Fangeinschränkungen oder Fangverbote. Dadurch hat auch die verarbeitende Industrie in nicht vorhersehbaren Abständen immer wieder Produktionseinbrüche zu verkraften.

Bei **Sardellen (Anchovis)** werden Fangquoten häufig übergangen. Die 20 Zentimeter langen Tiere bilden das Rückgrat der peruanischen Fischindustrie, wird aus ihnen doch Fischmehl hergestellt für den Export nach Deutschland, China sowie in andere Länder, in denen es in der Schweinemast und Aquakultur eingesetzt wird. Die Fischmehlproduktion ist bedingt durch Fangquoten und das Niño-Phänomen extremen Schwanken

nach Asien geschmuggelt und dort erfolgreich angebaut und genutzt wurde, war der peruanische Kautschuk auf dem Weltmarkt nicht mehr konkurrenzfähig.

In der zweiten Hälfte des 19. Jahrhunderts stieg Peru zu einem der wichtigsten Lieferanten von Rohrzucker auf. Die Baumwollexporte schwankten hingegen beständig in Abhängigkeit vom Bedarf der Industrieländer, der Bauwollproduktion in den USA, der Entwicklung neuer Technologien sowie Kriegen und Weltwirtschaftskrisen. Die Enteignungen im Zuge der Agrarreform der 1970er-Jahre sowie die Überalterung der Anlagen und Missmanagement in der Folge beendeten den erfolgreichen Export dieser beiden Agrarprodukte. Wo einst Baumwolle angebaut wurde, breiten sich heute Reisfelder aus. Mit Zucker kann Peru sich nicht einmal mehr selbst versorgen. Am Ende der Amtszeit von Präsident Fujimori wurde ein Reprivatisierungsprogramm der Zuckerkooperativen in die Wege geleitet. Es zeichnet sich jedoch nicht ab, dass die peruanische Zuckerindustrie wieder international wettbewerbsfähig wird. Zudem ist die Durchführung der Privatisierungen problematisch, weil die Arbeiter der Kooperativen Aktien besitzen und hohe Entschädigungen erwarten.

Moderne Baumwollspinnereien machen es sich zum Ziel, einen exklusiven Markt zu bedienen – ihre einzige Chance gegen die asiatische Konkurrenz. Peruanische Qualität soll im In- und Ausland erkannt und geschätzt werden. Zu diesem Zweck wurde das Label „Made in Peru“ eingeführt.

Deutschland importiert aus Peru vor allem Kupfererze und ihre Konzentrate, Kupferanoden, Kaffee, Fischmehl und Spargel. Seit den letzten Jahrzehnten des 19. Jahrhunderts setzt Peru vor allem auf die Förderung und den Export von Rohstoffen wie Gold, Silber, Kupfer oder Zinn.

unterworfen. Neben der Fischmehlproduktion sind Nahrungsmittel- und Getränkeherstellung, Düngemittelherstellung, Zuckerrohrverarbeitung, Textilbranche und Autozulieferindustrie **die wichtigsten Industriezweige.** Die Industrie konzentriert sich auf die Küstenstädte Lima, Chimbote, Chiclayo und Trujillo und hat einen Anteil von 22 Prozent am Export.

Bei einer Reise durch die südperuanischen Anden sieht man manchmal Bäuerinnen kleine Insekten von Tuna-Kakteen abrupfen. Vor den Augen des Fremden knacken sie ein Tierchen mit den Nägeln auf und sobald die tiefrote Farbe herausquillt, erklären sie stolz: „Daraus werden Lippenstifte gemacht." Mit dem aus weiblichen Cochinille-Schildläusen gewonnenen **Karmin** färbten schon die Peruaner in präkolumbischer Zeit Textilien und die Spanier waren die ersten Europäer, die mit Karmin handelten. Heute wird peruanisches Karmin als Kosmetik- und Lebensmittelfarbstoff genutzt und ist Bestandteil von Malerfarben. Die Pharmaindustrie verwendet Karmin bei der Herstellung von Dragees, Tabletten oder Salben. Peru hält 80 Prozent an der Weltproduktion von Karmin.

Für die Erhaltung der Gesundheit liefert Peru dem Weltmarkt zwei hocheffiziente Pflanzen: Katzenkralle *(uña de gato)* und Maca. Die Wirkung der Katzenkralle wurde an peruanischen Universitäten pharmakologisch erforscht. Die Wurzel stärkt nicht nur das Immunsystem, sondern wirkt auch entzündungshemmend und antileukämisch. Auch der Maca, die die Andenbauern seit ungefähr 2000 Jahren anbauen, wird die Stärkung des Immunsystems zugeschrieben sowie eine Steigerung von Leistungsfähigkeit, Belastbarkeit und Fruchtbarkeit. Außerdem soll sie das sexuelle Verlangen steigern. *Eliane Karp,* die spätere Präsidentschaftsgattin, kochte die Knolle vor Wahlkampfauftritten für ihren Mann *Alejandro Toledo.* Auf peruanischen Märkten kann man sie als Wurzel kaufen. Einheimische Pharmabetriebe stellen aus der Wurzel Tabletten und Dragees her. Diese sind auch im Ausland erhältlich.

Baubranche, Tourismus, Banken und Emigration

Ein wichtiger Indikator für wirtschaftlichen Aufschwung ist das Wachstum des Bausektors. In Lima zeigen Angehörige der städtischen Mittel- und Oberschicht ausländischen Besuchern gern die Villenviertel oder die architektonisch interessanten neuen Apartmenthäuser in den reichen Stadtvierteln. Auch in den ärmeren Vierteln wird überall gebaut. Die Baubranche verzeichnete über viele Jahre hohe Wachstumsraten. Erst seit 2015 werden weniger Apartmenthäuser gebaut, weil Käufer ihre Raten nicht mehr bezahlen können. Der Neubau von Einkaufszentren mit ausländischem Kapital hält unterdessen an und weitet sich auf die Städte im Landesinnern aus. Man kann davon ausgehen, dass dies insbesondere Städte betrifft, in denen ein Teil der Bevölkerung **am Drogenhandel verdient** und somit Geld zum Ausgeben hat.

Drittgrößter Devisenbringer ist der **Tourismus.** Der Anteil des Binnentourismus ist mit 65 Prozent hoch und die Anzahl der ausländischen Besucher steigt stetig. Die meisten kommen aus Chile und den USA, die Europäer vor allem aus Italien, Deutschland, Frankreich und Spanien. 2015 besuchten fast vier Millionen Touristen Peru, was einer Steigerung von acht Prozent gegenüber dem Vorjahr gleichkam. Die staatliche **PromPerú** fördert Exkursionen, bei denen Touristen am Alltag der bäuerlichen Bevölkerung teilnehmen können. Eine kleine Zahl einheimischer und ausländischer Reiseveranstalter bemüht sich um nachhaltigen und verantwortungsvollen Tourismus. Diese Agenturen raten Touristen, nicht das billigste Angebot zu nehmen, sondern nachzurechnen, ob bei dem, was man bezahlt, Einheimische überhaupt menschenwürdig bezahlt werden können. (Weitere Informationen auch im Abschnitt „Drogen und Tourismusindustrie" ab Seite 116 und auf S. 161).

Zu den Gewinnern des Wachstums gehören die peruanischen **Banken,** die ihren nationalen und internationalen Besitzern vergleichsweise hohe Gewinne bescheren. Nach internationalen Standards gelten sie als äußerst solvent.

Zehn Prozent der peruanischen Bevölkerung leben **dauerhaft im Ausland.** Zwischen 1980 und 2012 sind zweieinhalb Millionen Peruaner ausgewandert, weil sie in Peru keine Chancen für sich und ihre Familien sahen, keine Arbeit fanden oder zu wenig verdienten. Ihre Überweisungen sind eine wichtige Einnahmequelle für das Land.

Armut, Wohlstand und Wirtschaftswachstum

Zwischen 2008 und 2015 stieg das durchschnittliche jährliche **Pro-Kopf-Einkommen** von 4200 auf 6600 US-Dollar. In den Städten steigt die Kaufkraft sichtbar und zwar in allen Schichten. Trotzdem kommt das positive Wachstum nur teilweise bei den unteren Schichten an. Offiziellen Statistiken zufolge hat die Armut in den vergangenen Jahrzehnten stark abgenommen, aber viele trauen diesen Statistiken nicht. Wer ganz unten ist, beteuert gar, die Armut sei nicht reduziert worden, sondern sie werde nur übersehen, weil arme und reiche Peruaner einander ignorieren.

071pe-ah

Manche Menschen in den unteren Schichten, denen ein Überleben mit ihrer normalen Arbeit unmöglich erscheint, suchen nach Wegen, um schnell zu dem Reichtum zu gelangen, den ein Teil ihrer Landsleute genießt, als sei es das Selbstverständlichste. So koexistieren nach wie vor formale und Schattenwirtschaft, die den Handel mit Drogen einschließt.

Dass nicht die Profiteure den Preis für das positive Wirtschaftswachstum zahlen, erlebten indigene Völker wie die **Huitoto** im 19. Jahrhundert. Damals führte die Kautschukproduktion dazu, dass sie fast vollständig ausgerottet wurden. Heute befürchten Tieflandethnien und Andenkommunen **katastrophale Folgen durch die Gold-, Erdöl und Erdgasgewinnung, den Abbau von Tropenhölzern sowie die großflächigen Waldrodungen** zugunsten der Gewinnung von Palmöl für den Export. Diese katastrophalen Folgen sind zu einem erheblichen Teil bereits bittere Realität geworden.

Aufsteigen um jeden Preis – von der Schattenwirtschaft zum Kleinunternehmer

Surgir, „wirtschaftlich Aufsteigen", ist das erklärte Ziel der Menschen, die vom Dorf in die Stadt abwandern. Sie haben keine Ausbildung und sind nur wenige Jahre zur Schule gegangen. Auf eine gut bezahlte Stelle in einem renommierten Unternehmen können sie also nicht hoffen. Sie träumen davon, eines Tages ein kleines (Familien-) Unternehmen zu betreiben und wirtschaftlich unabhängig zu sein. Um dieses Ziel zu erreichen, sind sie bereit, auf vieles zu verzichten. Sich selbst auszubeuten, ohne

⌃ Lima: Armenviertel, so weit das Auge reicht

sich Pausen zu gönnen und ohne ihre eigenen Kräfte zu schonen, wird für sie zur Selbstverständlichkeit. In der Hoffnung, dass es irgendwann wirtschaftlich aufwärts geht, ertragen sie Hunger und Schlafmangel. Die harten Lebensbedingungen in ihren Heimatdörfern waren die Schule für ihre unbezwingbare Zähigkeit und ihr Durchhaltevermögen. Meist finden Zuwanderer am Anfang schlecht bezahlte Beschäftigungen entweder bei Verwandten, die schon länger in der Stadt leben, oder bei Fremden, meistens in der Schattenwirtschaft. Über eine lange Zeit ist äußerste Sparsamkeit angesagt. Sobald sie ein wenig Kapital zurückgelegt haben, riskieren sie den Schritt in die Unabhängigkeit. Sie schaffen sich ihren eigenen Arbeitsplatz als Straßenhändler, Schuhputzer oder sonstiger Dienstleister. In den ersten Jahren und manchmal ein Leben lang sind Zuwanderer **weder kranken- noch sozialversichert.** Nur die jungen Frauen, die eine Beschäftigung als *empleada* in einem Haushalt finden, genießen diesen Schutz. Wirklich erfolgreich ist ein Zuwanderer noch nicht, wenn er ein **microempresa** („Kleinstunternehmen“) gründet, sondern erst, wenn dieses auf Dauer gut läuft. 300.000 Mikrobetriebe werden in Peru jedes Jahr gegründet. Nur ein Drittel von ihnen überlebt. Dennoch hat die **Schattenwirtschaft** als Beschäftigungsmotor eine enorme Bedeutung. Drei von vier arbeitenden Personen sind in der Schattenwirtschaft tätig. Bei den über 65-Jährigen sind es sogar neun von zehn Personen. Die Mikrobetriebe produzieren Schuhe, Kunsthandwerk, Textilien, handeln oder bieten Dienstleistungen an. Über viele Jahrzehnte lag der gesamte Nahverkehr in den Händen aufgestiegener Kleinunternehmer. Die Mikrobetriebe sind in der Regel sehr klein und die Arbeit erledigen wenige unterbezahlte Familienmitglieder oder Bekannte. Das erklärt, warum **90 Prozent aller peruanischen Betriebe informell** sind und diese nur 19 Prozent zum BIP beitragen.

Ethnologische Studien haben nachgewiesen, dass Menschen, die vom Land in die Stadt kamen, zielstrebiger waren als ihre in der Stadt aufgewachsenen Kinder. Deshalb war die erste Generation besonders erfolgreich. Die zweite Generation hatte jedoch den Vorteil der besseren Bildung und konnte unternehmerisch planen. Die Mitarbeiter in „microempresas“ der ersten Generation zeichneten sich durch hohen Arbeitseinsatz aus, der sich anfänglich kaum auszahlte. Bald wurde ein weites **Netz von Verwandten** zur Rekrutierung billiger Arbeitskräfte sowie für den Aufbau landesweiter Vertriebsnetze genutzt. Wie sehr Frauen und Männer der ersten Generation bereit waren, bis an die äußerste Grenze der möglichen Selbstausbeutung zu gehen, verdeutlichten die vielen nächtlichen Ruhestörer, die sich an ihren lauten Nähmaschinen in ihren winzigen Räumen abrackerten, die ihnen gleichzeitig als Wohn-, Schlaf- und Arbeits-

072pe-ah

stätten dienten, um Aufträge fristgerecht zu erfüllen. Unter ihnen gab es auch Fabrikarbeiterinnen, die an ihren freien Sonntagen zu Hause Kopien der Textilwaren anfertigten, die sie während der Woche in den Fabriken herstellten.

Selbst wenn eine Firma bereits erfolgreich ist und die Familie **in die Mittelschicht aufgestiegen ist,** wenn sie ein oder zwei Autos hat, in einem mehrstöckigen Haus wohnt, wenn Söhne und Töchter an privaten Universitäten studieren – zum Teil in teuren Postgraduiertenstudiengängen, werden Verzicht und Selbstausbeutung oft nicht zurückgeschraubt und die Familien arbeiten weiter an sieben Tagen in der Woche. Sie sind zwar wirtschaftlich aufgestiegen, aber ihr soziales Ansehen hinkt aufgrund ihrer Herkunft hinterher. Das treibt sie an. Wenn sie neues Personal einstellen oder neue Computer kaufen, werden Wohnzimmer und Esszimmer zu Büroräumen umfunktioniert. Innengärten werden zu Lagern und Toiletten für die Angestellten umgebaut. Akten werden in Küchenschränken neben dem Geschirr untergebracht. Für die Privatsphäre bleibt schließlich kaum mehr Raum als die Menschen in einem Armenviertel zur Verfügung haben.

Zu den ärmsten selbstständigen Dienstleistern gehören die Lastenträger. Man begegnet ihnen auf Großmärkten, insbesondere auf den Märkten der Andenstädte. Dort schleppen sie für wenig Geld schwere Lasten zu Autos oder Wohnungen der Käufer. Wenngleich sich ihre Lebensbedingungen ein wenig gebessert haben, beschreibt die ins Deutsche übersetzte **Biografie des Lastenträgers Gregorio Mamani** aus Cusco immer noch treffend die menschenunwürdigen Bedingungen dieses Berufsstands. Kinder bieten ähnliche Dienstleistungen an. Allerdings sind diese weniger anstrengend. Sie tragen Einkaufstüten vom Markt zum Bus oder bis zur Haustür.

⌃ Meerschweinchen sind in Peru eine Delikatesse

Die häufigste und **ertragreichste Aktivität im informellen Dienstleistungsbereich** ist der **Straßenhandel.** Allein in Lima gibt es an die 300.000 Straßenhändler, von denen drei Viertel Frauen sind. Ihr Alter variiert zwischen 14 und 64 Jahren. Über viele Jahre hatten Straßenhändler, sogenannte **ambulantes,** die Innenstädte unter sich aufgeteilt. Jeder Händler hatte seinen festen Platz auf einem Bürgersteig. In den 1990er-Jahren wurde für die Geschäfte die wachsende Zahl der *ambulantes* immer mehr zur Konkurrenz, weil diese ihre Waren günstiger verkauften. Für Fußgänger und Autoverkehr stellten die fliegenden Händler ein Problem dar, weil sie auf Bürgersteigen und Straßen den Weg versperrten. Die Straßenhändler selbst sind vielfältigen **Bedrohungen** ausgesetzt. Sie wissen nie, ob sie bis zum Einbruch der Dunkelheit genug verdienen, um ihre Familien zu ernähren. Der Verlust eines gesamten Tagesverdienstes durch plötzlichen Diebstahl kommt immer wieder vor, ebenso Verkehrsunfälle mit Kindern, die die Händlerinnen zur Arbeit mitbringen sowie denjenigen, die ihre Waren zwischen fahrenden Autos anbieten. Zudem müssen die Straßenhändler stets mit *desalojos* („Ausquartierungen", Vertreibung) durch die Ordnungskräfte rechnen. Dabei werden sogar ihre Waren konfisziert. Um ihre angestammten Terrains zu verteidigen und sich weitere Rechte zu erkämpfen, schufen sie Eigenorganisationen, sogenannte **organizaciones de autodefensa.** Diese leisteten erbitterten Widerstand, als 1997 der Bürgermeister von Lima, *Alberto Andrade,* höchstpersönlich seine Stadtpolizei anführte, um 5000 Straßenhändler zu vertreiben, die sich den historischen Stadtkern „angeeignet" hatten. Den Betroffenen bot er alternative Marktplätze außerhalb des Zentrums an. Dort waren ihre Verdienstmöglichkeiten schlechter. Mühsam aufgebaute Existenzen wurden runiert. In jener „Nacht der Vertreibung" gab es viele Verletzte. Danach wurde das koloniale Lima herausgeputzt, historische Gebäude ließ *Andrade* restaurieren und kulturelle Veranstaltungen sorgten dafür, dass wieder mehr Besucher in die Stadt kamen. So mehrte sich die Zahl der Befürworter von *Andrades* „Säuberungsaktion". Obwohl der Straßenhandel im historischen Stadtzentrum strikt verboten ist, bauen Händler ihre Stände dort immer wieder auf und werden auch immer wieder von den Ordnungskräften vertrieben.

Aus der Schattenwirtschaft ist ein bedeutender Teil der Textilindustrie hervorgegangen. **Gamarra**, das größte Einkaufs- und Produktionszszentrum Südamerikas für Textilien, befindet sich in Lima. Ein ganzes Stadtviertel ist in der Hand Tausender kleiner und einiger großer Textilindustrieller und Händlerinnen. Ab den 1970er-Jahren bauten arme Familien aus der südperuanischen Region Puno das Textilzentrum im Distrikt La Victoria unreguliert und schattenwirtschaftlich auf. Ursprünglich wurden hier bekannte Marken kopiert. Später kreierten die Produzenten eigene Marken. Dadurch, dass immer mehr Personen auf der Suche nach Arbeit nach Lima kamen, stieg die Zahl der Fabriken und Arbeiter und das Gebiet dehnte sich weiter aus. Die **Textilwaren** werden für peruanische Kunden und den Export hergestellt. 2012 gab es in Gamarra 24.000 Textilunternehmen. Von den offiziell registrierten 51.512 Beschäftigten (tatsächlich sind es wahrscheinlich mehr als doppelt so viele) arbeiten fast 14.000 direkt in der Produktion. Heute arbeiten zwei Drittel als Händler. Sie verkaufen die Waren in Einkaufspassagen, in denen die einzelnen Verkaufsstände Einzelhändlern gehören. Zusätzlich gibt es eine große Zahl an fliegenden Händlern. Einer konservativen Schätzung der Distriktverwaltung zufolge beträgt der Umsatz jährlich zwischen 800 Millionen und zwei Milliarden US-Dollar. Noch immer ist ein großer Teil des Handels informell. Infolge dessen sind die Steuereinnahmen vergleichsweise gering und die Einkommensverhältnisse für Angestellte und Kleinstunternehmer unsicher. Die mit der neoliberalen Wirtschaftspolitik einsetzenden Importe aus China und Korea haben den Produzenten schwer zugesetzt. Heute werden 40 Prozent der in Gamarra verkauften Textilien in China hergestellt. Dadurch musste fast die Hälfte der Betriebe schließen.

073pe-pg

„La empleada" – die Arbeit im Haushalt als Tor zur Bildung

Ohne die vielen weiblichen Hausangestellten könnten viele peruanische Mittel- oder Oberschichtfrauen sich nicht emanzipieren. Berufstätigkeit und Karriere sind nur möglich, wenn sich zu Hause jemand ganztägig um den Haushalt und die Kinder kümmert. Die *empleada* steht als Erste auf und richtet das Frühstück für die ganze Familie. Sie spült das Geschirr, wäscht die Wäsche, bügelt, kauft ein, kocht, putzt, kehrt, wischt täglich Staub, bedient ihre Arbeitgeber und deren Gäste und sie passt auf die Kinder auf. Meist kocht sie auch die Mahlzeiten und füllt sie in Thermosbehälter, damit ihre Dienstherren sie mit zur Arbeit und die Kinder sie mit zur Schule nehmen.

Die Hausangestellten stammen aus armen Verhältnissen und oft vom Land. Früher nannte man sie *muchachas,* später hießen sie *empleadas.* Die offizielle Bezeichnung lautet heute *trabajadora del hogar. Muchacha* („Mädchen") ist weniger üblich geworden. Dass eine Hausangestellte zu einem modernen Haushalt selbstverständlich dazu gehört, wird bei den Werbeanzeigen für Neubauwohnungen deutlich. Darin gibt es immer noch das sogenannte *cuarto de servicio* („Zimmer für Bedienstete"), ein winziges, oft recht dunkles Zimmer mit separatem Eingang.

Die Peruaner unterscheiden zwei Arten von Hausangestellten. Diejenige, die bei einer Familie wohnt, dort ein eigenes Zimmer hat und verpflegt wird, heißt **empleada con cama adentro** („Beschäftigte mit Bett drinnen"). Heute können manche Familien sich aufgrund des gesetzlich festgelegten Mindestlohns eine solche Hausangestellte nicht mehr leisten und ziehen es vor, stundenweise eine **empleada con cama afuera** („Beschäftigte mit Bett draußen") zu engagieren. Diese wohnt nicht bei ihrem Arbeitgeber, sondern meist in einem Armenviertel am Stadtrand, von wo aus sie eine mehrstündige An- und Abreise hat. Diese Hausangestellte ist in der Regel älter und hat eigene Kinder. Sie zieht es vor, bei ihren Kindern zu wohnen, während sie nur tagsüber der Arbeit in einem oder mehreren Haushalten nachgeht. Sie verfügt über etliche Jahre Berufserfahrung. Anders als die junge *empleada* wird sie oft von ihrer Arbeitgeberin nicht mit „du", sondern respektvoll mit *„Señora"* angeredet.

☒ Händlerinenn bieten Kunsthandwerk für durchreisende Touristen an

Eisern sparen und über sich selbst hinauswachsen – Maria

Bei meinen regelmäßigen Treffen mit Maria bin ich jedes Mal überrascht, wie sie ihr Leben meistert. Heutzutage ist Marias Leben keineswegs mehr untypisch. Stellvertretend für viele junge Frauen aus einfachsten Verhältnissen zeigt Marias Lebenslauf, wie sehr sich das Land verändert und welche neuen Möglichkeiten die Umbrüche bieten.

Als sie sechs Jahre alt war, flohen ihre Eltern vor den Terroristen in die Hauptstadt. Dort besuchte Maria Grund- und Hauptschule. Ihre Eltern waren arm. Deshalb arbeitete Maria in den Schulferien als Verkäuferin. Mithilfe eines Kochbuches, das der Nudelhersteller Nicolini vertrieb, und der Kochsendung „Don Pedrito" lernte sie kochen. Das war wichtig, um nach ihrem Schulabschluss eine Arbeit als „empleada" zu finden. Allerdings konnte ihre Arbeitgeberin ihr keine Ausbildung finanzieren. Deshalb sah Maria sich nach einer neuen Stelle um. Ihre zweite Arbeitgeberin machte ihr ein interessantes Angebot: Maria sollte auf ihre beiden Kinder aufpassen, die Wohnung sauber halten und kochen. Dafür erhielt sie 100 Dollar und sie hatte genug Zeit, um eine Ausbildung zu machen. Erniedrigungen, wie viele andere Dienstmädchen sie erleben mussten, erlitt sie nie. Da Maria von der Familie verpflegt wurde, konnte sie Geld sparen.

Als sie noch zur Schule ging, hatte ihr Vater sie stets für gute Leistungen gelobt. „Aus euch soll etwas Besseres werden als aus uns" hatte er vor seinen Kindern oft wiederholt. Maria und ihre Geschwister sollten es einmal besser haben als die Eltern. Das wurde auch Marias oberstes Ziel. „Ich höre die Worte meines Vaters bis heute" erzählt sie, „für mich war es die Botschaft, die mir bis heute Kraft verleiht, niemals aufzugeben, meine Ziele nicht aus den Augen zu verlieren und weiter zu machen, auch wenn es schwer ist. Wenn ich andere Menschen aufsteigen sah, sagte ich mir ‚Warum nicht auch ich?'"

Neben ihrer Tätigkeit als „empleada" absolvierte Maria eine einjährige EDV-Ausbildung. Danach lernte sie ein Jahr lang Telemarketing. Beide Ausbildungen finanzierte Maria sich selbst. Dann ergab sich für sie die Möglichkeit, nur noch morgens im Haushalt zu arbeiten und nachmittags als Bürokraft in einem Unternehmen. Das eröffnete ihr neue Perspektiven. Sie schrieb sich an einer staatlichen Universität ein, fasste Mut, bat um eine Festanstellung in dem Unternehmen, danach um eine Gehaltserhöhung und kündigte wenig später ihre Stelle als „empleada".

Und sie sparte: Weihnachtsgeld, Urlaubsgeld, Boni, sie stand früher auf, um eine Buslinie zu nehmen, die sie direkt zu ihrem Arbeitsplatz brach-

te, damit sie nicht zweimal Fahrgeld zahlen musste, von jedem Monatsgehalt legte sie zehn Prozent auf einem Sparkonto an und verzichtete auf neue Kleidung. „Heb Brot für den Mai auf!" lautete der Rat ihrer Mutter, was soviel bedeutet wie „Spare eisern, damit dir im Notfall kein Geld fehlt!". Zu ihrem Glück gab es damals viele Peruaner, die auf private Kredite angewiesen waren. Maria lieh ihnen Geld und bekam es mit Zinsen zurück. Von ihren Ersparnissen kaufte sie ein Grundstück in einem Armenviertel. Für den Bau eines Häuschens, in dem sie mit ihrer Mutter und ihren Geschwistern lebt, nahm sie einen Kredit auf, den sie mehrere Jahre abbezahlte.

096pe-ah

Als Maria die Aufnahmeprüfung an einer privaten Universität ablegte, verriet sie niemandem, warum sie sich so früh auf den Weg machte. Erst als sie erfuhr, dass sie bestanden hatte, überraschte sie ihre Mutter mit ihrem Erfolg. Die Mutter beglückwünschte sie, indem sie sie zu einer Flasche Coca Cola einlud. „Der Arbeitsmarkt verlangt heute Universitätsabschlüsse", erklärt Maria. Sie arbeitet inzwischen in einem Agrarunternehmen und absolviert gleichzeitig ein vierjähriges betriebswirtschaftliches Studium mit dem Abschluss „Administración y gerencia", weil sie eine Führungsposition im Finanzbereich oder in einem Handelsunternehmen anstrebt. Sie bringt weiterhin große Opfer, um ihr Ziel zu erreichen. „Ich stehe jeden Morgen um fünf Uhr auf. Bis 18.00 Uhr muss ich arbeiten. Aber ich arbeite freiwillig länger, am Monatsende sogar bis 22.00 Uhr. Dann bezahlt die Firma das Taxi." Samstags und sonntags besucht sie Seminare und Vorlesungen an der Universität. Freie Wochenenden kennt Maria nicht. Trotzdem hilft sie ihrer Mutter beim Einkaufen, Putzen und Waschen.

Gezielt sucht sie Kontakt zu Personen in Führungspositionen sowie Menschen, von denen sie lernen kann. „Würde ich nicht über mich selbst hinauswachsen, wäre ich doch ein Mensch, der sich selbst nicht verwirklicht", sagt sie. „Ich wäre eine Person ohne eigene Ziele und ohne Antrieb." Früher wäre ein Lebenslauf wie der von Maria unmöglich gewesen. Heute denken viele „empleadas" so ähnlich wie sie.

Während berufstätige Mütter den *empleadas* einerseits einen Teil der Erziehung der eigenen Kinder überlassen, misstrauen viele ihnen gleichzeitig. Sie bevorzugen eine *empleada con cama adentro*, weil diese nicht täglich das Haus wieder verlässt, so sei die Gefahr, dass sie stehle, geringer. Außerdem verdächtigen manche die Hausangestellten der Informationsweitergabe an Räuberbanden. Viele Peruaner haben aber ein gutes Verhältnis zu ihren Hausangestellten. Es gibt Familien, in denen Arbeitgeberin und *empleada* einander schätzen und sich gegenseitig unterstützen. Es gibt sogar Peruanerinnen, die voll Lob und Bewunderung für ihre *empleada* sind. Sie fühlen sich von der ständigen Anwesenheit im Haus keineswegs beeinträchtigt.

Bei der Suche nach einer *empleada* greifen peruanische Frauen gern auf ihren Bekanntenkreis zurück. Manche „teilen" sich aus Kostengründen mit einer Verwandten oder einer Freundin dieselbe Hausangestellte. Dadurch ergibt sich für arme Frauen die Möglichkeit mehrerer Teilzeitstellen in unterschiedlichen Haushalten und eine geringere Abhängigkeit von derselben Arbeitgeberin. Es gibt auch Agenturen, die *trabajadoras de hogar* vermitteln und bezüglich deren Zuverlässigkeit Garantien übernehmen.

Für junge Frauen vom Land und aus der städtischen Unterschicht kann die Beschäftigung in einem Haushalt der erste Schritt in die Unabhängigkeit bedeuten und gleichzeitig die Möglichkeit, ihre schulische Bildung abzuschließen oder eine Berufsausbildung zu beginnen, um schließlich den Haushalt zu verlassen, eine Tätigkeit in einem Unternehmen aufzunehmen oder sogar ein Studium in Angriff zu nehmen. Die heutigen *empleadas* haben in der Regel klare Ziele. Sobald sie den ersten Schritt erreichen, gibt es kein Zurück mehr. Die Arbeit im Haushalt war für sie nur ein Mittel zum Zweck. So müssen die reichen Familien sich damit abfinden, dass eine *empleada* nicht mehr ein Leben lang bei ihnen bleibt und sie sich öfter eine neue Hausangestellte suchen müssen.

In den letzten Jahrzehnten haben sich die Arbeitsbedingungen der Hausangestellten verbessert. Seit 35 Jahren kämpft die „Gewerkschaft der Hausarbeiterinnen" (Sindicato Nacional de Trabajadoras del Hogar) für die Achtung ihrer Menschenwürde. Die Organisation erreichte die Verabschiedung von Gesetzen zugunsten einer Verbesserung. Diese legen fest, dass Arbeitgeber Kranken- und Sozialversicherungen für ihre Hausangestellten abschließen, 14 Gehälter bezahlen und in die staatliche Rentenkasse einzahlen müssen. Den Hausangestellten stehen 15 Tage bezahlter Urlaub zu. Ihre Arbeitszeit endet um 20:00 Uhr und darf zehn Arbeitsstunden pro Tag nicht überschreiten. Der Sonntag gilt als Ruhetag. Fühlt eine Hausangestellte sich schlecht oder respektlos behandelt, so hat sie die Möglichkeit, beim Frauenministerium eine Beschwerde einzureichen.

Kinderarbeit – Ausbeutung oder eine Chance, Armut und Gewalt zu entkommen

„Kind aus Ayacucho, Waisenvogel, warum bist du in die Fremde gekommen? Was fehlte dir in deinem armen Zuhause? Umarmungen und Zuneigung hattest du doch im Überfluss! Nur die tyrannische Armut wollte dich mit ihren Krallen zermalmen."

Dieses Volkslied aus einer der ärmsten Regionen der südperuanischen Anden thematisiert den häufigsten Grund für die kindliche Suche nach Arbeit in der Fremde. Kinder entscheiden schweren Herzens, allein in einer Stadt zu leben, weil sie die extreme Armut daheim nicht mehr aushalten. Es gibt auch Kinder, die der häuslichen Gewalt entfliehen.

Auf dem Land ist es selbstverständlich, dass Kinder von klein auf in der Landwirtschaft mithelfen und Mädchen auch im Haushalt. Die Kinder schleppen Wasser in Kanistern, bringen Futter für die Haustiere, hüten Rinder, Ziegen oder Schafe und helfen beim Umgraben der Felder oder bei der Ernte. Ob sie darüber die Schule vernachlässigen, hängt davon ab, ob ihre Eltern der landwirtschaftlichen Arbeit oder der Bildung den Vorrang geben. Einer Weltbankstudie zufolge legen aber gerade peruanische Eltern großen Wert auf die Bildung ihrer Kinder. Sie motivieren sie zu lernen und scheuen keine eigenen Einschränkungen, um die Kosten für den Schulbesuch aufzubringen. Für manche Familien sind die dafür notwendigen Ausgaben wie für Hefte, Stifte und Schuluniformen im Verhältnis zu ihrem Einkommen sehr hoch.

Laut einer Studie des peruanischen Arbeitsministeriums arbeiteten 2016 1,6 Millionen Kinder und Jugendliche im Alter von fünf bis 17 Jahren, ein Viertel aller Kinder und Jugendlichen unter 18 Jahren. Die meisten sind zwischen sieben und 13 Jahre alt und größtenteils in der Landwirtschaft tätig. In Huancavelica, einem der ärmsten Departamentos, arbeiten 79 Prozent aller Kinder und Jugendlichen. Laut einer Statistik der Internationalen Arbeitsorganisation ist Peru das lateinamerikanische Land, in dem die meisten Kinder illegal in Haushalten arbeiten, entweder ganztags oder stundenweise. Vier Fünftel von ihnen sind Mädchen, ein Viertel zwischen sechs und elf Jahren alt.

Obwohl die peruanische Gesetzgebung die **Kinderarbeit verbietet** und durch spezielle Programme einzudämmen versucht, sieht man auf den Straßen der Städte viele arbeitende Kinder. Wer in Peru lebt, gewöhnt sich an dieses Bild so sehr, dass er es ausblendet. Manche Kinder ertragen die furchtbaren Lebens- und Arbeitsbedingungen nur, indem sie Leim schnüf-

Extrainfo 12 (s. S. 11): „Kinderarbeit als Markenprodukt" – Vorschau zum Schulfilm

feln. Das gilt auch für viele Mädchen, die – meist unfreiwillig – in der Prostitution arbeiten.

Früher machten **Mädchen** sich allein auf die Reise in eine Stadt, um dort weiter zur Schule zu gehen. Andere träumten von schönen Kleidern, glitzernden Lichtern oder einer Karriere als Sängerin. Kinder, die zu Verwandten in eine Stadt zogen, betrachteten dies als besondere Auszeichnung und schätzten sich glücklich. In der Stadt angekommen, stellen sie fest, dass die Realität nichts mit ihren Träumen gemein hat. Für Mädchen wird es besonders schlimm, wenn ein Onkel sie schlägt oder gar missbraucht.

Die Kinder, die allein in eine Stadt ziehen, suchen Arbeit und eigenes Geld: für den Kauf von Heften, Stiften, Schuluniformen, Schuhen und Kleidung oder um ihre Familien zu unterstützen. Manche verlassen ihre Bergdörfer nur für die Zeit der Schulferien. In einer Stadt mieten sie zu mehreren ein Zimmer. Einige leihen sich Schuhputzerkästen, kaufen Bürsten und Schuhcreme. Für den Raum, in dem sie die Schuhputzerutensilien nachts aufbewahren, bezahlen sie Miete, die von ihrem Tagesverdienst abgeht.

074pe-lg

2016 betrug der tägliche **Reinverdienst eines Schuhputzerkindes in Lima** ungefähr sechs Euro am Tag. Andere Kinder bitten bei Firmen um Arbeit. Sie zu beschäftigen, ist in Peru strafbar. Jugendliche dürfen ab dem 15. Lebensjahr in der Landwirtschaft, ab dem 16. Lebensjahr in Fabriken und ab dem 17. Lebensjahr in der Fischerei bis zu 36 Stunden pro Woche arbeiten. Dennoch geben viele Kleinunternehmer Kindern Arbeit, nicht immer nur aus Eigennutz oder um Geld zu sparen, sondern manchmal auch, um den Kindern zu helfen. Manche bieten ihnen die Finanzierung einer Ausbildung an, wenn sie gut arbeiten. Auch Schüler, die in den Städten leben, suchen sich in den Ferien Beschäftigungen, um schulische Ausgaben zu finanzieren. So arbeiten 14-Jährige in Textilfabriken und als Aufpasser oder Helfer in Diskotheken oder Kopierläden, als Autowäscher, Grabreiniger auf Friedhöfen oder Musikanten in Bussen und auf Bürgersteigen.

Viele Kinder entscheiden selbst, dass sie arbeiten wollen. Allerdings gibt es auch Eltern, die ihre Kinder anhalten, ihnen bei der Arbeit, beispielsweise im Straßenhandel, zu helfen. Und es gibt Eltern, die ihre Kinder losschicken, Autos zu putzen oder Süßigkeiten zu verkaufen.

Die Spezialeinheit der Polizei, die einschreiten müsste, wenn Kinder arbeiten, drückt ein Auge zu, wenn sie den Eindruck hat, dass die Kinder das Geld dringend benötigen oder sie ihre alleinerziehenden Mütter unterstützen, die ohne den Zuverdienst nicht auskämen. Viele Kinder sorgen ganz selbstverständlich für ihre jüngeren Geschwister.

In den Städten besuchen die meisten ganzjährig arbeitenden Kinder entweder vormittags oder nachmittags eine Schule. Staatliche Schulen bieten Unterricht in drei Schichten an: vormittags, nachmittags und abends. Trotzdem gibt es Kinder, die, weil sie arbeiten, gar nicht zur Schule gehen oder die Schule abbrechen. Die vielen Möglichkeiten, sich in der Stadt schöne Dinge zu kaufen, haben das Geldverdienen für sie zur obersten Priorität werden lassen.

Aber die Kinderarbeit ist nicht immer sichtbar. An den Rändern von Lima arbeiten Kinder in Textil-, Holz- oder Papierfabriken. Teilweise leben sie dort wie Gefangene auf von hohen Mauern umgebenen Terrains und erhalten am Tag nur zwei karge Mahlzeiten. Unweit der paradiesischen Strände von Tumbes im Norden, wo Angehörige der Mittel- und Oberschicht ihre Strandurlaube verbringen und wo die Temperatur tagsüber auf 34 Grad Celsius ansteigt, beginnen Kinder um fünf Uhr morgens mit der Arbeit auf den Reisfeldern. Personen, deren Namen sie nicht kennen,

☐ Arbeitende Kinder im Amazonastiefland

Extrainfo 13 (s. S. 11): „Kerner bei den Ziegelkindern" –
Bericht und Video über Kinderarbeit in peruanischen Steinbrüchen

bringen sie aus dem ärmeren Umland dorthin. Nachts schlafen sie auf Plastikplanen oder Pappkartons auf dem Boden in der Nähe ihrer Arbeitsstätten.

An zweiter Stelle bei der Kinderarbeit steht die Stadt Cajamarca in den nordperuanischen Anden. Dort arbeiten etwa 3000 Kinder unter 14 Jahren auf Baustellen, in Haushalten, im Straßenhandel, als Schuhputzer, Kassierer in Bussen, Autowäscher oder Lastenträger. In den Ziegeleien, von denen es in der Region über 50 gibt, arbeiten schon Fünfjährige ohne Schutzkleidung im Akkord. Sie klopfen Steine, schleppen schwere Lasten, atmen Staub und giftige Gase ein. Dadurch erleiden sie schwere Schädigungen ihrer Wirbelsäule und ziehen sich Atemwegserkrankungen sowie Verletzungen an Armen und Beinen zu.

Hilfsorganisationen kümmern sich um die Kinder, indem sie ihnen Unterkunft, Verpflegung und Schulbildung anbieten. Die Schaffung der wichtigsten **Voraussetzungen für ein Ende der Kinderarbeit,** nämlich intakte Familien, in denen Kindern Zuwendung und Verständnis entgegengebracht werden, und Einkommensverhältnisse, die den Familien ein sorgenfreies Leben ermöglichen, stellt jedoch zu hohe Anforderungen an Politik und Gesellschaft. Angehörige der Mittel- und Oberschicht, deren Leben relativ sorglos ist und die die Lebenswirklichkeit der armen Familien gar nicht kennen, betrachten solche Kinder wie einer anderen Welt zugehörig und machen sich oft keine Gedanken darüber, dass sie dieselben Rechte und Wünsche haben könnten wie ihre eigenen Kinder. So gelang es im Jahr 2015, die Kinderarbeit lediglich um fünf Prozent zu senken.

075pe-ah

Man trifft in Peru auch erfolgreiche Unternehmer, die von ihrer eigenen Arbeit in ihrer Kindheit profitiert und sich hoch gearbeitet haben. Sie arbeiteten seit ihrem sechsten oder achten Lebensjahr, hatten verständnisvolle Vorgesetzte und konnten sich Wissen aneignen und sparen.

Bergbau und Prostitution

Mädchen werden nur in wenigen Fällen freiwillig zu Prostituierten. Mit dem Versprechen, viel Geld zu verdienen, werden sie in Urwaldgebiete gelockt, in denen schattenwirtschaftlich illegal Gold gewonnen wird. Auch in den Bergbauzentren der Anden sind **viele Arbeitsplätze für Prostituierte** entstanden. Der Bergbau beschäftigt vor allem Männer, die über viele Wochen oder Monate von ihren Familien getrennt leben. Die Tagelöhner im illegalen Goldbergbau können sich die Mitnahme ihrer Familien nicht leisten. So wird das Angebot von Bordellbetreibern für sie attraktiv.

Allerdings gibt es auch Frauen, die selbst entscheiden, als Prostituierte Geld zu verdienen.

Auf die sexuelle Ausbeutung Hunderter Frauen und Mädchen macht auch das peruanische Fernsehen aufmerksam. Sie geschieht in den Städten, vor allem aber in den Bergbauzentren und insbesondere dort, wo Gold gewonnen wird. Während die Bordellbesitzer pro „Stich" zwischen 33 und 66 Euro kassieren, werden Frauen, die flüchten und gefasst werden, ermordet oder erdrosselt. Schätzungen zufolge haben 30 Prozent der Frauen AIDS. Da Männer auf Heimaturlaub zu Hause ihre Frauen anstecken, verbreitet sich das Virus auch in den Anden.

Handel mit Koka oder Kokain – der schnelle Weg zu Reichtum

Im Quillabamba-Tal, das sich auf den Urwaldabhängen hinter Cusco ausbreitet, weinen Bäuerinnen, wenn sie für den **Verkauf von Kokablättern** so wenig bekommen, dass ihre Familien davon kaum überleben können. Andere Bäuerinnen sind mutiger und „schmuggeln" Kokablätter im Zug an den Polizisten, die sämtliche Abteile durchsuchen, vorbei von Quillabamba nach Cusco, wo sie etwas mehr Geld dafür bekommen. Viel

⟨ Ortsansässige und Saisonarbeiter pflastern Wege in einem Andendorf

verdient man am Verkauf der Kokablätter jedoch nirgendwo. Es ist nicht das „Heilige Blatt der Inka", das armen Peruanern schnellen Reichtum beschert, sondern die aus Kokablättern hergestellte *Pasta Básica de Cocaína* (*PBC*) oder Kokain. In der Stadt Quillabamba oder in Trujillo feiern Familien, die am Verkauf verdienen, berauschende Feste. Dort oder in Lima kann man die riesigen Villen bestaunen, in denen Familien, die kurz zuvor in extremster Armut im Urwald lebten, ihren Luxus genießen.

Das **Kokablatt,** dessen Form dem Blatt des Lorbeers sowie des Kaffestrauchs ähnlich sieht, enthält nur zwischen 0,4 und 1 Prozent Kokain und erzeugt selbst in großen Mengen **keinerlei Rauschzustände.** Der Kokastrauch *(Erythroxylum Coca)* gedeiht in Peru traditionell in Höhen von 800 bis 2500 m in feuchtem und warmem Klima. Seine Blätter waren schon in der Inkazeit wichtiger Bestandteil von Zeremonien. Bis heute verwenden die Bewohner der Anden Kokablätter bei Ritualen und als **Opfergaben** für ihre Gottheiten sowie als **Stimulans** bei Gemeinschaftsarbeiten oder Analgetikum bei Magen- und Halsschmerzen. Auch Touristen serviert man bei der Ankunft in 3000 m Höhe gern einen (völlig unschädlichen) Kokatee.

Diese traditionelle Nutzung der Kokapflanze kommt mit acht Prozent der Landesproduktion aus. Über 90 Prozent der in Peru angebauten Kokasträucher werden für die Herstellung von *Pasta Básica de Cocaína* (*PBC*) und Kokain benutzt. Zwischen 1994 und 2000 stieg der peruanische Kokaanbau um 60 Prozent. Peru ist der **zweitwichtigste Kokainproduzent** nach Bolivien seitdem der Handel überwiegend über Bolivien abgewickelt wird. 2005 wurde die Jahresproduktion auf 370 Tonnen geschätzt. Schätzungen der Anbaufläche bewegen sich zwischen 40.300 und 60.400 Hektar. Dabei könnte die tatsächliche Fläche durchaus größer sein, weil Koka zunehmend in unzugänglichen Gegenden angepflanzt wird. Die meisten Kokasträucher gedeihen in den Tälern der Flüsse Apurimac, Mantaro, Ene und Huallaga, einem Gebiet, das kurz VRAEM genannt wird und in der Grenzregion der Departamentos Ayacucho, Huancavelica, Cusco und Junin liegt. Auf einer Fläche von mindestens 19.000 Hektar werden Kokasträucher größtenteils **illegal angebaut.** Convois von Geländewagen mit Ladefläche, von denen jedes Fahrzeug ca. 40.000 US-Dollar gekostet hat, fallen in der Region, in der extreme Armut herrscht und deren Infrastruktur, Bildungseinrichtungen und Gesundheitsversorgung über viele Jahrzehnte vernachlässigt wurden, besonders auf. Trotz Armut erlebt die Region einen starken Bevölkerungszuwachs als Folge des Handels mit Kokapaste und Kokain. Beides wird in der Region hergestellt. Koka wird also nicht nur angebaut, sondern vor Ort weiterverarbeitet. Für **ein Kilogramm Kokapaste** werden 600 bis 800 US-Dollar gezahlt, für ein Kilogramm Kokain 1100 US-Dollar. Die Kokabauern bekommen davon nur einen sehr geringen Anteil. An guten Tagen kann ein Bauer **30 kg Kokablätter** ernten und verdient damit ca. acht Euro.

Unbedeutender ist der Kokaanbau im nordperuanischen Departamento La Libertad. Zunehmend wichtiger wird er in Urwaldregionen, in die keine Straße führt, etwa am Ucayali oder am Amazonas. Durch hochgezüchtete ergiebigere Kokasträucher sowie vermehrten Einsatz von Düngemitteln und Insektiziden werden höhere Erträge erreicht.

Wo der Kokastrauch traditionell seit vielen Jahrhunderten wächst, so gut wie keine Pflege benötigt und somit außer der Ernte und dem Trocknen der Blätter keine Arbeit anfällt, sind **Kleinbauern Profiteure** der steigenden Nachfrage im In- und Ausland. Bauern, die Kokainpaste herstellen, erhalten 600 US-Dollar pro Kilogramm. Durch die neuen Methoden zur Ertragssteigerung werden jedoch Lebensgrundlagen der Bauern zerstört. Luft und Böden werden durch Insektizide und Pestizide verseucht. Zurückbleibende **Schadstoffe** werden einfach in umliegenden Bächen und Flüssen entsorgt. Wo Fremde sich Land aneignen und Urwald roden, um Koka anzubauen, ist ausschließlich die lokale Bevölkerung leidtragend. Auf den Böden, die der Kokaanbau dort zurücklässt, gedeiht später nichts mehr. Mehr profitieren die **andinen Familienklans,** die Anbau, Produktion und Handel in bestimmten Regionen kontrollieren und teilweise Vertiebsorganisationen aufgebaut haben. Noch besser verdienen beteiligte **Städter.**

Auch **Politiker** und deren Berater sind **in den Drogenhandel verwickelt.** Solche Anschuldigungen trugen 2016 zur Wahlniederlage von *Keiko Fujimori* bei.

Wie eng Verstrickungen zwischen Politikern und Drogenhändlern sein können, verdeutlicht der Fall des berühmt-berüchtigten Präsidentenberaters **Vladimiro Montesinos** und des bekannten Drogenhändlers **Demetrio Chávez Peñaherrera** mit dem Decknamen *„Vaticano"*. In seinem Geburtsort Campanilla bei Tingo Maria in der Region Alto Huallaga war *Chávez Peñaherrera* beliebt. Er behandelte alle Dorfbewohner gut, sie erlebten ihn trotz seines Reichtums nie als arrogant, er half ihnen, trieb die Entwicklung des Dorfes voran und verteidigte sie sogar gegen Terroristen. *Chávez Peñaherrera* baute moderne Zufahrtsstraßen, aber auch Landepisten für Leichtflugzeuge, die Kokain außer Landes schafften. Dabei führte der Weg viele Jahre über Kolumbien. Zwischen 1980 und 1990 war *Vaticano* der bedeutendste peruanische Drogenhändler. Er versorgte *Pablo Escobars* Medellín-Kartell mit Kokain, konnte frei agieren und hatte den Segen der Regierung von Präsident *Fujimori*. Er pflegte gute Beziehungen zu *Vladimiro Montesinos* und hochrangigen Militärs, die durch seine Abgaben am Drogenhandel mitverdienten. Deshalb wurde *Vaticano* von der Drogenpolizei, der seine Aktivitäten seit 1990 bekannt waren, in Ruhe gelassen. Über seine Beziehungen zu *Montesinos* sprach der Drogenhändler erstmals zwei Jahre nach seiner Festnahme im Jahr 1994, die übrigens in einem Nachbarland erfolgte. Er wurde daraufhin schwer gefoltert und man fügte ihm Gehirnverletzungen zu, die ihn zu weiteren Aussagen unfähig machten. Am 13. Januar 2016 hatte der Drogenhändler seine Strafe verbüßt und wurde aus der Haft entlassen.

Die **Verstrickungen mit der Wirtschaft** sehen in Peru ähnlich aus wie in anderen Nationen, in denen der Drogenhandel das Wachstum der formalen Wirtschaft beflügelt. Von der „Geldwäsche" profitieren insbesondere der Bausektor und auch einige private Universitäten. Einer der mächtigsten peruanischen Drogenbosse, *Fernando Zevallos*, stieg zum erfolgreichen Betreiber einer Airline auf. Mit seiner *Aerocontinente* unterbot *Zevallos* andere Airlines durch günstigere Flugtickets und baute durch Flüge nach Chile, Spanien und in die USA sein Vertriebsnetz aus. Politikern, Richtern, Staatsanwälten und Generälen schenkte er Freiflüge. Sogar *Alejandro Toledo* ließ sich im Wahlkampf von *Zevallos* unterstützen und erfüllte ihm gern den Wunsch, wieder Flüge von der Amazonasstadt Iquitos nach Miami anzubieten. Das erleichterte *Zevallos* den Transport von Drogen in die USA. Von den Großen des Kokainhandels profitieren deren Freunde und Patenkinder, etwa durch „Kredite", die sie zunächst nicht zurückzahlen müssen und mit denen sie eigene Geschäfte, Hotels oder Reisebüros gründen. Wo mit Drogen gehandelt wird, haben Hotels und Restaurants ähnliche Preise wie in den schicksten Vierteln von Lima und werden Minderjährige, die oft nicht wissen, was sie erwartet, zur Prostitution gezwungen. Allerdings profitieren auch die Bauern und Tagelöhner auf der untersten Stufe, die in irgendeiner Weise am Handel mit PBC oder Kokain beteiligt sind. Wer sonst arbeitslos wäre, kann sich hier etwas Geld verdienen. Eltern, die sonst bitterarm wären, können ihren Kindern die Schule oder sogar eine Ausbildung finanzieren.

Die in den Jahren 1990 bis 2000 von *Montesinos* aufgebauten Vertriebsstrukturen existieren weiterhin, allerdings ohne zentrale Führung. Peruanische Drogenkartelle gibt es aber nicht. Neben den kolumbianischen sind längst mexikanische Drogenkartelle in Peru aktiv. Letztere sind extrem brutal.

Den **Transport** vom Urwald an die Küste übernehmen entweder **Jugendliche,** die bis zu zehn Kilogramm in Rucksäcken schleppen,– diese Drogenkuriere werden in Peru *burro* („Esel") genannt – oder Eselskarawanen mit bewaffnetem Begleitschutz. Ein Esel befördert bis zu 40 kg. Wer eine solche **Eselskarawane** kommen sieht, wirft sich zu Boden, denn wer

092pe-ah

zu ihr aufschaut, wird sofort erschossen. 300 kg kann ein Sportflugzeug transportieren. Die **Kleinflugzeuge** landen auf versteckten Landepisten direkt bei den Produzenten. Jedes Flugzeug führt täglich einen Flug durch. Im peruanischen Fernsehen wird manchmal über solche „klandestinen Pisten" berichtet, von denen aus bis zu 13 Flugzeuge am Tag starten. Als Präsident *Humala* 2015 mehrere solcher Landebahnen in der Nähe von Militärstützpunkten entdeckte, ordnete er ihre sofortige Zerstörung an. 2015 wurden mit enormem Aufwand 200 dieser illegalen Landepisten zerstört. Dies hat jedoch den Drogenhandel kaum beeinträchtigt, weil jetzt mehr junge Männer als Drogenkuriere eingesetzt werden, die die Drogen zu Sammelplätzen transportieren.

Diejenigen, die in Peru PBC oder Kokain herstellen, konsumieren diese Produkte in der Regel nicht. Kokabauern und PBC-Produzenten trinken lieber Alkohol. **Kokainkonsumenten** dagegen leben vor allem in den Städten. Etwa zweieinhalb Prozent der peruanischen Bevölkerung nehmen Kokain. Allerdings steigt der Konsum als unmittelbare Folge des Anstiegs der Produktion. In Lima wurden 1000 Drogenumschlagplätze gezählt. Dort bedienen sich Studenten und andere Jugendliche aus besseren Kreisen sowie Politiker und Banker. Nur die Angehörigen der höheren Schichten können sich die teure Droge leisten, obwohl der Grammpreis in Lima „nur" ein bis drei Euro beträgt. Für Arme ist das unerschwinglich. Sie grei-

⌃ In abgelegenen Gegenden des Regenwaldes werden gegen den Willen der amazonischen Völker Kokapflanzen zur Drogenherstellung angebaut

fen zum billigeren PBC, von dem das Gramm 50 bis 60 Cent kostet und sie extrem schnell abhängig werden lässt, weil der Rausch nur 30 bis 70 Sekunden andauert, sodass sie die Droge täglich bis zu 300-mal konsumieren müssen.

2015 wurden ein Kilogramm PBC in Lima für 380 US-Dollar und ein Kilogramm Kokain für 1133 US-Dollar verkauft. Zwei Jahre zuvor hatte es noch 1300 US-Dollar gekostet. Der Preis für peruanisches Kokain sinkt. Unterdessen kostet das Kilogramm im Nachbarland Bolivien 2000 bis 3000 Dollar. Mit „bolivianischem" Kokain erzielt man auf dem Weltmarkt einen höheren Preis. Das hat zur Folge, dass die Weiterverarbeitung der Blätter nach Bolivien verlagert wurde.

Ein großer Teil des in Peru hergestellten Kokains verlässt das Land auf dem Seeweg: sowohl nach Nordamerika als auch nach Europa. 60 Prozent des in Europa konsumierten Kokains gelangen über Westafrika dorthin. Mit Geländewagen wird es quer durch die Sahara transportiert und dann in Schiffen in europäische Häfen gebracht. Den Schmuggel nach Europa per Passagierflugzeug erledigen arme Jugendliche aus Peru und aus Europa, insbesondere junge Spanier. Die peruanische Polizei setzt auf dem Flughafen Lima Spürhunde ein. Deshalb verschlucken die Kuriere mit Kokain gefüllte Kapseln oder Latexbänder für die Dauer der Reise. Geht eine solche Kapsel in ihrem Magen auf, sterben sie. Nachdem Aerocontinente 1993 Flüge über Chile nach Spanien anbot, wurde dieser Weg der bedeutendste für den Drogenexport in der Luft. Heute führt der wichtigere Luftweg über La Paz in Bolivien. In Frankfurt oder Hamburg wird ein Kilogramm für 45.000 bis 60.000 US-Dollar verkauft. Wer in Deutschland Kokain konsumiert, muss bis zu 100 Euro für ein Gramm bezahlen.

„Sag, ich kann das!" – Arbeit und Kreativität

Wer in einem Vorstellungsgespräch gefragt wird, ob er sich etwas zutraue, sollte unbedingt mit „Ja" antworten, um die Stelle zu bekommen. Irgendwann klappt später schon alles. Um die Zukunft sollte man sich heute keine Gedanken machen. Etwaige Probleme tauchen erst morgen auf und dann wird man in der Lage sein, sie irgendwie zu lösen. Derartige Ratschläge sind keineswegs eine Ermunterung zur Unehrlichkeit, sie zielen vielmehr auf das **Selbstvertrauen** des anderen ab. Manch einem fällt es schwer, die eigenen Fähigkeiten genau einzuschätzen, weil Selbstevaluation nicht trainiert wurde. Die Antwort „ich kann das" (ein gedachtes „ich kann das schon", „irgendwie kriege ich das auf jeden Fall hin") basiert auch auf dem Wissen um Kreativität und Flexibilität, Fähigkeiten, die sich die Peruaner angesichts einer sich rasch verändernden wirtschaftlichen Situation aneignen mussten. Unkonventionelle Ad-hoc-Lösungen werden in vielen Bereichen nicht nur positiv bewertet, sie sind auch absolut notwendig.

Dabei ist das Vertrauen in die eigenen wirtschaftlichen und technologischen Fähigkeiten allmählich entstanden. Lange pflegten viele die Vorstellung, dass die Menschen in den reichen Industrienationen fast alles besser können. Die vielen wirtschaftlichen Nischen in der Zeit der Massenabwanderung aus dem Hinterland und der wirtschaftliche Aufschwung am Ende des vorigen Jahrhunderts sowie die damit verbundene Aufbruchstimmung eröffneten neue Möglichkeiten und boten Freiräume für die außergewöhnliche Kreativität der Peruaner. Der spätere Vizepräsident *Maximo San Román* gründete eine Fabrik zur Herstellung von Brotmaschinen mit angegliederter Bäckerei, das Psychologenehepaar *Silvia und José Zubieta* baute das vielfach ausgezeichnete Textilunternehmen El Ayni auf. Der 1995 von der deutschen Modemesse IGEDO preisgekrönte Modeschöpfer *Pepe Corzo* meinte damals noch, Peru vertraue seiner eigenen Kreativität viel zu wenig und die Modebranche kopiere lieber europäische Designs, anstatt sich mit eigenen Ideen Markt- und Wettbewerbsvorteile zu erobern. Um diesem Trend etwas entgegenzusetzen, gründete *Corzo* die Modeschule „Taller 170". Er besuchte Textilfabriken, die für den einheimischen Markt und den Export produzierten, arbeitete mit ihnen zusammen, entwickelte neue Ideen und übertrug sie auf Theater, Oper und Ballet – eine Chance, die nur Peru ihm geben konnte und die er im Ausland niemals bekommen hätte. Dabei kamen ihm die sich ausweitenden Handelsbeziehungen zwischen Peru und Europa zugute. Als Kostümbildner ist *Corzo* heute nicht nur in Peru bekannt, wo seine Kreationen das Publikum bei Theateraufführungen im Gran Teatro Nacional sowie des Ballet Nacional del Peru beeindrucken, sondern ebenso in Spanien und in Portugal.

Dass man mit **„Made in Peru"** Weltrang erreichen kann, haben die peruanischen Köche bewiesen. Ihre Erfolgsgeschichte lesen Sie im Abschnitt „Revolution in der Küche" ab Seite 171.

Der Alltag von A bis Z

[<] Mahlzeit im Freien – die Verwandtschaft hat es gut gemeint (076pe Foto: ah)

Arbeitsleben

Arbeitszeiten

Ab dem 18. Lebensjahr dürfen Peruaner ein Beschäftigungsverhältnis eingehen. Für jüngere Personen sieht die Gesetzgebung Sonderregelungen vor. Der Gesetzgeber erlaubt acht Arbeitsstunden pro Tag sowie 48 Wochenstunden. Viele Peruaner arbeiten also auch samstags. Darüber hinaus erwarten Betriebe in der Regel von ihren Angestellten, dass sie Überstunden leisten. Dies sieht zunächst nach Ausbeutung aus. Allerdings müssen auch Arbeitgeber ihren Angestellten entgegenkommen, wenn diese es mit der Zuverlässigkeit oder der Pünktlichkeit einmal nicht so genau nehmen, sich während der Arbeitszeit angeregt mit ihren Kollegen unterhalten und deswegen für einen Auftrag länger brauchen als geplant oder einen wartenden Kunden vergessen. Arbeitgeber müssen auch damit rechnen, dass Arbeiten nicht rechtzeitig fertiggestellt und einem Auftraggeber zu spät geliefert werden. Das geschieht jedoch weniger aus mangelndem Verantwortungsbewusstsein als vielmehr deshalb, weil viele Angestellte gar nicht einschätzen können, wie lange sie für eine Arbeit brauchen werden. Dem limensischen *Criollo* wird unterdessen nachgesagt, er sei *relajado* (entspannt im Umgang mit Arbeitsverpflichtungen) und verstehe es, ein gutes Auskommen zu haben, ohne sich dafür anzustrengen. Arbeitgeber müssen für ihre Angestellten Krankenversicherung, Rentenversicherung und Arbeitslosenversicherung zahlen. Gehälter werden an zehn nationalen Feiertagen sowie an 30 Urlaubstagen fortgezahlt. Seit dem 23. November 2015 haben peruanische Arbeitnehmer **neue Rechte.** Sie können wegen familiärer Probleme nicht entlassen werden. Wer Opfer häuslicher Gewalt wird, darf aus diesem Grund für einen oder mehrere Tage der Arbeit fernbleiben und hat Anrecht auf einen Arbeitsplatz in einem anderen Bezirk. Es ist ihnen erlaubt, bis zu fünf Monate nicht zur Arbeit zu kommen. Allerdings erhalten sie in dieser Zeit kein Gehalt.

Die **gesetzlichen Bestimmungen** gelten natürlich nur für diejenigen, die einen Arbeitsvertrag als Angestellte haben. Viele Peruaner finden aber erst gar keinen Arbeitsplatz. Sie schaffen sich ihre Arbeitsplätze selbst, etwa als Straßenhändler oder selbstständige Bus- oder Textilunternehmer. Diese Menschen arbeiten oft rund um die Uhr. Allenfalls an den Sonntagen gönnen sie sich ein wenig Freizeit. Die Kleinbauern arbeiten in der Regel an sieben Tagen in der Woche. Auch in Geschäften und Supermärkten arbeiten die Verkäufer an sieben Wochentagen. Für berufstätige Frauen ist dies sehr praktisch, da sie am Sonntagvormittag ihre Einkäufe bequem erledigen können. Sowohl im Dorf als auch in der Stadt schließen viele Lebensmittelgeschäfte erst gegen 20.00 Uhr oder später, Supermärkte sind täglich von 9.00 bis 21.00 Uhr, manche sogar rund um die Uhr geöffnet. Die Märkte, auf denen Lebensmittel (frisches Obst und Gemüse, Hülsenfrüchte u. Ä.), frisch gepresste Säfte und typische Landesgerichte verkauft werden, sind keine „Wochenmärkte", sondern „Tagesmärkte".

Die peruanischen Gesetze schränken die **Ladenöffnungszeiten** nicht ein. Viele Geschäftsleute können es sich nicht leisten, Kundschaft zu verlieren. Die Marktfrau legt sich am Mittag für ein Stündchen hinter ihre Obstkisten und ruht sich aus, während ihr Mann die Kunden bedient und eine Verwandte sich um ihr Baby kümmert. Der Elektriker kommt auch spät am Abend ins Haus des Kunden, wenn die Waschmaschine repariert werden muss. Wenn am Sonntag der Wasserhahn tropft, findet sich rasch ein Klempner, der bereit ist, ihn auf der Stelle zu reparieren. In den Banken arbeiten viele Angestellte bis zum späten Abend. In manchen Büros kann man sogar an den Wochenenden Angestellte treffen, die ihre **Freizeit** selbstverständlich opfern, um wichtige Arbeiten zu erledigen.

Am Arbeitsplatz

Die meisten Peruaner haben keinen festen Arbeitsplatz, doch Arbeitslosigkeit kann das Gros der Peruaner sich nicht leisten. Dauerhaft ohne Arbeit auskommen, können nur vermögende Peruaner. **Arbeitslosengeld** bekommen ausschließlich diejenigen, die eine Festanstellung hatten und deren Arbeitgeber jährlich ein Monatsgehalt auf ein Sonderkonto eingezahlt hat, so wie es das peruanische Gesetz vorschreibt. Nach Auflösung des Arbeitsverhältnisses können ehemalige Arbeitnehmer über das Geld verfügen. Dabei ist es egal, wer die Kündigung aussprach und ob sie arbeitslos sind oder bereits eine neue Stelle angetreten haben. Sogar während ihres Beschäftigungsverhältnisses dürfen Angestellte einen Teil des Geldes abheben. Seit der Lockerung des **Kündigungsschutzes** unter der ersten Regierung *Garcia* (1985–1990), fürchten viele Menschen um ihren Arbeitsplatz. Dadurch ist die 40-Stunden-Woche faktisch außer Kraft gesetzt und Zehn-Stunden-Tage sind die Norm. Auch im öffentlichen Sektor werden viele Menschen entlassen bzw. erhalten von vornherein Kurzzeitverträge. In der staatlichen und kommunalen Verwaltung sind Anforderungen und Belastung allerdings nicht hoch.

Insgesamt schafft diese unsichere Situation unter der städtischen Bevölkerung einen hohen **Leistungs- und Leidensdruck,** Angst vor Entlassung und großen Respekt vor Hierarchien. **Mobbing** unter Kollegen nennt man in Peru *serruchar el piso* („einem Kollegen den Boden zersägen"). Arbeitnehmer beobachten Machtverhältnisse am Arbeitsplatz sehr genau. Da konstruktive Kritik und negative Äußerungen schnell als unangebrachtes Aufmucken verstanden werden, redet man hinter dem Rücken, aber nicht öffentlich. Generell gehen viele Peruaner Konflikten lieber aus dem Weg. So meiden sie auch im Umgang mit Kollegen heftige Auseinandersetzungen. Stattdessen machen sie Andeutungen und hoffen, dass der Kollege wahrnimmt, was sich dahinter verbirgt. Viele Peruaner scheuen sich, die Wahrheit auszusprechen, wenn sie dadurch einen Kollegen verletzen könnten. Eigene Fehler werden ungern zugegeben und gern vertuscht. Einen Mitarbeiter mit der Nase auf einen Fehler zu stoßen, kann bei dem Betreffenden eine dauerhafte Protesthaltung auslösen.

Viele Peruaner haben ein **hohes Einfühlungsvermögen.** Arbeitskollegen unterstützen sich gegenseitig finanziell in Krankheits- oder bei Todesfällen. Geburtstage werden wichtig genommen und Geburtstagskinder mit Ständchen, Torten und kleinen Geschenken geehrt. In manchen Betrieben ist es sogar üblich, dass man an seinem Geburtstag nicht zur Arbeit erscheint.

Peruaner finden leicht tröstende oder aufmunternde Worte, wenn es jemandem nicht gut geht.

„Eigenbeschäftigung"

Wer in Peru keine Arbeit hat, schafft sich seine Arbeit selbst. Dafür haben die Soziologen den Terminus *autoempleo* **(Eigenbeschäftigung)** geprägt. Wer arm ist und sich in einer feindlich anmutenden Umgebung seine Arbeitsstelle selber schafft, ist zahlreichen Widerständen und Erniedrigungen ausgesetzt. Er braucht deshalb besondere Fähigkeiten wie Entschlossenheit, Disziplin, Durchhaltevermögen und Kreativität. Will er erfolgreich sein, indem er wirtschaftliche Nischen besetzt, braucht er gute Ideen. Er muss klein anfangen und darf sein Ziel nicht aus den Augen verlieren. Viele sind gezwungen, Leistungen anzubieten, für die sie nicht ausgebildet wurden. So gehen Peruaner bei Reparaturarbeiten oft unsystematisch, unorthodox und zugleich sehr kreativ vor. Mit *„a la criolla"* („auf kreolische Art") ist gemeint, dass jemand etwas irgendwie hinkriegt, irgendwie zum Ziel kommt, teures Material sparsam einsetzt und dabei ein hohes Maß an Einfallsreichtum und Raffinesse beweist – eine Vorgehensweise, die für viele arme Länder charakteristisch ist. Produkte, die dabei entstehen, bezeichnen die Peruaner als **producto chicha** (*chicha* – Maisbier, ist ein typisches peruanisches Getränk, siehe auch den Abschnitt „Typische Getränke" ab Seite 284). Solche Produkte fertigen in Peru nicht nur Einzelpersonen, sondern auch kleine bis mittelgroße Betriebe. Die *productos chicha* sind nicht zu verwechseln mit den *productos bamba:* Nachahmungen bzw. Fälschungen, die wie Originale verkauft werden.

Erfolg und Niederlage

In den 1990er-Jahren herrschte in Peru eine Art **Aufbruchstimmung.** Mit der Machtübernahme durch den japanischstämmigen Staatspräsidenten *Alberto Fujimori* verband sich die Hoffnung, Peru könne in kurzer Zeit in einen lateinamerikanischen Tigerstaat verwandelt werden. Liberales Gedankengut erfasste alle Schichten, linkes verlor seine Glaubwürdigkeit. Es breitete sich die Meinung aus, jeder könne alles erreichen, wenn er es nur wirklich wolle. Neu gegründete Privatuniversitäten boten Lehrgänge für zukünftige Führungskräfte an und vermarkteten Wochenendseminare, in denen sie das Rüstzeug für den Weg zum Erfolg vermittelten. Straßenhändler verkauften Karten mit Sprüchen wie *„El éxito depende de usted, el fracaso también"* („Der Erfolg hängt von Ihnen ab, die Niederlage auch") oder *„Cuando se actúa con decisión los obstáculos desaparecen"* („Wenn man mit Entschlossenheit handelt, verschwinden die Hindernisse"). Ausbildungsstätten mit bezahlbaren Lehrgängen für sozial Schwache nannten sich „Zentren für Beratung und Motivation für den Erfolg". Der Universitätsprofessor *David Fishman* ließ sein Buch *„El camino del Líder"* („Der Weg der Führungskraft") für weniger als drei Euro an allen Zeitungskiosken verkaufen.

Durch das plötzliche große Interesse ausländischer Investoren an Peru entstand bei vielen Peruanern der Eindruck, sie und ihr Land seien wichtiger geworden. Der Staat schaffte den **Kündigungsschutz** ab. Wer den **Leistungsanforderungen** der Arbeitgeber nicht entsprach, wurde entlassen, wer gute Leistungen erbrachte, wurde belohnt. Das war in einigen Branchen neu. Zudem wurden durch die Investitionen neue Arbeitsplätze geschaffen. Protest, Opposition und Mitgliedschaft in linken Parteien boten plötzlich keine Möglichkeit mehr zu gesellschaftlicher Anerkennung, wohingegen Engagement am Arbeitsplatz die Chance auf Anerkennung und Selbstverwirklichung bot. Junge Arbeitnehmer wurden motiviert, ihre Fähigkeiten einzusetzen, sich mehr zuzutrauen. Arbeitgeber schickten ihr Personal zu Fortbildungskursen. Die Verkäufer in den Geschäften kümmerten sich dienstbeflissen um die Kunden, stets freundlich und bemüht, ihnen den bestmöglichen Service anzubieten. Szenecafés und Hotels gaben Studenten die Chance, ihre Leistungen unter Beweis zu stellen. Die bekannte Kaufhauskette E.Wong gründete gar eine eigene Schule, in der das Personal weitergebildet und motiviert wurde. Wer sich anstrengte, wurde zum „Angestellten des Monats" erkoren, bekam einen Preis und konnte beruflich weiterkommen. Wichtigste Lehrinhalte waren „der Kunde ist König" und „ohne unsere Kunden haben wir keine Arbeit und kein Einkommen".

Der Überlebenskampf verlangt den Armen große Opfer, enorme Anstrengungen, Durchhaltevermögen und auch viel Kreativität und Flexibilität ab. Viele sind bereit, sich bis aufs Letzte selbst auszubeuten. Aber schlechte Ernährung, ungünstige gesundheitliche Voraussetzungen, prekäre Wohnverhältnisse und geringe Bildung hindern sie am gewünschten Erfolg. Viele schwanken zwischen Selbstunter- und Selbstüberschätzung. Sie träumen vom wirtschaftlichen Erfolg, den sie aufgrund ihrer Ausgangssituation niemals erreichen können. Wenn sie sich an den Wochenenden im Freundeskreis betrinken, dann philosophieren manche von all dem, was sie in naher Zukunft zustande bringen werden. In ihrem tiefsten Innern betrachten sie sich vielleicht manchmal als Taugenichtse, ein Gefühl, das ihnen unerträglich ist.

Wer **aus der Provinz in die Stadt** kommt, hat oft große Ziele. Die Menschen wissen, dass der Weg zu deren Verwirklichung beschwerlich ist. Deshalb empfinden sie es nicht als Niederlage, sondern als Erfolg, wenn sie zu Beginn Tätigkeiten ausführen, die innerhalb der peruanischen Gesellschaft gering geschätzt werden. Viele betrachten die Beschäftigung als Hausangestellte oder Reinigungskraft als ein vorübergehendes Stadium. Wer die Verhältnisse in der Stadt vorher nicht kannte, es aber schafft, sich anzupassen und eine Mittel- oder Oberschichtfamilie mit seiner Arbeit zufriedenzustellen, wertet das als Leistung, vorausgesetzt, dass diese Tätigkeit nur eine Stufe auf dem Weg zum Erfolg darstellt und es nicht ein Leben lang dabei bleibt.

077pe-lg

Behörden

Bei der Besetzung von Arbeitsplätzen in der öffentlichen Verwaltung sind oft persönliche Beziehungen ausschlaggebender als die Qualifikation eines Bewerbers. Manche Personen sehen sich dadurch in einer Machtposition, die sie ausspielen möchten. Sie behandeln ihre Klientel wie abhängige Bittsteller, reden sie mit „du" an, stellen gerne fest, dass noch Unterlagen fehlen, manchmal mit der Absicht, ein Schmiergeld zu bekommen. Bei derartigen Behinderungen helfen durchaus Beharrlichkeit und Durchsetzungsvermögen. In jedem Fall sollte man viel Zeit einplanen und bei Zusatzauflagen ruhig bleiben. Sogenannte *tramitadores* (Erlediger von behördlichen Angelegenheiten) erledigen Behördengänge gegen ein im Voraus vereinbartes Entgelt. Als Ausländer zahlt man besser keine *coima* (Bestechungsgeld), da man es erstens anderen Personen noch schwerer macht, zweitens nicht weiß, mit welchen Summen üblicherweise geschmiert wird und es drittens auch viele nicht bestechliche Peruaner gibt, deren Ehrgefühl man damit tief verletzen würde. Außerdem funktionieren die Dinge in Peru auch ohne Schmiergeld – man muss nur einen längeren Atem haben.

Essen und Trinken

Die peruanische Küche

Sabor (Geschmack), *sazón* (Würze), *variedad* (Abwechslungsreichtum) und *diversidad* (Mannigfaltigkeit) zeichnen die peruanische Küche aus. Im Hinblick auf Vielfalt und Zubereitung ist sie auf dem amerikanischen Kontinent einzigartig. Die riesige Auswahl an landes- und regionaltypischen Gerichten in den Restaurants unterschiedlichster Kategorien macht **Lima zur kulinarischen Hauptstadt Amerikas** (siehe auch den Abschnitt „Die kulinarische Hauptstadt Lateinamerikas" ab Seite 174). Klima und Geografie sorgen während des ganzen Jahres für würzige, scharfe und schmackhafte Zutaten. Fische und Meeresfrüchte werden sozusagen vor der Haustür gefangen, Obst und Gemüse kommt sonnengereift auf die Märkte. Die Küche ist Teil der Identität und des Nationalstolzes, ganz gleich, ob die Gerichte iberischen, afrikanischen oder chinesischen Ursprungs sind, ob sie aus den Anden stammen wie die *Pachamanca* (mit

◁ Zehn Stunden am Tag zu arbeiten, ist Normalität

Kräutern im Erdofen gegartes Fleisch) und die *Huatia* (in Kräuterwürze eingelegtes und im Tontopf gegartes Fleisch) oder ob sie im Amazonastiefland zubereitet werden. In der **peruanischen Küche** haben sich die Kulturen aller Völker, die in Peru leben oder dorthin eingewandert sind, gleichberechtigt vermischt. So verbindet denn auch die kulinarische Revolution, die von Peru aus die Welt erobert, die *cocina novoandina* – die traditionelle Andenküche – mit den Einflüssen anderer Kontinente und zaubert moderne Kreationen mit Alpaka- oder Lamafleisch, *Quinoa* und *Kiwicha* (Getreidesorten mit wertvollen Eiweißen) oder *Muna,* ein Andenkraut mit Minzegeschmack.

„Mistura" (von span. *mixtura* – Mischung) heißt die **internationale Gastronomiemesse**, die seit 2008 jährlich in Lima stattfindet und die bedeutendste ihrer Art in Lateinamerika ist. An der Messe nehmen renommierte Köche aus Europa und Asien teil, ebenso wie peruanische Köchinnen und Köche aus dem einfachen Volk, Bäcker, Garköchinnen, Frauen, die Süßwaren für den Verkauf in kleinen Mengen zu Hause herstellen, Landwirte, kleine und große Restaurants, Kochschulen und Nahrungsmittelbetriebe. Das Arme-Leute-Essen erhält denselben Stellenwert wie die Gerichte der Mittel- und Oberschicht. Kochwettbewerbe, runde Tische, Vorträge, Filme, Buchpräsentationen und musikalische Darbietungen machen das Event zum „Fest der kulturellen und gastronomischen Vielfalt".

Typische Gerichte

Wer die Carretera Central hinauf in das 3400 m hoch gelegene Huancayo oder in das noch höher gelegene Cerro de Pasco fährt, wer einen Ausflug in das Santa-Eulalia-Tal oder eines der anderen fruchtbaren Täler im Hinterland von Lima macht, wird rechts und links der Straße viele rustikale *restaurantes campestres* (Landgasthöfe, die nur im Freien servieren) entdecken. Große Schilder an den Eingängen werben für *pachamanca – tres sabores* (Pachamanca – in drei Geschmacksrichtungen) und locken Kundschaft aus allen gesellschaftlichen Schichten an. Die **Pachamanca** ist das bekannteste traditionelle Gericht des Andenhochlandes. Seit Jahrhunderten wird es im Innern der Erde zubereitet. Bereits bei den Inka war das gemeinschaftliche Pachamanca-Essen der krönende Höhepunkt von Feiern. Heute werden verschiedene Fleischsorten, meist drei (daher die gastronomische Werbung für gute Qualität), über Nacht in einer Würztunke eingelegt, in der aromatische Kräuter eine wichtige Rolle spielen: Mama Killa, Huacatay, Molle, Rosmarin, Chinche, gemahlene Pfefferschoten, Pfeffer, Kreuzkümmel und Knoblauch. Am folgenden Tag wird ein Loch in die Erde gegraben. Das Fleisch wird entsprechend seiner Garzeit

016pe-ah

zuerst auf heiße Steine gelegt, die zuvor stundenlang in einem Erdloch erhitzt wurden. Dann folgen die unterschiedlichsten Knollen: Oca, Mashua, Maca und natürlich die Kartoffel, außerdem Maniok, Süßkartoffeln (in Peru *camote* genannt) und Hülsenfrüchte. Zum Schluss werden **humitas** hineingelegt, in Maisblätter gehüllter süßer Maisbrei, dem Rosinen und Mandeln hinzugefügt werden, die als Nachtisch serviert werden. Am Ende wird alles mit heißen Steinen zugedeckt und Blätter zur Wärmedämmung aufgeschichtet, feste Zeltleinen werden darüber gespannt und Erde aufgeschüttet. Nach einem einstündigen Garvorgang kann die Pachamanca serviert werden.

Humitas und **tamales** vereinen Elemente der andinen, europäischen und der afrikanischen Küche. Herzhafte *humitas* werden in Peru gern als Vorspeise gereicht, süße als Nachtisch. In der Inkazeit wurden sie aus gemahlenem jungen Mais oder aus Maismehl zubereitet. Der Mais wurde auf dem traditionellen Mahlstein, dem *batan,* der sich noch heute in vielen peruanischen Küchen befindet, gemahlen und gleichzeitig mit dem würzigen Huacatay-Kraut vermischt, so lange, bis eine Art Paste entstand. Käse des weiblichen Guanako (wilde Lamaart) wurde hinzugefügt und die Paste dann in Maisblätter eingewickelt, bevor sie zum Kochen in Wasser ge-

⌃ Mitglieder der Fuerza Armada beim Essen

legt wurde. In der Kolonialzeit entwickelte sich aus der *humita* das *tamal*, das mit Schweine- oder Hühnerfleisch gefüllt wurde. Guanakokäse und Huacatay fielen stattdessen weg. Bis auf den heutigen Tag dürfen *tamales* bei einem guten Sonntagsfrühstück nicht fehlen.

Tacacho – zubereitet aus geräucherten grünen Bananen, die mit einer Gabel zerdrückt und mit würzigem Schweinefleisch vermengt werden – oder **juane** – Reis, gekochte Eier und Hühnerfleisch, die in Bijao-Blätter, die Bananenblättern vergleichbar sind, eingewickelt und gekocht werden– sind typische Gerichte aus dem urbanen Amazonastiefland, die im ganzen Land bekannt sind. *Juanes* sind das traditionelle Festessen, das die Familien in den Tieflandstädten am 24. Juni, dem Tag des *San Juan* (Heiliger Johannes), zubereiten.

Ceviche, das repräsentativste Gericht der Küstenregion aus rohem Fisch, ist wahrscheinlich inkaischen Ursprungs, hat aber Elemente der maurischen Küche aufgenommen. Wie für viele Gerichte der Küstenregion typisch, ist das *ceviche* sehr scharf und deswegen für Fremde gewöhnungsbedürftig. Wer aber einmal auf den Geschmack gekommen ist, möchte es nicht mehr missen. Für die Zubereitung werden frischer Fisch oder Meeresfrüchte in kleine Quadrate zerteilt und in Limonensaft und Chilis gebeizt. Manchmal werden Ingwerstückchen und frischer Koriander beigefügt, kurz vor dem Servieren Salz sowie in feine Scheiben geschnittene und in Wasser entschärfte Zwiebeln untergemengt. Zu *ceviche* werden Süßkartoffeln, Maniok und *cancha* (gerösteter Mais) gereicht.

Essgewohnheiten

Wenn Peruaner im Ausland sind, ist das Essen eines der Dinge, die ihnen am meisten fehlen. Wer in einem Küstenort geboren wurde, vermisst seine *comida criolla* („kreolisches Essen") oder die *chifa* (von chinesischen Einwanderern geprägte Gerichte). Bei besonderen Anlässen wie Familienfeiern oder Betriebsausflügen in Peru werden auf *comida criolla, chifa,* Fischgerichte oder gegrilltes Huhn spezialisierte Restaurants aufgesucht.

Traditionell wurden in Peru **vier Mahlzeiten** eingenommen: *desayuno* (Frühstück), *almuerzo* (Mittagessen), *lonche* (Brotzeit) und *cena* (Abendessen). Angesichts der modernen Arbeitszeiten lässt sich diese Gewohnheit aber nicht mehr aufrechterhalten. *Almuerzo* und *cena* sind stets warme Mahlzeiten. Beim **desayuno** darf in städtischen Haushalten frisch zubereiteter Fruchtsaft nicht fehlen. Sonntags gehören neben frischen Brötchen

▷ Frauen im Andendorf: die „Köchinnen" essen erst, wenn alle anderen satt sind

oft *tamales* dazu: Die Maispasteten werden entweder in Bäckereien oder von den Afro-Peruanern gekauft, die in der Frühe durch lautes Trommeln vor den Haustüren auf sich aufmerksam machen. Getrunken werden Kaffee, Tee oder *quaker,* dünnflüssiger, stark gezuckerter Haferbrei. Arme Peruaner begnügen sich morgens mit einer Tasse Kaffee und einem unbelegten Brötchen. In Bauerngemeinden besteht das Frühstück aus geröstetem Mais, manchmal gekochten Kartoffeln und einem Stück Käse sowie stark gezuckertem Kräutertee. Da die Bauern am Vormittag zur Arbeit auf den Feldern oder Weiden aufbrechen, nehmen sie das Frühstück zwischen fünf und sieben und das **almuerzo** bereits vor neun ein, in der Regel eine warme Suppe und gekochte Knollen. In den Städten findet sich nur an den Sonntagen die ganze Familie im Esszimmer ein. Werktags bereiten Mütter oder Dienstmädchen am Vorabend die Gerichte zu, die in Thermosbehälter verpackt von den Erwachsenen zur Arbeit und von den Kindern zur Schule mitgenommen werden.

In den schicken Cafés von Lima begegnet man nachmittags fröhlich lärmenden Frauen der Oberschicht, die ihr **lonche** mit einem Aperitif – *Pisco Sour, Algarrobina* oder *Piñacolada* – beginnen. Die ausgelassene Laune rührt allerdings nicht unbedingt vom Alkohol; dessen Anteil ist in den Cocktails äußerst gering. Dekorativ belegtes Weißbrot, *empanadas,* Teigtaschen mit Hackfleischfüllung sowie Kaffee oder Tee und traditionelle Süßspeisen wie *suspiro de la limena* („Seufzer der Limenserin") oder

078pe-ah

arroz con leche (Milchreis) gehören ebenfalls zur traditionellen Brotzeit. Daheim fällt das *lonche* einfacher aus. Im Alltag tritt an die Stelle der *cena,* die wie das *almuerzo* immer eine warme Mahlzeit ist, aus finanziellen und Zeitgründen zunehmend das *lonche.* Arme Familien reduzieren in Zeiten wirtschaftlicher Krisen die tägliche Ernährung auf eine Mahlzeit. Die **Grundnahrungsmittel der Armen** sind Brot, Reis und Nudeln. Manchmal kommt ein Stück Hühnerfleisch dazu, selten Fisch. Schweine- oder Rindfleisch essen arme Familien fast nie. Obst, Gemüse und Milchprodukte sind für viele unerschwinglich. Mit Speiseöl gehen sie sparsam um.

In der städtischen Mittel- und Oberschicht kochen und servieren die Dienstmädchen. Auf dem Land und in den Armenvierteln **versorgen die Frauen zuerst ihre Männer** und Kinder, manchmal auch Nachbarn, die vorbeischauen. Danach bedienen sie sich selbst. In den Anden werden alle Nahrungsmittel in „kalte" und „warme" unterteilt, was mit der Temperatur des Essens nichts zu tun hat, sondern sich auf ihre Wirkung im menschlichen Körper bezieht. Zur Erhaltung der Gesundheit achten die Frauen beim Kochen streng auf das Gleichgewicht zwischen „heißen" und „kalten" Zutaten. Besondere **Leckerbissen** gibt es nur bei Festen. Dann schlachten die Männer Tiere aus dem Dorfbestand. Die Frauen treffen sich zum gemeinsamen Kochen in den Versammlungshäusern.

Peruanische Marken machten lange den Stolz vieler Peruaner aus. So konnte Unilever sich mit einer neuen Eismarke nicht durchsetzen, weil die Peruaner ihr Eis von *Donofrio* liebten. Als schließlich Nestlé den peruanischen Eis-, Schokoladen- und Süßwarenhersteller kaufte, wurde der Name *Donofrio* beibehalten.

Infolge der Globalisierung haben ausländische **Fast-Food-Ketten** in Peru Einzug gehalten. Es gilt in allen Altersgruppen als schick, die dort angebotenen Snacks zu konsumieren, wenn man sie sich denn leisten kann.

Der Oktober, der als „maulbeerfarbener Monat" gilt, gehört dem Kult um den „Herrn der Wunder". Eine Statue wird in Prozessionen durch die Straßen von Lima getragen. Personen, die den **„schwarzen Christus"** besonders verehren, tragen während des ganzen Monats maulbeerfarbene Kleidung. Eine typische Speise in dieser Zeit ist ein sehr süßes Gebäck mit viel Honig, der *turron de Doña Pepa.*

Typische Getränke

Pisco Sour ist das Nationalgetränk par excellence, gemixt aus Eiweiß, Zucker, Eiswürfeln, *Pisco* und Limettensaft und dekoriert mit peruanischem Zimt oder einem Tropfen Angostura. Der Aperitif darf auf keiner privaten Feier, keinem Empfang und keinem großen Event fehlen. Touristen, die den *Pisco Sour* als Willkommensdrink serviert bekommen, möchten ihn meist fortan nicht mehr missen. *Pisco* ist ein Destillat aus dem Most kleiner reifer Weintrauben. Bei der Erfindung dieses hochprozentigen Getränks kamen europäische Weinbaukenntnisse und indigene Kenntnisse des Bewässerungsfeldbaus und althergebrachter Lagermethoden zusammen. Der *Pisco Sour* wurde zu Beginn des vorigen Jahrhunderts erfunden.

Aus Mais werden in Peru seit einigen Jahrtausenden unterschiedliche Getränke hergestellt. Berühmt ist die alkoholische **chicha,** oft mit „Maisbier" übersetzt. Dafür wird frischer sonnengetrockneter Mais gemahlen. In einem großen Gefäß wird der Mais gut mit Wasser bedeckt und acht bis zehn Stunden lang bei ständigem Umrühren gekocht. Dabei dürfen nur Holzlöffel verwendet werden. Ab und zu wird etwas Wasser hinzugefügt. Dann wird die Flüssigkeit durch ein großes Sieb geseiht, *chancaca* (Rohrzuckerpaste) eingerührt und in ein Tongefäß gegossen. Darin fermentiert die Flüssigkeit drei Tage lang. *Chicha* wird an der Küste und in den Anden zubereitet. Ihr kommt bei traditionellen Festen und Gemeinschaftsarbeiten sowie als Opfergabe in den Anden große Bedeutung zu. Auch als Zutat für manche Gerichte spielt *chicha* eine wichtige Rolle, unter anderem als Marinade, in der Fleisch über Nacht eingelegt wird. Die *chicherías,* kleine Gasthäuser, in denen man neben *chicha* auch typische Regionalgerichte bekam, haben an Bedeutung verloren. Die Behauptung, der Mais werde für die Herstellung der *chicha* von Frauen gekaut – wie in manchen Reiseführern und Fachbüchern erwähnt –, stimmt nicht.

Eine solche Zubereitungsart war früher im Amazonastiefland bei der Herstellung des **masato,** einem leicht alkoholischen Getränk aus Maniok, üblich. Heute wird der Maniok mit Gabeln zerdrückt, danach lässt man ihn fermentieren. Ein typisches Erfrischungsgetränk ist die alkoholfreie **chicha morada.** Zur Herstellung dieses Getränks werden die Kolben von rotem Mais, Ananasschale, Zimt und Nelken über längere Zeit in ausreichend Wasser gekocht. Dann lässt man die Flüssigkeit abkühlen und anschließend wird sie im Kühlschrank aufbewahrt. Kurz vor dem Servieren werden Limettensaft und Zucker hineingerührt. Das dunkelrote schmackhafte Getränk nehmen Peruaner anstelle von Limonade zu sich.

Bier stellen in Peru mehrere Brauereien her. Vor allem Männer trinken es gern. Helles Bier bezeichnen sie als *„la rubia"* („die Blonde"). Mit *„una rubia", „una chela"* oder *„una chelita"* ordern sie in Restaurants und Kneipen ihr Bier. Das dunkle Bier, dessen Qualität es mit dem deutschen durchaus aufnehmen kann, wird *„negra"* („Schwarze") genannt. Bier wird nicht als Nahrungsmittel betrachtet und auch nicht während des Essens getrunken. Wohl gehört es zu Familienfeiern, Grillfesten, Hochzeiten und spielt bei den Festen der andinen Heimatvereine eine wichtige Rolle.

Bei familiären oder nachbarschaftlichen Treffen machen meist eine geöffnete Bierflasche und ein Glas unter den in Gruppen zusammensitzenden oder stehenden Menschen die Runde. Dabei schenkt der linke Nachbar seinem rechten ein und reicht ihm Flasche und Glas. Dieser prostet der Person zu seiner Rechten zu, trinkt das Glas leer, schüttet übrig gebliebene Tropfen auf den Boden und gibt dann Glas und Flasche weiter.

Bei Dorffesten, die mehrere Tage dauern, werden auf dieselbe Weise an aufeinanderfolgenden Tagen große Mengen an Bier konsumiert. Oft kann man Männer durch den Ort torkeln und sogar am Straßenrand ein Nickerchen machen sehen. Der weitverbreitete **Alkoholismus** unter jungen Männern mag daher rühren, dass das dörfliche Leben ihnen keine Perspektiven bietet und die Verbesserung ihrer Lebenssituation ihnen unmöglich erscheint.

In den Städten ist die Zahl der **Kneipenbesuche** gestiegen. Ab dem Freitagabend, oft sogar ab dem Donnerstagabend suchen gut verdienende Angestellte die Bars und Restaurants auf. In den ärmeren Schichten tragen manche Männer den Großteil ihres Lohns, den sie entweder am Wochen- oder am Monatsende erhalten, in billige Kneipen. Dort wird vor allem Bier ausgeschenkt, manchmal auch Pisco. Bei Freunden und Kollegen aus der Unterschicht können solche Kneipenaufenthalte in ausgedehnte Veranstaltungen ausarten: Die Männer vertrauen sich Geheimnisse an, erinnern sich mit Nostalgie an ihre traurige Kindheit oder prahlen von Heldentaten, die sie vollbringen möchten. Wenn sie spät in der Nacht zu Hause eintreffen, ist von ihrem Gehalt meist nicht mehr viel übrig.

Reist man im Sommer zum Baden über die *Panamericana* an einen der südlich von Lima gelegenen Sandstrände, lächeln junge Frauen in Bikinis und Tangas mit Bierflaschen oder -gläsern in ihren Händen von riesigen Plakaten am Fahrbahnrand. Am Strand angekommen, nähern sich bald beflissene Kellner, die Fischgerichte und Bier anbieten. Bier gehört zum Strandausflug.

Für die Andenbauern ist Bier teuer. So wird bei Festen mehr selbst gebraute Chicha (Maisbier) oder Anisschnaps getrunken.

In reichen Familien gehört es zum guten Ton, seinen Gästen **Whisky** anzubieten – es sollte aber mindestens ein *etiqueta negra (black label)* sein. Obwohl Peru **Wein** produziert, sind Peruaner keine typischen Weintrinker.

Manche Peruner fürchten, durch kühle Getränke ihre Gesundheit zu gefährden. In den Restaurants fragen Kellner ihre Gäste in der Regel, ob sie ihr Getränk *al tiempo* („temperiert") oder *helado* („eisgekühlt") möchten, wobei *helado* keineswegs der deutschen Vorstellung von „eiskalt" entspricht.

Ein Softgetränk made in Peru

Für Softdrinks geben Peruaner gern viel Geld aus. Hohes Ansehen genießt die 1910 vom britischen Immigranten *John Lindley* in Peru kreierte und seit 1935 im Handel befindliche **Inca Kola,** die sehr süß ist und deren Hauptbestandteil das Zitronengras *(hierba luisa)* ist. Das Getränk war über lange Zeit ein wichtiges Identifikationsmoment für den Nationalstolz vieler Peruaner und sie freuten sich, wenn sie auch Ausländern schmeckte. Inca Kola hat in Peru einen höheren Marktanteil als Coca Cola. 1999 kaufte Coca-Cola 50 Prozent der Anteile seines peruanischen Rivalen. Die Farbe des Getränks ist ein kräftiges Gelb. Es wird in Glas- und Plastikflaschen mit einem Inka-Motiv verkauft.

Feste und Feiern

Je höher ein Dorf gelegen, umso unwirtlicher das Klima und umso anstrengender und zeitraubender ist auch die Auseinandersetzung mit der Natur, um den kargen Böden ausreichend Nahrung abzuringen. Klima und Jahreszeit schreiben vor, wann der Boden umgegraben, wann gesät, wie oft bewässert, wann geerntet und wo das Vieh geweidet werden muss. Keine dieser Arbeiten duldet Aufschub. Freie Zeit zwischen der Verrichtung dieser Tätigkeiten bleibt in der Regel nicht. Der peruanische Campesino hat nicht viel Zeit, um sich auszuruhen. Für die Campesina gibt es keine „freien Tage". Tag für Tag beginnt sie morgens früh mit der Arbeit und fällt abends müde ins Bett. Samstage und Sonntage sind ganz normale Arbeitstage. Gefeiert wird dagegen die Zeit, in der sich **der erste Regen** und somit eine gute Ernte ankündigt. Gefeiert werden auch **die gute Ernte** und **die christlichen Schutzpatrone** der Dörfer.

In Peru finden **jährlich 3000 festliche Veranstaltungen** statt. Viele religiöse Feierlichkeiten sind den Schutzpatronen der Dörfer und Städte gewidmet: Sie sind also spanischen Ursprungs. *Castillos* („Schlösser") heißen die bis zu 20 m aufragenden Feuerwerksbauten, wackelige Gestelle aus dünnem Bambusrohr, an denen Hunderte mit Bindfäden befestigter Ladungen Schießpulver baumeln. Wenn diese in Licht und Farbe aufgehen, ist das einer der Höhepunkte der Patronatsfeiern.

Andere Feste gehen auf die Inka oder ältere Kulturen zurück wie beispielsweise die „Wasserfeste", bei denen die Campesinos den Wassergöttern Opfer bringen und um ein regenreiches Jahr und eine gute Ernte bitten. Solche Feiern dauern in den Anden mehrere Tage und gehen immer mit Gemeinschaftsarbeiten einher.

Einen wichtigen Platz im Leben der Campesinos nehmen Feiern ein, bei denen es um die Fruchtbarkeit der Erde und Tiere oder die Anrufung der beseelten Natur für ein günstiges Klima geht. Fällt die Ernte gut aus, so ist dies für viele andine Bauern ein Grund zum Feiern. Im August bringen traditionelle Heiler als Vertreter der südandinen Religion der *Pachamama* (Mutter Erde) Opfer dar. Im Hinterland von Lima erhalten die Gottheiten, die für ausreichend Regen und Wasser in den Flüssen zuständig sind, an ihren Festtagen Opfergaben.

Weihnachten

Heiligabend ist in Peru ein Familienfest. Weihnachten fällt allerdings in den Sommer. Wenn die Familien sich am späten Abend des 24. Dezember vor unechten, meist kerzenlosen Tannenbäumen einfinden, ist es draußen noch warm. Aus Stereoanlagen tönen Weihnachtslieder meist US-amerikanischer Herkunft. Die *villancicos,* die traditionellen Weihnachtslieder, werden nur noch selten gesungen. Zum Essen versammeln sich die Familien erst gegen 24 Uhr. In Haushalten, die das Geld dazu haben, wird gefüllter Truthahn serviert. Im Anschluss an das **Weihnachtsessen** gibt es selbst in den ärmsten Haushalten *panetón* (traditioneller Weihnachtsku-

⌃ Tanzen zu Ehren der „Jungfrau der Himmelfahrt" („Virgen Asunta") in Calca

chen) und die obligatorische heiße Schokolade. Die Bescherung findet nie vor 24 Uhr statt. Auf dem Land fallen die Feiern im Familienkreis bescheidener aus.

Am 25. Dezember besuchen Katholiken eine Messe in der Kirche. An diesem Tag werden Familienangehörige besucht. Einen zweiten Weihnachtsfeiertag am 26. Dezember kennen die Peruaner nicht.

„Fiestas Patrias", der Nationalfeiertag

Das „Fest des Vaterlandes", für das die Peruaner zwei freie Tage erhalten, den 28. und den 29. Juli, geht zurück auf die **Unabhängigkeitserklärung** gegenüber Spanien am 28. Juli 1821. Kinder freuen sich darauf, dass sie sich an den beiden Tagen schick anziehen dürfen und von ihren Eltern zu Spaziergängen ausgeführt werden. In den Städten finden Militärparaden statt, Lehrer und Schüler in Schuluniformen marschieren durch die Straßen, der **Staatspräsident** hält eine Rede, die meist mit Spannung erwartet wird. Am 28. Juli teilt der Präsident mit, wie die Politik der kommenden Monate aussehen wird. Oft stellt er an den Fiestas Patrias auch ein neues Kabinett vor.

Ostern

Die Montage nach Ostern und Pfingsten sind in Peru keine Feiertage. Dafür hat die gesamte Woche vor Ostern, die **Semana Santa** („Heilige Woche"), genauso wie in Spanien einen hohen Stellenwert. Gründonnerstag und Karfreitag sind Feiertage. An diesen Tagen strömen Menschenmassen in die Zentren der Städte, um den frei wählbaren, aber obligatorischen „sieben Kirchen" einen Besuch abzustatten. Jeden Abend ziehen Prozessionen mit Heiligenstatuen, Büßern und Gläubigen sowie Musikkapellen durch die Städte. Auch in den Dörfern finden Prozessionen statt. Am Karfreitag wird in einigen Städten die Kreuzigung Christi nachgespielt.

Ostern ist sowohl für die Bewohner der Städte als auch der Dörfer wichtig. Die spektakulärsten und aufwendigsten **Osterprozessionen** der „Heiligen Woche" finden in Cusco und Ayacucho statt.

Allerheiligen

Dieser Tag wird vor allem in den Dörfern und Städten der Anden gefeiert. Dort ziehen die Menschen mit Bier oder Schnaps, Kokablättern und Musik auf die Friedhöfe, um den Tag gemeinsam mit ihren verstorbenen Angehörigen zu feiern.

Je mehr Menschen vom Land in die Städte abwandern, desto wichtiger wird dort **Allerheiligen.** Familien besuchen die Gräber ihrer verstorbenen Angehörigen. Auf dem Land sowie auf den großen Friedhöfen der Armenviertel lassen die Angehörigen für die Verstorbenen Musik spielen oder Tänze aufführen. An den Gräbern kauen sie Kokablätter und trinken Bier oder Schnaps (mehr zu Ritualen zu Ehren der Toten auch im Exkurs „Friedhöfe im urbanen Peru" ab Seite 214).

Karneval

Überall in den Anden, in vielen Regionen des Amazonastieflandes wie in Rioja oder Iquitos und in einigen Küstenorten feiern die Menschen **Karneval.** Je nach Landesregion handelt es sich dabei um Arbeitsfeste mit Instandhaltungsarbeiten der dörflichen Infrastruktur, Tanzwettbewerbe, bei denen die Jugendlichen Liebeslieder singen, oder Kostümumzüge. In den Dörfern in der Umgebung von Cusco sowie im Apurímac-Tal und in Puno veranstalten die jungen Leute **Umzüge,** bei denen sie **Liebeslieder** singen und tanzen. Menschen jeden Alters färben einander bei ausgelassene nFeiern die Gesichter mit bunten Farben, Mehl, Schuhcreme oder Lehm. Oder sie bewerfen sich mit wassergefüllten Luftballons. Insbesondere in Iquitos, wo die sommerliche Februarhitze kaum zu ertragen ist, können Wasserschlachten erfrischend sein. In Tarma fällt der Karneval mit dem Fest des Heiligen Sebastian zusammen. Überall in den Anden gehören **Yunza** genannte „Karnevalsbäume" zu den Feiern. Die zuvor gefällten Bäume werden mit bunten Bändern geschmückt und auf dem Festplatz aufgestellt. Die Feiernden tanzen in Paaren um die *Yunzas* und versetzen ihnen dabei Schläge mit einer Axt. Das Paar, dem es gelingt, die *Yunza* zu Boden zu werfen, „darf" die Kosten für die Karnevalsfeier im nächsten Jahr übernehmen. **Cajamarca** und **Ayacucho** zählen zu den Hochburgen des andinen Karnevals, der mit den

081pe-ah

Spaniern nach Peru kam, sich dort aber mit einer Vielfalt einheimischer Traditionen vermischt hat. In Cajamarca findet der größte Karnevalszug statt. Dabei tritt jedes Jahr der **Rey Momo** auf, der auch **Ño Carnavalón** heißt. Sein riesiger Kopf und sein karminrotes Gesicht weisen ihn als einen **Teufel** aus. Fünf Tage lang lärmt er in den Straßen von Cajamarca. Er verursacht Chaos und feuert die Feiernden, mit denen er Maisbier trinkt und gemeinsam isst, an, sich vom Stress der täglichen Arbeit zu befreien und in die ausschweifenden Feierlichkeiten einzutauchen. Wenn der *Ño Carnavalón* vor dem Aschermittwoch verbrannt und seine Asche in das Thermalwasser von Cajamarca gestreut wird, beweinen ihn seine „Witwen". An der Küste in **Chincha** feiern die Nachkommen der afrikanischen Sklaven den *Carnaval Negro* („Schwarzen Karneval") mit Musik- und Tanzwettbewerben. Der wichtigste Tag ist der 16. Februar. Auch die Nachkommen der Deutschen und Österreicher feiern in **Pozuzo** Karneval und singen dabei „Hack der Katz den Schwanz ab". In der südperuanischen Karnevalshochburg **Ayacucho** kommen Gruppen und Vereine aus der gesamten Umgebung in die Stadt und erinnern an die traditionellen Feiern für die *Pachamama*. Die elegant gekleideten Tänzerinnen, die an mehreren Tagen durch die Straßen ziehen, wirken majestätisch und würdevoll. Aufgrund seines historischen Ursprungs wurde der Karneval von Ayacucho zum **Nationalen Kulturerbe** ernannt.

Dorffeste

In der Regel dauern **die bäuerlichen Feste** mehrere Tage, manche länger als eine Woche. An traditionellen Feiertagen bereitet die Campesina besondere Speisen zu und genießt ein- bis zweimal im Jahr ihre *diversión* (Vergnügen, Zerstreuung). Dann organisiert sie Haushalt, Feld- und Weidearbeiten so perfekt, dass sie sich für ein paar Stunden mit den anderen Bäuerinnen vergnügen kann. Die Frauen sind so fröhlich und ausgelassen, dass man den Eindruck gewinnt, sie seien die glücklichsten Menschen der Welt.

⊠ Masken aus Wolle oder Pappmaché sind typisch für viele Tanzdarstellungen aus Südperu: Die beiden jungen Tänzer sind stolz auf ihren Auftritt bei einem Madonnenfest.

Freizeit

Das Freizeitverhalten der Städter gleicht dem der Europäer. In ihrer Fähigkeit, die zur Verfügung stehende freie Zeit ausgiebig zu genießen, übertreffen die meisten Peruaner die Deutschen aber. Wenn irgend möglich unternehmen sie etwas Gemeinsames mit ihrer Familie oder einer Gruppe von Freunden. Der Einnahme gemeinsamer Mahlzeiten kommt ein hoher Stellenwert zu, Theater- und Konzertbesuche sind weniger beliebt als in Europa. Kinder aus armen Familien verbringen viel Zeit in dunklen Läden mit Computerspielen oder sie spielen mitten auf der Straße **Fußball.** Erwachsene suchen Spielsalons auf, die seit den 1990er-Jahren in den peruanischen Städten entstanden sind.

In der Küstenregion, insbesondere in der Hauptstadt, beginnt das Nachtleben mit dem Besuch von Diskotheken und Tanzlokalen *(peñas)* für manche bereits am Donnerstag.

Beliebte Freizeitaktivitäten

Im Dezember oder Januar beginnt das Strandleben. Wer Geld hat, verbringt die Wochenenden in einem Küstenort südlich von Lima. **Strandwochenenden** stellen in der Küstenregion die wichtigste Freizeitbetätigung während der Sommermonate dar. Arme Leute suchen die Strände auf, die den Städten unmittelbar vorgelagert sind. Wer mehr Geld hat und gesehen werden möchte, fährt zu den angesagten Strandorten, zu denen nur Zutritt erhält, wer mit dem Auto vorfährt. Unter den südlich von Lima gelegenen exklusiven Stränden ist **Asia** derzeit das Nonplusultra. Die begehrten Grundstücke direkt am Meer kann aber nur erwerben, wer die „richtige" Hautfarbe hat. Weitere exklusive Strände gibt es im Norden des Landes, insbesondere in **Punta Sal.**

Die Privatklubs halten für ihre Mitglieder während der Sommermonate umzäunte Terrains an den Stränden bereit. Während der Wintermonate können die Familien die Klubeinrichtungen im sonnigen Hinterland aufsuchen. Die Oberschicht bleibt unter sich: Man trifft sich in Stadt-, Land- oder Strandhäusern befreundeter Familien. Und man arrangiert Feste, auf denen Heiratskandidaten einander vorgestellt bzw. näher gebracht werden, wenn sie sich bereits von der Privatschule oder der Eliteuniversität im In- oder Ausland (Universitätsbesuche in den USA sind ein Muss, insbesondere für das soziale Leben) kennen. Das garantiert den Reichen, auf Dauer unter sich zu bleiben. Ihre Urlaube verbringen die Oberschichtfamilien am liebsten in Buenos Aires, Miami, Santiago de Chile oder Großbritannien.

Zeitgleich mit der großen Prozession für den „Herrn der Wunder" im Oktober beginnt in Lima die Zeit der **Stierkämpfe.** Lima verfügt über eine der größten Stierkampfarenen außerhalb Spaniens. Die besten Toreros eröffnen die Saison. Angesehene limensische Familien sowie Persönlichkeiten aus Wirtschaft und Politik finden sich an den Sonntagen in der Arena an der Plaza Acho ein. Wer gesehen werden will, sitzt ganz vorn im schattigen Teil, wo Plätze besonders teuer sind, und stolziert, bevor das Spektakel beginnt, an den anderen Zuschauern vorbei. Sobald der Stierkampf beginnt, fühlt man die Leidenschaft, und der Ausgang eines jeden Stierkampfes wird am Ende lebhaft kommentiert. Wegen der hohen Eintrittspreise ist die Teilnahme einem begrenzten Personenkreis vorbehalten.

Die erste Generation von Migranten in der Hauptstadt traf sich an wichtigen Festtagen in den **Heimatvereinen** und organisierte in Lima **Karnevalsfeiern** andiner Tradition mit einer *Yunza* (Karnevalsbaum) und Tänzen aus der Heimat. Je weiter die Anpassung an die städtische Lebensweise voranschreitet, desto geringere Bedeutung wird den aus der Heimat mitgebrachten Feiern und den Zusammenkünften der Migrantenvereine beigemessen. Bekannt ist das von einem Migrantenverein von Zuwanderern aus dem Altiplano geschaffene Tanzlokal „Brisas del Titicaca" im Stadtteil Breña, in dem sich Peruaner aller sozialer Schichten sowie Touristen bei den abendlichen Shows vergnügen und mittanzen.

An den **Osterfeiertagen** verreisen Familien, wenn sie es sich leisten können. Jugendliche, die über das nötige Taschengeld verfügen, verbringen die Ostertage in nahe gelegenen Ferienorten oder campieren am Strand.

An den Wochenenden stehen **Diskotheken und Tanzlokale** für alle Geldbeutel zur Verfügung. In einigen Stadtrandsiedlungen, in denen sich die arme Bevölkerung angesiedelt hat, gibt es sogar Straßenzüge, in denen sich eine Vielzahl großer Diskotheken aneinander reiht.

In Lima und den Vorstädten sind die Diskotheken bis in die frühen Morgenstunden brechend voll. Bier und Sangria werden aus großen Glaskannen konsumiert.

Neben den Diskotheken, in denen zu Rock, Pop, Trance, Reggaeton, Techno und Perreo (entstanden aus dem puertoricanischen „Sandungeo") getanzt wird, gibt es die sogenannten **Salsodromos,** die auf Salsarhythmen spezialisiert sind, **Chichodromos,** in denen die in Peru kreierten Rhythmen *chicha* (Mischform aus andinem Huayno und kolumbianischer Cumbia) und *technocumbia* (in Peru entstandener Rhythmus, bei dem der karibische Einfluss stärker ist als bei der *chicha*) abgespielt werden, und die traditionelle **Peña,** in der Show und Tanz der Besucher einander abwechseln. In Trujillo und Chiclayo dominieren peruanischer *vals,* afro-peruanischer *festejo,* Salsa, Merengue sowie andere Karibik-

Rhythmen, vor allem aber die **Marinera.** Ica gilt als Hochburg des **festejo.** Auch dort finden jährlich Tanzwettbewerbe statt, die allerdings nicht die Bedeutung und Bekanntheit der Marinera-Veranstaltungen erlangen.

Sport

Lima ist die einzige südamerikanische Hauptstadt, die direkt am Meer liegt. Die Steilküste am Pazifik, insbesondere der Stadtteil Miraflores in Lima, sind ideal für das **Paragliding.** Es gibt viele Vereine, in denen man *parament* erlernen und praktizieren kann. Perus Strände eignen sich hervorragend zum Surfen. 1937 brachte *Carlo Dogny* das moderne **Surfen** aus Hawaii nach Peru. 1942 gründete er mit peruanischen Sportlern an der Küste von Lima den Klub „Waikiki" für Wellenreiter. Als erstes lateinamerikanisches Land stellte Peru Surfbretter her. 1965 wurde hier die zweite internationale Weltmeisterschaft ausgetragen. Heute ist der Sport

Traditionslokale in Lima: Antigua Taberna Queirolo und El Cordano

Die aus einem Krämerladen italienischer Einwanderer hervorgegangene Eckkneipe ***Antigua Taberna Queirolo*** *im Stadtteil Pueblo Libre in unmittelbarer Nähe des archäologischen Museums hat bisher allen Wirtschaftskrisen getrotzt. Das Lokal befindet sich noch immer im Besitz derselben Familie, die eigenen Wein und „Pisco" (Traubenbranntwein) anbietet. Um die alten Marmortische scharen sich manchmal auch Touristen, vor allem aber die Leute aus dem Viertel, deren Väter und Großväter schon Stammgäste der Taverne waren. Bei einer Fischsuppe, einem einfachen Muschelgericht oder einem preiswerten Getränk tauscht man Nachrichten, Sorgen und Zukunftspläne aus.*

Das Traditionslokal ***El Cordano*** *gegenüber dem Bahnhof „Desamparados", nur wenige Schritte vom Regierungspalast entfernt, geht ebenfalls auf die Gründung durch italienische Einwanderer zurück. Die Familie hat das Lokal jedoch 1978 den Kellnern übereignet. Die Einrichtung ist schlicht. Die Gerichte sind einfach, aber schmackhaft, insbesondere der Schinken aus eigener Herstellung. Die Kellner sind stolz darauf, dass weiterhin jeder Staatspräsident nach seinem Amtsantritt hier speist. Allerdings hat das Lokal als Treffpunkt von Intellektuellen und Schriftstellern an Bedeutung verloren. Diese treffen sich heute lieber im „Haití" in Miraflores.*

an der gesamten Küste verbreitet und wird vertreten durch die Federación Deportiva Nacional de Tabla – Perú (FENTA). 2004 wurde die Peruanerin *Sofía Mulanowich* Weltmeisterin, auch nach ihrem Rückzug gilt sie immer noch als **der Star.** International erfolgreich – wenn auch ohne Titel – sind außerdem *Gabriel Villarán, Miguel Tudela, Lucca Mesinas* und *Juninho Urcía,* die an verschiedenen Qualifikationen der World Surf Leage teilgenommen haben, sowie bei den Frauen *Miluska Tello, Anali Gómez* und *Brissa Málaga.*

Dem Squash ähnlich ist das **Paleta-Frontón-Spiel.** Die *pelota,* ein ca. 7 cm dicker Ball aus lederumwickeltem Hartgummi, wird gegen eine neun bis zehn Meter hohe Granitwand gespielt und kann dabei eine Geschwindigkeit von bis zu 300 km/h erreichen. Der *pelotari* versucht, den Ball mit einem aus Holzrippen geflochtenen Korb, den er an seinem Arm befestigt, so gegen die Granitwand zu schlagen, dass der Gegner den zurückprallenden Ball nicht erreicht. Die Ursprünge des Spiels liegen in Mexiko. Vor 400 Jahren kam es nach Spanien und stieg im Baskenland zum Nationalsport auf. Von dort kam der Sport nach dem Zweiten Weltkrieg nach Nord- und Südamerika. Als er 1945 nach Peru gelangte, wurde er zunächst im privaten Klub „Regatas" praktiziert, bald auch in anderen Klubs.

Englische Einwanderer gründeten im 19. Jahrhundert den ersten **Fußballklub.** Zu Beginn war der Sport der Oberschicht vorbehalten. 1901 gründeten Jugendliche eines armen Viertels den berühmten Fußballverein **Club Alianza Lima**. Längst ermöglicht der professionelle Fußball Afro-Peruanern gesellschaftlichen Aufstieg. Zu den bekanntesten Vereinen gehören neben der Alianza auch **Sporting Cristal, Sport Boys** und der **Club Universitaria de Deportes,** kurz die **„U"** genannt. Über viele Jahre war die **Alianza** der Stolz der Afro-Peruaner. Als 1987 die gesamte Mannschaft der Alianza bei einem Flugzeugabsturz ums Leben kam, löste dies Volkstrauer aus. Danach wurde allmählich eine neue schlagkräftige Mannschaft aufgebaut. Die Spieler der Alianza pflegen eine besondere Beziehung zum *Señor de los Milagros.* Sie tragen im Oktober maulbeerfarbene Trikots und nehmen an der Prozession des „Schwarzen Christus" teil (siehe den Exkurs „Der, Herr der Wunder' und der ‚Herr der Erdbeben'" ab Seite 104). Hymnen, Lieder, Walzer- und Polkatexte sind dem Verein gewidmet. Berühmt wurde der im schwarzen Cañete geborene Abwehrspieler **Héctor Chumpitaz.** Als Mitglied der Nationalmannschaft nahm er 1970 an der Weltmeisterschaft teil und gewann mit ihr 1975 die *Copa América.* Ebenfalls aus Cañete stammte Perus größtes Idol **„Lolo" Fernandez.** In seine Zeit fielen mehrere Siege gegen Mannschaften aus Argentinien und anderen südamerikanischen Ländern. Berühmt wurde der Sieg gegen eine chilenische Mannschaft, bei dem *Fernandez* das Tor mit

083pe-lg

dem Kopf erzielte. In deutschen Fußballvereinen spielten **Claudio Pizarro,** der in Peru beim Deportivo Pesquero und der Alianza Lima gespielt hatte, oder **Jefferson Farfán**, der ebenfalls bei der Alianza gespielt hatte.

Canotaje, worunter man in Peru **Rafting** versteht, wird auf den Flüssen im Süden von Lima oder im Regenwald praktiziert. In Lunahuaná südlich von Lima findet das *Festival Internacional de Deportes de Aventura* („Internationale Abenteuersportveranstaltung") statt, das Mountainbike-Wettbewerbe mit einschließt. Dreizehn **Golfklubs** befinden sich vor allem in Lima sowie in anderen großen Städten. Dort treffen sich peruanische Geschäftsleute – gern auch mit ihren ausländischen Geschäftspartnern: Man isst, verhandelt und spielt Golf. Wer früh am Morgen durch Lima fährt, kann in den vielen Parks Menschen **Tai Chi** praktizieren sehen. Die beliebtesten Sportarten der unteren Schichten sind **Volleyball** und Fußball. Der peruanische Frauenvolleyball schneidet im internationalen Vergleich außerordentlich gut ab.

Infrastruktur, Transport und Verkehr

Bis zum Beginn der 1990er-Jahre brauchte man in den peruanischen Städten Geduld und Durchsetzungsvermögen, wenn man morgens mit **öffentlichen Verkehrsmitteln** zur Arbeit und abends nach Hause fuhr. Oft bildeten sich lange Schlangen an den Endhaltestellen. Wollte man einen Sitzplatz bekommen, musste man über eine Stunde warten, für einen Stehplatz war die Zeit etwas geringer. So waren viele damals erfreut, wenn sie Gelegenheit hatten, mit einem **„Piraten"**, einem illegalen, nicht

⌃ Fußball ist die beliebteste Sportart der Peruaner

für die Strecke zugelassenen Bus, schneller ans Ziel zu kommen. „Piraten" durften nicht an Busendhaltestellen stoppen. Deshalb fuhren sie langsam an den Wartenden vorbei und die Menschen mussten rennen, sich durch eine Menschentraube und dann durch die Tür in den Bus hineinquetschen und sich mit Ellbogenmentalität einen Sitzplatz erobern. Wer zu spät kam, musste die ganze Fahrt über (eine Stunde oder länger), eingepfercht zwischen den anderen Passagieren, stehen. Oft verließen viele Menschen ihre Schlange und rannten einem „Piraten" verzweifelt hinterher. In den stets überfüllten Bussen hatten Diebe ein leichtes Spiel. Sie leerten Brief- und Handtaschen und klauten an den Zahltagen ganze Wochenlöhne. Busunternehmen, die Leute aus Dörfern in die Städte brachten, nahmen überhöhte Preise, weil es nicht genug Busse gab. Die Bewohner der städtischen Armenviertel brauchten manchmal mehrere Stunden bis zu ihrem Arbeitsplatz.

Solche Zeiten sind glücklicherweise vorbei. Die Änderung kam mit dem japanischstämmigen Präsidenten *Alberto Fujimori*, der **billige Gebrauchtwagen massenhaft aus Japan importieren** ließ. Busunternehmer und Taxifahrer versorgten sich mit diesen Fahrzeugen. Dadurch entstand in allen Städten ein **Überangebot an Transportmöglichkeiten.** Dorfgemeinden erhielten die Möglichkeit, günstig Kleinbusse zu kaufen; sie gründeten kommunale Busunternehmen und legten Mindestfahrpreise fest. In den Städten haben die Fuhrparks dafür gesorgt, dass die Fahrkarten bezahlbar bleiben und die Preise für Taxifahrten so niedrig sind, dass die Taxifahrer davon kaum ihre Familien ernähren können.

Heute braucht man sich in den peruanischen Städten nur an den Straßenrand zu stellen und die rechte Hand zu heben. Spätestens nach zwei Minuten hält ein **Taxi** und befördert einen zu einem sehr günstigen Preis, den man in der Regel vorher aushandelt. Der Verhandlungsspielraum ist gering, denn es gibt inoffizielle „feste" Tarife für bestimmte Entfernungen sowie für bestimmte Tageszeiten, zu denen das Verkehrsaufkommen variiert. Man sollte unbedingt auf die an der Frontscheibe aufgeklebte Lizenz und Registriernummer des Taxis achten sowie auf das Schachbrettmuster und die beiden rot-weiß-roten peruanischen Flaggen an den Seiten des Fahrzeugs. Es kommt vor, dass der Taxifahrer, sobald man ihm das gewünschte Ziel mitgeteilt hat, weiterfährt, ohne einen einsteigen zu lassen, weil seine Arbeitszeit bald endet und er innerhalb der ihm verbleibenden Zeit das gewünschte Ziel nicht mehr erreichen kann.

In der peruanischen Hauptstadt sind ca. 200.000 Taxis offiziell gemeldet. Die meisten ihrer Fahrer sind Arbeitslose oder Menschen, die in ihrem Beruf, etwa dem des Grundschullehrers, zu wenig verdienen. Viele **Taxifahrer** unterhalten sich gern. Sie sind interessiert an anderen Ländern und man erfährt von ihnen vieles über die peruanische Realität. Manche haben auch das Bedürfnis, ihre traurige Lebensgeschichte zu erzählen. In diesem Fall wird man abwägen müssen, ob man sich darauf einlässt oder ob man durch Schweigen signalisiert, dass man die Geschichte nicht hören möchte.

Staufreies Durchkommen ist in den Städten nur am frühen Morgen oder abends möglich. Die vielen Busse und Autos verstopfen die Straßen. Die „öffentlichen" Verkehrsmittel waren lange ausschließlich in privater Hand. Über 30.000 Kleinunternehmer, denen die Stadtverwaltungen die Streckenkonzessionen erteilten, beförderten Passagiere in Omnibussen oder in sogenannten *micros,* Coaster- oder VW-Kleinbussen. Obwohl die wichtigsten Verkehrsregeln und Ampeln respektiert werden, gilt auf peruanischen Straßen das Recht des Durchsetzungsfähigeren und des Pfiffigeren. Es wird schon einmal von rechts überholt, wenn der Stau zu dicht ist. Auch ist Flexibilität gefragt. Viele Fahrer sind Meister im Ausweichen und vermeiden dadurch Auffahrunfälle. Die *cobradores* (Kassierer) der Stadtbusse rufen an jeder Straßenkreuzung die Örtlichkeiten aus, die sie als nächstes anfahren werden. Feste Haltestellen können die Stadtverwaltungen nicht durchsetzen, weil die Busfahrer an jeder Straßenecke Passagiere aufgabeln. Die einzelnen **Buslinien** erkennt man an den Farben. **Fahrpläne** haben sie nicht. Wenn man wissen will, welcher Bus wohin fährt, muss man entweder einen kundigen Passanten fragen oder eine Weile die seitlichen Busaufschriften, aus denen die Strecke hervorgeht, lesen. Die Stre-

068pe-ah

cken sind lang: Von der Anfangs- bis zur Endhaltestelle ist ein Bus meist mehrere Stunden unterwegs. Die Fahrer sitzen in einer engen, mit dicken Eisenstangen abgetrennten Fahrerecke. In den Küstenstädten ertönen in manchen Bussen die neuesten Salsamelodien in voller Lautstärke.

Eine Fahrt mit dem Bus durch eine Stadt stellt gewiss ein Erlebnis dar, man sollte den Bus aber ohne Ausweise und Wertsachen besteigen und nur so viel Geld im Portemonnaie haben, wie man unbedingt braucht. Außerdem sollte man sich zuvor vergewissern, dass die Strecke nicht in einer gefährlichen Gegend endet.

In Lima verkehren seit 2010 städtische Linienbusse auf eigenen Fahrspuren in Nord-Süd Richtung. Zu Beginn wollte die Bevölkerung nicht mit diesem neuen und teureren **Bus Metropolitano** fahren. Deshalb wurden kostenlose Fahrten angeboten und so gewöhnten sich viele Passagiere an die Annehmlichkeiten. Die Linienbusse stecken nicht im Stau und es gibt einen Fahrplan.

Der **Tren Eléctrico**, eine Hochschnellbahn, die die nördlichsten Siedlungen Limas mit den südlichsten verbindet, wurde 30 Jahre nachdem er geplant und versprochen worden war, endlich fertiggestellt. Die Bahnen verkehren im 10-Minuten-Takt, zu den Stoßzeiten im Sechs-Minuten- oder sogar im Drei-Minuten-Takt. Sonntags fahren die Züge alle 15 Minuten. An der Sperre, über die man in den Hochbahnbereich gelangt, wird der Betrag von 1,50 Sol (ca. 50 Cent) für eine Fahrt von aufladbaren Plastikkarten abgebucht; fährt man wieder zurück, ohne den Bereich zu verlassen, muss man nichts mehr bezahlen. Sobald die Bahn eine Haltestelle verlässt, heißt eine freundliche Stimme aus einem Lautsprecher die Passagiere willkommen. Sie werden gebeten, auf Behinderte Rücksicht zu nehmen. Praktisch ist dies schwierig, denn aus Platzmangel quetschen die Menschen sich aneinander und wer ausstiegen will, muss sich früh genug zur Tür vorarbeiten. Ein Problem sind die langen Schlangen am Morgen, wenn die Menschen zur Arbeit fahren. Wer früh am Arbeitsplatz sein muss, fährt daher weiter mit dem günstigeren Mikrobus, muss aber in der Regel umsteigen, wodurch die Fahrt am Ende teurer ist.

Auf den sieben Prozent des peruanischen Straßennetzes, über die die Städte Lima und El Callao verfügen, bewegen sich 70 Prozent aller peruanischen Fahrzeuge. In Peru gibt es keinen funktionierenden technischen Überwachungsdienst. Viele Auspuffe sind defekt. Die meisten Fahrzeuge sind nicht für bleifreies Benzin ausgerüstet. Einige fahren mit Gas. Die Luftverschmutzung durch Abgase ist in den Städten extrem hoch.

[<] Kleinbusse bringen die Menschen von ihren Dörfern in die nächstgelegene Stadt

In Lima verfügen die reicheren Stadtviertel über breite **Radwege**. Wo es keine Radwege gibt, ist das Radfahren wegen des chaotischen Verkehrs sehr gefährlich und keineswegs zu empfehlen.

In den Vierteln am Rande der großen Städte und in den Kleinstädten ist das **Taxi Cholo** zu einem beliebten Verkehrsmittel geworden. Dieses besteht meist aus einem Motorrad, an das ein kleines Gehäuse montiert ist, in dem sich eine schmale Sitzbank für zwei Personen befindet. In der Stadt Pucallpa im Amazonastiefland ist das *taxi cholo* das einzige „öffentliche Verkehrsmittel". Hunderte solcher Fahrzeuge befördern die Einwohner zu ihren Zielorten. Anderswo im Amazonastiefland werden die Menschen auch auf Pick-ups oder Motorrädern befördert.

Die großen **Höhenunterschiede,** die oft innerhalb von kurzer Zeit überwunden werden, stellen für die verkehrliche Infrastruktur und für die Fahrer eine enorme Herausforderung dar. Bis heute existiert kein durchgängig sicher befahrbares Fernstraßensystem und viele Gegenden sind schwer oder gar nicht über eine Straße zu erreichen. Die wichtigen Straßen und Eisenbahnlinien, die von der Küste in die Anden führen, sowie viele Brücken wurden für den Transport der Erze gebaut. Wenn Naturkatastrophen wie Erdbeben, Erdrutsche oder Überschwemmungen Straßen oder Brücken zerstören, kommt der Verkehr für Tage oder Wochen zum Erliegen.

Zwischen einigen großen Orten sowie zwischen Cusco und Machu Picchu verkehrt eine **Eisenbahn.** Die erste Eisenbahnlinie in Südamerika wurde am 17. Mai 1851 zwischen Lima und dem 13 km entfernten Callao in Betrieb genommen. Abfahrtsort in Lima ist noch heute der unweit der Plaza de Armas gelegene Bahnhof *Desamparados* („Obdachlose"), so genannt, weil sich hier viele Obdachlose aufhielten, deren Hoffnung auf ein besseres Leben in der Hauptstadt bitter enttäuscht wurde. Der Zug verkehrt allerdings nur noch einmal im Monat und wird nur von Touristen benutzt. Es ist die zweithöchste normalspurige Bahnstrecke der Welt. Sie führt bis auf 4781 m hinauf über das 3726 m hoch gelegene La Oroya nach Huancayo (3261 m) und passiert dabei 58 Brücken, sechs Spitzkehren und 69 Tunnel. Heute werden die in Peru verkehrenden Eisenbahnen von verschiedenen privaten Unternehmen betrieben, die mit dem Staat langfristige Konzessionen zum Berieb vereinbart haben.

Der **Tren Macho**, seit 1926 in Betrieb, verkehrt in den Hochanden zwischen dem 3400 m hoch gelegenen Huancayo und dem 3680 m hoch gelegenen Huancavelica. Die Strecke ist 128 km lang mit 15 Brücken und 38 Tunneln. Die Fahrt dauert drei Stunden.

Die beiden Eisenbahnstrecken in Südperu werden von „Peru Rail" betrieben und dienen im Wesentlichen dem Tourismus. Ausgangspunkt ist

Cusco. Die Strecke von Cusco nach Machu Picchu ist beeindruckend durch die steile Zickzackauffahrt vom Bahnhof von Cusco bis auf die Hochebene von Anta. Danach geht es bergab ins Inka-Tal und schließlich nach Machu Picchu. Die Beförderung ist extrem teuer, insbesondere in der touristischen Luxusklasse.

Die andere Strecke beginnt an einem anderen Kopfbahnhof von Cusco, ist 330 km lang und führt nach Süden bis Juliaca am Titicacasee. Die Fahrt dauert über acht Stunden.

Ansonsten werden große Strecken mit dem **Überlandbus** oder mit dem Flugzeug zurückgelegt. Eine Busfahrt ist dabei um ein Vielfaches günstiger als ein Flug. In den Städten gibt es große Busbahnhöfe. Für die Busse der bekannten Linien, in denen man sehr bequem reist, gibt es strenge Regeln. So findet zum Beispiel nach wenigen Stunden ein Fahrerwechsel statt.

In den Dörfern sind neben Bussen auch **Lastwagen** beliebte Transportmittel für Personen. Die Fahrgäste sitzen neben dem Fahrer, im „Körbchen" über der Fahrerkabine oder sie werden im hinteren ca. drei Meter hohen Aufsatz zusammen mit den Waren untergebracht. Dort stehen sie dann oder setzen sich auf ihre mitgebrachten Bündel. Im Landesinnern sind viele Straßen nicht asphaltiert. Auf solchen Strecken schlucken die Passagiere manchmal viel aufgewirbelten Staub. Trotzdem ist es ein Erlebnis, mit vielen verschiedenen Menschen hoch oben auf dem Lastwagen durch die Anden zu fahren und den Blick auf eine wunderschöne und abwechslungsreiche Landschaft zu genießen. Zudem ist es hochinteressant, von den Mitreisenden zu erfahren, in welcher Angelegenheit sie von wo nach wo unterwegs sind. Die schmalen Straßen führen durch fruchtbare Flusstäler, an schneebedeckten Bergen vorbei und durch viele kleine Dörfer, in denen Menschen ein- und aussteigen. An jeder Kurve muss der Fahrer hupen, um eventuellen Gegenverkehr über seine Anwesenheit auf der Straße zu informieren. Da zwei Fahrzeuge nicht aneinander vorbeikommen, fährt einer entweder zurück oder bis an den Rand der Straße. Die Busfahrer kennen die Gegend und viele von ihnen sind Meister der fahrtechnischen Millimeterarbeit.

In- und ausländische **Fluglinien** erwarten von den Passagieren, dass sie bei Inlandsflügen bereits zwei oder drei Stunden vor Abflug einchecken, da ihr Platz sonst anderweitig vergeben wird. Inlandsflüge werden angeboten von der chilenischen Airline „Lan Peru", die von Ausländern weitaus höhere Ticketpreise verlangt, dafür aber an allen Flughäfen Vorfahrt hat und immer pünktlich ist. Außerdem fliegen die kolumbianische „Avianca Perú" (ebenfalls teurere Tickets für Ausländer), „Peruvian Airlines" und „Star Peru".

Kommunikation

Anrede

Verheiratete **Frauen** werden mit *„Señora"*, ledige mit *„Señorita"* angeredet; auch alte Frauen, die nie geheiratet haben, werden mit *„Señorita"* angesprochen. **Männer** redet man mit *„Señor"* an. Die drei Wörter bedeuten soviel wie „Frau", „Fräulein" und „Herr", aber auch „gnädige Frau" bzw. „gnädiger Herr". Die Anreden werden sowohl in Kombination mit dem Vornamen oder dem Familiennamen als auch ohne Namenszusatz verwendet. Es ist auch üblich, Personen nur mit dem Vornamen, aber mit *„usted"* („Sie") anzureden. In spanischsprachigen ländlichen Regionen sind zusätzlich noch die Anreden *„Doña"* bei Frauen und *„Don"* bei Männern in Verbindung mit dem Vornamen üblich.

Taxifahrer und Handwerker werden schon einmal mit *„maestro"* („Lehrmeister") angesprochen. Will man schnell eine vertraute Atmosphäre schaffen, werden fremde Personen mit *„amigo"* („Freund") angeredet. Freundinnen reden einander mit *„amiga"* (Freundin), *„amiguita"* („kleine Freundin"), *„chola"*, *„cholita"* oder *„gordita"* („Dickerchen") an. Männer, die besonders galant sein und Vertrautheit schaffen wollen, sprechen junge Frauen mit *„flaquita"* („attraktive Schlanke") oder *„linda"* („Hübsche") an. Freunde nennen einander schon einmal *„compadre"* (Gevatter), *„hermano"* („Bruder") oder *„chochera"* („Verhätschelter"), kurz *„choche"*. Die Anrede *„tío"* („Onkel") ist dagegen typisch für Diebe, die auch manchmal *„choche"* sagen.

Unter der quechuasprachigen Andenbevölkerung ist für Frauen die Anrede *„mama"* gebräuchlich, für Männer die Anrede *„papa"*. Spanischsprachige Städter oder Ausländer sollten diese Anreden entweder gar nicht verwenden oder so, dass sie nicht den Anschein von Überheblichkeit erwecken. Noch vorsichtiger sollte man bei den Verkleinerungsformen *„mamita"* oder *„mamacita"* bzw. *„papito"* oder *„papacito"* sein. Diese Anreden verwenden übrigens manche Liebespaare. Personen, die in der sozialen Hierarchie höher stehen, werden von quechuasprachigen Campesinos schon einmal mit *„wiraqocha"* angeredet. Ursprünglich war damit ein Inkagott gemeint, heute hat das Wort die Bedeutung von „Herr". Das peruanische Spanisch und einige indigene Sprachen kennen viele Verkleinerungsformen für die Anrede von Personen, mit denen Höflichkeit, Zärtlichkeit, Unterwürfigkeit oder Überlegenheit verdeutlicht werden. Auch das spanische *„Señora"* hat eine Verkleinerungsform, *„Señito"*. Damit wird zum Ausdruck gebracht, dass eine Frau besonders süß, attraktiv oder sympathisch ist. Quechuasprecher hängen als Zeichen der Sympathie die Silbe *-cha* oder *-ko* an den Vornamen einer Person, Spanischsprecher *-ito, -cito, -ita* oder *-cita*. Menschen, die man nicht kennt, werden mit *„usted"* („Sie") angeredet. Die Campesinos siezen auch Personen, die sie schon lange und gut kennen. In den *comunidades campesinas* reden sogar Kinder ihre Eltern mit *„usted"* an und verwenden für das Prädikat die 2. Person Singular (z. B. *„usted vienes"*).

In Peru ist es üblich, dass ältere Personen jüngere duzen, von diesen aber erwarten, dass sie sie siezen. Wenn es sich um Personen in hohen Positionen handelt, sollte man das „Du" auf keinen Fall erwidern. Von Angestellten bei Behörden wird das „Du" mitunter verwendet, um dem „Bittsteller" seine Abhängigkeit zu signalisieren. Das muss man sich nicht gefallen lassen. Man kann „zurückduzen" und wenn der Angestellte nicht geduzt werden will, wird er einen daraufhin mit „Sie" anreden. Peruaner der Oberschicht duzen häufig Menschen der Unterschicht, die für sie Dienstleistungen erbringen. Auch die Marktfrau, bei der man immer einkauft, wird geduzt. Umgekehrt würde die Marktfrau es aber niemals wagen, ihre *casera* (Stammkundin) zu duzen. In geschäftlichen Kreisen, insbesondere in Lima sowie auch im Amazonastiefland, ist man schnell beim „Du".

Begrüßungsritual

Die Art der Begrüßung variiert je nach Landesregion, aber ein **Lächeln** gehört überall dazu. In der Küstenregion und in den Städten erhalten Frauen ein hingehauchtes **Küsschen** auf die rechte Wange, das sie sowohl beim Mann als auch bei der Frau erwidern. Bei Personen, die man noch nicht so gut kennt oder die einem unsympathisch sind, mag das schwerfallen, es wird aber erwartet. Männer, die sich sympathisch sind, umarmen sich zur Begrüßung. In den Andendörfern besteht die Begrüßung in manchen Gegenden nur aus freundlichen und höflichen Floskeln oder man gibt sich die Hand. Bei besonderer Sympathie umarmen die Menschen sich. Manche Campesinas haben den Wangenkuss den Städtern abgeguckt und verwenden ihn, wenn sie Fremde begrüßen. Im Amazonastiefland ist die traditionelle Begrüßung die **Umarmung.** Doch inzwischen hat es sich durchgesetzt, dass man zur Begrüßung auch die Hand gibt und es setzt sich sogar der Wangenkuss durch. Jede Begrüßung wird von **Höflichkeitsfloskeln** begleitet; einige indigene Sprachen verfügen über vielfältige Möglichkeiten. So kann das Quechua beispielsweise durch Hinzufügen bestimmter Silben besondere Sympathie, Ehrerbietung und Liebenswürdigkeit ausdrücken. Von manchen Personen wird die Frage nach dem Wohlbefinden mehrmals wiederholt, damit der Redefluss nicht unterbrochen wird. Üblicherweise entgegnet man zunächst, es gehe einem gut.

Die verschiedenen Betonungen des Wörtchens *bien* (gut) signalisieren aber dem Gegenüber, wie es einem wirklich geht. Der andere kann dann durch geschicktes, höfliches Nachfragen die Person motivieren, ihre Sorgen mitzuteilen und loszuwerden.

Tabus und Interessensbekundungen

Eine Unterhaltung kommt in Peru schnell in Gang. Zwei Menschen müssen einander nicht kennen, um sich über interessante, auch persönliche Themen zu unterhalten. Viele Menschen haben sogar das Bedürfnis, die Probleme ihrer Armut und Schicksalsschläge loszuwerden und Fremden ihre Geschichte zu erzählen. Peruaner nehmen sich sehr viel Zeit, um ihrem Gegenüber zu erklären, dass etwas wirklich nicht geht. Den meisten Peruanern fällt es schwer, ein **Nein** direkt und unmittelbar zu artikulieren. Vielmehr hoffen sie, dass der andere das implizite Nein heraushört, indem sie seine Frage einfach übergehen oder das Thema wechseln. Dann zu insistieren und seine Frage noch einmal zu stellen, würde den Gesprächspartner in eine peinliche Lage bringen. In ihren Gesprächen vermeiden Peruaner kontroverse Standpunkte oder sie formulieren sie behutsam.

Bloßes Zuhören kann als **Desinteresse** interpretiert werden. Nicken, entsprechende Mimik oder sogar gelegentliches Unterbrechen – was nicht als unhöflich gilt – zeigen dem Sprecher, dass der andere an dem Gesagten interessiert ist.

Fragen, Ratschläge und Kritik

Höflichkeitsfloskeln wie *„Disculpe, quisiera preguntarle ...“* („Entschuldigen Sie, ich würde Sie gerne fragen ...“) oder *„Disculpe la pregunta por favor ...“* („Entschuldigen Sie bitte die Frage ...“) oder aber *„Buenos dias, sería tan amable de ...“* („Guten Tag, wären Sie so freundlich, zu ...“) leiten Fragen, die die Mitglieder unterer Schichten an Unbekannte richten, ein. In den höheren Schichten ist man direkter.

Ratschläge werden oft vorsichtig formuliert und die Botschaft wird gut verpackt, weil man den anderen nicht verletzen möchte. Insbesondere, wenn man es gut mit dem anderen meint, sollte man ihn niemals mit harten Worten aufzurütteln versuchen. Peruaner sind dann schnell gekränkt und verschließen sich für zukünftige Ratschläge.

Kritik wird nie sofort geäußert. Üblich ist es dagegen, kleine Hinweise zu geben, damit der andere selber merkt, dass er etwas falsch gemacht hat. Fehler direkt anzusprechen kann zu einer dauerhaft ablehnenden Haltung führen.

Nonverbale Kommunikation

Die Verwendung von **Handzeichen** ist verbreitet. Wird die rechte Hand mit dem leicht gekrümmten Handrücken nach oben mehrmals schnell hintereinander bewegt, so bedeutet das. „Bleiben Sie doch hier." oder: „Warte mal ab. Es wird sich jetzt schon eine Lösung ergeben." Wird die rechte Hand mit dem Handrücken oben ausgestreckt und dann einmal ruckartig nach unten gebogen, so bedeutet das: „Kommen Sie her!", ein durchaus übliches Handzeichen gegenüber niedriger Gestellten, die dann auch prompt „gehorchen". Wenn zwischen Daumen und Zeigefinger nur ein kleiner Abstand bleibt und die Hand schnell vor und zurück bewegt wird, bedeutet das: „Warten Sie nur einen klitzekleinen Moment!" Man versteht, dass man auf den anderen, der gerade nicht sprechen kann, nicht mehr lange zu warten braucht. Im Restaurant schreibt man mit Daumen und Zeigefinger in der Luft. Jeder Kellner versteht das und bringt die Rechnung. Wenn alle fünf Finger der rechten Hand nach oben zeigen und mit schnellen Bewegungen aufeinander zubewegt werden, so bedeutet das: „Es ist voll, viele Leute sind hier." oder: „Der Andrang war groß." Deutet der rechte Zeigefinger ganz rechts unterhalb des rechten Auges auf dieses Auge, so ist das eine Aufforderung zur Vorsicht; vielleicht ist ein Dieb in der Nähe.

Das plötzliche Umringtsein von Dieben signalisieren Peruaner dem Gefährdeten nicht verbal, sondern durch zusammengepresste Finger sowie rasche Auf- und Abwärtsbewegungen mit der Hand.

Wer erwartet wird, aber noch in einer Besprechung ist, verlässt kurz den Raum und deutet durch Aufeinanderdrücken von Daumen und Mittelfinger an, dass es noch einen kurzen Moment dauern wird. Ein flehender Blick, doch bitte noch zu warten und dies nicht übel zu nehmen, begleitet die Geste. Will man jemanden zu sich rufen, tut man das besser verbal. Sofern man sich für die nonverbale Variante entscheidet, sollte man unbedingt seinen Zeigefinger bei sich behalten und stattdessen eine Schaufelbewegung mit der Handfläche nach unten machen.

Korruption

In Peru gibt es eine „kleine" Korruption und daneben die – überall auf der Erde übliche – „große" Korruption. Die Beteiligten des „großen Korruptionsnetzes" sind hochrangige Politiker, die Streitkräfte, Banker, Medienunternehmer sowie Drogen- und Waffenhändler. Es kommt gelegentlich ans Tageslicht, dass ein hochrangiger Politiker am Drogenhandel mitverdient, den er offiziell bekämpft. Es gibt auch Unternehmer, die ihre Freunde in der Politik dazu bewegen, Bestimmungen zu ihren Gunsten zu ändern, beispielsweise Import- oder Exportgesetze und Umweltschutzauflagen (bezüglich der Ansiedlung von Industriebetrieben in Naturschutzgebieten oder der Vergabe von Förderlizenzen in bestimmten Gebieten). Nicht in allen Fällen nehmen reiche Peruaner „Gefälligkeiten" als korruptes Verhalten wahr. Wenn ein Unternehmer mit einem Minister per Du ist, weil beide aus derselben Schicht stammen oder auf dieselbe Schule gegangen sind, trägt der Unternehmer sein Anliegen wie einen ganz gewöhnlichen Wunsch vor, den der Minister selbstverständlich erfüllt auf der Basis der **Gegenseitigkeit.** Genauso wie in vielen anderen Ländern gehört auch in Peru die Unterschlagung von Geldern bei öffentlichen Bauprojekten zur Korruption.

Die **„kleine" Korruption** ist allgegenwärtig. Sie zieht sich durch alle Alltagssituationen und alle sozialen Schichten und steht in Verbindung mit dem Mangel an Vertrauen in die staatlichen Einrichtungen. Deshalb wählen viele Peruaner den vermeintlich einfacheren Weg und lösen Probleme durch das Einschalten von Bekannten oder Verwandten oder sie „bringen die Angelegenheit in Ordnung" mit kleinen Geldsummen – *arreglar* nennt man das in Peru.

Wer ohne Führerschein erwischt wird oder falsch in eine Einbahnstraße fährt, „verbüßt" das Vergehen, indem er dem Polizisten, der von seinem Gehalt kaum seine Familie ernähren kann, ein „Trinkgeld" zusteckt. Auf Ämtern werden Anträge manchmal nur zügig bearbeitet, wenn ein Schein über den Tisch geschoben wird. So ist die **Alltagskorruption** für die arme Bevölkerung besonders schmerzlich, weil die Bestechungsbeträge für ihre Verhältnisse sehr hoch sind. Oft ist das Recht auf der Seite des Zahlungskräftigeren. Verursacht beispielsweise ein Reicher einen Verkehrsunfall, zahlt er dem Verkehrspolizisten hundert Soles und dieser schiebt dann die Schuld dem Unschuldigen zu, einem armen Taxifahrer, der mit Mühe und Not seine Familie ernährt, oder einem Busfahrer im Angestelltenverhältnis, der dazu noch die Reparaturkosten aus eigener Tasche tragen muss. Bei Gerichtsverfahren sieht es vielfach ähnlich aus und so berechnen viele Rechtsanwälte ihren Mandanten die Schmiergelder gleich mit. Es gibt auch Schulen und Universitäten, an denen die Eltern Geld zahlen, damit die Prüfungen ihrer Kinder als bestanden gelten. In einigen Bereichen ist es üblich, anstatt mit Geld mit Nahrungsmitteln oder Vergnügungsfeiern zu schmieren.

Es sind aber keineswegs alle Einrichtungen und auch nicht alle Angestellten des öffentlichen Sektors korrupt. In den angesehenen Schulen und Universitäten werden Schülern und Studenten, die gefehlt oder eine Klausur nicht bestanden haben, strenge Zusatzprüfungen abverlangt und nur, wenn sie diese bestehen, bleibt ihnen die Wiederholung des gesamten Jahres erspart. Auch beim Zoll und in den Ministerien gibt es viele Menschen, die es als unter ihrer Würde betrachten, Schmiergelder anzunehmen. Und es gibt Rechtsanwälte, die sich ihr Leben lang für die Armen einsetzen, deren Rechte verteidigen und sich nicht an ihnen bereichern. Es gibt sogar mutige Polizisten, die ihre Vorgesetzen wegen Bestechlichkeit anzeigen und hochrangige Politiker, die ausschließlich die Verbesserung der Lebensbedingungen der Bevölkerung im Sinn haben.

Dass die Möglichkeiten der „großen" Korruption in Peru nicht unbegrenzt sind, zeigen die vielen Demonstrationen, zu denen Menschenrechtsorganisationen, progressive Bischöfe, die **Comisión de la Verdad y Reconciliación** („Kommission der Wahrheit und Aussöhnung") sowie andere engagierte Organisationen und Persönlichkeiten immer wieder aufrufen und an denen sich Hunderte beteiligen. Nicht zuletzt musste die Regierung *Fujimori* wegen eines eklatanten Bestechungsskandals und dem Druck der Massen in der Folge abtreten.

Kriminalität

Grundsätzlich sind die Peruaner ein **gastfreundliches Volk,** das Menschen aus anderen Kulturen sehr schätzt und ausländische Besucher als willkommene Gäste betrachtet. In den Dörfern kommt Kriminalität so gut wie nicht vor. Mit Diebstahl rechnen muss man jedoch in den Städten und größeren Ortschaften auf Märkten oder in Geschäftsvierteln sowie in der Nähe von Busbahnhöfen und Bahnhöfen, wo sich viele Touristen aufhalten. Die meisten Busbahnhöfe sind aber inzwischen bewacht. In allen Stadtzentren, nicht bewachten Einkaufszentren, in Bussen und Bahnen sowie beim Besteigen dieser Verkehrsmittel sollte man besonders vorsichtig sein. Leider gibt es inzwischen auch Diebe, die sich geschickt um das Vertrauen von Touristen bemühen, um sie später auszurauben. In einigen Stadtvierteln bestreiten manche Männer, Frauen und Jugendliche ihren Lebensunterhalt oder ihren Luxus (Alkohol, Drogen, schöne Kleider) durch **Diebstahl.** Für Perureisende empfiehlt es sich, immer vorsichtig zu sein und stets ein wachsames Auge zu haben und „gefährliche" Stadtviertel (in Lima *La Victoria, Barrios Altos, San Miguel, San Luis, Cerro San Cosme, Cerro San Cristóbal, El Agustino* oder die Hafenstadt *El Callao*) zu meiden.

Die Armut ist in Peru auf dreifache Weise eine **Ursache für die Kriminalität:** Viele alleinstehende Mütter haben aufgrund der harten Arbeit keine Zeit, ihren Kindern Orientierung zu geben oder deren Kontakt zu kriminellen Jugendlichen zu kontrollieren. Arbeits- und Perspektivlosigkeit sowie die Tatsache, dass Kinder es zu Hause nicht aushalten, treiben sie in die Arme von Banden, die ihnen soziale Anerkennung bei „erfolgreich" ausgeführten Delikten bieten. Angesichts der als Ungerechtigkeit empfundenen sozialen Ungleichheit fragen nicht wenige sich, warum die Reichen so viel mehr besitzen als sie. Aus Ressentiment, Wut oder Rachsucht nehmen sie reicheren Menschen das weg, was jene ihrer Meinung nach zu viel haben. Doch eine „Diebesethik" gibt es in Peru nicht mehr: Auch arme Peruaner und sogar arbeitende Kinder werden bestohlen. Die Kleinkriminalität steht oftmals auch in unmittelbarem Zusammenhang mit dem Drogenhandel.

Der Mangel an Perspektiven hat **Alkoholismus und Drogenkonsum** zur Folge. Jugendliche, die Geld für Drogen oder Alkohol benötigen, sind besonders hemmungslos. Die sogenannten *pirañas,* Gruppen von Kindern, die sich an eine Person hängen und nicht loslassen, bis sie alles Wertvolle gestohlen haben, stellen eine Gefahr dar, vor der man sich schwer schützen kann.

Was Touristen für peruanische Taschendiebe besonders attraktiv macht, sind ihr vermeintlicher Reichtum und ihre Unbedarftheit oder Unerfahrenheit mit den Tricks peruanischer Diebe. Sowohl Peruanerinnen als auch Ausländerinnen **entreißen die Diebe Handtaschen und Portemonnaies.** Ein oder mehrere Diebe nähern sich lautlos und reißen in dem Moment, in dem sie ganz dicht an einem vorbeilaufen, die Tasche blitzschnell von den Trägern ab. Dabei ist der Überraschungseffekt so groß, dass man sich des Geschehenen erst einige Sekunden später bewusst wird; aber dann ist der Dieb schon längst entkommen und es hängen nur noch die Taschenträger über der Schulter. Touristen werden meist auf der Straße, im Bus oder Zug umringt, oft ohne dass sie dies merken. Ein Schnitt mit der Rasierklinge oder dem scharfen Messer in eine Handtasche oder eine Anoraktasche, das Durchtrennen von Taschen- oder Rucksackträgern spürt der unerfahrene Fremde ebenso wenig wie die Finger, die ihm Geld und Papiere unbemerkt aus der Hosentasche entwenden. Und sobald er etwas bemerkt, ist es oft schon zu spät, denn diese Diebe können schnell laufen, sind zu mehreren und daher stärker oder ihre Kumpel erwarten sie bereits mit einem Auto an der nächsten Straßenecke und damit sind sie innerhalb von Sekunden verschwunden. Es ist auch besser für Leib und Leben, sie mit dem Gestohlenen entkommen zu lassen, weil ein angegriffener Dieb sich „rächt", indem er dem Bestohlenen tiefe Schnitte in die Haut beibringt und es gibt auch schwerer bewaffnete Diebe. Peruaner verriegeln **im Auto** alle Türen und kurbeln die Scheiben allenfalls so weit herunter, dass keine Hand durch den Schlitz greifen kann. Diebe warten nämlich gern an Ampeln oder in Verkehrsstaus, auf der Jagd nach Handtaschen, wertvollen Uhren, Ohrringen und anderen Schmuckstücken.

Keinen Goldschmuck tragen (Silberschmuck wird nicht geklaut), keine wertvolle Uhr und nichts mit sich führen, was besonders teuer aussieht, ist deshalb eine gute Methode, **sich vor Dieben zu schützen.** Man sollte auch stets seine Umgebung beobachten und sich ab und zu mal umsehen. Menschenleere Straßen sollte man meiden. Verdächtiges Nähern, Anrempeln und schnelles Vorbeilaufen verraten den Dieb oft erst, wenn es schon zu spät ist. Übrigens kann man Diebe im Hochsommer daran erkennen, dass sie niemals kurze Ärmel tragen. Sie verbergen die Schnittwunden, die sie einander mit Messern zufügen.

Taxifahrer sind normalerweise nicht kriminell. Wer aber ganz auf Nummer sicher gehen will, sollte nur die gelben, offiziell zugelassenen **Taxis nehmen** (auf die im Innern angebrachte städtische Zulassung achten) oder sich ein Taxi bei einem registrierten Taxiunternehmen bestellen.

Ausländische Geschäftsleute sollten besonders vorsichtig sein. Es kam vor, dass in- und ausländische Geschäftsleute überfallen, von Bank zu Bank gefahren, mit einer Waffe bedroht und gezwungen wurden, mit ihren Kreditkarten Geld abzuheben. Wer sich einen dunklen Geländewagen kauft oder mietet und damit durch die Gegend fährt, sollte sich nicht wundern, wenn er überfallen wird, da solche Autos unter Drogenhändlern sehr begehrt sind. Geschäftsleute meiden besser bestimmte Viertel und nehmen lieber ein Taxi, anstatt zu Fuß zu gehen, auch bei kleinen Entfernungen. Auf das Zu-Fuß-Gehen verzichten ist in Peru leider manchmal der sichere Weg. Für Geschäftsleute ist es außerdem ratsam, täglich eine andere Strecke und eine andere Uhrzeit für den Gang oder die Fahrt zur Arbeit und nach Hause zu wählen.

Reiche Peruaner schützen sich, indem sie vieles nur **mit dem Auto erledigen:** Sie fahren mit dem Auto bis vor die Tür des von Polizisten bewachten Supermarktes, auf das Gelände des Klubs, in dem sie ihre Freizeit verbringen. Zum Theater oder ins Restaurant fahren sie entweder mit dem eigenen Auto oder mit dem Taxi. Ihre Häuser sind durch hohe Mauern und elektrische Zäune gesichert. Manche Familien ketten ihre Wachhunde auf ihren Flachdächern an. **Private Wachmänner,** die von den Anwohnern bezahlt werden, leistet sich nicht nur die Ober-, sondern auch die Mittelschicht. Solche *guachimanes* werden von den Anwohnern verpflegt; diese geben ihnen Stühle zum Ausruhen oder bauen ihnen kleine Holzhäuschen, in die sie sich ab und zu zurückziehen können. In Mittelschichtvierteln, in denen es keine Wächter gibt, bleibt immer eine Person im Haus , entweder das Dienstmädchen oder ein Familienmitglied.

Ist ein Diebstahl so gravierend, dass eine **Anzeige** erforderlich ist, ist es nicht ratsam, sich am Ort des Geschehens dem erstbesten Polizisten anzuvertrauen, denn der könnte mit den Dieben unter einer Decke stecken. Besser ist es, die nächste Polizeiwache *(comisaría)* aufzusuchen, dort sind immer mehrere Polizisten, die in der Regel hilfsbereit sind.

Müll

Die Entsorgung von Müll stellt in vielen Gebieten immer noch ein Problem dar. Insbesondere in den Städten, die sich rapide ausdehnen, haben die Verwaltungen es schwer, mit der Entsorgung von Müll hinterher zu kommen. Es ist jedoch gerade in diesem Bereich in den letzten Jahren viel passiert. In allen Schichten hat sich ein **Bewusstsein** für die Notwendigkeit der **Mülltrennung** durchgesetzt und sie wird auch in den Städten praktiziert. Die Städte lassen den in Tüten verpackten Müll nachts von Müllwagen einsammeln und beschäftigen geschulte Müllsammlerinnen. Illegal entsorgter Müll ist aber immer noch ein großes Problem. In Lima werden täglich 2,1 Millionen Tonnen Müll produziert. Dort wurden zehn Geier mit GPS-Sendern und Kameras ausgestattet, um Jagd auf Müllsünder zu machen. Die Aasvögel, die naturgemäß Müllkippen als Futterplätze ansteuern, geben dadurch die illegalen Plätze an die Behörden weiter.

Der deutsche Agraringenieur *Alois Kennerknecht,* der in Lima auch alternative Stadtrundfahrten organisiert, hat ein System entwickelt, bei dem Küchenabfälle genutzt werden, um die Wüste zu begrünen (siehe Seite 154).

In der **Wiederaufbereitung von anorganischem Müll** nahm der Bürgermeister des limensischen Distriktes Surco eine Vorreiterrolle ein. 2002 begann er mit der Sensibilisierung der Bevölkerung, verteilte Müllsäcke und rief zur Mülltrennung auf. Er schaffte Müllwagen an und organisierte eine tägliche Müllabfuhr im ganzen Distrikt. Im selben Jahr wurde eine kleine Modellfabrik in Betrieb genommen. Dort werden die Abfälle sortiert. Anschließend werden Gegenstände hergestellt, die sich verkaufen lassen. Inzwischen können 10,5 Megatonnen Müll pro Tag verarbeitet werden. Da der Markt für den Absatz der Recyclingprodukte noch nicht gesättigt ist, soll bald eine zweite Fabrik gebaut werden.

☐ „Serenazgo“ oder „policia muncipal“ (Stadtpolizei): Die Frauen des Ordnungsamtes sorgen für Sicherheit.

Polizei

Der Beruf des Polizisten ist in Peru für junge Frauen und Männer aus ärmeren Schichten attraktiv, weil die kurze Ausbildung nicht selbst finanziert werden muss. Aber die meisten Polizisten fühlen sich vom Staat im Stich gelassen: Sie sind schlecht ausgebildet, ihnen werden zu wenig Waffen und Fahrzeuge zur Verfügung gestellt und oft haben sie noch nicht einmal Geld für Benzin. Ihre **Gehälter** sind so niedrig, dass eine Familie davon nicht leben kann. So suchen einige Polizisten sich Arbeiten, bei denen sie etwas **dazuverdienen** können, andere verlangen *coimas* (Schmiergelder) bzw. nehmen diese gern in Empfang, um ein Verfahren zu beschleunigen oder von einer Strafverfolgung abzusehen. Es kommt sogar auf einigen Wachen vor, dass die Polizisten sich von den Müttern der Diebe mit Mahlzeiten versorgen lassen und die verhafteten Söhne dann schnell wieder freilassen. In manchen Gegenden sehen Polizisten Diebstählen und Überfällen tatenlos zu und teilen sich die Beute mit den Kriminellen. PBC-Händler nutzen die Bestechlichkeit der Polizisten und „belohnen" diejenigen, die ihre Tätigkeiten nicht behindern, mit großzügigen Geldspenden. So gibt es Polizeistationen, die unter Polizisten sehr beliebt sind, weil sie sich an einer „Drogenhandelsstraße" befinden.

Frauen werden vornehmlich als **Verkehrspolizistinnen** eingesetzt. Sie waren lange bekannt dafür, dass sie rigoros Knöllchen verpassten und „nicht mit sich reden ließen". Dies hat sich in letzter Zeit geändert: Inzwischen nehmen die weiblichen Polizisten von Verkehrssündern angebotene Geldscheine ebenso gern in Empfang wie ihre männlichen Kollegen, mit dem Resultat, dass Verkehrsregeln noch häufiger missachtet werden.

084pe-ah

Angesichts dieser Probleme schließen sich die Familien in den Mittel- und Oberschichtvierteln häuserblockweise zusammen und bezahlen Privatpersonen, die ihre Häuser vor Einbrüchen bewachen, und viele Rathäuser beschäftigen eigene *policias municipales* **(Polizisten der Stadtverwaltung).** Diese nehmen keine Schmiergelder in Empfang und bieten in den Stadtzentren auch Touristen effektiven Schutz vor Dieben.

Ungeachtet der vielen bestechlichen Ordnungshüter gibt es in Peru aber auch viele ehrliche und hilfsbereite Polizisten, die keine Schmiergelder annehmen und Fremden gern den Weg oder Sonstiges erklären.

Sprache

Insgesamt werden in Peru 68 Sprachen gesprochen. **Spanisch,** in Peru **Castellano** genannt, ist die offizielle Landessprache. Die Verfassung legt fest, dass in Regionen, in denen Quechua und Aymara mehrheitlich gesprochen werden, diese Sprachen ebenfalls offiziellen Charakter haben.

Das peruanische Spanisch kommt der andalusischen Variante am nächsten. Es kennt also kein „th", „c" und „z" werden immer wie „s" ausgesprochen. Konsonanten werden nur in seltenen Fällen verschluckt, allerdings nie am Wortende. Dadurch ist das peruanische Spanisch im Vergleich mit dem anderer lateinamerikanischer Länder für Ausländer gut verständlich. Mit der Verwendung typischer **Ausdrücke aus Nachbarländern** sollte man vorsichtig sein. Sie können in Peru eine völlig andere Bedeutung haben. Wenn etwas besonders toll ist, nennen Peruaner es *chévere.* Mit *amarrar* („festbinden") bezeichnet man auch die Aktivität eines Hexers, der durch Magie eine unauflösliche Liebesbeziehung zwischen zwei Menschen herstellt. Wer sich in Peru auf dem Markt eine Mahlzeit oder einen frisch gepressten Obstsaft kauft, erhält eine *yapa,* einen Nachschlag.

Wörter aus dem **Quechua** (sprich: Ketschua) haben sich Eingang in das *castellano* verschafft. Überall in Peru heißt der Erdrutsch *huayco* und der Acker *chacra.* In Cusco ist es möglich, dass jemand für „umarmen" das Wort *marcar* verwendet (von *marqay*) oder für „sich betrinken" *macharse* (von *machay*). *Chibolo* ist ein kleiner Junge, *chibola* ein kleines Mädchen. Von beiden Wörtern bilden Peruaner manchmal noch eine Verkleinerungsform: *chibolito, chibolita.* Menschen, deren Muttersprache Quechua ist, drücken sich im Spanischen besonders höflich aus. Die in Spanien üblichen Kraftausdrücke verwenden Peruaner normalerweise nicht. Allerdings werden in der Alltagssprache spanische Wörter zunehmend durch Anglizismen ersetzt. Statt *bocadillo* sagt man *sandwich, sorry* statt *disculpe, please* statt *por favor, break* statt *refrigerio.*

Als die Spanier Peru eroberten, war Quechua in den Anden eine Sprache unter vielen. Die neuen Machthaber verwendeten sie als **Sprache der Missionierung.** Dadurch erhielt Quechua einen enormen Schub. Fast alle anderen Sprachen im Hochland und an der Küste wurden zurückgedrängt und starben aus. Quechua wird heute vor allem in den Departamentos Cusco, Ayacucho, Apurimac, Huancavelica, Puno und Huaraz gesprochen. Es bietet erstaunlich viele Möglichkeiten, um Höflichkeit, Zuneigung, Ehrerbietung und eine ganz persönliche Beziehung zum Gegenüber auszudrücken. Mit dem rapiden Anstieg der Alphabetisierung und der Abwanderung in die Städte nahm die Zahl der Quechuasprecher stark ab. Versuche, die Sprache Ende der 1960er- und Anfang der 1970er-Jahre im Andenraum als amtliche Sprache einzuführen, scheiterten.

Einige Redewendungen

„hacerse la vista gorda" *(etwas absichtlich übersehen)*
„se pasa" *(maßlos in seinem Tun übertreiben)*
„gente como cancha" *(„Leute wie Maiskörner" - Menschenmassen)*
„jalar" *(jemanden aus Gefälligkeit im Auto mitnehmen)*
„hacerse el loco"/„hacerse la loca" *(so tun, als bemerke man etwas nicht)*
„yapa" *heißt „Zuschlag" und ist ein viel verwendeter Ausdruck; am Marktstand, wo man frischen Obstsaft oder gekochtes Essen bekommt, erhält man entweder die „yapa" oder man bittet darum; gebräuchlich ist auch die Verkleinerungsform „yapita"*
„dejar pelado" *(„jemanden kahl zurücklassen" - jemandem alles wegnehmen)*
„desplumar" *(„jemandem die Federn ausreißen" - jemandem alles wegnehmen)*
„quedarse seco" *(„trocken zurückbleiben" - fest und tief schlafen)*
„caer como piedra" *(so müde sein, dass man ins Bett fällt und sofort einschläft)*
„me muero de hambre" *(„ich sterbe vor Hunger" - ich bin schrecklich hungrig)*
„matarse de risa" *(„sich totlachen")*
„es la muerte" *(„es ist der Tod" - es ist ganz toll)*
„te mato" *(„ich bring dich um" - Wahnsinn, was du da sagst)*
„chamba" *(Arbeit)*
„a la chamba" *(eine Arbeit irgendwie erledigen)*

Zu den wenigen Sprachen, die im Hochland erhalten blieben, gehören Kauki und Aymara. **Aymara** wird im Altiplano, der Region um den Titicacasee, gesprochen. Im Unterschied zu den Quechuasprechern stoßen die Bemühungen um zweisprachige Schulerziehung bei den Aymara auf Interesse. Wie manche Tieflandvölker sind sie der Meinung, ein Volk höre auf zu existieren, wenn es seine Sprache nicht mehr spricht. Quechuasprachige Eltern bevorzugen hingegen eine rein spanische Schulbildung, weil sie darin die Chance sehen, dass ihre Kinder später gesellschaftlich weniger benachteiligt werden. Von den 54 Sprachen, die im Amazonastiefland noch gesprochen werden, sind viele vom Aussterben bedroht.

Die wichtigste **Fremdsprache ist Englisch,** nicht zuletzt weil die USA ein bedeutender Handelspartner sind und viele Peruaner in das nordamerikanische Land auswandern oder dort studieren. Wer das Geld dazu hat, schickt seine Kinder in einen Kindergarten, in dem sie Englisch lernen. An allen Sekundarschulen wird die Sprache gelehrt. Der Unterricht an den staatlichen Schulen ist jedoch so schlecht, dass Schulabgänger sich oft noch nicht einmal in einfacher Form verständigen können. Deshalb sollte man bei einer Reise durch Peru nicht darauf vertrauen, dass man mit Englischkenntnissen überall durchkommt. Einige Privatschulen in den Städten bieten andere Fremdsprachen wie Deutsch, Französisch, Chinesisch und Japanisch an.

Zeit und Ort

Wenn man Peruaner im Andenhochland nach dem Weg fragt, so deuten sie in eine **Richtung** und sagen dazu *acacíto no más: Acacíto* ist die Verkleinerungsform von *acá* (dort) und der Ausspruch bedeutet soviel wie „ganz in der Nähe". Das sollte man aber niemals wörtlich nehmen, sondern als die Sicht des Sprechers interpretieren, der es womöglich gewohnt ist, täglich weite Entfernungen zurückzulegen, und sich nicht vorstellen kann, dass der Fremde ein anderes Räumlichkeitsempfinden hat. So kann *acacito no más* bedeuten, dass man nur noch wenige Minuten vom Ziel entfernt ist. Ebenso gut kann es aber heißen, dass noch ein Weg von einer Stunde oder mehr zurückzulegen ist.

Ähnlich verhält es sich mit der **Zeit:** *Ahorita,* das Diminutiv von *ahora* (jetzt) oder *ahoritita,* das Diminutiv von *ahorita* werden häufig verwendet. Interpretiert man diese Aussage auf der Basis deutschen Zeitverständnisses, glaubt man, in wenigen Sekunden oder Minuten sei es soweit. Das wird aus peruanischer Perspektive ganz anders gesehen: Mit *ahoritita,* das manchmal von einem bettelnden Blick begleitet wird, beschwichtigt man den anderen und fordert ihn auf, sich noch zu gedulden. Dabei kann es sich ebenso um wenige Minuten wie auch um eine volle Stunde handeln. Dahinter steckt aber keineswegs ein bösartiges Täuschungsmanöver, sondern lediglich eine andere Art, mit der Zeit umzugehen.

Das andere Zeitverständnis hat auch zur Folge, dass Fehleinschätzungen bezüglich der Zeit, die für die **Fertigstellung einer Arbeit** benötigt wird, keineswegs als tragisch betrachtet werden. Kommt der Kunde zum vereinbarten Zeitpunkt und ist die Arbeit dann noch nicht fertig, wird er freundlich gebeten, noch einmal wiederzukommen. Als Unhöflichkeit gegenüber dem Kunden sieht man das nicht. Dabei gibt es Unterschiede zwischen verschiedenen Berufsgruppen. Schreinern haftet das Image an, dass sie Arbeiten nie zum vereinbarten Zeitpunkt fertigstellen. Schneider gelten dagegen als verlässlicher.

Mit dem Ausdruck **„hora peruana"** (wörtl. „peruanische Stunde") charakterisieren Peruaner ihren Umgang mit der Zeit. *Hora peruana* bedeutet, dass eine Veranstaltung mit mindestens einer Stunde **Verspätung** beginnen kann bzw. dass die Gäste, wenn man sie für sieben Uhr eingeladen hat, erst um acht erscheinen. Es gibt sowohl Arbeitnehmer, die immer pünktlich zur Arbeit kommen, als auch solche, die es mit der **Pünktlichkeit** wenig genau nehmen. Fürchten Letztere kritisiert zu werden, haben sie schnell eine Entschuldigung parat. Oft ist das eine spannende Geschichte, die Sympathie und Verständnis weckt und nach deren Erzählen jedem einleuchtet, dass sie einfach nicht pünktlich erscheinen konnten.

Verspätung und Unpünktlichkeit sind aber keineswegs Verhaltensweisen, die allen Peruanern gemeinsam sind. In allen Bevölkerungsgruppen und Landesteilen gibt es Peruaner, die immer pünktlich sind und noch nicht einmal fünf Minuten zu spät kommen.

An den renommierten Privatuniversitäten beginnen Seminare pünktlich; wer zu spät kommt, verpasst nicht nur Stoff, sondern verschlechtert dadurch auch seine Gesamtnote. Von Deutschen wird Pünktlichkeit selbstverständlich erwartet. Schließlich gehört diese Eigenschaft zu dem Bild, dass die Peruaner von den Deutschen haben.

Im März 2007 sagte der Staatspräsident der Unpünktlichkeit den Kampf an. Sirenengeheul und Glockengeläut mahnten die Peruaner um Punkt 12 Uhr ihre Uhren zu stellen, damit sie künftig Termine pünktlich einhalten können. Pünktlichkeit habe mit Respekt gegenüber anderen zu tun, hieß es damals. Niemand sollte mehr dem Beispiel von Staatspräsident *Alejandro Toledo* folgen, der üblicherweise bis zu zwei Stunden zu spät zu Veranstaltungen kam.

Perú

Als Fremder in Peru

◁ Die Autorin in Pucallpa (Amazonastiefland)
(085pe Foto: jv)

Das Verhältnis der Peruaner zu Ausländern

Rassismus richtet sich in Peru gegen Inländer, selten gegen Ausländer. Insbesondere Menschen mit heller Haut und europäischer oder nordamerikanischer Abstammung gelten manchmal als moderner, kompetenter und vertrauenswürdiger. Menschen, die vornehmlich von der Urbevölkerung abstammen, hegen Fremden gegenüber widersprüchliche Gefühle. Einerseits werden die Weißen aufgrund des hohen Industrialisierungsgrades ihrer Länder als besonders fähig betrachtet, andererseits resultiert aus der jahrhundertelangen Unterdrückung der dunkelhäutigen Urbevölkerung durch die weißen Eroberer in manchen Gegenden ein verbreitetes Misstrauen gegenüber Fremden, manchmal sogar Neid und Ressentiment. Viele Andenbewohner wirken auf den ersten Blick verschlossen, abweisend und desinteressiert. Die negativen Erfahrungen haben sie gelehrt, vorsichtig, zurückhaltend und misstrauisch zu sein. Diese Haltung ändert sich, sobald der Fremde ihnen persönlich näher kommt.

Staat und Hilfsorganisationen, deren Vertreter meist hellhäutig sind und die „westliche" Kultur repräsentieren, haben Perus arme Bevölkerung lange wie unmündige Kinder behandelt. So ist bei vielen Peruanern das Vertrauen in ihre eigenen Fähigkeiten wenig entwickelt. Dies wird zum Beispiel offensichtlich, wenn die Menschen nach einer Naturkatastrophe sagen „es ist niemand gekommen, um uns zu helfen".

Einige Menschen aus ärmeren Schichten und solche, die aus der Armut aufgestiegen sind, suchen im Bemühen um die Gunst von Fremden durch besondere Freundlichkeit Anerkennung, Wertschätzung oder Aufwertung ihrer eigenen Person. Manche erhoffen sich auch finanzielle Vorteile. Mit dem Ausdruck *siempre para servirle* („stets bereit, Ihnen zu dienen") deuten sie an, welch hohen Stellenwert sie der Dienstbeflissenheit beimessen und bringen dabei oft auch ihre Unterwürfigkeit oder eigene Minderwertigkeitsgefühle zum Ausdruck. Dieses Verhalten, das man in Peru mit dem Verb *„congraciarse"* („sich einschmeicheln") beschreibt, lässt nur oberflächliche Gespräche zu. Durch das, was man weiß, sagt und tut, mit der Anerkennung durch einen Fremden „belohnt" zu werden, ist vielen Peruanern wichtig.

Ausländer mit heller Haut werden oft mit *gringa* bzw. *gringo* angeredet, was in Peru die Bedeutung von „Hellhäutige/r" hat und keineswegs abschätzig gemeint ist, sondern vielmehr als Kompliment zu werten ist. Insbesondere die Verkleinerungsform *gringuita* („kleine Gringa") ist eine Sympathiebekundung.

Spanien wird als der ehemalige Kolonialherr gesehen. In gebildeten Kreisen können **antispanische Vorurteile** zu einem geringen Interesse an der spanischen Gegenwartsliteratur führen. Die unternehmerische Praxis der spanischen Telefonica wird in Peru gern kritisiert.

Aufgrund wachgehaltener Erinnerungen an den Krieg mit **Chile,** dessen Sieg und des Verlusts von peruanischem Territorium erzeugen Investitionen des Nachbarlandes bei manchen Peruanern Angst oder den Eindruck von „chilenischem Wirtschaftsimperialismus".

Armut und Tourismus

Wer sich einen Flug nach Peru und dann auch noch Reisen innerhalb des Landes leisten kann, ist im Verhältnis zu zur Mehrheit der Peruaner steinreich. Viele Peruaner haben aus finanziellen Gründen Machu Picchu, die wichtigste Touristenattraktion und Symbol des Nationalstolzes, noch nie in ihrem Leben besucht, obwohl jeder Peruaner stolz ist auf dieses kulturelle Erbe, das die ehemalige Inka-Festung darstellt, wegen dem viele ausländische Touristen extra angereist kommen. In den ehemaligen Inkahauptstädten Cusco und Cajamarca wurden Stadtteile für die ausländischen Gäste herausgeputzt, während sich außerhalb der touristischen Zentren viele Gebäude in schlechtem Zustand befinden und die Viertel, in denen sich Arme niederlassen, wachsen. In den Andenstädten, in denen es abends sehr kalt wird, sehen Einheimische aus den Armenvierteln hinter den Fenstern schicker Restaurants wohlgenährte Touristen, die in wohltemperierten Räumen gemütlich gemütlich vor teuren, üppigen Mahlzeiten sitzen, für die mancher Einheimische einen ganzen Monatslohn aufbringen müsste. Solche Situationen mögen Neid und auch Wutgefühle auslösen. Sie verstören das christlich geprägte **Gerechtigkeitsempfinden** und lassen Zweifel an der eigenen Situation entstehen: „Warum hat der, was ich nie haben kann" fragen sie sich.

Die in einigen Gegenden verbreitete Überzeugung, der westliche Wohlstand basiere auf der **Ausbeutung der peruanischen Urbevölkerung** sowie dass der eine Teil der Erdbevölkerung nicht zu arbeiten brauche, veranlasst manche zu der Meinung, es sei rechtmäßig, sich „zurückzuholen", was ihnen „weggenommen" wurde. Diese Haltung äußert sich darin, dass von Fremden erwartet wird, dass sie großzügige Geschenke mitbringen und Einheimische zum Essen einladen. So gibt es Menschen, die überhöhte Preise für Touristen als völlig in Ordnung betrachten. Versucht ein Tourist ein Foto von der bunt gekleideten „Indiofrau" zu schießen, kann es vorkommen, dass diese sich darüber entrüstet oder von ihm Geld verlangt, weil er im Vergleich zu ihr sehr reich zu sein scheint und weil sie glaubt, dass er an dem Foto verdienen wird.

Das Deutschlandbild der Peruaner

Wer als Deutscher Peru besucht oder dort geschäftlich tätig ist, stößt mitunter auf überschwängliche Akzeptanz und Beliebtheit. Diese **wohlwollende Beurteilung** rührt aus dem direkten Kontakt mit den Deutschen, die Peru besuchen und meist gute Landeskenntnisse und Interesse an den Kulturen Perus mitbringen, aus angenehmen Erfahrungen mit deutschstämmigen Vorgesetzten sowie aus dem Bild, das deutsche Medien vermittelt haben. Relativiert wird das positive Bild durch Dokumentar- und Spielfilme über das Dritte Reich. So gilt die deutsche Sprache als sehr hart, weil der Befehlston der Nazigeneräle aus dem Fernsehen in den Ohren klingt. Trotzdem sind die Gräuel des Dritten Reiches im Deutschlandbild vieler Peruaner kaum präsent und in einigen abgelegenen Landesteilen wird *Hitler* verherrlicht. Im Nahverkehr Limas verkehren sogar einige Kleinbusse mit dem Namen „Hitler". Noch wirkt das Image deutscher Qualität, denn *„Made in Germany"* ist für viele immer noch ein Inbegriff für Haltbarkeit und Effizienz. Kaum ein Peruaner, der nicht den einen oder anderen deutschen Fußballverein kennt. *Angela Merkel* kennen alle Peruaner.

Deutschland gilt als reiches und erfolgreiches Land, die Deutschen als korrekt, pünktlich, konsequent, diszipliniert, ordentlich, fleißig, lernbegierig, sparsam, vorausschauend, intelligent, gute Analytiker, *bien educados* (wohlerzogen), ehrlich und verlässlich. Sie sind **gern gesehene Geschäftspartner.** Dementsprechend hoch sind die Erwartungen peruanischer An-

097pe-ah

gestellter gegenüber deutschen Chefs. Besonders groß sind Enttäuschung und Ablehnung, wenn ein deutscher Vorgesetzter ungerecht, unfähig oder egoistisch ist: Einem Deutschen sieht man das weniger nach als einem peruanischen Chef.

Da die Deutschen als **gutmütig** gelten, hält man sie jedoch auch für naiv, für *inocentes* (unschuldig). Deshalb verlangen einige Peruaner ihnen mehr Geld ab. Peruaner der Mittel- und Oberschicht äußern auch Kritik am Verhalten vieler Deutscher: Sie seien engstirnig, rau, grob, plump, ungeschliffen, gefühlskalt und wenig einfühlsam, würden schnell zornig und beleidigend. Dass Peruaner deutsches Verhalten leicht als **verletzend** empfinden, hängt damit zusammen, dass man in Peru auf persönliche Gefühlsäußerungen anders reagiert. In vielen Bereichen sind Peruaner viel schneller verletzt, als man ahnt.

Das aufbrausende Temperament der Deutschen, wenn sie mit einer Leistung unzufrieden sind, erleben Peruaner wie einen Angriff auf ihre Person, auf den sie nicht vorbereitet sind und gegen den sie sich nicht schützen können, es sei denn durch Zurückziehen, Ressentiment oder aber Protest, indem sie zukünftig Arbeitsabläufe blockieren oder gar boykottieren.

Insgesamt schätzen viele Peruaner die Deutschen, da sie **Eigenschaften verkörpern,** die die Peruaner ihrer eigenen Meinung nach bräuchten, um aus der „Unterentwicklung" herauszukommen. Die Deutschen werden bewundert, weil sie ein vom Krieg zerstörtes Land wieder aufbauten und weil sie heute in einem so hoch entwickelten Land leben.

Versuchen Deutsche „sich in Latinos zu verwandeln", indem sie deren Verhaltensweisen imitieren, wirkt das auf Peruaner unnatürlich. Dennoch mangelt es den Deutschen in den Augen vieler Peruaner an der Fähigkeit, das Leben zu genießen. Ihrer Meinung nach würde es vielen Deutschen guttun, sich die peruanische Lebensart ein wenig zu Eigen zu machen sowie etwas einfühlsamer, kommunikativer und humorvoller zu werden. Und sie sollten „tanzen". Dabei geht es um die Lebensfreude, die beim Tanzen zum Ausdruck kommt. Es ist völlig egal, ob und wie gut man tanzen kann, denn die Meinung, dass nur das Tanzbein schwingen sollte, wer „tanzen kann", ist keine peruanische Vorstellung.

[<] Deutsche, die in der zweiten Hälfte des 20. Jahrhunderts nach Peru auswanderten, konnten, wie Bernd Schmidt, zu erfolgreichen Unternehmern werden

Bei Peruanern zu Gast

Peruaner laden Freunde und Verwandte gerne zum Essen ein. Ob es angebracht ist, **pünktlich oder etwas verspätet** zu erscheinen, muss von den Gepflogenheiten des Gastgebers abhängig gemacht werden. Trifft man unangemeldet ein, wenn eine Familie gerade speist, das Essen schon auf die Teller verteilt und keine Portion mehr übrig ist, wird man gebeten, in einem anderen Zimmer Platz zu nehmen, bis die Familie die Mahlzeit beendet hat. Andererseits ist man in peruanischen Haushalten sehr flexibel: *Gaseosas* (Softgetränke), löslicher Kaffee, Dosenmilch, Salzgebäck und das, was ein Geschäft in unmittelbarer Nähe sonst noch anbietet, wird rasch gekauft. Einen Gast warten zu lassen, bis man etwas zum Anbieten besorgt hat, gilt nicht als unhöflich.

Beim **lonche** wird nicht etwa die Kaffeekanne oder die Teekanne auf den Esstisch gestellt. Stattdessen reicht die Gastgeberin ihren Gästen Tassen mit heißer Milch oder heißem Wasser. Auf dem Tisch befinden sich Pulverkaffee oder Kaffeeessenz und Teebeutel. Manchmal bedient sich der Gast auch aus einer großen Thermoskanne. Der Dessertteller befindet sich rechts von der Tasse. In der Tischmitte stehen eine große Zuckerdose, ein Korb mit frischen Brötchen, in Peru *pan frances* („französisches Brot") genannt, ungetoastete Weißbrotscheiben oder Cracker sowie Margarine oder Butter, Käse, Wurst und Avocados. In einigen Haushalten werden zusätzlich *tamales* oder *humitas* angeboten. Dass europäische Gäste ihre Brötchen mit Butter und Wurst oder Käse gleichzeitig belegen, löst inzwischen kein so großes Befremden mehr aus.

Bei Einladungen zum Mittag- oder Abendessen werden die Portionen bereits in der Küche auf Teller verteilt und ins Esszimmer gebracht. **Fleischstücke** können je nach Wichtigkeit der Person unterschiedlich groß sein. Generell ist der Anteil kohlehydrathaltiger Nahrungsmittel auf dem Teller proportional höher als in Deutschland. Gäste erhalten ihre Portion als erste. Dass ihr Essen ein wenig abkühlt, lässt sich nicht vermeiden, denn es gilt als unhöflich, zu beginnen bevor alle ihren Teller erhalten haben. Nachschlag gibt es in der Regel nicht, weil vor dem Beginn der Mahlzeit oft der gesamte Inhalt der Kochtöpfe auf die Teller verteilt wird. Vorsicht ist bei scharfem Essen geboten, insbesondere weil es als **unhöflich** gilt, sich während des Essens **die Nase zu putzen.** Bei warmen Mahlzeiten steht meist eine Karaffe mit Obst- oder Maissaft auf dem Tisch, aus der die Dame oder der Herr des Hauses einschenkt. Abends werden im Anschluss an die Mahlzeit auch schon einmal Bier oder Wein serviert.

Wenn Peruaner ihrer Einladung eine ausführliche Erklärung zur **Adressfindung** hinzufügen, so geschieht das, um dem Eingeladenen unangeneh-

087pe-ah

me Schwierigkeiten zu ersparen (vgl. hierzu die Erläuterungen im Kapitel „Verhaltenstipps“ unter „Adresse“ auf S. 14, zur richtigen Wahl der **Gastgeschenke** siehe auch den Verhaltenstipp „Geschenke“ auf S. 25).

Bei den **traditionellen Festen auf dem Land** sind Fremde in der Regel herzlich willkommen. Gern erklären ihnen die Dorfbewohner die Bedeutung von Riten, Zeremonien und Tänzen. Man bietet den Fremden viele leckere Speisen und Getränke an. Und man gibt ihnen gerne einen Nachschlag. Sieht man voraus, dass man das Angebotene nicht aufessen kann, kann man dies durchaus sagen. Essen generell abzulehnen, gilt dagegen als unhöflich. Es ist auch möglich, Essen, das man nicht aufisst, mit nach Hause zu nehmen. Eine Frau, die sich für die Dauer eines Festes in einem Dorf aufhält, kann gern bei der gemeinschaftlichen Zubereitung der Speisen mithelfen. Beim Alkoholkonsum macht ein Glas die Runde, das der Nachbar einem einschenkt. Dem Fremden schenkt man besonders großzügig ein, weil man ihn wertschätzt. Wer ein Fest nicht im betrunkenen Zustand verlassen möchte, sollte, sobald er an der Reihe ist und bevor das Glas für ihn gefüllt wird, seinem Trinknachbarn vor dem Einschenken mit Worten und Gesten klarmachen, dass man nur eine geringe Menge möchte. Dass fremde Besucher mittanzen und mitsingen wird nicht nur gern gesehen, sondern ehrt die Dorfbewohner.

In diesem Tanzlokal werden viele Geburtstage gefeiert. Vor den Tanzdarbietungen werden typische Speisen serviert.

CHUSECC

Anhang

◁ Für die „Danza de la Tijera“ zu Ehren der Berggötter wird man bereits als Jugendlicher auserwählt (088pe Foto: lg)

Glossar

- *Achiote:* Bixa orellana (Gewürz)
- *Adivinación:* rituelles Diagnoseverfahren mit Kokablättern, Maiskörnern u. a.
- *Agua de socorro:* Nottaufe
- *Aguaruna:* Volk im Amazonastiefland
- *Aguatero:* Händler, der in Armensiedlungen Wasser verkauft
- *Ahijado:* Patenkind
- *Aire:* spanisch: „Wind", kulturspezifische Erkrankung
- *A la criolla:* unkonventionelle typisch peruanische Vorgehensweise
- *Alcatráz:* afroperuanischer Tanz
- *Algarrobina:* Sirup des Johannisbrotbaums *(Algarrobo),* Bezeichnung für den daraus zubereiteten Cocktail
- *Algarrobo:* Baum an der nordperuanischen Küste, aus dem Sirup und eine Art Honig gewonnen werden; er wird auch *Warango* genannt
- *Altumisayoq:* andiner Priester mit höchster Kompetenz
- *Amante:* Geliebte
- *Ambulante:* Straßenhändler
- *Amuesha:* Volk im Amazonastiefland
- *Animu waqay:* Ritual, bei dem die Seele eines Kranken in dessen Körper zurückgeführt werden soll
- *AP:* Acción Popular (politische Partei)
- *APRA:* Alianza Popular Revolucionaria Americana (politische Partei)
- *Apu:* Berggott
- *Arroz zambito:* durch besondere Zuckerung braun gefärbter Milchreispudding
- *Asentamiento Humano:* spanisch für „menschliche Siedlung", Bezeichnung für Armenviertel
- *Asháninika:* Volk im Amazonastiefland
- *Ausangate:* 6384 m hoher Berg südwestlich von Cusco, der gleichzeitig als ein Berggott gilt
- *Ayahuasca* (Quechua): in einigen Regionen im Schamanismus eingesetztes halluzinogenes Gebräu aus einer Liane, wörtl. „Liane der Toten"
- *Aymara:* indigene Sprache im Altiplano/Andenhochland
- Ayni: quechua für Reziprozität, gegenseitige Hilfe
- *Bautizo:* christliche Taufe
- *Boca suelta:* loses Mundwerk
- *Brujo:* spanisch für Hexer
- *Cajón:* traditionelles peruanisches Musikinstrument, ein Holzkasten, von dem auf ihm sitzenden Percussionist als Trommel verwendet

- *Calzonazo:* Mann, der sich seiner Partnerin gegenüber nicht durchsetzen kann (span. für Riesenunterhose)
- *Cambio 90:* „Wandel 1990" (politische Partei)
- *Cancha:* geröstete Maiskörner
- *Canción criolla:* kreolisches Lied (afroeuropäisch geprägte typische Liedform in der Küstenregion)
- *Cañakuy:* huanca-quechua: Austausch der Trauer (Ritual sechs Monate nach dem Tod eines Menschen)
- *Casa de cita:* Bordell
- *Casero* (weibl. *casera*): Stammkunde und Stammverkäufer
- *Castellano:* Spanisch
- *Ceja de selva:* „Augenbraue des Dschungels", östliche Andenabhänge
- *Ceviche:* Gericht aus rohem mit Limettensaft verfeinertem Fisch
- Chacra: Acker, Feld
- *Champan:* Sekt oder Perlwein
- *Chaqitaqlla:* Grabstock für die Feldarbeit
- *Charapa:* Mensch aus dem Tiefland, im Unterschied zu *chuncho* nicht abschätzig gemeint
- *Chela:* 1) Kurzform des Namens „Graciela", 2) helles Bier
- *Chelita:* Verkleinerungsform von Chela
- *Chicha:* 1) Maisbier, 2) Tanz (Mischform aus andinem Huayno und kolumbianischer Cumbia)
- *Chichodromo:* auf Chicha spezialisiertes Tanzlokal
- *Chifa:* 1) peruanisches Chinarestaurant, 2) chinesisches Essen peruanischer Prägung
- *Chino:* Mensch mit „Schlitzaugen"
- *Chipi:* Leibgardist des Inka
- *Cholo:* Mensch, der sowohl in einer andinen als auch in einer urbanen Kultur zu Hause ist (kultureller Mischling)
- *Cholito:* Verkleinerungsform von Cholo
- *Chuño:* mittels Frost- und Sonneneinwirkung haltbar gemachte Kartoffel
- *Chuncho:* umgangssprachliche, in der Regel abschätzige Bezeichnung für indigende Bewohner im Amazonastiefland
- *Cimarron:* Anführer geflohener afrikanischer Sklaven
- *Colono:* andiner Siedler im Amazonastiefland
- *Comadre:* Mutter eines Patenkindes
- *Combi:* Kleinbus im Nahverkehr
- *Compadre:* Vater eines Patenkindes
- *Comunidad campesina:* Bauerngemeinde im Andenhochland
- *Comunidad nativa:* spanisch für „Eingeborenengemeinde" im Amazonastiefland

- *Contrabando:* Schmuggel
- *Conviviente:* spanisch, wörtlich: „Mitlebende(r)“, Lebensgefährte
- *Corralito* (spanisch, wörtl. „Laufställchen“): Umgarnung des idealen Heiratskandidaten
- *Costa:* spanisch für Küste
- *Criollo:* Kreole, ursprünglich: 1) in Lateinamerika geborener Spanier, heute: 2) Mensch mit afroeuropäischer Kultur, 3) schlauer gerissener Mensch
- *Curandero:* spanisch für Heiler mit umfangreichem Ritualwissen
- *Curioso:* spanisch für Heilkundiger mit geringem Ritualwissen
- *Cuy:* Cavia tschudii (Meerschweinchen), in Peru als Haustier gezüchtet und wesentlicher Bestandteil der peruanischen Küche
- *Desalojo:* gewaltsame Ausquartierung
- *Despacho:* Opferpäckchen, das alle Leckerbissen enthält, nach denen eine Gottheit verlangt
- *Despedida de solteros:* „Verabschiedung der Ledigen“, Zeremonie die der Hochzeit vorausgeht
- *Devoto:* frommer Anhänger, der anlässlich des Festes eines von ihm besonders verehrten Heiligen hohe Ausgaben tätigt für Tänze, Musik, Kleider für den Heiligen, Verpflegung der Gäste
- *Diablada:* Tanz aus dem Altiplano, bei dem die verschiedensten andinen Teufel auftreten
- *Discoteca de ambiente:* Schwulenkneipe
- *Discoteca high:* Diskothek der Oberschicht
- *Empleada:* Hausangestellte, Dienstmädchen
- *Espírtu:* spanisch für Seele und Lebenskraft eines Menschen
- *Festejo:* afroperuanischer Tanz
- *Fiestas Patrias:* der peruanische Nationalfeiertag am 28. Juli
- *FREDEMO:* „Frente Democrático“ (politisches Bündnis)
- *Fujichoque:* von Staatspräsident *Fujimori* durchgeführtes liberales Schockprogramm
- *Gamarra:* riesiges textiles Produktions- und Verkaufsareal im Zentrum von Lima
- *Gentil:* Vorfahre, der angesichts der Eroberung durch die Spanier vorzog, zu sterben bzw. sich unter der Erde zu verstecken. Als der eigentliche Eigentümer des Bodens verlangt er noch heute Opfer als Gegenleistung für die Überlassung/Nutzung der Äcker.
- *Guanakirma:* zu Stein gewordene Frau, die einen Gott um Wasser für ihre Pflanzen bat
- *Guano:* Düngemittel aus flüssigen phosphor- und stickstoffhaltigen Ablagerungen der Exkremente von Seevögeln

- *Hampiq:* Quechua für Heiler
- *Herranza:* Tanzrhythmus, der üblicherweise bei Fruchtbarkeitsriten für Tiere gespielt wird
- *Huacatay:* Tagetes minuta (Küchenkraut)
- *Huachafo:* neureicher Snob
- *Huachiman:* privater Wächter (von englisch: watch man)
- *Huanca:* Volk im zentralperuanischen Andenhochland
- *Huarangal:* Baum der peruanischen Küste
- *Huayco:* Erdrutsch
- *Huaylarsh:* Erntetanz aus den zentralperuanischen Anden
- *Huayno:* in den Anden am weitesten verbreitete traditionelle Lied- und Tanzform
- *Huayrona:* dörfliches Versammlungshaus
- *Huayruro:* rotschwarze Frucht, die im Tiefland wächst und für Schmuckstücke sowie als Schutz gegen den bösen Blick verwendet wird
- *Huito:* Frucht des Amazonastieflandes, mit ihr färben die indigenen Frauen ihre Haare und zeichnen dekorative Muster auf die Gesichter
- *Huitoto:* Volk im Tiefland, das am Amazonas lebt
- *Humita:* Maispastete
- *Indígena:* Indigene/r
- *Inicial:* Kindergarten-Vorschule
- *Israelita:* Anhänger einer in Peru entstandenen christlichen Glaubengemeinschaft
- *Izquierda Unida:* Vereinigte Linke (Parteienbündnis)
- *Jerga:* Gassensprache
- *Juane:* typisches Gericht im Amazonastiefland
- *Juerga:* lärmendes Vergnügen
- *Khipu:* Knotenschrift der Inka
- *Kiwicha:* Amaranthus caudatus, Amarant
- *Koka:* Erythroxylon coca (gedeiht im Tiefland) und Erythroxylon truxiliense (gedeiht in den internandinen Tälern des Departements La Libertad)
- *Kontaktlose:* Indigene, die sich gegen den Kontakt zur westlichen Zivilisation entscheiden
- *Kuraka:* lokaler Stammesfürst im Inkareich
- *Landó:* afroperuanischer Tanz
- *Layqa:* Quechua für Hexer
- *Lustrabotas:* Schuhputzer (wörtl.: „jemand, der die Stiefel blank putzt")
- *Maca:* Lepidium meyenii (Knollenfrucht aus den Anden, die Widerstandskraft und Stressresistenz erhöht; sie wird in Peru industriell zu Tabletten verarbeitet)

- *Machismo:* Ideologie, die an eine natürliche Vorherrschaft des Mannes glaubt
- *Machista:* Anhänger des Machismo
- *Madre soltera:* ledige Mutter
- *Madrina:* Patentante
- *Mal de ojo:* Erkrankung am bösen Blick
- *Mamacha:* liebevolle Anrede der Muttergottes
- *Mancharisqa:* Quechua für Schreckenskrankheit
- *Marica:* abschätziger Ausdruck für „Schwuler"
- *Marimonio masivo:* Massenhochzeit (organisieren die Rathäuser für Paare, die eine Einzelhochzeit nicht finanzieren können)
- *Marinera:* peruanischer Paartanz, der indigene, europäische und afrikanische Elemente vereint
- *Masato:* alkoholisches Getränk aus fermentiertem Maniok
- *Mashua:* Tropaeolum tuberosum (Knollenfrucht)
- *Matsiguenka:* Volk im Amazonastiefland
- *Mitmaqkuna:* Umgesiedelte des Inkareiches
- *Maych'a:* Quechua für Pflanzenheilkundiger
- *Mayordomo:* traditioneller Machtinhaber bei einem religiösen Fest
- *Mazamorra morada:* 1) peruanisches Dessert aus violettem Mais mit Früchten, 2) Eigenbezeichnung der Afroperuanerinnen
- *Micro/Microbus:* Kleinbus im öffentlichen Nahverkehr
- *Microempresa:* Kleinstunternehmen
- *Minka:* Gemeinschaftsarbeit
- *Mote:* gekochte große Maiskörner
- *Moraya:* durch Frost- und Sonneneinwirkung haltbar gemachte Kartoffel
- *Movimiento Libertad:* „Bewegung Freiheit" (politische Bewegung)
- *Movimiento Revolucionario Tupac Amaru:* „Revolutionäre Bewegung Tupac Amaru", nicht mehr aktive linke Guerilla-Gruppe
- *Muchacha:* Hausangestellte, Dienstmädchen
- *Nativo:* Indigener aus dem Amazonastiefland
- *Nueva Mayoría:* „Neue Mehrheit" (politische Partei)
- *Oca:* Oxalis tuberosa (Knollenfrucht)
- *Ojo:* spanisch für „Auge": durch bösen Blick hervorgerufene kulturspezifische Krankheit
- *Olluco:* Ullucus tuberosus (Knollenfrucht)
- *Pachamama:* Göttin Erde
- *Pachaq hap'isqan:* quechua für „von der Erde ergriffen", kulturspezifische Erkrankung

- *Pachmanca:* Zubereitung von Fleisch oder Kartoffeln im Erdofen
- *Padrino:* Patenonkel
- *Pago a la tierra:* spanisch für „Zahlung an die Erde": Opfer, um Gottheiten zu beschwichtigen
- *Pallar:* Mondbohne
- *Palenque:* Fluchtburg der entflohenen Sklaven aus Afrika
- *Pampamisayoq:* andiner Priester mit begrenzter Kompetenz
- *Pandero:* privates System der gegenseitigen Kreditvergabe unter den Nachkommen chinesischer Einwanderer
- *Paneton:* Panettone, aus Mailand stammender Weihnachtskuchen, der bei einer peruanischen Weihnachtsmahlzeit nicht fehlen darf
- *Papa:* peruanische Bezeichnung der Kartoffel
- *Paqo:* Quechua für Priester, Heilkundiger
- *Pariapunko:* Gottheit, die im Hinterland von Lima für Regen und Quellwasser zuständig ist
- *Parrillada:* Grillfest
- *Partera/partera tradicional:* Hebamme mit volksmedizinischen Kenntnissen
- *Patachi:* kräftige Suppe mit geschältem Mais
- *Patria* (Spanisch): Vaterland
- *Pedir la mano:* um die Hand (einer jungen Frau) anhalten
- *Peña:* Tanzlokal mit folkloristischer Show, Live Bands, peruanischen und lateinamerikanischen Rhythmen
- *Peón:* Tagelöhner
- *Pequeña empresa:* Kleinunternehmen
- *Perú possible:* „Peru ist möglich" (politische Partei)
- *Picaflor:* 1) Kolibri, 2) Mann, der gern an vielen Frauen „nascht"
- *Pichache:* huanca-quechua für Waschen der Kleider eines Verstorbenen
- *Piropo:* im Vorübergehen ausgesprochenes Kompliment für eine Frau
- *Pisco:* Destillat aus dem Most kleiner reifer Weintrauben
- *Pisco Sour:* peruanischer Cocktail, bei dem *Pisco* Hauptbestandteil ist. Dieser Cocktail darf bei keinem Empfang fehlen.
- *Pishtaku:* Fett sammelnder Menschenschlachter
- *Pituco:* sich vornehm gebender, albern wirkender Mensch
- *Plan Colombia:* US-Plan zur Drogenbekämpfung
- *Primaria:* Grundschule
- *Provinciano:* Mensch aus dem Landesinnern
- *Pueblo Joven:* „junges Dorf", Bezeichnung der linken Militärregierung für frisch gegründete Elendsviertel
- *PyME:* pequeña y mediana empresa: kleine und mittlere Unternehmen
- *Quechua:* Nationalsprache der Inka

- *Quinceañera:* fünfzehnjähriges Mädchen
- *Quinceañero:* Geburtstagsfeier eines fünfzehnjährigen Mädchens
- *Quinua:* Chenopodium quinoa (Reismelde)
- *Qoyllur Rit'i:* „Sternglanzschnee"; Christuserscheinung in den peruanischen Anden, auf die das größte religiöse Fest im Süden Perus zurückgeht
- *Retablo:* kunsthandwerkliche Darstellungen von Szenen aus der Bibel und dem Leben von Heiligen, die von den Spaniern zur Missionierung benutzt wurden
- *Roal:* oberster Gott im Volksglauben der südperuanischen Anden
- *Sacar la vuelta:* Betrügen des Lebensgefährten
- *Saco largo:* Mann, der sich seiner Lebensgefährtin gegenüber nicht durchsetzen kann
- *Salsodromo:* auf Salsa spezialisiertes Tanzlokal
- *Santiago:* 1) Heiliger (Sankt Jacobus), 2) Tanz aus den zentralperuanischen Anden
- *Saylla:* afroandiner Tanz aus der Altiplano-Region
- *Secundaria:* Sekundarschule
- *Selva:* Dschungel
- *Sendero Luminoso:* „Leuchtender Pfad": kommunistische Guerilla mit maoistischer Ideologie, die in den 1980er- und 1990er-Jahren aktiv war
- *Serrano:* Mensch aus den Anden
- *Shaman:* Schamane
- *Sicuri:* Tanz aus dem Altiplano, bei dem nur Instrumente aus vorspanischer Zeit gespielt werden
- *Sierra:* Gebirgsland
- *Sinchi:* Mitglied einer Spezialeinheit zur Terrorismusbekämpfung
- *Sorroche:* Höhenkrankheit
- *Susto:* spanisch für Schreckenskrankheit
- *SUTEP:* „Sindicato Unitario de Trabajadores en la Educación del Perú"; die peruanische Lehrergewerkschaft, in der die kommunistische Partei „Patria Roja" die Macht hat
- *Tacacho:* Gericht des Amazonastiefland mit geräucherten grünen Bananen
- *Tamal:* in Pflanzenblättern gekochter, mit Fleisch, Käse oder Kräutern gefüllter Maisteig
- *Tanomashi:* privates System der gegenseitigen Kreditvergabe unter den Nachkommen der japanischen Einwanderer
- *Tawanku:* Form des Zusammenlebens von zwei Paaren bei den Aymara

- *Taxi cholo:* peruanisches Motorradtaxi
- *Technocumbia:* moderner peruanischer Tanzrhythmus
- *Temblor:* ein Erzittern, schwächer als ein Erdbeben
- *Tramite:* amtliche Erledigung
- *Tramitador:* Person, die gegen Bezahlung Behördengänge erledigt
- *Tsunami:* 1) durch ein Seebeben ausgelöste hohe Wellen, 2) der spektakuläre und völlig überraschende Wahlsieg des japanischstämmigen Agraringenieurs *Alberto Fujimori*
- *Tuntuna:* afroandiner Tanz aus der Altiplano-Region
- *Ukuku:* andiner Bärmensch
- *Vals:* afroperuanisch überprägter europäisch-lateinamerikanischer Walzer
- *Velorio:* Totenwache
- *Villancico:* von der iberischen Halbinsel stammende Liedform aus dem 18. Jh., mit der ab dem 20. Jh. Weihnachtslieder bezeichnet wurden.
  In Peru: traditionelle Weihnachtslieder
- *Virgen:* Jungfrau Maria
- *Virgencita:* kleine Jungfrau Maria (besonders liebevolle Bezeichnung)
- *Wamani:* Berggott
- *Warango:* Johannisbrotbaum, auch *Algarrobo* genannt
- *Warmichakuy:* Zeremonie im Andenhochland, die dem Zusammenleben von Lebenspartnern vorausging
- *Wawa wasi* (Quechua, wörtl. „Haus des Kindes"): Hort für die Kinder armer Eltern
- *Wayra:* Quechua für „Wind"
- *Wayrasqa:* durch den Wind verursachte kulturspezifische Krankheit
- *Yuca:* Maniok (Manihot esculenta)
- *Zambo:* Mensch mit dunkler Haut, der afrikanischer Abstammung ist
- *Zorro:* Spanisch, übersetzt „Fuchs"; im Andenhochland wird damit auch der Freund eines heiratswilligen Mannes bezeichnet, der stellvertretend für diesen um die Hand einer jungen Frau anhält

Quellenangaben

- *Almáciga:* Boletín Derechos Indígenas, Publikationen aus 2015
- *Altamirano, Teofilo:* Liderazgo y organización de provincias en Lima Metropolitana, Pontificia Universidad Católica del Perú, Lima 2000
- *Araníbar, Carlos:* El principio de dominación 1531–1580. In: Nueva Historia del Perú, Lima, 1979
- *Asociación Peruana de Empresas de Investigación de Mercados:* Niveles socioeconómicos 2014, Lima August 2014
- *Asociación Peruano-Japonesa:* Centenario de la Imigración Japonesa 1899–1999, Lima 2000
- *Baumbusch, Kirsten:* Quinoa: Licht und Schatten eines Wunderkörnchens. In: Die Zeit Online v. 20.03.2015
- *Bauer, Richard:* Peru will nach oben. In: Neue Zürcher Zeitung v. 20.03.2015
- *Bild* v. 01.07.2013: So kommt das Kokain nach Deutschland
- *Chauvin, Lucien:* Abgestürzter Messias. In: POONAL 214/215 v. 18.10.1995
- *Centro de Información y Educación para la Prevención del Abuso de Drogas:* Statistiken und Publikationen der Website www.cedro.org.pe
- *Chirif, Alberto:* Pueblos de la YUCA BRAVA. Historia y culinaria, 2013
- *Coral, Karen:* Lenguas Amazónicas del Perú. In: El Dorado 07-09/1997 Correo v. 03.03.2015
- *Cotler, Julio u. Romeo Grompone:* El Fujimorismo, Instituto de Estudios Peruanos, Lima 2000
- *Degregori, Carlos Iván:* Comunidades locales y transnacionales, Instituto de Estudios Peruanos, Lima 2003
- *De Soto, Hernando:* El otro sendero, Lima 1989
- *de la Barra, Maria Claudia:* El Perú tiene una estructura laboral de subdesarrollo. In: Gestión vom 08.03. 2013
- *Diegelmann, Daniela:* Peru auf dem Weg zum Drogenstaat? Konrad-Adenauer-Stiftung, April 2006
- *Deutsch-Peruanische Industrie- und Handelskammer:* MEMORIA 2014 – Jahresbericht 2014, Lima 2015
- *Durand, Francisco:* La mano invisible en el Estado, Friedrich-Ebert-Stiftung, Lima 2006
- *Durand, Francisco:* República Empresarial. In: La República vom 16.12.2013
- *Durand, Francisco:* Poder político y gobierno minero, Lima, 2015
- *El Comercio* v. 12.06.2016: Menores en los líos mayores („Kinderarbeit in Peru")

- *El Comercio* v. 05.06.2015: Uno de cada cinco ninos trabaja en Piura para sobrevivir
- *El Peruano* vom 28.07.2015: La pobreza bajó de 42 % a 22.7 %
- *Eul, Alexandra:* Gegen Gewalt: Ein Aufstand der Millionen. In: EMMA, August, 2016
- *Flores Galindo, Albero:* Buscando un Inca, Lima 1988
- *Francke, Marfil:* Género, clase y étnia: la trensa de la dominación, DESCO, Lima 1990
- *Franke, Wolfgang:* Nutzpflanzenkunde, Stuttgart 1980
- *Fröschle, Hartmut:* Die Deutschen in Lateinamerika, Tübingen und Basel 1979
- *Gallegos, Juana:* Pequenos esclavos. In: La República v. 20.09.2015
- *Gestión* v. 13.07.2017: Kokaanbau in Peru
- *giz-Länderpapier:* Indigene Völker in Peru, 2010
- *Golte, Jürgen:* La ciudad de los Reyes. In: Iberoamerikanisches Archiv 17, Berlin 1991
- *Gross, Andreas M.:* Weltkarriere mit Kakao. In: Hamburger Abendblatt vom 18.10.2013
- *Guaman Poma de Ayala, Felipe:* Nueva Crónica y buen gobierno, Mexiko, 1987
- *Haferkamp, Rose-Anne u. Holzapfel, Annette:* Auf der Suche nach dem besseren Leben. Migranten aus Peru, Unkel am Rhein 1995
- *Henkel, Knut:* Fischen bis zur letzten Flosse. In: AG Friedensforschung vom 09.06.2012
- *Hernández, Max:* En los márgenes de la memoria histórica, Lima, 2012
- *Heuser, Christoph:* Das VRAEM-Gebiet zwischen Tradition und Drogen. In: Infostelle Peru e.V. vom 26.10.2016
- *Heuser, Christoph:* Kokaanbau in Peru in Zahlen. In: Infostelle Peru e.V. vom 26.10.2016
- *Holzapfel, Annette:* Gesundheit und Krankheit in San Pedro de Casta, Peru, Köln 1983 (unveröffentlichte Magisterarbeit)
- *Inca Garcilaso de la Vega:* Comentarios Reales de los Incas, Lima n.d.
- *IDL Reporteros:* La pesca descontrolada del jurel en el Perú, 27.01.2012
- *Kerner, Johannes B.:* Gala – Ein Herz für Kinder. ZDF-Sendung am 04.12.2015
- *Kontinente* 04/2016: Peru – Geier auf Müllpatrouille
- *Latif, Mojib:* Klima, Frankfurt am Main, 2004
- *La Repulica: Perú:* número de turistas extranjeros se incrementó, 16.01.2016

- *Läufer, Anke:* Rassismus, ethnische Stereotype und nationale Identität in Peru, Münster 2000
- *Lill, Felix:* Medienkrise? Gibt es hier nicht. „El Trome" aus Peru ist die erfolgreichste spanischsprachige Tageszeitung. In: Die Zeit v. 30.03.2017
- *Lindig,* Wolfang u. *Münzel, Mark:* Die Indianer, München, 1981
- *Linnarz, Paul:* Strukturell korrupt – die Bestechlichkeit der lateinamerikanischen Medien am Beispiel Perus, Konrad Adenauer Stiftung, Berlin, 2004
- *LIPORTAL Das Länderinformations-Portal:* https://www.liportal.de/peru/wirtschaft-entwicklung/ aufgerufen am 09.09.2016
- *Lynch, Nicolás:* Cholificación, república y democracia. El destino negado del Perú, Lima, 2014
- *Malpica, Carlos:* El Poder Económico del Perú, Lima, 1989
- *Masson, Peter:* Consideraciones acerca de un nuevo movimiento religioso: los Israelitas del Nuevo Pacto Universal. In: Iberoamerikanisches Archiv 17, Berlin, 1991
- *Matos Mar, José:* Desborde Popular y crisis del Estado, Instituto de Estudios Peruanos, Lima, 1984
- *Mella, Romina:* La cocaína del VRAE. IDL Reporteros v. 03.09.2015
- *Millies, Diana:* Echando raíces. 180 anos de presencia alemana en el Perú, Lima, 2007
- *Müller, Thomas u. Müller-Heron, Helga:* Kinder der Mitte. Die Q'ero-Indianer, Bornheim-Merten, 1986
- *Ninahuanca, Christian:* Gamarra en crisis. In: La República v. 03.07.2015
- *Ohl, Julia:* Die Ökonomie der Matsiguenka im Nationalpark Peru. Tourismus als Chance für nachhaltige Entwicklung, Greifswald, 2004
- *Peru 21* v. 28.02.2015
- *Peru 21* v. 29.01.2015: Trabajo infantil
- *pro expansión* v. 14.02.2015
- *Pueblos Indígenas del Perú:* Balance 2014, Lima, 2015
- *Quetzal Online Magazin:* Ayahuasca-Tourismus in Amazonien, November 2015
- *Radioprogramas del Perú (RPP)* am 23.01.2015: Perú es uno de los países más informales del mundo.
- *Raiser, D.:* 50 Jahre Gamarra. In: Infoamazonas v. 10.05.2012
- *Reiser, Philip:* Die Drogenindustrie in Peru. Vom Heiligen Blättchen zum Politischen Fluch. Konrad-Adenauer-Stiftung Auslandsinformationen, 2011
- *Rummenhöller, Klaus:* Vom Kautschukboom zum Goldrausch, Bonn, 1985

- *Schulze, Heinz:* Sauberes Gold aus Madre de Dios? In: Infostelle Peru e.V. vom 26.10.2016
- *Servindi:* Publikationen der Website www.servindi.org
- *Sheldon, Rory:* La creciente importancia de los tubérculos y raíces andinos; Veröffentlichung des Centro Internacional de la Papa, Lima, 2013
- *Survival International.* Artikel auf der Website www.survival.es
- *Tanaka, Martín:* El Estado, el viejo desconocido, Lima (IEP), 2010
- *Trathemberg, Leon:* Demografía Judía del Perú, Lima, 1988
- *Vasquez, Chalena:* Historia de la música en el Perú, Lima, 2008
- *Villema Petrosino, Andrés, José:* Estratégia Nacional para la prevención del trabajo infantil. Ministerio de Trabajo y Promoción del Empleo
- www.gamarra.com.pe aufgerufen am 09.09.2016
- *Ziemendorff, Stefan:* Der Totenkult von Chachapoyas. In: PeruBusiness 5-6/2000, hrsg. v. d. AHK Peru

Literaturtipps

Sachbücher

- *Läufer, Anke:* **Rassismus, ethnische Stereotype und nationale Identität in Peru,** Münster, 2000
- *Lindig, Wolfgang, Münzel, Mark:* **Die Indianer,** München, 1978
- *Müller, Thomas; Müller-Herbon, Helga:* **Kinder der Mitte. Die Q'ero-Indianer,** Merten-Borneim, 1986
- *Nickoleit, Katharina; Wolf, Sandra:* **Peru Kompakt,** Reise Know-How Verlag, Bielefeld, 2016
- *Paap, Iken; Schmidt-Welle, Friedhelm (Hrsg.):* **Peru heute. Politik – Wirtschaft – Kultur,** Frankfurt am Main, Vervuert, 2016
- *Westphal, Wilfried:* **Unter den Schwingen des Kondor,** München, 1998

Belletristik

- *Alegría, Ciro:* **Die goldene Schlange**, Manesse, Zürich, 1971. Geschichte über die Folgen des Goldabbaus im Amazonastiefland
- *Alegría, Ciro:* **Die hungrigen Hunde**, Suhrkamp, Frankfurt, 1978. Roman über die indigene Bevölkerung auf den Ländereien der Großgrundbesitzer in den Anden
- Arguedas, José María: **Die tiefen Flüsse**, Suhrkamp, Frankfurt, 1980. Novelle über das Zusammenleben von Indios, Mestizen und „Herren“

- *Arguedas, José María:* **Trink mein Blut, trink meine Tränen**, Verlag Neues Leben, Berlin 1983 (Lizenzgeber: Kiepenheuer & Witsch, Köln 1983). Über das problematische Zusammenleben der Ethnien in Peru
- *Bryce Echenique, Alfredo:* **Eine Welt für Julius**, Suhrkamp, Frankfurt, 2002. Geschichte eines Jungen aus der Oberschicht zur Glanzzeit des limensischen Großbürgertums
- *Bryce Echenique, Alfredo:* **El huerto de mi amada**, Lima, 2002. Die Geschichte spielt inmitten der schroffen Gegensätze der zerklüfteten peruanischen Gesellschaft.
- *Condori Mamani, Gregorio:* **Sie wollen nur, dass man ihnen dient**, Suhrkamp, Frankfurt, 1985. Autobiografie eines cusquenischen Lastenträgers
- *Scorza, Manuel:* **Trommelwirbel für Rancas**, Suhrkamp, Frankfurt, 1975. Erzählung über die Allianz zwischen einem Bergbaukonzern und der peruanischen Oligarchie und über Bauernaufstände
- *Vargas Llosa, Mario:* **Stadt der Hunde**, Suhrkamp, Frankfurt, 1980. Roman über die Soldaten in der Militärschule Leoncio Prado in Lima
- *Vargas Llosa, Mario:* **Tante Julia und der Kunstschreiber**, Suhrkamp, Frankfurt, 2011. Liebesgeschichte zur Zeit der Odría-Militärdiktatur
- *Vargas Llosa, Mario:* **Das grüne Haus**, Suhrkamp, Frankfurt, 1976. Geschichten über die Missionierung sowie über Ausbeutung und Ausrottung von Urwaldvölkern
- *Vargas Llosa, Mario:* **Der Hauptmann und sein Frauenbataillon**, Suhrkamp, Frankfurt, 1993. Soldatenalltag im Urwald und erotischer Tropenkoller

Peru im Internet

In deutscher Sprache

- **https://www.giz.de/de/weltweit/400.html** – landerspezifische Informationen der Deutschen Gesellschaft für Internationale Zusammenarbeit
- **https://amerika21.de/** – Nachrichten und Analysen zu Lateinamerika.
- **http://latina-press.com/lateinamerika/peru/** – aktuelle Nachrichten aus und über Peru
- **www.adveniat.de/lateinamerika/laenderinformation/peru/laenderportraet.html** – aktuelle Informationen über Peru
- **www.lateinamerikanachrichten.de/** – aktuelle Nachrichten aus Lateinamerika und Peru

- **www.infostelle-peru.de/web/** – aktuelle Nachrichten aus Peru
- **www.liportal.de/peru** – Länderinformationsportal zu Peru
- **peru.ahk.de** – Seite der Deutsch-Peruanischen Industrie- und Handelskammer
- **www.fulltelevisionhd.net/2013/02/rpp-en-vivo-por-internet.html** – Informationen des Auswärtigen Amts über Peru

In spanischer Sprache

Seiten, auf denen indigene Völker Perus in spanischer Sprache aktuelle Nachrichten publizieren:

- **www.facebook.com/Voz-IndigenaLa-Hora-Shipiba-1407914856089400** – indigenes Radioprogramm im Amazonastiefland
- **www.servindi.org**
- **www.survivalinternational.de/indigene/unkontaktierteperu**
- **www.conap.org.pe**

Websites peruanischer Tageszeitungen, Nachrichtendienste, Rundfunksender

- **elcomercio.pe** – Tageszeitung „El Comercio"
- **peru21.pe** – tagesaktuelle Berichterstattung
- **larepublica.pe** – Tageszeitung „La República"
- **gestion.pe** – Tageszeitung „La Gestión"
- **rpp.pe** – Rundfunksender „Radioprogramas del Peru"

Peruanische Fernsehkanäle

- **http://canaln.pe**
- **www.fulltelevisionhd.net/2013/02/rpp-en-vivo-por-internet.html**

Register

Peru

QUITO
ECUADOR
Coca
Nuevo Rocafuerte
Pantoja
Putumayo
Napo
Angosteros
Ambato
Riobamba
Daule
Guayaquil
Golfo de Guayaquil
Machala
Cuenca
Morona
Pastaza
Nanay
Tigre
Nauta
Requena
Res. Nac. Pacaya-Samiria
Samiria
Ucayali
Tapiche
Zorritos
Tumbes
Mancora
Marañón
Talara
Sullana
Paita
Piura
Sechura
Olmos
Bagua
Yurimaguas
Huallaga
Chachapoyas
Lamas
Mendoza
Tarapoto
Orellana
Saposoa
Contamana
Bellavista
Chiclayo
Cajamarca
Pacasmayo
Cajabamba
Puerto Chicama
Otuzco
Tocache Nuevo
Pucallpa
Trujillo
Caraz
Yungay
Tingo María
Pto. Inca
Chimbote
Huaráz
La Unión
Pozuzo
Huánuco
Huarmey
Cerro de Pasco
Oxapampa
Pativilca
Barranca
La Merced
Satipo
Huacho
La Oroya
Punta Lachay
Chosica
Huancayo
LIMA
Mala
San Vicente de Cañete
Castrovirreyna
Chincha Alta
Pisco
Península de Paracas
Palpa
Nasca
P A Z I
Perus Departamentos (mit Hauptstädten)
Iquitos
L O R E T O
Tumbes
TUMBES
AMAZONAS
PIURA
Piura
SAN MARTÍN
Chachapoyas
Moyobamba
LAMBAYEQUE
CAJAMARCA
Chiclayo
Cajamarca
Pucállpa
LA LIBERTAD
Trujillo
HUÁNUCO
Huaráz
Huánuco
UCAYALI
ANCASH
PASCO
Cerro de Pasco
MADRE DE DIOS
LIMA
JUNÍN
CUSCO
Puerto Maldonado
Huancayo
Huancavelica
Callao
HUANCAVELICA
Cusco
Ayacucho
Abancay
PUNO
ICA
AYA-CUCHO
APURIMAC
Ica
Puno
AREQUIPA
Arequipa
MOQUEGUA
Moquegua
Tacna
TACNA